DE LA

FORTUNE PUBLIQUE

EN FRANCE,

ET DE SON ADMINISTRATION.

PARIS. — IMPRIMERIE DE PAUL DUPONT ET Cⁱᵉ,
Rue de Grenelle-Saint-Honoré, 55.

DE LA

FORTUNE PUBLIQUE

EN FRANCE,

ET DE SON ADMINISTRATION,

PAR **L. A. MACAREL**,

Conseiller d'état;

ET **J. BOULATIGNIER**;

Maître des requêtes.

TOME DEUXIÈME.

PARIS,

CHEZ POURCHET PÈRE, LIBRAIRE-ÉDITEUR,

Rue des Grès-Sorbonne, nº 8, près l'École de Droit;

ET A LA LIBRAIRIE ADMINISTRATIVE DE PAUL DUPONT ET Cⁱᵉ,

Rue de Grenelle-Saint-Honoré, nº 35, hôtel des Fermes.

1840.

TABLE DES DIVISIONS

DU SECOND VOLUME.

DE LA

FORTUNE PUBLIQUE

EN FRANCE,

ET DE SON ADMINISTRATION.

CHAPITRE III.

Appendice au domaine.

303. — C'est une opinion communément accréditée que la législation qui règle l'administration du domaine de l'état, est une des branches les plus compliquées du droit français. Aussi n'est-elle, en général, explorée que par les personnes à qui leurs fonctions font un devoir de cette étude.

Lorsque nous nous y sommes livrés, nous avons cru reconnaître que ce qui pouvait en éloigner les personnes qui ne craignent pas d'aborder les autres branches de l'administration publique, c'était surtout le caractère de la législation domaniale ancienne. En effet, hérissée de nombreux détails, parlant une langue presque toute spéciale, elle se présente, il faut l'avouer, sous un aspect peu séduisant pour ceux qui ne sont pas familiarisés avec les aspérités de la jurisprudence.

Cette pensée nous a conduit à restreindre, autant que possible, dans le chapitre précédent, l'exposé de la législation domaniale aux règles qui concernent les diverses parties du domaine de l'état, tel qu'il se compose aujourd'hui. Nous avons, il est vrai, donné, sur chacune de ces parties, des indications historiques, destinées à rattacher la législation actuellement en vigueur à celles qui l'ont précédée; mais nous avons soigneusement écarté toutes les matières qui sont devenues sans application, ou qui ne reçoivent plus qu'une application rare et transitoire.

Parmi ces matières, cependant, il en est qui tiendront toujours une place importante dans la science du droit français et même dans l'histoire nationale. D'autres, indépendamment ou à défaut de ce mérite, ont celui de fournir des règles pour des litiges peu fréquens, qui même bientôt ne pourront plus naître, mais où des intérêts considérables sont encore engagés.

Nous n'avons pas cru qu'il nous fût permis de passer entièrement sous silence ces portions de la législation domaniale. Mais, d'un autre côté, il fallait nous renfermer dans le cadre de notre ouvrage. Nous nous sommes alors décidés à choisir les matières dont les règles ne sont pas encore complètement éteintes, et que recommande leur intérêt historique.

C'est ainsi que, sous le titre d'*Appendice au domaine*, on trouvera, dans le présent chapitre, un exposé plus ou moins succinct de la législation

Des domaines engagés et échangés,

Des apanages,

Des biens appelés nationaux,

Et du domaine extraordinaire.

Enfin, bien qu'il soit incontestable, surtout depuis la loi du 10 mai 1838, que le département ait, en France, une existence civile et, par suite, des propriétés immobilières et mobilières, distinctes de celles de l'état, cependant, malgré cette séparation, les propriétés départementales ont si évidemment le caractère de propriétés publiques, par leur nature et par leur destination elles se rapprochent tellement des propriétés de l'état, que le tableau du domaine national nous eût semblé incomplet, si nous n'avions mis en regard celui du domaine départemental.

SECTION Iʳᵉ.

Des domaines engagés et échangés.

SOMMAIRE.

304. — Quels biens sont compris sous ces dénominations.
305. — Division de la matière.

304. — On appelle domaines engagés et échangés ceux des biens dépendant du domaine de l'état, qui ont été anciennement concédés, par les rois de France, à titre d'engagement ou livrés à titre d'échange.

L'engagement était une convention par laquelle le roi abandonnait la jouissance d'un des domaines de la couronne, moyennant un prix et sous la condition expresse et perpétuelle de rachat.

I.

L'engagiste était considéré comme un usufruitier qui transmettait ses droits à ses héritiers et ayans-cause ; mais le roi conservait toujours la faculté de rentrer dans son domaine, en remboursant le prix de l'engagement, prix qu'on appelait *finances* et *deniers d'entrée*.

L'échange était l'abandon fait par le prince d'un domaine de la couronne, pour un autre domaine de même valeur, donné en contre-échange, après avoir observé certaines formalités.

305.—Nous allons examiner la législation relative aux domaines engagés ou échangés par l'état.

Pour faciliter cet examen, nous partagerons cette législation en trois périodes.

La première embrassera la législation antérieure à la révolution de 1789 : la maxime fondamentale de l'inaliénabilité du domaine est le principe dominant de cette législation ; dès lors, les concessionnaires sont de simples détenteurs que l'état peut toujours déposséder, moyennant remboursement du prix de la concession.

La deuxième période comprendra la législation depuis 1789 jusqu'à l'époque de la restauration : le domaine est déclaré aliénable ; et, sauf quelques restrictions, les détenteurs ont la faculté de devenir propriétaires incommutables, en payant à l'état une somme qui représente la lésion qu'il est présumé avoir éprouvée à l'époque des anciennes concessions.

La troisième période renfermera la législation à partir de la restauration jusqu'à ce jour : les restrictions qui s'opposaient à ce que tous les anciens concessionnaires pussent devenir propriétaires incommutables sont levées définitivement.

Nous terminerons par un résumé de la jurisprudence en cette matière.

§ 1er.

Législation antérieure à 1789.

306. — Précédemment, nous avons cherché à fixer l'époque à laquelle le principe de l'inaliénabilité du domaine de l'état était devenu loi fondamentale de la France (1).

Nous avons montré que si l'on pouvait faire remonter l'introduction de cette maxime à la fin du treizième siècle ou au commencement du quatorzième, cependant elle ne fut solennellement consacrée, au moins d'une manière constante et irrévo-

(1) Voir au tome Ier, page 79.

cable, que par l'édit de Moulins, du mois de février 1566.

Cet édit déclarait « qu'à l'*avenir* le domaine ne pouvait être aliéné qu'en deux cas seulement :

« L'un pour apanage des princes mâles de la maison de France ; auquel cas, il y avait retour, selon des conditions qui seront exposées ci-après. (Voir section 2 du présent chapitre.)

« L'autre pour l'aliénation, à deniers comptans, pour la nécessité de la guerre, après lettres-patentes pour ce décernées et publiées dans les parlemens du royaume ; auquel cas, il devait y avoir faculté de rachat perpétuel. » (Art. 1er.)

Hors ces deux cas, il ne pouvait y avoir que des engagemens ou des échanges.

L'édit de 1566 prenait soin de définir ensuite ce qu'il fallait entendre par domaine.

« Le domaine de notre couronne est entendu celui qui est expressément consacré uni et incorporé à notredite couronne, ou qui a été tenu et administré par nos receveurs et officiers, pendant l'espace de dix années, et est entré en ligne de compte. (Art 2.)

« Déclarons de pareille nature et condition les terres, autrefois aliénées et transférées par nos prédécesseurs, à la charge de retour à la couronne à défaut d'hoirs mâles ou autres conditions semblables. » (Art. 3.)

Après ces dispositions pour l'avenir, l'édit, statuant relativement au passé, légitimait les aliénations faites antérieurement par lettres-patentes, pourvu que lesdites lettres-patentes eussent été vérifiées tant dans les cours de parlement qu'aux chambres des comptes. (Art. 5.)

Ceux qui détenaient des portions du domaine, sans concessions dûment vérifiées, non seulement devaient restituer les biens par eux possédés indûment, mais ils étaient tenus de rendre les fruits perçus, depuis l'indue possession et jouissance, soit par eux, soit par leurs prédécesseurs, sans qu'ils pussent s'excuser de bonne foi, quelque titre ou concession qu'ils eussent. (Art. 6.)

Des règles spéciales étaient établies pour les bois de haute futaie. « Ceux auxquels notre domaine auroit été dûment aliéné pour les causes que dessus, porte l'article 8, ne pourront néanmoins couper les bois de haute futaie, ni toucher aux forêts qui seront ès-dites terres; et si fait l'avoient, seront tenus à la restitution du profit et dommage qui en seront advenus.

« Les bois de haute futaie à nous appartenant, porte l'article 9, ne pourront être aliénés ni don fait des coupes d'iceux ou des deniers qui en procèderont, sur peine de nullité et de restitution des valeurs, fruits et profits comme dessus. »

L'édit de 1566 contenait, dans ses articles 11 et 12, des règles quant aux baux des terres vaines et vagues et autres faisant partie du domaine.

D'après l'article 17, les terres domaniales ne se purent dorénavant aliéner par inféodation (1) à vie,

(1) L'inféodation était le démembrement que le prince ou les seigneurs faisaient de leurs fiefs, au profit de telles ou telles personnes, et sous certaines conditions, par exemple, à la charge de certains services et devoirs de foi et hommage.

à long temps ou perpétuité, ou sous condition quelconque ; elles durent être affermées. Mais l'édit respectait les inféodations déjà faites. Seulement « il étoit enjoint aux procureurs royaux de s'enquérir bien et diligemment de la cause et forme des inféodations pour en faire telle poursuite que de raison.»

Du reste, l'édit enjoignait encore très expressément aux mêmes procureurs « de tenir la main à la protection, conservation prescrite et réunion du domaine, sur peine de répondre de la perte d'icelui, qui seroit advenue par leur fait et faute. »

—Ces dispositions étaient d'une sévère économie ; les troubles qui agitèrent les règnes de Charles IX et de Henri III ne permirent guère de les mettre à exécution. D'ailleurs, trop de gens puissans étaient intéressés à l'empêcher.

Cependant le principe subsistait toujours ; il reçut même une éclatante confirmation sous le règne de Henri IV.

Ce prince, après son accession au trône en 1589, voulut empêcher que les domaines particuliers qu'il possédait ne fussent réunis à la couronne, et par là se réserver le droit d'en disposer à son gré ; mais le parlement de Paris, séant à Tours, arrêta, le 29 juillet 1591, sur les lettres de jussion des 18 avril et 27 mai, qu'il ne pouvait procéder à l'enregistrement des lettres patentes qui avaient cet objet.

De nouvelles lettres de jussion éprouvèrent le même obstacle !

Enfin, Henri IV se détermina à céder. Un édit de juillet 1607 révoqua les lettres de jussion et confirma l'arrêt du parlement de Paris du 29 juillet

1591. Ainsi, toutes les aliénations faites par Henri IV de ses biens patrimoniaux, depuis son avènement à la couronne, ne purent être considérés que comme des engagemens, avec faculté de rachat, sujets à réunion et revente, quoique ces aliénations eussent été faites à titre de propriété incommutable.

— Le dessein de faire rentrer au domaine tous les biens qni en avaient été séparés fut repris sous Louis XIV.

En 1666, des arrêts du conseil d'état, provoqués par Colbert, ordonnèrent que les possesseurs et engagistes de propriétés dépendant du domaine représentassent les titres en vertu desquels ils les détenaient, ainsi que les quittances des finances qu'ils avaient payées pour en être mis en jouissance, afin qu'il fût, sur le vu de ces pièces, pourvu à leur remboursement.

307. — L'année suivante, en avril 1667, parut un édit, vérifié en cour de parlement et chambre des comptes, le 29 dudit mois; cet édit avait pour but de réunir au domaine les biens qui en avaient été distraits à titre d'engagement ou d'échange, en indemnisant les engagistes et échangistes.

Quant aux dons et possessions gratuites, ils étaient révoqués, à l'exception des dons faits aux églises, des douaires et des apanages, nonobstant toute prétention de prescription, et espace de temps pendant lequel les domaines et droits pourraient en avoir été séparés.

Les engagistes étaient tenus de représenter, devant des commissaires délégués à cet effet par le roi, les contrats et autres pièces justificatives de leurs droits. Les commissaires devaient examiner si les contrats étaient frauduleux, c'est-à-dire s'ils ne déguisaient pas un véritable don sous la forme d'un engagement, si les adjudications n'étaient pas vicieuses, si les quittances n'étaient point défectueuses, par exemple, *parce que la finance portée par icelles n'auroit pas été payée, et qu'il auroit été employé dans lesdites quittances des remises, dons, arrérages de pension, gages; appointemens, récompenses, acquit-patens et autre mauvaise finance.*

Il pouvait être suppléé à certaines justifications, de la part des engagistes, par la voie des enquêtes.

308. — Les engagistes de domaines et droits domaniaux qui s'en étaient rendus adjudicataires à prix d'argent, en vertu d'édits bien et dûment enregistrés dans les cours, n'en pouvaient être dépossédés que moyennant le remboursement actuel de leur véritable finance, des frais et loyaux coûts, impenses et modérations utiles et nécessaires faites par autorité de justice.

309. — Les détenteurs de domaines, prétendus engagistes, qui ne rapportaient aucun titre de leurs engagemens, ou qui n'en rapportaient point de véritables, non seulement devaient remettre les biens incontinent, mais encore étaient tenus de restituer les fruits qu'ils en auraient perçus pendant leur jouissance et celle de leurs prédécesseurs. La possession, quelque longue qu'elle fût, ne pouvait suppléer le titre ou couvrir son vice, ni empêcher la restitution des fruits de la jouissance entière.

Néanmoins, les tiers détenteurs qui avaient possédé de bonne foi les domaines pouvaient être déchargés de la restitution des fruits ; pourvu qu'ils ne contestassent point après qu'il leur avait été démontré que les biens étaient domaniaux. En cas de contestation, ils devaient restituer les fruits de leur temps ; et quant à leurs auteurs qui n'avaient point de titre valable, ils étaient tenus de restituer les fruits des années précédentes.

310.—En ce qui touche les échangistes, « nous « pouvons, portait l'édit, rentrer dans nos domaines « échangés, en rendant les autres biens et droits qui « nous auront été donnés en échange, lorsque nous « aurons souffert lésion énorme, ou que l'évaluation « desdits domaines aura été faite sans les formalités « requises, par fraude, fiction, et contre les édits « et déclarations concernant les domaines ; et, à cet « effet, seront tenus lesdits propriétaires par échange « d'en rapporter les titres, avec les enquêtes, pro- « cédures et procès-verbaux d'évaluation, pour en « être fait, si besoin est, une nouvelle des choses « échangées de part et d'autre, eu égard au temps « que les échanges auront été faits. »

311. — Une disposition encourageait les révéla- tions de la part des tiers. « Ceux qui donneront avis « et fourniront des mémoires de nos domaines usur- « pés ou aliénés, dont n'aura été fait aucun état, « auront le dixième de ce qui nous reviendra, dont « ils seront actuellement et préférablement payés, « suivant la liquidation qui en sera faite par les « commissaires royaux. »

312. — On trouve, consacrée et précisée dans ce

même édit, une distinction importante entre les *grands* et *petits domaines*, distinction sur laquelle il faut nous arrêter un moment.

Les grands domaines consistaient dans les terres seigneuriales ayant haute, moyenne et basse justice, comme les duchés, principautés, marquisats, comtés, vicomtés, baronnies, châtellenies, prévôtés, vigueries, avec leurs mouvances, circonstances et dépendances.

Les petits domaines consistaient en objets séparés des grandes terres et seigneuries, en portions de domaines mêlés avec les biens des particuliers, en justices et seigneuries de paroisses sans domaines, en moulins, fours, pressoirs, halles, maisons, boutiques, échoppes, places à étaler, terres vaines et vagues, communes, landes, bruyères, pâtis, marais, étangs, etc.

313. — La différence caractéristique de ces deux classes de domaines résultait principalement de ce que les uns étaient frappés d'inaliénabilité, tandis que l'aliénation des seconds, à titre de propriété incommutable, était autorisée.

Cette distinction avait commencé bien antérieurement à l'édit de 1667; puisqu'on en retrouve les traces dans une ordonnance de Charles VI, de 1408.

Elle avait été reconnue par un édit de 1566, donné comme celui dont il a été question ci-dessus à Moulins, au mois de février, et enregistré le 27 mai.

Cet édit avait autorisé la vente à perpétuité aux particuliers qui voudraient les prendre à cens, rente

et deniers d'entrée modérés, des terres, prés, palus
et marais vagues, compris dans le domaine, excepté
toutefois ceux qui seraient enclos dans les bois et
forêts nationales, et en feraient aussi la lisière à
cent perches de distance.

Si des particuliers ou des communes prétendaient
avoir des droits de pâturage ou autres, dans les terres
prés, marais et palus vagues du domaine, il devait
leur être fait, par des commissaires spéciaux, une
distribution de ces terres.

Les auteurs de l'édit justifiaient ainsi cette mesure : « Étant dûment avertis de la grande quantité de terres, prés, marais et palus vagues, à nous
appartenant, étant en plusieurs endroits, pays et
provinces de notre royaume, dont ne se tire par
nous ou nos sujets aucuns fruits, profit ou utilité,
et considérant combien seroit utile et profitable tant
à nous qu'à nosdits sujets que lesdites terres, prés,
marais et palus vagues fussent cultivés et mis en
labeur et valeur, attendu qu'il y pourroit être
produit et s'y cueilleroit plusieurs grains, et autres
choses dont nosdits sujets se trouveroient grande-
ment accommodés; et ce, outre la décoration de
nosdits pays et provinces, que par le moyen de la
culture et labeur d'icelles terres à présent vuides,
vaines et vagues, comme dit est, y adviendroit. »

314. — L'édit de 1667 portait, quant aux petits
domaines, les dispositions suivantes :

« Ceux qui se trouveront en possession des terres
« vaines et vagues, landes, marais, étangs, commu-
« nes et autres domaines baillés et concédés à deniers
« d'entrée, à cens, rentes et redevances par inféoda-

« tion, à perpétuité, à temps ou à vie, comme aussi
« les détenteurs des boutiques, échoppes et places
« baillées par baux emphytéotiques, seront tenus de
« représenter les titres et baux de leurs concessions,
« pour être pourvu à leur remboursement, augmen-
« tations, impenses et améliorations, ou les y main-
« tenir et conserver, ainsi qu'il sera jugé par notre
« conseil, au rapport de nos commissaires. »

Un édit du mois d'août 1669, enregistré le 26 en
la chambre des comptes et au parlement, étend
la nomenclature des objets compris sous la dénomination de petits domaines ; il y ajoute les fours,
moulins et pressoirs.

Voici les motifs exprimés dans le préambule :
« Les réparations annuelles qu'il convient nécessairement de faire à tous ces objets consomment la
meilleure partie du revenu, d'autant plus qu'étant
entre nos mains, lesdites réparations ne se font
ordinairement que par l'ordre de nos officiers,
avec les formalités portées par nos ordonnances
et réglemens, qui en augmentent les frais ; pareillement il y a plusieurs petits domaines séparés
ou portions de domaines mélangées avec les biens des
particuliers, dont la jouissance est difficile, et leur
est beaucoup plus utile qu'à nous ; il a même été
reconnu que la plupart de ceux qui avoient pris lesdits domaines par engagement en ont porté la
finance au dessus de leur juste valeur, eu égard à
leur revenu, par la rencontre et bienséance des
terres et des seigneuries voisines qui leur apparte-
noient en propre, qui facilitoient l'aménagement des
uns et des autres conjointement ; de sorte que, pour

cet égard , les remboursemens que nous en faisons chargent beaucoup nos finances sans aucune utilité, et que nos sujets sont, de leur part, privés des accommodemens qu'ils en recevoient, sans nous faire aucun préjudice. »

Une déclaration du 8 avril 1672, enregistrée le 11 à la chambre des comptes, ordonna une aliénation des petits domaines, jusqu'à concurrence de 400,000 livres de revenu, « sans que les acquéreurs desdits domaines en pussent être à l'avenir dépossédés ou évincés par aucunes enchères, ni troublés dans leurs possessions, sous prétexte de remboursement, ou en quelque autre sorte ou manière que ce pût être. »

Le 29 décembre 1682, il intervint un arrêt du conseil pour autoriser l'aliénation des moulins , fours, pressoirs, étangs et autres objets du petit domaine. L'aliénation devait être faite , à titre de propriété incommutable et à perpétuité, sous la charge d'une redevance annuelle.

De semblables aliénations furent autorisées par l'édit d'avril 1702, enregistré au parlement le 15 mai de la même année, et par celui du mois d'août 1708, enregistré au parlement de Paris le 2 octobre 1708 et à la cour des aides le 10 décembre même année.

315. — Nous avons rapporté ci-dessus (p. 7) la disposition de l'édit de février 1566, qui déclarait que les personnes auxquelles des parties du domaine auraient été légitimement aliénées ne pourraient néanmoins couper les arbres de haute futaie, ni toucher aux forêts qui se trouveraient sur ces terres. L'édit d'avril 1667 avait maintenu ces prohibitions,

en statuant que les engagistes qui auraient abattu les bois de haute futaie, nonobstant la défensé qui leur avait été faite, ou qui auraient avancé les coupes des taillis, ruiné ou dégradé d'une manière quelconque les forêts et bois du domaine seraient tenus, outre la restitution de la valeur, suivant la juste estimation, de payer les dommages et intérêts.

L'estimation, dans ce cas, devait être faite, selon la plus haute valeur à laquelle les bois auraient pu monter, s'ils n'avaient point été coupés avant le temps. Les reventes de domaines faites depuis la coupe ou la dégradation desdits bois ne pouvaient empêcher les recherches et la restitution au profit de l'état.

La restitution devait même s'étendre aux coupes des taillis recrus sur les bois de haute futaie, indûment coupés; elle devait avoir lieu d'après le plus haut prix que les taillis avaient été vendus pendant le temps de la jouissance des engagistes.

La célèbre ordonnance du mois d'août 1669, sur les eaux et forêts, confirma ces mesures, par son titre 22, consacré aux eaux, forêts, bois et garennes tenus à titre de douaire, *concession, engagement* et usufruit. Entre autres dispositions, ce titre contient un article 5 ainsi conçu : « Les douairiers, donataires, usufruitiers et engagistes ne pourront disposer d'aucune futaie, arbres anciens, modernes ou baliveaux sur taillis, même de l'âge du bois réservé aux dernières ventes, ni des chablis, arbres de délit, amendes, restitutions, confiscations en provenant; mais le tout demeurera entièrement à notre profit et sera payé au receveur de nos domaines ou de nos bois, ès lieux 'où nous en avons établi pour nous en compter.... »

316. — Un édit d'octobre 1711 régla qu'à l'avenir, lorsqu'il s'agirait de faire l'estimation et l'évaluation des domaines de l'état, soit de ceux qui seraient donnés en apanage ou qui seraient assignés pour la dot ou le douaire des reines, soit de ceux qui *seraient échangés* contre des terres et seigneuries *des sujets du roi*, il y serait procédé par des commissaires nommés et députés par lettres-patentes, et que les procès-verbaux d'évaluation qui seraient dressés par ces commissaires seraient rapportés au conseil, pour y être examinés et confirmés par d'autres lettres-patentes, qui seraient enregistrées en la cour des comptes.

Précédemment, les évaluations étaient faites par des commissaires particuliers du conseil, ou par des commissaires que les chambres des comptes nommaient et choisissaient de leur autorité.

317. — Sous Louis XV, la chute du système financier de Law amena une telle pénurie dans les finances qu'il ne fut plus possible de songer à des réunions au domaine, dont la première condition eût été un remboursement qu'on était hors d'état d'effectuer. On prit donc une voie toute opposée; on imagina d'engager les biens du domaine à de nouveaux concessionnaires, qui rembourseraient les finances dues aux anciens et qui serviraient en outre une rente à l'état. Les nouveaux engagemens ne se devaient faire que sous la stipulation de la faculté de rachat perpétuel, au profit de l'état. Mais on garantissait aux nouveaux engagistes que, en cas de réunion des domaines, ils demeureraient dé-

gagés du paiement de leurs rentes, à partir du jour
de leur dépossession; laquelle ne pourrait être faite
qu'en les remboursant, en un seul paiement, des
finances qu'ils auraient payées aux anciens engagistes.

Ces nouvelles dispositions furent établies par les
arrêts du conseil des 13 mai et 20 juin 1724.

D'après cela, on a dit quelquefois que, à partir de
cette époque, les engagemens avaient entièrement
cessé d'avoir lieu avec finances et deniers d'entrée.
On voit comment cette proposition doit s'entendre.
Les remboursemens faits par les nouveaux engagistes dépossédés n'étaient-ils pas de véritables finances
d'engagement, dont l'article du réglement du 13
mai ordonnait la restitution en cas d'éviction?

Du reste, il faut dire que si quelques engagemens eurent lieu effectivement selon les arrêts de
1724, le nombre n'en fut pas considérable.

318. — Un arrêt du conseil du 16 juin 1771 eut
principalement pour objet de révoquer les aliénations précédemment faites aux engagistes des domaines des droits casuels et de mutation; il en défendit l'aliénation pour l'avenir, et voulut que les engagistes, qui continueraient à en jouir, fussent contraints à restitution et au paiement de l'amende du
triple desdits droits.

319. — Le 14 janvier 1781, un arrêt du conseil
d'état de Louis XVI offrit une sorte de transaction
aux engagistes. Il avait pour objet

De forcer les engagistes à rapporter, avant le
1er janvier 1782, à l'administrateur général des finances, les titres en vertu desquels ils jouissaient,

les quittances des finances, et une déclaration contenant, en détail, les objets par eux possédés, revenus,
etc. (art. 1ᵉʳ);

D'accorder aux détenteurs la faculté d'obtenir
confirmation dans leur jouissance, sur l'offre d'une
rente ou supplément de rente d'engagement(art. 4);

De confirmer, pendant la durée du règne, les engagistes ou autres détenteurs qui se seraient soumis
aux dispositions dudit arrêt (art. 9);

De réserver au roi la faculté de réunir à son domaine, en remboursant préalablement les finances
d'engagement, les portions de terrain enclavées dans
les forêts, ou qui y étaient contiguës et à la proxi-
mité des maisons royales, même les petites portions
démembrées du corps du domaine, qui y étaient tellement enclavées qu'elles nuisaient à son exploitation
(art. 10);

Enfin d'étendre la confirmation aux détenteurs
sans titres, avec remise des fruits du passé, s'ils se
conformaient aux dispositions précédentes (art. 12).

Telle est la législation antérieure à 1789 relativement aux domaines engagés ou échangés. Avant de
passer à l'examen d'une seconde période, il est bon
de résumer cette première partie.

320. — De ce qui précède il résulte qu'avant
1789

1º Le domaine de l'état était inaliénable et im-
prescriptible;

2º Que les aliénations de ce domaine, faites depuis
l'édit de 1566, n'avaient été faites que sous la réserve du rachat et ne constituaient qu'un engage-

ment ou un titre précaire, toujours révocable, en remboursant les finances des détenteurs avec les frais et loyaux coûts ;

3° Que, par des considérations d'utilité publique, les petits domaines ou édifices particuliers, susceptibles de réparations, et les terres vaines et vagues, ont pu être aliénés à titre d'inféodation et de propriété incommutable ;

4° Que les aliénations du domaine par la voie de l'échange étaient également irrévocables, lorsque les formalités prescrites par les lois avaient été observées.

Enfin il est des auteurs qui établissent un cinquième principe, savoir : que les règles du droit civil ou du droit public intérieur ne peuvent être appliquées aux échanges qui se sont faits avec des princes étrangers, ou même avec leurs sujets, attendu que ces échanges ne peuvent être régis que par les principes du droit international.

Les personnes qui posent ce principe font remarquer que l'édit de 1711 ne trace des règles que pour les échanges du domaine contre des terres et seigneuries *des sujets du roi.* (V. ci-dessus p. 17.) Ils s'arment aussi d'une loi du 21 septembre 1791, qui, par respect pour la foi des traités, déclara qu'il n'y avait lieu à délibérer sur la demande de la révocation des concessions faites, en France, au prince de Monaco, en exécution du traité conclu à Péronne, le 14 septembre 1741, et qu'il y avait même lieu à indemnité en faveur du prince de Monaco, à cause de la suppression des droits féodaux, de justice, de péage dépendant des concessions.

« Car, disait le rapporteur, au nom des comités

diplomatique et des domaines, lorsque, en 1641, le prince Honoré II traitait avec Louis XIII, ce n'était pas comme simple particulier qu'Honoré contractait avec le monarque français; c'était comme souverain, comme représentant du peuple de Monaco; et le pacte que signaient les deux princes était l'union politique des deux nations. Un tel contrat ne peut être soumis à l'influence des lois intérieures, puisqu'il est de leur essence de ne pouvoir régir que le peuple qui les a consenties, et qu'il faudrait étendre ici leur action sur l'état de Monaco, auquel elles sont étrangères. Le seul droit qu'il faille consulter est donc celui des gens; et s'il est vrai que la loi de l'inaliénabilité du domaine n'en fasse point partie, il s'en suit que vouloir en appliquer ici la disposition, ce serait brouiller toutes les idées, ce serait enfreindre tous les principes, ce serait commettre précisément la même erreur que si, cette loi à la main, nous nous avisions de revendiquer, contre toutes les puissances qui nous environnent, les divers points du territoire français qu'elles ont obtenus par des traités de paix ou d'autres conventions politiques. »

Mais nous devons dire que, malgré l'autorité d'un pareil précédent, la règle dont il s'agit n'est point universellement adoptée sans contestation; nous croyons savoir que notamment l'administration des domaines n'admet pas, au moins d'une manière absolue, que les échanges faits avec des sujets d'un prince étranger n'étaient pas assujétis, pour être irrévocables, à toutes les formalités prescrites pour les nationaux.

Nous avons maintenant à examiner la deuxième

période de la législation des domaines engagés et échangés, c'est-à-dire celle qui embrasse l'époque de la révolution de 1789 à la restauration.

§ II.

Législation de 1789 à 1814.

Un principe domine, en quelque sorte, cette seconde période et la distingue de la précédente : c'est l'aliénabilité du domaine de l'état et la renonciation à faire rentrer et à conserver définitivement, dans les mains de la nation, cette masse d'immeubles qui, depuis long-temps, étaient passés dans celles des particuliers, par la voie des engagemens et des échanges.

Mais, d'accord sur ce principe, les législateurs qui se sont succédé, de 1789 à la restauration, n'ont pas toujours été guidés par les mêmes vues, lorsqu'il s'est agi de régler les conditions auxquelles l'état faisait sa renonciation.

Ainsi l'assemblée constituante dut se montrer rigoureuse pour les détenteurs des domaines nationaux. L'ancienne monarchie avait signalé elle-même, dans le préambule de ses édits, le scandale des concessions qu'on lui avait arrachées. Le public savait vaguement que les biens ainsi concédés avaient une haute valeur, et naturellement il l'exagérait (1). Et d'ailleurs, la plupart des détenteurs appartenaient aux classes privilégiées, et la révolution de 1789 se

(1) Dans un rapport fait à la chambre des pairs, le 6 mars 1820, M. de Barbé-Marbois a, d'après des documens puisés aux sources officielles, porté la valeur réelle de ces biens à 120 millions.

faisait au nom de l'égalité. Enfin, en présence d'un arriéré et de dépenses courantes considérables, les finances étaient épuisées. Cependant l'état se préparait à sacrifier, à peu près complétement, la portion de ses anciens revenus qui provenait de l'impôt indirect. Il est facile de concevoir que, dans de telles circonstances, l'assemblée constituante n'ait pris qu'en très faible considération les intérêts des détenteurs du domaine, et qu'elle ait cherché surtout à réaliser des ressources pour le trésor. Mais ceux qu'on voulait atteindre étaient nombreux et puissans encore. Ils résistèrent par tous les moyens que suggère l'intérêt privé ; et l'état fut obligé de consentir à une transaction.

La loi du 14 ventose an VII fut conçue dans cet esprit. Elle a donc un caractère qui lui est propre, et qui la sépare des lois rendues depuis 1790 en cette matière.

Les difficultés que rencontra l'exécution de cette loi, les lacunes qu'elle présentait, malgré l'étendue de son texte, amenèrent une sorte de législation complémentaire, qui peut former une troisième partie dans la législation de notre seconde période.

ARTICLE 1ᵉʳ.

De la loi du 1ᵉʳ décembre 1790 à la loi du 14 ventose an 7.

SOMMAIRE.

321. — Loi du 1ᵉʳ décembre 1790.—Échangistes.—Distinction entre les échanges consommés ou non.
322. — Engagistes. — Aliénations maintenues.
323. — Révocation facultative des engagemens par l'état.
324. — Remboursement des finances.
325. — Liquidation préalable.

321. — Le domaine fut un des objets qui occupèrent tout d'abord et le plus vivement l'assemblée constituante. Après de lumineuses discussions dans le sein des comités des finances et des domaines, et dans l'assemblée, intervint la loi des 22 novembre-1ᵉʳ décembre 1790, dont nous avons déjà fait connaître plusieurs parties dans le volume précédent.

Nous avons maintenant à examiner celles qui étaient relatives aux engagistes et aux échangistes.

D'abord, en ce qui concerne les échangistes, le législateur distinguait les échanges consommés et les échanges non consommés.

Les échanges devaient être regardés comme consommés, lorsque toutes les formalités prescrites par les lois et réglemens avaient été observées et accomplies en entier, qu'il avait été procédé aux évaluations ordonnées par l'édit d'octobre 1711 , et que l'échangiste avait obtenu et fait enregistrer dans les cours les lettres de ratification nécessaires pour donner à l'acte son dernier complément. (Art. 19.)

Les échanges ainsi consommés étaient confirmés, à moins qu'il ne s'y trouvât fraude, fiction ou simulation, et encore que le domaine n'eût souffert une lésion du huitième, eu égard au temps de l'aliénation. (Art. 20.)

. Quant aux échanges non consommés, ou qui ne l'avaient été que depuis la convocation de l'assemblée nationale, ils devaient être examinés, pour être confirmés ou annulés par un décret formel des représentans de la nation. (Art. 18.)

L'échangiste dont le contrat était révoqué devait être au même instant remis en possession réelle et actuelle de l'objet par lui cédé en contre-échange, sauf les indemnités respectives qui pouvaient être dues. S'il avait été payé des soultes ou retours, de part et d'autre, ils devaient être rendus à la même époque, et si les soultes n'avaient pas été payées, il devait être fait raison des intérêts pour le temps de la jouissance. (Art. 21.)

Les échangistes qui avaient rempli toutes les conditions prescrites, et qui, par le résultat des opérations, se trouvaient débiteurs d'une soulte, dont ils devaient payer les intérêts jusqu'à ce qu'ils eussent fourni des biens et domaines fonciers de la même nature, qualité et valeur, étaient admis à payer

ιesuiis retours ou soultes, avec les intérêts en deniers ou assignats, sans aucune retenue. L'administrateur général des domaines était autorisé à
donner toute quittance bonne et valable, et il était
tenu de verser le tout dans la caisse de l'*extraordinaire*. (Art. 22.)

322. — Voici maintenant ce qui concernait les
engagistes.

D'abord le législateur déclarait simples engagemens les ventes et aliénations des domaines nationaux postérieures à l'édit de 1566, quelque stipulation contraire que pût contenir le titre. (Art. 24.)

Il n'y avait de maintenues comme aliénations que
celles de partie des petits domaines, c'est-à-dire les
aliénations par contrat d'inféodation, baux à cens
ou à rente des terres vaines et vagues, landes,
bruyères, pâtis, marais et terrains en friches autres
que ceux situés dans les forêts, ou à 100 perches
de distance; il fallait en outre que ces aliénations eussent été faites sans dol ni fraude, et dans les formes
prescrites par les réglemens en usage, au jour de
leur date. (Art. 31.)

323. — Tous les contrats d'engagement des biens
et droits domaniaux, postérieurs à l'édit de 1566,
étaient sujets à rachat perpétuel ; ceux d'une date
antérieure n'y étaient assujétis qu'autant qu'ils en
contenaient la clause expresse. (Art. 23.)

324. — Mais l'état ne pouvait déposséder les engagistes qu'après leur avoir payé, ou les avoir mis
en demeure de recevoir leur finance principale,
avec ses accessoires. (Art. 25.)

325. — Toutefois, en procédant à la liquidation

de la finance due aux engagistes, les sommes dont il avait été fait remise ou compensation, lors du contrat d'engagement, à titre de don, gratification, acquits patens ou autrement, devaient être rejetées. On ne pouvait faire entrer en liquidation que les deniers comptans réellement versés en espèces au trésor public, en quelques termes ou pour quelques causes que les quittances fussent conçues, et la preuve du contraire pouvait être faite, par extraits tirés des registres du trésor public, états de menus et comptans, et autres papiers de même genre, registres et comptes des chambres des comptes et tous autres actes. (Art. 26.)

326. — La loi accordait aux engagistes et détenteurs des domaines nationaux, moyennant finance, la faculté de provoquer la vente et l'adjudication définitive. Pour y parvenir, ils devaient faire leur déclaration au comité d'aliénation de l'assemblée nationale et aux directoires de département et de district de la situation du chef-lieu. Au moyen de cette déclaration, les biens engagés devaient, après préalable estimation, être mis en vente, en observant les formalités prescrites par les lois. Ils ne pouvaient être adjugés au dessous du prix de l'estimation, et l'adjudication ne devait être faite qu'à la charge de rembourser, au concessionnaire ou détenteur, la finance primitive, avec les accessoires, et de verser le surplus, s'il y en avait, à la caisse de l'extraordinaire. (Art. 27.)

327. — Gardant soigneusement les principes de l'ancienne législation relativement aux bois (voir ci-dessus, p. 7 et 15), la loi nouvelle défendait aux

détenteurs de domaines nationaux, quel que fût leur titre, de disposer des bois de haute futaie, non plus que des taillis recrus sur les futaies coupées ou dégradées. Il en était de même des pieds corniers, arbres de lisière, baliveaux anciens et modernes des bois taillis, dont il était d'ailleurs défendu d'avancer, retarder ni intervertir les coupes. (Art. 32 et 33.).

328. — La loi prescrivit en outre à tous les détenteurs de domaines nationaux de remettre, dans les trois mois à compter du jour de sa promulgation, au comité des domaines de l'assemblée nationale et au directoire du département de la situation du chef-lieu de ces domaines, des copies de leurs titres d'acquisition, des procès-verbaux qui avaient dû précéder l'entrée en jouissance, des quittances de finances, des baux, et en général de tous les actes, titres et renseignemens qui pourraient constater leurs consistance, valeur et produit, ainsi que le montant des charges dont ils étaient grevés.

Faute d'obéir à cette prescription dans le délai déterminé, ils devaient être condamnés à la restitution des fruits, à partir du jour qu'ils seraient en demeure. (Art. 34.)

329. — Les engagistes ou concessionnaires à vie ou pour un temps déterminé des biens et droits domaniaux, leurs héritiers ou ayans cause devaient se renfermer exactement dans les bornes de leurs titres, sans pouvoir se maintenir dans la jouissance desdits biens après l'expiration du terme prescrit, sous peine d'être condamnés au paiement du double des fruits perçus depuis leur indue jouissance. (Art. 35.)

330. — Après ces mesures sévères, fidèle au prin-

cipe qu'elle avait proclamé en tête de cette même loi,
l'assemblée constituante déclarait que la prescription
aurait lieu, à l'avenir, pour les domaines nationaux
dont l'aliénation était permise par ses décrets, et
que tous les détenteurs d'une portion quelconque
desdits domaines, qui justifieraient en avoir joui par
eux-mêmes ou par leurs auteurs, à titre de propriétaires, publiquement et sans trouble, pendant quarante ans continuels à compter du jour de la publication de la présente loi, seraient à l'abri de toute
recherche. (Art. 36.)

331. — Au reste, les dispositions de cette loi ne
devaient être exécutées, à l'égard des provinces
réunies à la France postérieurement à l'édit de 1566,
que relativement aux aliénations faites depuis la date
de leur réunion respective, les aliénations antérieures
devant être réglées suivant les lois qui étaient alors
en usage dans ces provinces. (Art. 37.)

332. — Les détenteurs de domaines engagés se
plaignirent que cette loi les laissait dans un état
d'incertitude qui était funeste à leur propriété,
parce qu'elle ne prononçait pas la révocation immédiate de leurs engagemens, qu'elle les déclarait
seulement révocables. Il paraît, d'ailleurs, qu'on
inquiétait ces détenteurs.

Pour les mettre à l'abri de tout acte de violence, une loi des 27 mars-1er avril 1791 déclara
qu'aucun possesseur de biens ci-devant dits domaniaux, à quelque titre que ce fût, ne devait être troublé dans sa jouissance, ni directement ni indirectement, avant qu'il eût été statué sur la validité de son
titre, dans la forme prescrite par la loi des 22 novem-

bre-1er décembre 1790. Les corps administratifs étaient chargés de veiller à ce qu'il ne fût apporté aucun obstacle à ladite jouissance, et notamment à ce qu'il ne fût exposé en vente, au profit de la nation, aucun desdits biens domaniaux possédés par des particuliers avant la révocation du titre légal d'aliénation, si ce n'est dans le cas déterminé par l'article 27 de la loi précitée, c'est-à-dire si ce n'est lorsque les détenteurs auraient eux-mêmes provoqué la vente.

333. — Une autre loi vint bientôt mettre fin à l'incertitude qu'on reprochait à la loi de 1790 d'avoir laissé planer sur le sort des détenteurs.

La loi du 4 septembre 1792 commence par déclarer que toutes les aliénations des domaines nationaux, déclarées révocables par la loi du 1er décembre 1790, sont et demeurent révoquées ; qu'il sera *incessamment* procédé à la réunion des biens compris dans lesdites aliénations. La régie des domaines était chargée de poursuivre cette réunion. (Art. 1er et 2.)

Un délai de trois mois était accordé aux détenteurs desdits biens, pour remettre leurs contrats, quittances de finances, et autres titres relatifs à leur remboursement, au directeur général de la liquidation(1).

Ils étaient tenus de justifier de cette remise, quinzaine après, en remettant le certificat du commissaire-liquidateur au bureau d'enregistrement dans l'arrondissement duquel les biens étaient situés, et par duplicata, lorsque les biens compris dans un

(1) Le délai était prorogé d'une année en faveur des détenteurs absens du royaume pour des causes légitimes, et à deux ans en faveur des détenteurs résidant au delà du Cap de Bonne-Espérance. (Art. 6.)

acte d'aliénation se trouvaient situés dans l'arrondissement de plusieurs bureaux : le receveur en devait donner son récépissé.

Cette remise devait tenir lieu de consentement à la dépossession. (Art. 3.)

Les détenteurs qui auraient rempli les formalités que nous venons d'exposer ne pouvaient être dépossédés, sans avoir préalablement reçu ou sans avoir été mis en demeure de recevoir les sommes auxquelles leur finance et ses accessoires auraient été liquidés.

Ils devaient percevoir jusqu'à cette époque les fruits et produits des biens, à la charge de les entretenir en bon état et d'en acquitter les charges et contributions. (Art. 4.)

334. — Les détenteurs, qui se croyaient dans quelque cas d'exception et en droit de se faire déclarer propriétaires incommutables, conformément à la loi de 1790, étaient tenus de se pourvoir, dans le même délai de trois mois relaté ci-dessus, devant le tribunal du district de la situation des biens, pour faire statuer ce qu'il appartiendrait, contradictoirement avec la régie, en présence du procureur-général syndic du département, et sur les conclusions du commissaire national.

L'instruction de ces instances devait avoir lieu par simples mémoires respectivement communiqués, sans aucuns frais, autres que ceux du papier timbré et de signification des jugemens interlocutoires et définitifs. Ces jugemens étaient sujets à l'appel.

Si la maintenue était rejetée, les détenteurs devaient rendre compte des fruits, depuis le jour de la publication de la loi. (Art. 5 et 7.)

335. — Les détenteurs qui n'auraient pas remis leurs titres ou qui ne se seraient pas pourvus devant les tribunaux dans le délai indiqué, devaient être dépossédés à l'instant de l'expiration de ce délai.

Ils étaient tenus de rendre compte des fruits, depuis le jour de la publication de la loi. (Art. 7.)

La régie des domaines devait prendre possession des biens par un procès-verbal dressé, sans frais, par le juge de paix du canton de la situation des biens.

Dans la huitaine, la régie devait faire remettre copie du procès-verbal au directoire du district dans le territoire duquel les biens étaient situés, et lui donner connaissance du consentement ou de l'opposition des détenteurs à leur dépossession.

Dans le même délai, la régie devait faire publier le procès-verbal dans toutes les municipalités sur le territoire desquelles les biens ou partie des biens se trouvaient situés.

Dès cette époque, les fermiers étaient tenus de verser, entre les mains des receveurs particuliers des droits d'enregistrement, le prix de leurs baux, et les intendans ou régisseurs le produit des biens qui leur étaient confiés et qui écherraient à compter de la prise de possession. (Art. 8.)

Si les détenteurs se pourvoyaient en maintenue, postérieurement à la prise de possession de la régie, ils ne pouvaient plus obtenir que la restitution des biens, tels qu'ils étaient au jour de leur demande, et celle des fruits à compter de la même époque. (Art. 17.)

336. — Mais, au moins, fallait-il constater l'état,

la consistance des biens. La loi avait encore pourvu à ce point.

Dans les quinze jours après la prise de possession ou le consentement donné par les détenteurs, la régie devait faire constater l'état des biens, par experts, contradictoirement avec le détenteur.

Le rapport des experts devait contenir, en autant d'articles séparés, l'état

1° Des fonds d'héritage,

2° Des bâtimens,

3° Des droits incorporels,

4° Des biens de toute autre nature.

Les experts devaient constater et estimer les dégradations et diminutions, ou les augmentations et améliorations faites dans lesdits biens par les détenteurs. (Art. 9.)

S'il s'élevait des contestations sur la consistance des biens, elles devaient être portées, par les parties réclamantes, devant les tribunaux de la situation des biens, pour être jugées sur simples mémoires ainsi que nous l'avons expliqué. (Art. 13.)

C'est sur ces documens que devait avoir lieu la liquidation.

Cette liquidation était faite par un bureau particulier, établi près du directeur général de la liquidation. Les rapports sur cette matière étaient soumis à l'assemblée nationale par son comité des domaines. (Art. 20.)

La liquidation, pour les détenteurs qui avaient poursuivi leur remboursement dans le délai prescrit, devait embrasser les intérêts du capital à compter du jour où les fruits avaient cessé de leur appartenir.

Quant aux détenteurs qui n'avaient point poursuivi leur remboursement dans le délai, et quant à
ceux dont les demandes en maintenue avaient été
rejetées, les intérêts ne pouvaient leur être alloués
qu'à compter du jour de la remise de leurs titres au
directeur général de la liquidation.

Les intérêts étaient fixés à quatre pour cent, sans
retenue. (Art. 14.)

337. — La liquidation terminée, devait venir le
remboursement. Nul détenteur ne pouvait toutefois
être remboursé qu'en rapportant

1° L'attestation, donnée par le directeur de la régie des biens nationaux, de l'existence en bon état
des biens dont il était détenteur et de la remise des
titres et papiers terriers relatifs auxdits biens ;

2° Les quittances des contributions et des redevances dues pour les deux dernières années de sa
jouissance.

L'attestation du préposé de la régie et les quittances des contributions devaient être visées par les
directoires du district de la situation des biens.
(Art. 15.)

Les détenteurs qui se trouvaient débiteurs, à raison des dégradations ou réparations à leur charge
ou des redevances par eux dues, pouvaient offrir de
précompter, sur leur remboursement, le montant
de ce qu'ils avaient à payer.

Ils étaient tenus, à cet effet, d'en rapporter le bor-
dereau, visé et vérifié dans la forme prescrite par
l'article précédent.

Ils étaient tenus pareillement de précompter sur
leurs remboursemens, et de restituer même, en cas

d'insuffisance, le montant des sommes qu'ils auraient pu recevoir à raison des sous-aliénations où
sous-accensemens consentis par eux ou par leurs auteurs. (Art. 16.)

338. — Les biens dont la régie avait pris possession devaient être vendus avec les formalités prescrites pour l'aliénation des biens nationaux.

Mais, en vendant, on respectait les baux à ferme
ou à loyer, soit particuliers, soit généraux, des
biens engagés, lorsqu'ils avaient une date certaine,
antérieure à la publication de la loi nouvelle. (Art.
21 à 26.)

339. — L'assemblée nationale se réservait de confirmer ou de révoquer les sous-aliénations et accensemens faits par les détenteurs engagistes des biens
nationaux, en vertu de contrats d'inféodation, baux
à cens ou à rente, autres que ceux des terres situées
dans les forêts ou à cent perches de distance.

Cependant les sous-aliénataires devaient continuer
de jouir des objets à eux aliénés, à la charge de
payer, entre les mains du receveur du district, les
cens et rentes dont ces biens étaient affectés.
(Art. 27.)

Toutefois, étaient confirmés les sous-aliénations
et accensemens faits par les seigneurs engagistes,
antérieurement au 1er décembre 1790 :

Des terres vaines et vagues au dessous de 10 ar-
pens, mesure de roi ;

Des terres défrichées en vertu des anciennes ordonnances sur les lisières des forêts, sur les bords
des grandes routes;

Des fossés et des terrains situés dans les villes

3.

et bourgs dont la population était au dessous de
10,000 ames, sur lesquels les sous-aliénataires avaient
fait un établissement quelconque.

Mais les sous-aliénataires étaient tenus :

1° De remettre, dans les trois mois de la publication de la loi, une copie de leurs titres, sur papier
timbré, collationnée par un notaire, au préposé de
la régie dans l'arrondissement duquel les biens étaient
situés ; une seconde copie au directoire du district de
la situation desdits biens, devant lequel ils devaient
affirmer, sous le sceau du serment, que lesdits actes
contenaient exactement toutes les sommes qu'ils
avaient données pour lesdites acquisitions ; et dans
le cas où les sommes qu'ils avaient données, à
titre de pot-de-vin ou deniers d'entrée, n'auraient
point été portées dans les actes, ils devaient en faire
leur déclaration et y joindre les pièces justificatives
qui seraient en leur pouvoir ;

2° De faire, dans le même délai de trois mois,
leur soumission de rembourser, dans six années et
en six paiemens égaux, les droits incorporels, fixes
ou casuels, dont les biens par eux acquis pouvaient
être tenus envers l'état, dans le cas où celui-ci justi-
fierait de ses droits par les titres primitifs de concession.

La liquidation desdits remboursemens devait
être faite dans les formes et suivant les taux prescrits pour le remboursement des droits incorporels et casuels, par la loi du 20 mars 1791. (Art. 28.)

340. — L'année suivante, une nouvelle loi fut
rendue sur la même matière : c'est celle du 10 frimaire an 2 (30 novembre 1793).

Cette loi, divisée en neuf paragraphes, ne renferme pas moins de cinquante-quatre articles ; mais, grace aux détails qui précèdent, nous pourrons la faire connnaître en quelques lignes.

D'abord, toutes les aliénations faites à quelque époque que ce soit, avec clause de retour et de rachat, sont révoquées *actuellement* et *définitivement* ; sont maintenues seulement celles qui avaient été faites purement et simplement avant le 1er février. 1566. (Art. 1 à 7.)

En conséquence, la loi prescrit à l'administration des domaines nationaux de prendre, aussitôt après sa promulgation, possession de tous les biens dont l'aliénation était révoquée, en faisant constater leur état, et en faisant estimer les améliorations qu'ils avaient reçues par trois experts nommés, l'un par le directoire du district, l'autre par le juge de paix de la situation des biens, et le troisième par le détenteur. (Art. 8, 11 et suiv.)

341. — Toutes les contestations qui pouvaient s'élever entre la régie des domaines et des détenteurs, sur la question de domanialité ou toutes autres relatives aux prises de possession, estimation et ventilation, devaient être décidées *par des arbitres*.

Le jugement devait avoir lieu en présence et sur l'avis du procureur-syndic du district de la situation des biens, ainsi qu'il était prescrit par les lois rendues sur les biens communaux. Il devait être rendu dans le mois et exécuté sans appel. Cependant la régie des domaines et le procureur-syndic étaient tenus de faire connaître, au comité des domaines.

de la convention, les décisions des arbitres, avec leur avis, pour y être examinés : le corps législatif devait statuer, lorsque les intérêts de l'état auraient été lésés. (Art. 24, 25 et 26.)

342. — Il y avait encore, dans la loi de l'an 2, des dispositions sur les déclarations et les états à fournir par les détenteurs et par les dépositaires particuliers ou publics; sur la remise des titres; sur les déchéances; sur la régie et la vente des domaines aliénés; sur la liquidation, le paiement ou l'inscription en rentes sur le grand-livre des créances provenant des domaines aliénés.

Les intérêts couraient du jour de la dépossession. Leur taux était toujours quatre pour cent, sans retenue. (Art. 27 à 51.)

Aux termes de l'article 53, toutes les lois relatives aux domaines aliénés ou échangés et à la liquidation de leurs finances étaient révoquées.

343. — L'article 52 chargeait les comités des domaines et des finances de la convention de présenter incessamment un projet de loi, relatif aux *échanges consommés* et aux dispositions de la loi du 1ᵉʳ décembre 1790 qui seraient susceptibles d'être révoquées.

344. — Cette loi de l'an 2 donna lieu à de vives réclamations. On lui reprochait de dépouiller les engagistes, sans leur avoir préalablement rendu les deniers qu'ils avaient fournis, de leur enlever ainsi leur gage sans les rembourser de leurs créances, et de laisser au gouvernement la faculté d'opérer ce remboursement en rentes sur l'état.

Une lutte continuelle était engagée entre le fisc et

les détenteurs, qui parvinrent à faire détruire successivement les principales dispositions de cette loi.

D'abord, le 3o ventose an 2 (20 mars 1794), la
convention rendit une loi pour suspendre l'exécution de celle du 10 frimaire, en ce qui concernait
les aliénations à condition de bâtir ou de démolir.

Le 24 germinal de la même année (13 avril 1794),
il intervint une autre loi qui suspendit celle du
10 frimaire, en ce qui concernait les aliénations à
cens et à rente de petites portions de terrain faites
par les ci-devant rois ou engagistes.

Enfin, le 22 frimaire an 3 (12 décembre 1794),
la même assemblée rendit une autre loi, qui suspendit complétement la loi du 10 frimaire an 2, et ren-
voya au comité des finances pour présenter un nouveau projet de loi sur les domaines aliénés.

345.—Une autre loi du 7 nivose an 5 (27 décembre 1796) renfermait deux dispositions importantes,
l'une pour les engagistes, l'autre pour les échangistes.
Mais ces dispositions exigent quelques explications.

Le 28 ventose an 4 (18 mars 1796), il avait été
créé pour deux milliards quatre cents millions de
mandats territoriaux, emportant avec eux hypothé-
que, privilége et délégation spéciale sur tous les domaines nationaux situés dans toute l'étendue de la
république; de manière que tout porteur de ces mandats pouvait se présenter à l'administration de département de la situation du domaine national qu'il
voulait acquérir, et le contrat de vente lui en était
passé, sur le prix de l'estimation à faire. Le prix
était payé en mandats.

Beaucoup d'engagistes s'avisèrent de soumissionner les biens dont ils avaient été dépossédés. Par la révocation de l'aliénation, disaient-ils, il a été déclaré que les biens qui en ont fait l'objet ont toujours été compris dans le domaine ; que le détenteur n'était possesseur qu'à titre précaire. Ces biens étaient, dès lors, susceptibles de soumission, comme les autres biens nationaux, dont il n'y avait pas de raison de les distinguer. La question, ayant été présentée aux conseils des cinq cents et des anciens, fut résolue en faveur des engagistes. On décida que « les soumissions qui ayant pour objet des domaines nationaux, dont l'aliénation est révoquée par les lois des 1er décembre 1790, 3 septembre 1792 et 10 frimaire de l'an 2, avaient été faites, en temps utile et dans les formes légales, par les détenteurs dépossédés desdits domaines, étaient valables, et qu'en conséquence il leur en serait passé contrat, à la charge de se conformer aux dispositions de la loi du 28 ventose an 4, et autres lois y relatives (1). »

346. — Quant aux échangistes, depuis et malgré la loi du 10 frimaire, le gouvernement s'était mis en possession des biens qui leur avaient été concédés, sans même leur remettre les biens qu'il en avait reçus en contre-échange, de telle sorte qu'il détenait à la fois et les biens de l'échange et ceux du contre-échange. Cela était contraire tout à la fois aux règles de l'équité et à la loi positive. Une

---

(1) Cette partie de la loi du 7 nivose an 5 ne se trouve pas dans le *Bulletin des lois* ni dans les autres recueils de législation ; elle est rapportée, dans le *Répertoire de la législation nouvelle* (au mot *Domaines engagés*), par M. Favard de Langlade, qui avait été le promoteur de la mesure.

proposition ayant été faite aux deux conseils législatifs, pour mettre fin à cet abus, ils adoptèrent la
disposition suivante :

« Les échangistes dépossédés depuis la loi du
10 frimaire an 2, sans avoir été rétablis dans la
jouissance des objets cédés en échange par eux ou
leurs auteurs, seront sur-le-champ réintégrés, par
les administrations départementales, dans les biens
dont ils ont été dépouillés, sans préjudice des droits
de la nation et de ceux des échangistes, qui les feront
valoir ainsi qu'il appartiendra. »

Telles furent les deux dispositions de la loi du
7 nivose an 5.

347.— Cependant l'exécution de la loi du 10 frimaire an 2 était toujours suspendue, et cette suspension était également nuisible au trésor public,
qu'elle privait de ses légitimes ressources, et à l'intérêt privé, qu'elle retenait dans un état fâcheux
d'incertitude. Pour faire cesser ces inconvéniens,
plusieurs projets furent successivement préparés (1).
De cette élaboration est sortie la loi du 14 ventose
an 7 (4 mars 1799), qui, par son importance, mérite d'arrêter nos regards, et dont les principales
dispositions forment le fond de la législation qui
est en vigueur aujourd'hui.

ARTICLE II.

Régime de la loi du 14 ventose an 7.

La loi du 14 ventose an 7 (4 mars 1799) peut se
diviser en six parties.

_____

(1) Le conseil des cinq-cents avait adopté, le 27 thermidor an 6
(14 août 1798), une résolution que le conseil des anciens rejeta, après
discussion approfondie.

La première renferme des dispositions générales sur la confirmation ou sur la révocation des aliénations du domaine de l'état. (Art. 1ᵉʳ et 4.)

La seconde établit les exceptions aux révocations prononcées, et elle en définit les circonstances, l'application et les bornes. (Art. 5 à 12.)

La troisième a pour objet de confirmer les détenteurs des biens dont la révocation est prononcée dans leur possession, à la charge de remplir certaines conditions. Ainsi, elle règle les formalités des déclarations à fournir et la nomination des experts qui doivent estimer les biens ; prescrit la manière dont il sera procédé à l'estimation, et fixe le mode du paiement à faire par les détenteurs confirmés dans leur jouissance. (Art. 13 à 20 et 21.)

La quatrième établit les formes dans lesquelles il sera procédé à la vente des biens dont les détenteurs n'auront pas fait les déclarations, et détermine le mode des paiemens à faire par les acquéreurs. (Art. 22, 23, 24, 25, 30, 31 et 32.)

La cinquième règle la manière de procéder sur les contestations qui peuvent s'élever entre le domaine et les engagistes. (Art. 22 à 29.)

La sixième annonce les objets sur lesquels il sera statué par d'autres lois ; elle est aussi relative à la législation ancienne, sur le sort de laquelle il est prononcé ou réservé de statuer. (Art. 33, 34 et 35.)

Il est nécessaire d'entrer, sur chacun de ces points, dans des détails qui seront plus ou moins étendus, suivant leur importance relative.

Nº 1.—*De la confirmation et de la révocation des aliénations.*

348. — Sont confirmées les aliénations anté-rieures à 1566, pourvu qu'elles aient été entièrement consommées avant cette époque, et que, d'ailleurs, elles aient été faites sans clause de retour ni réserve de rachat; autrement la nation aurait toujours con-servé son droit de propriété, et la faculté de l'exer-cer dans tous les temps, sans qu'on pût lui opposer la prescription la plus longue.

Voilà pour les aliénations consommées dans l'an-cien territoire de la France. En ce qui concerne les pays réunis postérieurement à la publication de l'é-dit de février 1566, les aliénations du domaine, faites avant les époques respectives des réunions, doivent être réglées suivant les lois alors en usage dans les pays réunis, ou suivant les traités de paix ou de réunion. (Art. 1 et 2.)

Rien de plus équitable que cette dernière disposi-tion : seulement elle peut donner lieu à des recher-ches étendues et laborieuses.

349. — Sont révoquées :

D'abord, toutes les aliénations contenant clause de retour ou réserve de rachat, à quelque titre qu'elles aient été faites, à quelque époque qu'elles puissent remonter, et en quelque lieu de l'état que les biens soient situés ;

Ensuite, les aliénations et sous-aliénations, même

celles qui ne contiennent aucune clause de retour ou de rachat, lorsqu'elles ont été consommées postérieurement à l'édit de 1566 dans l'ancien territoire de France, et dans les pays réunis postérieurement aux époques de leur réunion, sans autorisation des assemblées nationales. (Art. 3 et 4.)

Ces révocations se justifient facilement.

Quant aux premières, le titre même de l'aliénation fait ici la loi du détenteur : ce titre a dû lui rappeler sans cesse que sa possession n'était que précaire.

Quant aux secondes, le principe de l'inaliénabilité du domaine étant une maxime incontestable du droit public français, depuis l'édit de 1566, les aliénations n'auraient pu être faites que par une infraction à cette loi fondamentale, infraction qui ne saurait constituer un titre.

Il faut remarquer que le législateur ne révoque pas seulement les aliénations à titre onéreux, mais *toutes les aliénations* qui se trouvent dans les cas qu'elle détermine. La loi du 14 ventose an 7 est donc applicable aux aliénations à titre gratuit. La cour de cassation l'a décidé ainsi dans plusieurs circonstances, notamment par l'arrêt du 2 juin 1834 (*le préfet du Haut-Rhin c. Fritsch et Lehmann*).

N° 2. — *Des exceptions ou révocations.*

SOMMAIRE.

350. — Cinq catégories d'exceptions.
351. — Motifs et conditions de chacune d'elles.

350. —Les exceptions aux révocations prononcées portent sur :

1° Les échanges consommés, légalement et sans fraude, avant le 1er janvier 1789, pour les pays qui à cette époque faisaient partie de la France, et avant les époques respectives des réunions, quant aux pays réunis postérieurement audit jour 1er janvier 1789;

2° Les aliénations qui ont été spécialement confirmées par des décrets particuliers des assemblées nationales, non abrogés ou rapportés postérieurement;

3° Les inféodations et accensemens de terres vaines et vagues, landes, bruyères, palus et marais, non situés dans les forêts ou à 715 mètres d'elles, pourvu que les inféodations et accensemens aient été faits sans fraude et dans les formes prescrites par les réglemens en usage au jour de leur date, et que les fonds aient été mis et soient actuellement en valeur, suivant que le comportent la nature du sol et la culture en usage dans la contrée;

4° Les aliénations et sous-aliénations ayant date certaine avant le 14 juillet 1789, faites avec ou sans deniers d'entrée, de terrains épars quelconques au dessous de la contenance de cinq hectares, pourvu que lesdites parcelles éparses de terrains ne comprissent, lors des concessions primitives, ni des maisons appelées châteaux, moulins, fabriques ou autres usines, à moins qu'il n'y eût condition de les démolir, et que cette condition ait été remplie, ni, dans les villes, des habitations actuellement comprises aux rôles de la contribution foncière, au dessus de 40 fr. de principal ;

5° Les inféodations , sous-inféodations et accensemens de terrains dépendant des fossés, murs et remparts des villes , justifiés par des titres valables, ou par arrêt du conseil, ou par une possession paisible et publique de quarante ans, pouvu qu'il y ait été fait des établissemens quelconques , ou qu'ils aient été mis en valeur. (Art. 5.)

351.—Après avoir indiqué quelles sont les différentes exceptions, nous allons en exposer brièvement les motifs et les conditions.

I° — D'abord , quant aux échanges, du moment où ils ont été consommés légalement et sans fraude, l'état ayant trouvé dans l'acquisition une compensation à l'aliénation, ils ne devaient point être réprouvés ; la nation n'avait souffert aucun dommage.

Mais quand les échanges sont-ils légalement consommés? quand sont-ils réputés frauduleux?

En analysant la loi du 1er décembre 1790 , nous avons déjà indiqué quelles circonstances étaient nécessaires pour constituer un échange légalement accompli (Voir ci-dessus, p. 24). L'article 6 de la loi du 14 ventose an 7, maintenant ces conditions, se réfère à l'article 19 de la loi de 1790.

L'article 7 déclare que la preuve d'une lésion du quart, eu égard au temps de l'aliénation, suffit pour entacher de fraude un échange.

Le législateur a pensé qu'il fallait remonter au temps de l'échange pour fixer la valeur de la lésion, quelques améliorations que le domaine donné en échange ait pu recevoir depuis, parce qu'alors l'é-change est vicieux dans son principe.

Du reste, qu'il y ait fraude ou seulement inobser-vation des formalités prescrites, la révocation de l'échange est prononcée.

La révocation d'un échange produit plusieurs effets ; ainsi

1° Elle fait rentrer le domaine dans la plénitude de ses droits anciens, et elle remet l'échangiste en possession de l'objet par lui cédé en contre-échange, sauf les indemnités, s'il en est dû ;

2° L'échangiste avait ordinairement le droit de revendiquer les terres démembrées de celles qui lui avaient été données à titre d'échange ; mais ces do-maines, ainsi recouvrés, n'étaient dans les mains de l'échangiste qu'à titre d'engagement ; l'état pouvait les reprendre en tout temps, en lui payant la finance qu'il avait lui-même remboursée. La révocation de l'échange produit nécessairement la rentrée du do-maine dans ces terres anciennement démembrées, sauf l'indemnité due à l'échangiste.

II° — Quant aux aliénations confirmées par les as-semblées nationales, on ne pouvait songer à y reve-nir ; la nation elle-même avait donné son assentiment par l'organe de ses représentans : aussi la constitu-tion qui suivit la loi que nous analysons le déclare-t-elle expressément. (V. l'art. 94 de la constitu-tion du 22 frimaire an 8.)

III° — Pour bien déterminer l'étendue de cette troisième exception, il nous paraît utile de trans-crire ici un passage du rapport fait au conseil des anciens (séance du 13 ventose an 7), par Régnier.

« Le projet, disait-il, ne parle que des inféodations et accensemens, d'où l'on pourrait peut-être
conclure, au premier aperçu, que les autres espèces
d'aliénations ne sont point comprises dans l'exception.

« Mais pour peu qu'on réfléchisse, il est aisé de
sentir que ce mot *accensement* doit être pris dans
le sens le plus large, et que dans l'intention du législateur il enveloppe toutes les espèces d'aliénations
quelles qu'elles soient.

« D'abord on ne voit pas qu'il y eût la raison la
plus légère de faire une distinction entre elles : ensuite, si l'on a recours au § 4 de l'article 5, on y
remarque qu'il confirme toutes les aliénations ou
sous-aliénations faites avant le 14 juillet 1789 de
terrains épars quelconques, au dessous de la contenance de cinq hectares. Or, si l'aliénation de ces
terrains, quelle qu'en soit la bonté et la valeur,
est généralement confirmée, même dans le cas où
elle a été faite sans deniers d'entrée, comment
soutenir qu'il n'ait pas été dans l'intention du législateur de confirmer aussi généralement celle des
landes et des terres vaines et vagues? non seulement il y a parité, mais même supériorité de raison.»

Nonobstant cette déclaration si positive, l'administration des domaines a élevé la prétention de ne
pas appliquer l'exception aux concessions dont il
s'agit, lorsqu'elles étaient faites moyennant un capital fourni ; mais la cour de cassation a condamné
cette prétention, par son arrêt du 1er prairial an 13
(affaire des concessionnaires des marais de Roche-
fort).

—Nous avons déjà fait connaître ci-dessus (p. 13) les motifs qui avaient fait admettre l'aliénation des terres vaines et vagues, par un édit contemporain de celui qui avait établi le principe de l'inaliénabilité du domaine. Cette exception était fondée sur le véritable intérêt de l'état : aussi les lois des 1er décembre 1790 et 10 frimaire an 2, rendues depuis le nouvel état de choses, avaient-elles confirmé ces aliénations.

Mais, d'un autre côté, il était certain que de semblables aliénations avaient donné lieu à de véritables spoliations, à des mesures infiniment désastreuses pour l'état; que pour d'autres la condition de la concession n'avait point été remplie. Le législateur devait-il fermer les yeux sur ces illégalités? Celui de l'an 7 ne l'a point pensé.

Il n'a donc confirmé les inféodations et accensemens de terres vaines et vagues, landes, bruyères, palus et marais, qu'autant que les fonds ont été mis en culture, et sont actuellement en valeur, suivant que le comportent la nature du sol et la culture en usage dans la contrée.

Il faut de plus que l'inféodation et l'accensement aient été revêtus de toutes les formalités,

Qu'ils aient été faits sans fraude,

Et que les terrains soient situés hors des forêts, à une distance de 715 mètres (1).

On remarquera que la loi n'a point fixé l'espèce de culture à laquelle le propriétaire a dû s'appliquer: cela dépend des localités. Chaque pays adopte un

(1) Cette condition a été supprimée par l'article 10 de la loi du 11 pluviose an 12. Voir ci-après, n° 370.

T. II.   4

genre de spéculation et d'exploitation. Il était pru-
dent de laisser au détenteur le choix des moyens que
la nature du sol et l'usage de la contrée lui permettent d'employer pour son intérêt personnel.

Mais quand y aura-t-il fraude?

D'abord, il y a fraude, ou au moins violation de
toutes les règles, lorsqu'un contrat d'aliénation, inféodation, bail ou sous-bail à cens ou à rente porte
à la fois sur des terrains désignés comme vains et
vagues, landes, bruyères, palus, marais et terrains
en friche, et sur des terres désignées comme étant
cultivées ou autrement en valeur, sans énonciation
de contenance ou sans distinguer la contenance des
uns et des autres : aussi la loi, dans ce cas, pro-
nonce-t-elle la révocation *pour le tout*. (Art. 8.)

Ensuite, il y a incontestablement intention frauduleuse, lorsque des objets étaient, lors de l'aliénation,
des terrains en culture ou en valeur, et qu'ils ont
été portés sous le nom de terres vaines et vagues,
landes, bruyères, palus et marais.

Dans ce cas, la loi permet de prouver la qualification frauduleuse par la notoriété publique et par
enquêtes, ou par actes écrits mis en opposition avec
l'acte qui contient l'aliénation. (Art. 9.)

Elle va même plus loin, elle établit ici une présomption de fraude tout-à-fait extraordinaire, en
déclarant que la qualification frauduleuse est légalement présumée et donne lieu de plein droit à la
révocation, si les aliénations ont été faites à des ci-
devant gentilshommes titrés ou autres personnes
ayant charge à la cour (1). Cependant elle ne veut

(1) Il est peu important de rechercher aujourd'hui ce qu'on devait

pas que la révocation puisse atteindre les sous-inféo-
dataires, à moins qu'ils ne réunissent les mêmes
qualités. (Art. 10.)

Bien qu'il soit certain que beaucoup de personnes
de la cour eussent abusé de l'ascendant que donne
la familiarité et l'intrigue pour surprendre aux rois
des concessions aux dépens de l'état, la présomption
légale dont nous venons de parler peut paraître
exorbitante. Quels en étaient les effets?

La présomption de droit supplée à la preuve; elle
suffit quand il n'y a point de preuve; elle dispense
même de la preuve; mais elle ne détruit pas la
preuve, parce que la vérité prouvée est supérieure
à tout. L'effet de la présomption de droit est donc
de rejeter entièrement sur cette classe de personnes
tout le poids de la preuve; mais il ne s'étend pas
jusqu'à leur enlever les biens qui leur ont été anciennement concédés, lorsqu'il sera prouvé que les
terrains étaient, au moment de la concession, entièrement incultes et sans valeur.

De ce que la présomption légale de fraude ne s'é-
tendait pas au sous-inféodataire, s'il ne réunissait
pas, comme le concessionnaire primitif, la qualité
de gentilhomme titré ou ayant charge à la cour, il
résulte plusieurs conséquences. Ainsi :

1° Si l'inféodation primitive n'a pas été faite à un

entendre par *gentilshommes titrés et gens ayant charge à la cour.*
On sait que les charges de la cour étaient de trois genres; qu'on distinguait : 1° la maison d'honneur du roi, de la reine et des princes; 2° leur
maison militaire; 3° leur maison domestique.
La loi ne faisait aucune distinction entre ces charges; cependant
il eût été bien rigoureux de les comprendre toutes également dans la
disposition dont il s'agit.

4.

gentilhomme titré, la présomption légale ne doit
pas avoir lieu contre lui ni contre le sous-inféodataire, quand même il aurait eu la qualité de gentilhomme titré, parce que la concession primitive ne
doit pas être jugée frauduleuse.

2° L'inféodation et la sous-inféodation peuvent
se trouver soumises à l'effet de la présomption légale, si elles ont été faites à des gentilshommes titrés, et cependant les arrière-sous-inféodations ou
accensemens qui avaient été faits à des personnes
non titrées ne se trouveraient pas compris dans
l'effet de la présomption.

3° C'est l'époque des concessions primitives et
des sous-inféodations qu'on doit considérer et non
pas la qualité de ceux qui possédaient au moment
où la révocation s'est opérée, parce que la loi ne
peut appliquer ces motifs qu'à ceux qui, les premiers, ont obtenu ces concessions.

IV° — Les aliénations de terrains épars ont été
respectées, parce que, si l'on devait réprouver des
aliénations qui n'étaient évidemment que le fruit de
l'intrigue et de la cupidité, on devait, au contraire,
se montrer favorable à toutes les petites concessions de parcelles de terrains, qu'on ne pouvait
présumer avoir été faites en fraude des droits du
domaine. Il en était de même de chétives maisons
d'habitation dans les villes.

C'était justice d'assurer la tranquillité d'une foule
de familles accoutumées à considérer comme leur
patrimoine de petits objets dont la valeur était originairement presque nulle, et qui n'ont été détachés du
domaine que pour un intérêt public bien compris.

Pour déterminer si les habitations comportent une contribution foncière inférieure à 40 fr., et doivent comme telles être exemptées de la révocation, il faut se reporter à l'état des choses au temps de la concession, et non à leur état actuel (1).

V° — Quant à l'exception en faveur des terrains dépendant des murs et remparts des villes, elle est fondée, d'une part, sur ce que, dans le cours du siècle dernier, les officiers municipaux de plusieurs villes avaient cru pouvoir disposer de ces objets, d'après une fausse interprétation de la déclaration du 6 novembre 1677; et aussi sur la considération que les familles qui avaient acquis en sous-ordre étaient vraisemblablement des acquéreurs de bonne foi, auxquels ne pouvaient s'étendre les soupçons de dilapidation des biens domaniaux. Le législateur, toutefois, n'a voulu fermer les yeux qu'à demi sur les abus; il a pensé qu'il n'y avait point lieu de maintenir les inféodations, dons ou concessions, faits par un seul acte et en entier, de tous les murs, remparts ou fortifications d'une ville. En conséquence, pour ces concessions générales, lorsque le concessionnaire primitif ou ses descendans ont conservé la propriété de tout ou partie des objets aliénés, ce qui s'en trouvait entre leurs mains a dû rentrer dans celles de l'état; mais l'aliénation a été maintenue pour toutes les parties sous-aliénées à des familles qui en auraient joui paisiblement depuis quarante ans, et qui d'ailleurs y auraient formé des établis-

(1) Voir les arrêts de la cour de cassation, du 24 décembre 1813, affaire de l'*administration des domaines c. Lebrun*; et, du 4 décembre 1827, affaire de l'*administration des domaines c. Guyot*.

sémens ou qui les auraient mis en valeur. (Art. 11.)

352. — Un autre point de la loi du 14 ventose an 7 demande quelques explications.

Sous l'ancien régime de la monarchie française, un seigneur avait la faculté de retirer les héritages roturiers dépendant de sa censive. On appelait cette faculté *retrait censuel*, et on nommait *retrait féodal* celui par lequel un seigneur dominant retirait, par puissance de fief, des mains des acquéreurs, les héritages féodaux qui avaient été vendus et qui relevaient de lui. Il y avait cette différence entre le retrait censuel et le retrait féodal que le dernier était de droit commun.

Un grand nombre d'engagistes avaient réuni aux domaines à eux engagés des biens considérables, par droit de retrait féodal ou censuel. Ces biens devaient-ils être considérés comme faisant partie de l'engagement, et comme tels, à leur tour, sujets au retrait national; ou devaient-ils en être exceptés?

Telle était la question qui se présentait au législateur de l'an 7.

Les engagistes et leurs partisans soutenaient que les biens ainsi retraits devaient être considérés comme des *fruits*. Il est vrai que, en certains pays et particulièrement à Paris, cette dernière opinion avait prévalu et que ces biens entraient, comme fruits, dans la communauté conjugale; mais ailleurs, notamment dans la Bourgogne et l'Artois, on tenait pour maxime que les biens provenant de tels retraits étaient et restaient *propres* à l'époux du chef duquel ils provenaient.

D'ailleurs, au milieu de ces usages divers, la raison indiquait assez que le retrait féodal ou censuel donnait ouverture, non à des fruits, mais à une incorporation réelle, qui rappelait à leur primitive condition des fonds qui en avaient été momentanément distraits.

Aussi l'article 12 de la loi déclare-t-il que les biens que l'engagiste aurait pu réunir par puissance féodale ou à titre de retrait féodal et censuel, résultant de son contrat d'aliénation, doivent subir l'application des règles que nous avons exposées ci-dessus pour les domaines engagés eux-mêmes. Les détenteurs peuvent donc être dépossédés de ces biens, mais avec indemnité, s'il y a lieu.

353. — Enfin la loi déclarait que, en confirmant irrévocablement, dans leurs propriétés, les concessionnaires et sous-concessionnaires placés dans une des catégories exceptionnelles, l'état ne renonçait pas aux droits et actions qu'il pouvait avoir à exercer contre eux. Ils devaient continuer de payer les redevances et prestations assignées sur les fonds qu'ils détenaient, à moins qu'elles ne fussent du genre de celles qui ont été proscrites comme féodales. (Art. 35.) (1).

Nous passons à la troisième partie de la loi.

N° 3. — *Conditions imposées aux détenteurs, pour qu'ils puissent être maintenus dans leur jouissance et déclarés propriétaires incommutables.*

(1) En ce qui concerne les rentes et prestations dues par les enga-

354. — Cette partie de la loi du 14 ventose an 7 renferme, nous l'avons dit, des dispositions qui confirment dans leur possession les détenteurs des biens dont la révocation est prononcée, à la charge par eux de remplir certaines conditions.

« Les engagistes qui ne sont maintenus par aucun des articles précédens (porte l'article 13), et même les échangistes dont les échanges sont déjà révoqués ou susceptibles de révocation, sont tenus, à peine d'être déchus de la faculté portée en l'article suivant, de faire, dans le mois de la publication de la présente loi, à l'administration centrale du département où sont situés les biens ou la majeure partie des biens engagés ou échangés, non encore vendus par la nation ni soumissionnés, en exécution de la loi du 28 ventose an 4 et autres y relatives, la déclaration générale des fonds faisant l'objet de leur engagement, échange ou autre titre de concession. »

Voyons quels avantages étaient attachés à cette déclaration.

Ceux qui l'avaient faite pouvaient, aux termes de l'article 14, « dans le mois suivant, faire, devant la

gistes dont les concessions étaient révoquées, voir ci-après, n° 371, p.

même administration, la soumission irrévocable
de payer, en numéraire métallique, le *quart* de la
valeur desdits biens estimés comme il sera dit ci-
après (voir p. 62), avec renonciation de toute imputation, compensation ou distraction de finance ou
amélioration.

« En effectuant cette soumission, ils devaient
être maintenus dans leur jouissance, ou y être réintégrés, s'ils en avaient été dépossédés et que lesdits
biens se trouvassent encore dans les mains de la nation; ils devaient, en outre, être déclarés et reconnus
propriétaires incommutables, et en tout assimilés
aux acquéreurs de biens nationaux, aliénés en vertu
des décrets des assemblées nationales. »

Examinons le sens de ces deux articles.

Tous les réglemens dont le but a été de réunir au
domaine les biens qui en avaient été distraits ont
obligé les détenteurs de faire la déclaration des
biens dont ils jouissaient; et, dans le cas où les engagistes auraient dissimulé, dans les déclarations ordonnées, quelques objets dépendans de leur engagement, ils en ont toujours été punis par la réunion
des objets célés au domaine, sans remboursement
ni indemnité (1).

Cette forme est bien plus simple et plus courte
que la recherche de toutes les concessions domaniales dans les dépôts immenses des chambres des
comptes; elle est d'ailleurs souverainement juste,
parce que tout engagiste, tout possesseur d'un bien
domanial doit connaître la nature de sa possession.

_____

(1) Voir notamment l'arrêt du conseil du 14 janvier 1781, article 2.

— Les lois ont presque toujours ordonné, nous l'avons vu, aux détenteurs des biens domaniaux de représenter leurs titres. La loi du 14 ventose an 7 ne parle point de cette remise : des auteurs en ont conclu que la représentation des titres n'était pas nécessaire pour obtenir la maintenue; que la confirmation était générale; qu'elle s'étendait à tous les détenteurs, sans exception, munis ou dépourvus de titres, à charge de faire leur déclaration, de remplir les formalités nouvelles, et de payer les sommes ordonnées par la loi. Mais l'administration du domaine a toujours considéré, et avec raison selon nous, les détenteurs sans titre comme des usurpateurs et non comme des engagistes; et c'est par voie de revendication qu'elle a procédé contre eux.

Le silence de la loi du 14 ventose est fondé sur ce que la remise générale des titres devait avoir été faite aux termes des lois du 1er décembre 1790, article 34; du 3 septembre 1792, article 3; du 10 frimaire an 2, art. 18, confirmatives des anciennes dispositions, notamment de l'édit d'avril 1667.

355. — On discuta beaucoup, dans les conseils législatifs, sur l'abandon des droits du domaine, moyennant le quart de la valeur des biens.

D'une part, on prétendit que les intérêts de l'état seraient trop gravement compromis par cette mesure.

Mais d'abord il faut faire attention que le détenteur devait renoncer à toute imputation, à toute compensation, à toute distraction de la finance originaire et des améliorations; et que, relativement à beaucoup de détenteurs, le paiement des indemnités

ou répétitions aurait été une charge très lourde pour
l'état ; que, d'ailleurs, on prenait pour point de départ la valeur de 1790, valeur beaucoup plus considérable que la valeur originaire et généralement
que celle de l'an 7 même.

Enfin, il faut penser qu'il y aurait eu des difficultés sans nombre dans la recherche et dans l'examen
des titres domaniaux ; qu'il se serait élevé des contestations infinies sur l'application des titres, sur la
propriété, sur les localités. On crut prévenir ces
obstacles en présentant aux détenteurs un appât ca-
pable de les déterminer à faire leur déclaration dans
le plus court délai, et à préférer le prompt sacrifice
d'une portion de la valeur des biens à la crainte d'en
perdre un jour la totalité, par l'effet de la révocation
complète.

D'un autre côté, on reprochait à la loi un excès
de fiscalité. Il n'y a pas d'exemple, disait-on, que
les rois eux-mêmes aient jamais exigé des détenteurs le quart de la valeur estimative des domaines
engagés. Une foule de citoyens seraient exposés à se
voir dépouillés de leur patrimoine par l'impossibilité de payer un prix aussi considérable.

A ces reproches, on répondit que, sous l'ancienne
monarchie, la possession des engagistes était toujours
incertaine et précaire ; qu'ils pouvaient sans cesse
être contraints de verser une finance nouvelle ou
être frappés de révocation ; que désormais rien de
semblable ne serait à craindre pour eux ; que ce seraient vraiment des biens patrimoniaux qu'ils allaient
posséder ; qu'il n'y avait ni injustice ni rigueur à
demander, pour prix de ces avantages, le quart de la

valeur de domaines que l'état pouvait légalement
reprendre en entier. Si l'on se reporte à l'origine de
la plupart des concessions domaniales, n'y a-t-il pas
modération à supposer une lésion du quart seulement? Quant à la difficulté pour les engagistes de
se procurer les sommes nécessaires pour se libérer
vis-à-vis du trésor, ne pourraient-ils pas trouver aisément des prêteurs, lorsqu'ils offriraient, pour
sûreté de la créance, dans le domaine même qu'ils
détenaient, un gage fort supérieur à la somme
prêtée? La loi, d'ailleurs, accordait des facilités
pour le paiement; elle autorisait même les engagistes à vendre tout ou partie des biens engagés pour
se procurer les fonds qui leur étaient nécessaires.

Les lois des 3 septembre 1792 et 10 frimaire
an 2 avaient dépossédé les engagistes des biens dont
ils jouissaient. La loi de l'an 7 les traite avec plus
d'indulgence. « Ceux, y est-il dit, qui feront la soumission ordonnée devront être réintégrés, s'ils ont
été dépossédés, dans le cas où leurs biens seraient
encore sous la main de la nation. »

Il n'y avait, comme on voit, aucune distinction
entre les détenteurs; et cependant il pouvait y avoir
entre eux, ou dans la cause de leur jouissance, des
différences importantes, soit à cause des sommes
qu'ils avaient payées, soit par d'autres raisons. « Mais
dans une loi aussi générale, disait le rapporteur au
conseil des anciens, et dont les effets devaient tout
embrasser, on ne s'est occupé d'aucune espèce particulière. Les dispositions de l'article 14 ont été regardées *comme une indulgence et comme une
grace plutôt que comme un acte de justice ri-*

goureuse, et le législateur a pensé que, lorsqu'on faisait grace à tous, aucun engagiste n'avait droit de se plaindre de voir cette disposition s'étendre à d'autres détenteurs qui pouvaient la mériter moins que lui.(1). »

356.— Il y a, quant au délai dans lequel la déclaration et la soumission doivent être faites, une exception qu'il faut noter.

Les communes étaient maintenues dans la possession de tous les biens qui leur avaient été accordés par les lois sur la destruction du pouvoir féodal.

Mais si ces lois avaient donné lieu à une contestation non terminée entre une commune et un engagiste, les délais établis par la loi du 14 ventose an 7, pour la déclaration et la soumission, ne devaient courir qu'à partir du jugement définitif qui confirmerait l'engagiste dans sa possession. (Art. 37.)

357.— Il faut aussi noter que la faculté générale, accordée aux détenteurs des domaines engagés, de devenir propriétaires incommutables, moyennant certaines conditions, est restreinte, par la seconde partie de l'article 15, en ce qui concerne les concessions de forêts au dessus de 150 hectares et de terrains enclavés dans les forêts nationales ou qui en étaient distans à moins de 715 mètres. Il devait être statué sur ces concessions par une résolution législative.

358.— La loi réglait ensuite les formalités des déclarations à fournir par les engagistes.

Leur soumission devait être accompagnée d'un

(1) Voir le rapport précité de Régnier, fait au Conseil des anciens, le 13 ventose an 7 (5 mars 1799).

état, signé par eux, des biens qu'ils entendaient conserver. Cet état devait présenter la situation des
biens, leur nature telle qu'elle était à l'époque de la
concession, l'état actuel et leur produit.

Cette soumission devait comprendre la totalité
des domaines aliénés par un même titre, ou ce que
l'engagiste se trouvait en posséder encore.

Enfin elle devait contenir la nomination d'un
expert pour procéder, aux frais de l'engagiste ou
échangiste soumissionnaire, au réglement de la valeur des biens, concurremment avec deux autres
experts nommés, l'un par le directeur des domaines,
l'autre par l'administration départementale. (Art. 15
et 16.)

Des précautions étaient prises et des peines établies pour s'assurer de la probité et de l'impartia-
lité des experts. (Art. 17 et 18.)

359. — La loi règle d'ailleurs le mode d'estimation pour arriver à une évaluation sincère du quart de
la valeur des biens dont elle confirme la propriété.

Deux modes d'estimation sont employés : le premier pour les maisons, usines, cours et jardins en
dépendant ; le deuxième pour les terres labourables, prés, bois, vignes et autres terrains.

L'estimation de chacune des deux espèces de
biens doit avoir lieu d'après trois bases différentes,
savoir : pour les maisons, usines et leurs dépendances, le prix commun actuel, le prix commun de
1790 et le prix de 1790 d'après les baux de cette
époque, s'il en existait. Pour les propriétés non bâties, la valeur se constate d'après le prix commun
actuel, d'après le montant de la contribution fon-

cière de 1793 et d'après le prix de 1790. Les experts
motivent leur rapport sur chacune de ces bases, et
les administrations de département, en énonçant les
résultats de cette triple évaluation dans les arrêtés
par lesquels ils déclarent les engagistes propriétaires,
doivent se fixer à celle des trois qui est la plus avantageuse à l'état; ils doivent aussi en faire mention
expresse : le tout à peine de nullité. (Art. 19.)

Cet article rencontra une assez vive opposition.
Pour être juste, disait-on, il eût fallu former un prix
moyen des trois manières d'estimer, et, au lieu du
résultat le plus avantageux, n'adjuger à l'état que ce
prix moyen; ou si l'on voulait exiger le quart de la
valeur qu'avait l'immeuble en 1790, il fallait se
borner à faire faire l'estimation relativement au prix
commun de cette année.

On répondit que le quart de la valeur de 1790
était le minimun du prix attaché à la concession définitive par l'état aux détenteurs; mais que si, dans
quelques circonstances, la valeur actuelle du domaine
était supérieure à celle de 1790, le trésor public en
devait profiter. On ajouta que, malgré toutes les précautions prises par la loi pour garantir les intérêts de
l'état dans l'expertise, il était certain que les détenteurs seraient traités plus favorablement que lui.

360. — Le mode du paiement à faire par les détenteurs confirmés dans leur jouissance était réglé
comme il suit.

Le quart de la valeur devait être payé dans le
mois, à compter de la date de l'arrêté de l'administration départementale qui en avait fixé le montant, d'après le rapport des experts.

Le paiement devait être fait tout en numéraire,
savoir : un tiers comptant, un tiers dans deux mois
après le premier paiement, un tiers dans quatre
mois, à partir de la même époque.

Il devait être remis des obligations pour les deux
derniers paiemens.

Les intérêts couraient à 5 p. o/o, à compter de
l'arrêté de l'administration départementale pour
ceux qui n'avaient pas cessé de jouir de leurs biens,
et à compter du jour de la reprise de possession à
l'égard de ceux qui avaient été dépossédés par l'effet
des lois de 1792 et 1793. (Art. 20.)

361. — Dès que l'engagiste ou l'échangiste avait
fait la déclaration et la soumission prescrites, il
avait acquis la libre disposition des objets qu'il
détenait : aussi la loi lui permettait-elle de vendre
tout ou partie des biens compris dans sa soumission,
mais à la charge d'imposer à l'acquéreur l'accomplissement des obligations qu'il avait lui-même contractées envers la nation quant au paiement.

Au surplus, quelques stipulations particulières
que le vendeur eût pu faire avec l'acquéreur, celui-
ci était tenu de verser dans les caisses des receveurs
du domaine tout son prix, jusqu'à concurrence de
la somme due par le vendeur. Rien ne pouvait l'en
dispenser. Les oppositions formées entre ses mains
par les créanciers du vendeur ne devaient pas l'arrêter, parce que le privilége de l'état prime toute
espèce de créance.

Mais si l'engagiste, profitant de la liberté d'aliéner, vendait l'objet engagé pour un prix inférieur à
l'estimation, il ne fallait pas que la nation en souffrît.

Aussi la loi déclare-t-elle que dans ce cas l'état conserve, pour l'excédant, son privilége et son hypothèque, même sur la chose vendue, parce que le vendeur n'a pu nuire aux droits de l'état, qui n'est pas tenu de poursuivre l'inscription de sa créance sur les registres publics de la conservation des hypothèques. (Art. 21.)

N° 4. — *Vente des biens dont les détenteurs n'ont pas fait la déclaration.*

362. — Après avoir prononcé la révocation des engagistes ou échangistes non maintenus qui n'auraient pas fait leur déclaration et leur soumission dans le délai prescrit, la loi règle les formes de l'aliénation des biens ressaisis par le domaine.

A l'expiration du délai prescrit pour faire la déclaration et la soumission, l'état pouvait donc notifier aux échangistes ou engagistes non maintenus qui n'avaient point fait leur déclaration et soumission que, dans le délai d'un mois, il poursuivrait la vente des biens par eux détenus.

Mais, avant toutes poursuites, il fallait que l'administration fît la preuve de la domanialité des biens, par la signification de la copie des titres primitifs, récognitifs ou énonciatifs.

Dans les dix jours de la signification, les détenteurs devaient nommer un expert, pour procéder, concurremment avec deux autres experts nommés comme il a été dit ci-dessus (p. 62), à la détermination de la valeur des biens , à la constatation des restitutions dues par l'engagiste ou des indemnités auxquelles il pouvait avoir droit.

Sur le rapport des experts, un mois toutefois après la signification des copies de titres, les biens devaient être vendus dans les formes usitées pour les domaines nationaux. (Art. 22 à 25.)

Il faut bien noter que ce délai d'un mois n'avait pas pour but de donner à l'engagiste le temps de faire sa déclaration ou une soumission ; il avait été établi parce que le législateur l'avait cru nécessaire pour donner aux acquéreurs le temps de connaître les biens à vendre et de faire leurs arrangemens, afin de se procurer les moyens d'en réaliser le paiement.

363. — Il y avait, quant à ce paiement, des règles qu'il faut indiquer.

Dans les dix jours de l'adjudication, les acquéreurs devaient payer, dans la caisse du receveur des domaines nationaux, le quart de la valeur des biens vendus. Le surplus restait entre leurs mains pour fournir, jusqu'à due concurrence, soit aux indemnités de l'engagiste, soit aux plus amples reprises de l'état. Ce surplus n'était donc exigible qu'après la liquidation des indemnités. S'il arrivait que, par suite de cette liquidation, il fût dû à l'engagiste au delà de la somme restée en dépôt, il devait être remboursé de ce surplus, comme les autres créanciers de l'état, savoir : deux tiers en bons dits de deux tiers et l'autre tiers en bons du tiers consolidé. (Art. 3o, 31 et 32.)

Ces mesures donnèrent lieu à de graves débats dans le Conseil des Anciens.

On prétendit qu'elles étaient en contradiction avec le principe.du droit commun qui veut que le détenteur d'un immeuble sujet à rachat n'en puisse être dépossédé par le vendeur qu'après le remboursement du prix. On ajouta que c'était un surcroît d'injustice de payer les engagistes en bons de la dette publique, lorsque, après le prélèvement au profit de l'état, le prix de la vente sé trouvait insuffisant pour les rembourser complètement.

Ces objections furent repoussées par la raison d'état. La nation, disait-on, non seulement ne pourrait, en ce moment, faire le remboursement préalable des créances liquidées au profit des engagistes, mais les circonstances exigent qu'on subvienne le plus promptement possible aux besoins du trésor. Le cas où les détenteurs dépossédés seront obligés de recevoir en paiement des bons de la dette publique est une supposition extrême. En définitive, d'ailleurs, on ne ferait par là que traiter comme les autres créanciers de l'état les engagistes les moins favorables, ceux qui auraient refusé le bénéfice que la loi leur offrait, dans l'espoir le plus souvent de se dérober aux recherches des agens du domaine (1).

Ces raisons déterminèrent l'assentiment des deux conseils législatifs.

(1) Voir les rapports faits au Conseil des Cinq Cents par M. Berlier, dans la séance du 9 frimaire an 7 (29 novembre 1798), et au Conseil des Anciens par Régnier, le 13 ventose an 7 (5 mars 1799).

SOMMAIRE.

364. — Une des plus sérieuses difficultés qui se présenta pour les auteurs de la loi du 14 ventose an 7 fut de fixer par qui seraient jugés les litiges que ferait naître l'exécution de cette loi.

Voici comment s'expliquait à cet égard le rapporteur au Conseil des Cinq-Cents (M. Berlier) (1).

« S'il s'élève des contestations sur la nature des titres, sur la domanialité, sur la propriété enfin, comment et par qui seront-elles décidées ?

« L'article 26 de la résolution du 27 thermidor portait que « les contestations qui pourraient s'élever « sur son exécution seraient décidées par les admi- « nistrations centrales de département, sauf le re- « cours au Directoire exécutif, comme pour les autres « domaines nationaux. »

« Un texte aussi absolu, aussi indéfini, embrassait toute espèce de contestations quelles qu'elles fussent, et c'est sous ce rapport que la résolution du 27 thermidor, attaquée aux Anciens par une foule d'orateurs, n'a été défendue que par un très petit nombre.

« On a soutenu qu'en établissant les administrations juges des questions de propriété, elle était inconstitutionnelle, injuste, et même en opposition avec la législation à laquelle on la référait.

(1) Séance du 9 frimaire an 7 (29 novembre 1798).

« Je ne vous rappellerai pas tout ce qui a été dit à ce sujet.

« La constitution, il est vrai, comme cela fut observé par quelques orateurs, n'attribue pas textuellement aux tribunaux les contestations relatives à la propriété : mais pourquoi ces tribunaux existeraient-ils, si telle n'était leur compétence essentielle et primitive ? En voulant la séparation des pouvoirs, et en fixant les attributions administratives, parmi lesquelles ne se trouve pas celle de statuer sur les contestations relatives à la propriété, la constitution n'a-t-elle pas suffisamment témoigné qu'elle entendait que cette partie restât dans le domaine judiciaire ?

« Conçoit-on, d'ailleurs, que cela puisse être autrement sans diminuer la garantie civile ? N'existe-t-il pas enfin des lois en vigueur qui, lorsqu'il s'agit de débats relatifs à la propriété, ne voient plus, dans la république elle-même, qu'une partie qui plaide contre une autre, et les renvoient l'une et l'autre devant les tribunaux pour y discuter leurs droits respectifs ?

« Pénétrée de la nécessité de maintenir un principe, qui tient de si près à la conservation de l'ordre social, votre commission a aussi aperçu les inconvéniens qu'il y aurait à l'étendre aux objets dont la vente est consommée.

« C'est au propriétaire à veiller et à s'opposer, s'il croit la revendication injuste ; mais s'il a négligé l'emploi de cette légitime ressource, et que l'on ait procédé à la vente, il n'appartient plus aux tribunaux de statuer sur des réclamations qui auraient pour objet d'invalider une telle vente.

« Car alors on élèverait le pouvoir judiciaire à la

qualité de réformateur des actes émanés des corps
administratifs, et l'on violerait ainsi le principe de
la séparation des pouvoirs et de leur indépendance
réciproque.

« De plus, et en suivant une autre voie, ne serait-
ce pas jeter l'alarme parmi tous les acquéreurs de
biens nationaux, et mettre en problème la validité
de leurs contrats ?

« Votre commission a donc cru qu'une distinction
était nécessaire, et elle vient de vous en développer
une partie essentielle.

« Les réclamations contre les ventes consommées
ne sont pas pourtant les seuls objets qui sortent de
la compétence des tribunaux. Tout ce qui appartient
à la liquidation des indemnités, à l'exécution méca-
nique de la revendication non contestée, fait, dans
l'usage et d'après la raison, partie des fonctions administratives ; et cette attribution, réduite à ses vrais
termes, ne sera sans doute pas contredite, ou du
moins ne le sera pas avec succès. »

365. — Conformément à ces vues, l'article 27
dispose que, si, à la suite de la signification des titres
faite par le domaine à l'engagiste pour arriver à sa
dépossession, il s'élève des contestations sur la propriété : par exemple, si le détenteur soutient les titres inapplicables ou insuffisans, ou s'il se prétend
placé dans le cas d'une exception, il doit être prononcé par les tribunaux civils, sur simple mémoire (1), après toutefois qu'on s'est adressé à l'au-

____

(1) La loi du 14 ventose an 7, en prononçant que les affaires dont il
s'agit seraient jugées sur simples mémoires respectivement remis, n'interdit nullement les plaidoiries ; elle n'ordonne pas même que ces affaires

torité administrative pour l'informer du litige, ainsi qu'il est prescrit pour les actions domaniales (1).

366. — L'article 28 déclare qu'il n'est rien changé aux attributions de l'autorité administrative, en ce qui concerne purement et simplement les liquidations de droits et créances prétendus par des particuliers envers la république.

L'article 29 ajoute qu'il doit être procédé à la liquidation des indemnités que l'engagiste pourrait réclamer, à la vue des quittances de finances, des rapports d'experts et de tous autres titres et documens, de la même manière qu'il est observé pour les autres créanciers de la république (2).

La remise des titres devait être faite dans trois mois pour tout délai.

N° 6. — *Dispositions spéciales.*

SOMMAIRE.

307. — Objets sur lesquels il est réservé à statuer par des lois particulières.

367. — Il est plusieurs objets que les auteurs de la loi du 14 ventose an 7 ne voulurent point

seront jugées sur rapport. Dans le silence de cette loi spéciale, si l'on consulte les règles sur la procédure pour les actions domaniales, on voit qu'il est établi, même pour l'audience, une défense orale dans l'intérêt de l'état (voir au premier volume, p. 51 et suiv.). Rendre la même faculté commune aux particuliers qui ont à se défendre contre le fisc, c'est faire une juste et saine application de la loi. (Arrêt de la cour de cassation, du 7 décembre 1825, affaire du *préfet de la Marne c. les héritiers Guénené.*)

(1) Voir au 1er volume, page 47 et suivantes.

(2) Ce point important sera exposé avec les développemens convenables dans la deuxième partie de cet ouvrage, au titre second des *dépenses publiques*, lorsque nous ferons connaître les règles qui président à la liquidation des dettes de l'état. Voir, d'ailleurs, le tableau synoptique qui est placé en tête du 1er volume.

régler. Ainsi ils déclarèrent qu'il serait statué par des lois particulières :

1º Sur les concessions, faites à vie seulement, ou pour un temps déterminé par baux à cens ou à rentes : le motif fut que ces concessions et baux n'avaient pas tous les caractères de l'aliénation.

2º Sur les concessions de terrains accordées, à quelque titre que ce fût, dans les colonies françaises des deux Indes.

On fit valoir, dans les conseils législatifs, l'extrême différence qu'il y avait entre des concessions continentales et celles qui avaient été faites à d'industrieux colons, s'arrachant à leur patrie pour aller fertiliser un nouveau monde. On ne peut cependant, disait-on, excepter, dès à présent et indéfiniment, les concessions coloniales des dispositions de la loi ; ces concessions ont eu aussi leurs abus, et l'on a vu plus d'une fois accorder à l'intrigue et à la faveur des territoires entiers que le concessionnaire ne connut jamais que de nom, et qui ne devinrent jamais dans ses mains qu'une taxe mise sur l'industrie du vrai colon.

Mais, de même que l'exception indéfinie eût embrassé dans ses faveurs quelques hommes qui n'en étaient pas dignes, de même la loi du 14 ventose, appliquée aux colonies sans de vastes tempéramens, eût enveloppé dans sa rigueur des hommes dignes de toute la protection du gouvernement. C'est pourquoi on déclara qu'il serait fait une loi spéciale (1).

—Il dut être aussi statué par une loi particulière

(1) Voir le rapport précité de M. Berlier.

sur la nature des îles, îlots et attérissemens formés
dans le sein des fleuves et rivières navigables, des
alluvions y relatives, des lais et relais de la mer.

Cet objet avait donné lieu à de longues discussions. D'une part, on avait invoqué la faveur due
à cette classe de concessionnaires qui, pour la plupart, assujétis à construire et entretenir des turcies,
levées et autres ouvrages d'art, n'étaient possesseurs
de ces accidens de la nature qu'à titre fort onéreux,
et avaient rendu de grands services à la navigation,
au commerce et à l'agriculture.

D'autre part, ceux mêmes qui avaient revendiqué
les droits du domaine avaient énoncé le vœu de
voir bientôt promulguer une bonne législation sur
les fleuves et rivières navigables.

La législature craignit de renfermer une loi dans
une autre loi; il lui sembla que, pour ne pas en-
vironner de trop de chances le principal objet de
son travail, il convenait de renvoyer à un autre moment l'article des alluvions, plus susceptible d'ailleurs de longues controverses que fécond en ressources importantes pour le trésor public (1).

— Enfin, nous avons déjà indiqué (n° 357
p. 61) qu'une loi particulière devait régler le sort
des concessionnaires de forêts au dessus de 150 hectares et des terrains enclavés dans les forêts nationales ou qui en seraient distans à moins de 715
mètres.

(1) Voir le rapport précité de M. Berlier.

· ARTICLE III.

Dispositions complémentaires de la loi du 14 ventose an 7.

Les dispositions dont nous allons présenter l'analyse ont été, comme la loi du 14 ventose elle-même, dictées par un esprit de conciliation. La seule loi du 11 pluviose an 12 (1ᵉʳ février 1804) porte, relativement aux concessions des bois et forêts au dessus de 150 hectares, des traces d'une rigueur qui s'explique par une circonstance particulière. Le gouvernement d'alors avait l'intention de réunir dans ses mains les plus grandes masses de forêts, pour assurer des ressources au trésor et des matériaux convenables aux grandes constructions navales.

368. — La loi du 14 ventose an 7 s'exécutait avec une difficulté extrême; les engagistes se pressaient peu de faire les déclarations et soumissions.

dont la faculté leur était offerte. Il est vrai qu'il était difficile, à cette époque, vu la rareté du numéraire et le poids des contributions publiques, de se procurer, dans un très bref délai, les sommes nécessaires pour acquitter le quart de la valeur. D'un autre côté, ce qui importait surtout à l'état, c'était de faire promptement rentrer de l'argent dans les caisses publiques ; or, en réunissant au domaine, à l'instant, une quantité considérable de biens, il ne pouvait espérer qu'un produit lent et assez incertain de leur aliénation selon les formes ordinaires.

Dans ces circonstances, on crut devoir accorder une prolongation de délai pour faire les déclarations. La loi du 16 pluviose an 8 (5 février 1800) fixa cette prolongation à trois mois, à partir de sa promulgation. A l'expiration du délai, la déchéance devait être irrévocable contre ceux qui n'en auraient point profité. Du reste, la loi déclarait que tout était consommé à l'égard des domaines qui, après avoir été saisis par l'administration en vertu de la déchéance prononcée contre les engagistes et échangistes, se trouvaient déjà aliénés.

369. — On a vu ci-dessus que les auteurs de la loi du 14 ventose an 7 avaient écarté de cette loi plusieurs objets, sur lesquels il devait être statué par des lois particulières. Au premier rang de ces objets se trouvaient les concessions faites à vie seulement, ou pour un temps déterminé par baux à cens ou à rentes.

Le 18 messidor an 7 (6 juillet 1799), une loi disposa que les rentes emphytéotiques ou à vie appartenant à l'état, ensemble la nue-propriété des biens qui en sont l'objet, seraient aliénées conformément à la loi des 18-27 avril 1791.

Cette dernière loi avait déterminé quels étaient, parmi les baux emphytéotiques à cens, rente et autres, faits par les corps, communautés et bénéficiers, ceux qui devaient être conservés comme légitimes ; elle avait aussi établi des tables de proportion pour servir à l'estimation des biens donnés à emphytéose ou à vie. Ces biens, ainsi que les rentes, devaient être vendus.

La loi du 18 messidor an 7, en se référant, par son article 1er, à celle des 18-27 avril 1791, contenait cependant des règles quant au mode de l'estimation et à ses formes, à celles de la vente, au mode et aux délais du paiement.

Bientôt s'éleva la question de savoir si l'ajournement prononcé par l'article 33 de la loi du 14 ventose an 7 se trouvait levé par la loi nouvelle. En 1806, le conseil d'état se déclara pour l'affirmative, dans un avis du 7 juin, approuvé le 11 par l'empereur.

Cet avis porte « que l'ajournement, prononcé par l'art. 33 de la loi du 14 ventose an 7, de la vente des biens concédés, par l'ancien gouvernement, à vie ou par baux emphytéotiques, doit être réputé levé par la loi du 18 messidor de la même année, et qu'il y a lieu de mettre en vente lesdits biens, d'après le principe consacré par ladite loi du 18 messidor, suivant les formes réglées par celle du 5 ventose an 12, et sauf le recours aux tables de proportion annexées à la loi des 18-27 avril 1791; comme aussi de donner suite aux soumissions faites sur ces mêmes biens en vertu de la loi du 28 ventose an 4, en exceptant de ces aliénations ceux desdits biens qui font partie de la liste civile , ou se trouvent maintenant affectés à un service public. »

Les motifs de cet avis étaient qu'il suffit, pour établir un droit nouveau, qu'une loi contienne une disposition contraire à celle qui est renfermée dans une loi antérieure, encore que la loi dernière en date ne fasse pas une mention expresse de celle qui l'a précédée ; que si, par l'art. 33 de la loi du 14 ventose an 7, le législateur a déclaré qu'il ne statuait ni ne préjugeait rien sur les concessions faites à vie, ou pour un temps déterminé par baux emphytéotiques, sa volonté s'est ensuite clairement manifestée, lorsque, par la loi du 18 messidor an 7, il a ordonné l'aliénation des domaines nationaux tenus par baux à vie et emphytéotiques. Dans l'opinion du conseil d'état, cette dernière loi doit être appliquée aux anciens biens de la couronne , comme aux biens nationaux d'une autre origine, avec d'autant plus de raison que par biens nationaux on entend tout ce qui appartient à l'état, à quelque titre que ce soit, et qu'il n'y avait aucune raison, dans le cas dont il s'agit , de faire une différence entre les biens de la ci-devant couronne et les autres.

370. — Les concessions des forêts au dessus de 150 hectares, celles de terrains enclavés dans les forêts nationales ou qui en étaient distans de moins de 715 mètres, devaient aussi faire l'objet d'une loi particulière. (Voir ci-dessus, p. 61 et 73.)

Cette loi fut rendue le 11 pluviose an 12 (1er février 1804). Elle confirme la révocation de toutes

les concessions (engagemens, échanges ou autres)
de bois et forêts au dessus de 150 hectares, et admet
après dépôt des titres, les concessionnaires dépossédés à faire liquider, en suite d'une expertise, leurs
droits et indemnités, selon des règles qu'elle détermine. (Art. 1 à 7.)

Les détenteurs dont les concessions étaient révoquées, mais qui avaient déposé leurs titres et nommé
leur expert dans les trois mois de la promulgation
de la loi, ne pouvaient être dépossédés, sans avoir
préalablement reçu l'avis de leur liquidation pour en
toucher le montant, ou sans avoir été remis en possession des biens donnés par eux en contre-échange.
Néanmoins les bois et forêts dont ils conserveraient
la possession devaient être soumis aux règles générales de l'administration publique en cette matière.
Un quart du prix des coupes devait être versé au
trésor public, les trois autres quarts devaient être
remis aux détenteurs jusqu'à leur liquidation et
remboursement.

Du reste, ces détenteurs, quel que fût leur titre,
ne pouvaient disposer des bois de haute futaie, non
plus que des taillis recrus sur les futaies coupées ou
dégradées. Il leur était aussi défendu d'avancer,
retarder ou intervertir les coupes des taillis. (Art.
8 et 9.) (1).

L'article 10 statuait qu'à l'égard des aliénations
ou engagemens, accensemens, sous-aliénations et
sous inféodations de terrains enclavés dans les forêts nationales, ou en étant distans de moins de

(1) Voir ci-dessus, p. 15 et 27.

715 mètres, le sursis porté par la dernière partie de l'article 15 de la loi du 14 ventose an 7 était révoqué, et que les autres dispositions de la même loi leur seraient appliquées.

Les engagistes et échangistes, à la charge de faire des constructions de moulins et usines, qui avaient été dépossédés sans avoir obtenu leur liquidation, devaient être remboursés intégralement en 5 p. o/o consolidés, d'après les estimations qui seraient faites. (Art. 11.)

Le tribunat avait rejeté cette loi du 11 pluviôse an 12, comme contraire aux principes de la propriété et à l'esprit de justice qui avait dicté celle du 14 ventose an 7; elle ne fut adoptée, par le corps législatif, qu'à une très faible majorité. Aussi le chef du gouvernement d'alors ne la fit point exécuter. Les engagistes et les échangistes continuèrent, à la faveur des dispositions de l'article 8, de jouir de leurs bois, en versant au trésor public le quart du prix des coupes.

— L'exécution de cette loi souleva d'ailleurs plusieurs difficultés d'application.

Ainsi, on se demanda si pour les engagistes des forêts au dessous de 150 hectares, qui étaient admis à se faire déclarer propriétaires incommutables de l'objet engagé, en payant le quart de sa valeur, l'estimation devait avoir lieu eu égard seulement à la valeur du taillis, ou si elle devait s'étendre aux futaies qui y étaient percrues.

Un avis du conseil du 3 floréal an 13 (23 avril 1805), se fondant sur l'article 5 du titre 22 de l'ordonnance de 1669, déclara « que dans l'expertise

des bois dont il s'agit, il doit être formé deux prix,
l'un du quart de la valeur du bois, non compris la
futaie, l'autre de la totalité de la valeur des futaies,
et que les engagistes, pour devenir propriétaires incommutables de la futaie et du taillis, doivent être
astreints au paiement du montant des deux estimations. »

Une autre question intéressante, qui a été soulevée beaucoup plus tard, et que nous croyons devoir
rapporter ici, malgré l'ordre des dates, est celle de
savoir si l'article 10 de la loi du 11 pluviôse an 12,
en levant le sursis prononcé par l'article 15 de la
loi du 14 ventôse an 7, quant aux terrains situés
dans les forêts, ou à moins de 715 mètres de distance, et en ordonnant d'appliquer les autres dispositions de la loi précitée à ces terrains, permet
d'exempter des révocations ceux dont la contenance
est inférieure à cinq hectares ?

L'administration des domaines soutenait que l'on
ne pouvait considérer comme terrains épars, quelle
que fût d'ailleurs leur étendue, des terrains situés à
moins de 715 mètres des forêts de l'état. Tous ces
terrains avaient été écartés des catégories d'exception par la loi du 14 ventôse an 7 ; celle du 11 pluviôse an 12 ne statue rien à cet égard ; elle rend
applicables à toutes les concessions de terrains situés à moins de 715 mètres des forêts, sans distinction de contenance, les dispositions de la loi du 14
ventôse an 7, c'est-à-dire qu'elle permet aux engagistes de les soumissionner.

Le comité des finances du conseil d'état, saisi de
la question, a déclaré, dans un avis du 12 décem-

bre 1827, « que, en levant le sursis prononcé par
l'article 15 de la loi du 14 ventose an 7, la loi du
11 pluviose an 12 a fait rentrer les biens enclavés
dans les forêts de l'état ou situés à moins de 715
mètres de ces forêts, dans le droit commun créé
par la première loi, et que ses effets doivent s'appliquer aux dispositions comprises au n° 4 de l'article
5 de la loi du 14 ventose an 7. »

371. — En l'an 13, le conseil d'état fut appelé
à vider un conflit d'attributions entre les autorités judiciaire et administrative, qui présentait
à juger la question de savoir à laquelle de ces deux
autorités il appartenait de connaître d'une demande
formée par la régie de l'enregistrement et des domaines en paiement d'une rente due pour un domaine engagé, et de laquelle les détenteurs se prétendaient rédimés, au moyen du quart payé par
eux en exécution de la loi du 14 ventose an 7.

Il existait sur ce point plusieurs décisions de la
cour de cassation, qui non seulement reconnaissaient la compétence des tribunaux civils pour juger
la question, mais qui avaient consacré de la manière la plus expresse les prétentions de l'administration des domaines (1).

Malgré ces décisions, peut-être même à cause
d'elles, le conseil d'état crut devoir, à l'occasion du

(1) Voir les deux arrêts de cassation, du 12 brumaire an 12, affaire
de l'*administration des domaines c. Tête-Noire Lafayette*, et du 5 nivose
an 13, affaire de l'*administration des domaines c. les héritiers Challaye.*
C'est par suite de ce dernier arrêt que les tribunaux civils se trouvèrent
saisis de l'affaire, à laquelle donna lieu le conflit sur lequel le conseil
d'état était appelé à statuer.

conflit dont il s'agit, examiner d'abord si la prétention de la régie était fondée ; « car, disait-il, si elle
ne l'est pas, il est de la dignité et de la justice du
gouvernement, non de renvoyer à telle ou telle autorité, mais d'ordonner à ses agens de s'abstenir de
toute poursuite mal fondée. »

On rechercha donc si, dans l'état de la législation,
l'ancien engagiste, qui avait payé la quotité déterminée par la loi du 14 ventose, pouvait être encore
poursuivi en paiement de la rente d'engagement
qu'il pouvait devoir antérieurement.

Le conseil d'état se prononça pour la négative,
par un avis du 16 fructidor an 13 (3 septembre
1805), qui fut approuvé le 22 par l'empereur, et
qui eut ainsi la force d'un acte législatif. Selon
cet avis, la loi du 14 ventose an 7 avait changé
la qualité des détenteurs de domaines nationaux qui
avaient fait leur soumission : d'engagistes ils étaient
devenus acquéreurs. Un nouveau contrat avait succédé au contrat primitif, révoqué d'ailleurs en termes exprès par l'article 4 de la loi ; l'acquéreur ne
pouvait donc être tenu de supporter les obligations
résultant de cet ancien contrat. Il le pouvait d'autant
moins qu'il lui était interdit d'exercer aucune répétition, soit des deniers d'entrée et sommes principales
qu'il avait payées autrefois, soit des améliorations
qu'il avait pu faire.

Pour décider que les rentes d'engagement continuaient d'être dues, la cour de cassation s'était fondée précisément sur ce que ces rentes étaient une
partie de la finance d'engagement, et que l'article 4
de la loi voulait que le quart de l'estimation fût payé

sans distraction de finance (1). Répondant à cet argument, le conseil d'état disait : « Rappelons le texte de la loi et n'en isolons pas les diverses parties : « avec renonciation, est-il dit, à toute im- « putation , compensation ou distraction de fi- « nance, ou amélioration. » Qu'est-ce que signifie cette disposition, sinon que l'ancien engagiste de- vra payer le quart franc, et sans aucune répétition, soit de deniers d'entrée et sommes principales par lui autrefois payées, soit d'améliorations par lui fai- tes? Ces deniers d'entrée et sommes principales, voilà la finance que la disposition a en vue, et ce qu'elle défend à l'acquéreur de répéter ; mais elle ne lui impose pas l'obligation de supporter encore les charges annuelles qui pouvaient résulter de l'an- cien contrat aboli, car on se fût autrement exprimé; l'on n'aurait pas exigé que l'ancien engagiste dit, comme on veut le lui faire dire : je renonce à dis- traire du quart les rentes que je dois (ce qui assu- rément est inintelligible) ; on lui aurait fait dire : je me soumets, en outre, à continuer le paiement de la rente.

« La loi ne s'est pas ainsi expliquée, parce qu'elle ne l'a pas voulu ; et son esprit se manifeste claire- ment par la différence qu'elle établit entre les engagistes dont les contrats ont été révoqués, et ceux qu'elle a exceptés de cette disposition rigou- reuse.

« A l'égard de ces derniers, comme leur condi- tion n'a souffert aucun changement, l'article 35 les

_____

(1) Voir l'arrêt précité du 5 nivose an 13, *héritiers Challaye*.

6.

astreint formellement, mais il n'astreint qu'eux, à continuer le paiement des rentes et charges non féo- dales dont ils pouvaient être grevés (1).»

Un autre avis du conseil d'état, approuvé le 23 juin 1806, décida que toutefois il n'y avait pas lieu à la restitution des arrérages de rentes d'engagement, acquittés antérieurement à l'avis du 16 fructidor an 13, par les engagistes qui avaient été admis au paiement de la valeur du quart des biens engagés.

Enfin, par un troisième avis du 21 octobre 1809, comprenant plusieurs questions relatives aux engagis- tes de domaines dans le ci-devant Piémont, le conseil d'état déclara que son avis du 16 fructidor an 13 s'appliquait aux capitaux de ventes comme aux rentes d'engagement; qu'en conséquence ce qui restait dû sur lesdits capitaux par les acquéreurs qui avaient obtenu d'être déclarés propriétaires incommutables, au moyen du paiement du quart, était éteint et ne pouvait être exigé, sans néanmoins qu'il y eût lieu à la restitution des sommes qui pou- vaient avoir été acquittées avant le paiement du quart; que les mêmes acquéreurs étaient tenus, pour le prix de leur jouissance, au paiement des intérêts des capitaux restant dus, et ce, jusqu'au jour de leur envoi en possession par l'administration des do- maines.

372. — La loi du 10 frimaire an 2 avait prononcé la révocation des engagemens de domaines, tant corporels qu'incorporels : son exécution ayant été suspendue par la loi du 22 frimaire an 3, des dif-

(1) Voir sur ce dernier point, ci-dessus, n° 353, p. 55.

ficultés s'élevèrent, en 1808, sur le point de savoir si la loi du 14 ventose an 7 avait entendu comprendre, dans les dispositions favorables qu'elle renferme, les engagistes de droits incorporels ou droits domaniaux concédés particulièrement ou compris dans un même engagement.

Cette question fut soulevée à l'occasion d'une déclaration de soumission qui fut faite par les engagistes de la terre de Jessouville (Vosges), non seulement pour ce domaine, mais pour une prestation de 144 francs barrois, plus deux bichets et un mial d'avoine, dus par la commune des Vallois comme prix d'une concession de divers droits d'usage dans les forêts de leur ban.

L'administration des domaines soutenait que, pour des droits semblables, il fallait, dans le silence de la loi du 14 ventose an 7, se reporter à celle du 10 frimaire an 2. Les considérations relatives aux détenteurs des domaines corporels ne peuvent, disait-elle, s'appliquer aux concessionnaires de redevances et prestations, qui n'ont à cet égard d'autre peine et d'autre charge que de se faire servir des arrérages par les redevables. Quels motifs pourraient déterminer à aliéner aux engagistes ces redevances et ces prestations, moyennant le paiement du quart seulement de leur valeur estimative en capital? Pourquoi sacrifier ainsi les intérêts du trésor? pourquoi ne pas faire rentrer ces redevances dans les mains de l'administration des domaines, pour les percevoir intégralement jusqu'au rachat?

Le conseil d'état, par son avis du 9 août 1808, approuvé le 19, décida que la loi du 14 ventose an 7 devait, par la généralité de ses termes, s'appliquer aux droits domaniaux incorporels aliénés, comme aux engagemens et concessions de domaines corporels.

Mais les droits incorporels auxquels la loi du 14 ventose an 7 peut être appliquée sont ceux que la législation nouvelle a maintenus, par exemple, les droits qui n'ont pas été supprimés comme entachés de féodalité (1).

. Ainsi, des droits exclusifs de pêche dans une rivière navigable, concédés à titre d'engagement, ne peuvent faire l'objet d'une soumission. Ces droits ont été nominativement compris dans l'abolition générale de tous les autres droits et priviléges, soit qu'ils se trouvassent dans les mains des seigneurs, soit qu'ils fussent exercés par le domaine lui-même ou par ses concessionnaires. La faculté de pêcher dans les fleuves et rivières navigables a été formellement reconnue libre pour tout le monde. Si la loi du 14 floréal an 10 a fait revivre, en faveur de l'état, et comme moyen de finance, le droit exclusif de pêche dans les rivières navigables qui sont sa propriété, cette loi n'a apporté, à l'égard des particuliers ou des anciens concessionnaires, aucun changement à la législation établie notamment par les décrets des 6 et 30 juillet 1793 et 8 brumaire an 2. Les dispositions de cette loi sont générales et absolues; elles interdisent, à tout autre qu'au fermier de la pêche ou aux porteurs de licence, de pêcher dans ces rivières autrement qu'à la ligne. Ces défenses de

(1) Voir l'article 15 de la loi du 10 frimaire an 2.

la loi du 14 floréal an 10 sont surtout inconciliables avec la supposition qu'il y eût des droits exclusifs de pêche encore subsistans au profit de quelques concessionnaires, et qui dussent être réglés par la loi antérieure du 14 ventose an 7 (1).

Une décision du ministre des finances, du 7 septembre 1825, a déclaré que le droit exclusif de la pêche du thon au moyen de madragues ne pouvait non plus faire l'objet d'une soumission, de la part d'engagistes, par application de la loi du 14 ventose an 7. Le droit de pêche dont il s'agit se réduit à de simples permissions accordées, suivant les circonstances, en vertu du pouvoir général de police qui appartient au gouvernement sur les objets dont l'usage est commun à tous. Quelles que soient leur origine et les conditions de leur établissement, ces permissions sont révocables, dans tous les cas où elles sont reconnues nuisibles à la navigation ou à la pêche publique (2).

§ III.

Législation postérieure à 1814.

Deux considérations principales paraissent avoir dicté les modifications qui furent apportées, à partir de 1816, dans la législation des domaines engagés et échangés. D'une part, on voulut favoriser les familles dont les priviléges avaient été renversés avec le trône de l'antique monarchie, et qui, pour condi-

(1) Voir l'arrêt de la cour de cassation du 8 mai 1826, affaire du *préfet de Seine-et-Marne c. Périer et consorts.*

(2) Voir, quant à ce droit, au t. Ier, p. 303.

tion de leur appui, demandaient à la dynastie res-
taurée la restitution des biens qu'elles avaient perdus
et le rétablissement de leur ancienne influence.
D'un autre côté, les saines notions d'économie publique qui commençaient à se faire jour avertissaient
qu'avec la paix les esprits porteraient toute leur activité vers les travaux de l'agriculture et de l'industrie ; que plus de soins seraient donnés à l'amélioration des propriétés immobilières ; que plus de
mouvement serait imprimé aux transactions dont
elles sont l'objet. Dès lors, tout ce qui tendrait à constituer ce genre de propriétés sur des bases solides
devait profiter à l'état, soit en provoquant l'accroissement de la richesse territoriale, soit en multipliant
les mutations.

373. — Bientôt après la rentrée des Bourbons en
France, une loi ordonna la restitution, aux émigrés,
de ceux de leurs biens invendus qui étaient encore
entre les mains de l'état.

Quelques uns de ces biens avaient été cédés à la

caisse d'amortissement ; la remise en fut suspendue,
pour ne pas porter atteinte au crédit de cette caisse.
En conséquence, la loi du 5 décembre 1814 statuait
(art. 2) « que les biens d'émigrés qui auraient été
cédés à la caisse d'amortissement, et dont elle était
alors en possession, seraient rendus, lorsqu'il aurait
été pourvu à leur remplacement. »

Cette disposition irrita les émigrés ; devenus
plus exigeans à la seconde restauration, ils ne dis-
simulèrent pas leur mécontentement : aussi le gouvernement profita-t-il de la nouvelle organisation
de la caisse d'amortissement, pour en retirer les
biens d'émigrés. C'est ce qui donna lieu à la première partie de l'art. 116 de la loi du 28 avril 1816,
ainsi conçue :

« La condition mise, par la loi du 5 décembre 1814,
à la restitution des biens, provenant d'émigrés, qui
ont été cédés à la caisse d'amortissement, est révoquée : ces biens seront rendus aux propriétaires,
lorsqu'ils auront rempli les formalités prescrites par
la loi. »

Si l'on se fût borné à cette disposition, certains
émigrés n'en auraient point profité. Les bois au
dessus de 150 hectares, dont les anciens engagistes étaient émigrés, et qui, depuis, avaient été cédés
à la caisse d'amortissement, ne seraient sortis de la
dotation de cette caisse que pour passer dans les mains
de l'état, par l'effet de la loi du 11 pluviose an 12.
Les émigrés engagistes de ces bois n'auraient pu
être traités autrement que les engagistes non émigrés,
dont les bois au dessus de 150 hectares étaient, ainsi
que nous l'avons expliqué ci-dessus (n° 370, p. 77),

restés dans les mains de l'état, en vertu de l'article
15 de la loi du 14 ventose an 7 et de la loi du 11
pluviose an 12.

Pour empêcher ce résultat, la commission de
la chambre des députés qui était chargée de l'examen de la loi de finances, dans laquelle se trouvait
l'article en question, proposa par amendement une
seconde partie, dont voici les termes :

« A l'égard des biens à restituer, qui consiste-
raient en domaines engagés, la loi du 11 pluviose
an 12 et l'article 15 de celle du 14 ventose an 7 sont
rapportés ; les possesseurs réintégrés ne seront
assujétis qu'à l'exécution des autres dispositions de
cette dernière loi.

« La présente disposition sera commune à tous les
engagistes. »

Un ministre combattit l'amendement; il fut soutenu par le député (M. Favard de l'Anglade) qui
l'avait suggéré à la commission de finances.

« Si le dernier gouvernement, disait cet orateur en
terminant son discours, n'a pas osé opérer la spoliation
qui résulterait, pour certains engagistes, de l'exécution de la loi du 11 pluviose, peut-on aujourd'hui la
consommer ? Pourquoi l'engagiste de bois au dessous
de 150 hectares serait-il mieux traité que l'engagiste
de bois au dessus de cette contenance? Le titre de
l'un et de l'autre ayant la même origine, n'est-il pas
juste de donner à chacun le même effet, en faisant
jouir tous les deux du bienfait accordé par la loi du
14 ventose an 7? Convient-il que l'un puisse conserver sa propriété, en payant le quart de sa valeur,
et que l'autre soit non seulement dépouillé de la

sienne, mais qu'il soit encore obligé à recevoir, en rentes sur l'état, le montant des indemnités qui peuvent lui être dues ?

« Tel serait cependant le sort des engagistes de bois au dessus de 150 hectares, et notamment des émigrés auxquels des bois de cette nature ont été ou seront restitués, si la loi de l'an 12 était maintenue. Il est digne de l'assemblée de provoquer le rapport d'une pareille loi.

« En adoptant, messieurs, une mesure sage, vous rendrez commune à tous les engagistes la loi du 14 ventose an 7; vous consoliderez, dans la main des engagistes de bois au dessus de 150 hectares, des propriétés incertaines; vous procurerez au trésor le quart de la valeur de ces propriétés; vous les ferez enfin rentrer dans la circulation, pour être assujéties à la contribution foncière et aux droits de mutation. Tous ces avantages ne sont-ils pas fort au dessus de ceux qui pourraient résulter de l'exécution de la loi du 11 pluviose an 12 ? »

Ces considérations déterminèrent l'adoption de l'amendement. En conséquence, les engagistes de forêts au dessus de 150 hectares purent devenir propriétaires incommutables, comme les engagistes de forêts au dessous de cette contenance, en payant le quart de la valeur des objets concédés.

374. — En réglant ainsi le sort des engagistes de forêts au dessus de 150 hectares, on oublia de fixer celui des échangistes de forêts de cette même contenance. L'article 5 de la loi du 11 pluviose an 12 avait statué qu'ils seraient remis en possession des biens par eux donnés en contre-échange,

s'ils existaient ; mais que, s'ils avaient été vendus, la valeur serait liquidée, et que l'échangiste pourrait être remboursé en domaines nationaux ou en inscriptions sur le grand-livre. »

Cette partie de la loi de l'an 12 ne fut pas plus exécutée que celle qui consacrait la dépossession des engagistes ; on aurait pu penser qu'elle avait été aussi abrogée par l'art. 116 de la loi du 28 avril 1816, parce que les échanges non consommés ne sont que des engagemens ; mais, pour prévenir toute difficulté, le gouvernement proposa, dans le mois de janvier 1818, un projet de loi tendant à faire déclarer communes aux échangistes les dispositions de l'article 116 de la loi du 28 avril 1816.

La commission qui fut chargée, par la chambre des députés, de l'examen préalable du projet de loi, examina s'il ne conviendrait point de soumettre les échanges à de nouvelles estimations, afin de conserver les intérêts respectifs. Mais, indépendamment des difficultés que cette marche devait rencontrer dans l'exécution, la commission pensa qu'il serait injuste de faire, pour le petit nombre d'échangistes qui étaient dans le cas de la loi proposée (1), une exception à ce qui avait lieu pour tous les autres détenteurs de biens domaniaux.

---

(1) Il résultait de documens fournis par le ministre des finances que le nombre des échanges non consommés, au 1er janvier 1789, s'élevait à cinquante-neuf seulement, et que les neuf dixièmes comprenaient des biens ruraux ou de ville, ou des bois au dessous de cent cinquante hectares.

Tout étant réglé, à l'égard des derniers échanges, par la loi du 14 ventose an 7, le projet de loi n'avait point à s'en occuper. Il ne restait donc réellement à statuer que sur un petit nombre d'échanges.

Elle appuya donc l'article 1ᵉʳ du projet du gouvernement : seulement, elle proposa, pour mieux
préciser l'objet de la loi, d'ajouter, après le mot
échangistes, ceux-ci : *de forêts au dessus de* 150
hectares.

Cette addition fut adoptée par la chambre.

Le projet du gouvernement portait, dans son article 2, que les échangistes, pour lesquels il avait été
fait des évaluations conformément à l'édit du mois
d'octobre 1711, quoique non suivies d'enregistrement et de lettres de ratification, ne seraient obligés; pour être maintenus dans leur possession, que
de payer la soulte résultant des évaluations; mais la
commission demanda, par un amendement, que cette
faculté ne fût accordée aux échangistes que dans le
cas où les biens par eux donnés en contre-échange
auraient été vendus par l'état, et que les autres
échangistes fussent soumis aux conditions prescrites par la loi du 14 ventose an 7.

Pour justifier cette distinction, on faisait remarquer que, d'après notre législation, tant que la formalité des lettres de ratification enregistrées dans les
cours n'a pas été remplie, l'échange n'est pas consommé, et qu'il se trouve dès lors compris dans la révocation prononcée par la loi. Il faut donc que l'échangiste se soumette à l'option, qui lui a été accordée par
la loi du 14 ventose an 7, ou de devenir propriétaire
des biens par lui concédés à titre d'échange, en
payant le quart de leur valeur, ou de les abandonner, en reprenant ceux qu'il avait donnés en contre-
échange.

Mais il n'en est pas de même, lorsque les biens

donnés en contre-échange ont été vendus par l'état.
Dans ce cas, les choses ne sont plus entières, et l'option déférée par la loi n'a plus les mêmes résultats.

« En effet, disait le rapporteur de la commission,
si le contrat passé entre l'état et l'échangiste n'est
pas consommé, l'état peut sans doute en demander
la résolution; mais la première condition qu'il doit
remplir est de rendre ce qu'il a reçu; il faut qu'il
remette l'échangiste avec lequel il a contracté dans
la même position où il était avant le contrat; s'il
est dans l'impossibilité de le faire, à cause de la
vente des biens reçus en contre-échange, alors l'é-
changiste ne pouvant plus reprendre sa chose, il en
résulte pour lui une espèce de ratification qui doit
faire considérer le contrat comme consommé. Il est
donc de toute justice que, dans ce cas, l'échangiste
pour lequel il avait été fait des évaluations conformes
à l'édit de 1711 soit maintenu dans sa possession,
en payant la soulte qu'il peut devoir d'après les
évaluations. »

Cet autre amendement ayant été adopté, le projet,
devenu depuis la loi du 15 mai 1818, resta rédigé
comme il suit :

Art. 1er. « Les dispositions de l'article 116 de la
loi du 28 avril 1816, concernant les engagistes, sont
déclarées communes aux échangistes de forêts au
dessus de 150 hectares, dont les échanges n'étaient
pas consommés avant le 1er janvier 1789. »

Art. 2. « Les échangistes seront, en conséquence, admis à faire les déclarations et soumissions
prescrites par la loi du 14 ventose an 7, dans le
délai de trois mois à compter de la publication de la

présente loi; et, en payant le quart de la valeur des
biens qu'ils ont reçus en échange, suivant le mode
déterminé par cette loi, ils seront déclarés propriétaires incommutables.

« Néanmoins les échangistes pour lesquels il a
été fait des évaluations conformément à l'édit
de 1711, quoique non suivies de l'enregistrement
et de lettres de ratification, ne seront tenus, pour
être maintenus dans leur possession, que de payer la
soulte résultant des évaluations, si les biens par eux
donnés en contre-échange ont été vendus par
l'état. »

375. — Après avoir fait effacer de la loi du 14
ventose an 7 celles de ses dispositions qu'on avait
accusées de rigueur, le gouvernement demanda la
suppression de la loi elle-même.

Le 4 janvier 1820, le ministre des finances vint
apporter à la chambre des députés un projet de loi
divisé en deux parties. La première avait pour but
de libérer du prix de leur acquisition les acquéreurs de domaines nationaux auxquels leur décompte n'aurait pas été signifié avant le 1er janvier 1822. La seconde, assimilant les engagistes et
échangistes à ces acquéreurs, proposait d'affranchir
de toute répétition au nom de l'état ceux qui, ne
s'étant pas conformés aux lois des 14 ventose an 7,
28 avril 1816 et 15 mai 1818, n'auraient pas reçu,
de l'administration des domaines, dans le délai précité, signification de se conformer auxdites lois.

A l'appui de cette proposition, le ministre faisait
valoir que l'existence de la loi du 14 ventose an 7
frappait toutes les propriétés d'incertitude, parce

qu'aucun propriétaire ne pouvait être assuré d'é-
chapper aux attaques de l'expropriation, en vertu
de cette loi et de vieux titres domaniaux.

Il ajoutait que plus on s'éloignait de l'année
1789, époque à laquelle ont cessé les engagemens
et échanges révocables, plus il était difficile de découvrir les domaines, provenant de cette origine ,
qui avaient été célés à l'état.

Enfin tout annonçait que ceux des biens qui
avaient échappé aux recherches des agens du fisc
n'étaient ni nombreux ni très considérables. En
effet, on estimait à 100 millions la valeur totale
des domaines anciennement engagés ou échangés.
Or, en 1820, 1° les détenteurs étaient devenus propriétaires incommutables, pour une valeur de 20
millions d'immeubles, en payant le quart de cette
valeur ; 2° d'autres détenteurs pour une valeur
de 10 millions avaient fait leur soumission de payer
le quart ou étaient connus de l'administration;
3° il avait été vendu pour 24 millions de domaines
provenant d'engagemens ou d'échanges et qui étaient
rentrés à l'état soit par dépossession des détenteurs, soit par suite des lois sur les émigrés; 4° on
évaluait à 60 millions la valeur des immeubles
compris dans les catégories exceptées de la révocation. Les recherches du domaine ne pouvaient donc
porter que sur une valeur approximative de 3 millions, dont le quart seulement revenait à l'état (1).

Ainsi, il ne s'agissait, pour le trésor, que d'aban-

(1) Voir, pour le détail de ces chiffres, le rapport fait par M. de
Barbé-Marbois, à la chambre des pairs, le 6 mars 1820.

donner ses droits à des recouvremens fort douteux, qui, dans tous les cas, n'avaient pas une grande importance, et moyennant cet abandon l'état rendait tous les propriétaires à la sécurité, les mutations à leur libre mouvement et par suite une des branches du revenu public à son développement naturel.

La commission de la chambre des députés, qui fut chargée de l'examen préalable du projet de loi, crut devoir proposer le rejet de la seconde partie. Elle admettait bien la justesse de la plupart des considérations développées par le ministre, mais elle refusait d'assimiler les engagistes et échangistes aux acquéreurs de biens nationaux. Les uns, disait-elle, ont la faculté de se rendre acquéreurs en payant le quart de la valeur estimative des biens qu'ils possèdent; tant qu'ils n'ont point satisfait à cette condition, les biens font partie du domaine de l'état, il n'en existe pas d'aliénation. Les autres, au contraire, ont une propriété certaine et ne sont recherchés que pour le décompte de leur prix d'acquisition. Traiter les premiers comme les seconds, leur appliquer les mêmes dispositions, les déclarer propriétaires incommutables, après un délai plus ou moins rapproché, ce serait les récompenser de ce que, jusqu'à présent, ils se sont soustraits aux dispositions d'une loi qui était toute en leur faveur; ce serait les encourager à les éluder encore, jusqu'au moment où ils seraient sûrs d'obtenir gratuitement la consolidation de leurs propriétés.

Enfin la loi du 14 ventose an 7 paraissait trop récente pour en arrêter l'effet; la commission

pensait que, en conservant au domaine les droits
que cette loi lui attribue, l'administration pourrait
continuer ses recherches, et que le résultat qu'elle
obtiendrait servirait à déterminer par la suite les
mesures qui seraient jugées le plus convenables (1).

La chambre des députés n'adopta pas les conclusions de sa commission; mais elle porta à neuf ans le
délai d'une année que le gouvernement avait demandé pour rechercher les engagistes et échangistes
qui ne s'étaient pas mis en règle. Le projet ainsi
amendé est devenu la loi du 12 mars 1820.

376. — D'après les indications qui précèdent,
nous n'avons guère qu'à transcrire la partie du
texte de la loi qui se rapporte à notre matière.

Les deux premiers articles ont pour but de relever
les engagistes et échangistes de la déchéance prononcée contre eux par les lois antérieures, notamment par celles du 14 ventose an 7 et du 16 pluviose
an 8. De nouveau leur est offerte la faculté de devenir propriétaires incommutables, en remplissant
les conditions imposées par la loi.

« L'administration des domaines (porte l'article 7)
fera signifier, aux propriétaires détenteurs de domaines provenant de l'état, à titre d'engagement,
concession ou échange, auxquels seraient applicables
les dispositions des lois des 14 ventose an 7, 28
avril 1816 et 15 mai 1818, et qui n'y auraient pas
satisfait, qu'ils aient à se conformer auxdites lois,
relativement aux domaines engagés ou échangés dont
ils seraient actuellement en possession. »

(1) Rapport fait par M. Delacroix-Frainville, à la séance du 2 février
1820.

« A l'égard des domaines provenant d'engagemens ou échanges restant à remettre aux anciens
propriétaires, en exécution des lois des 5 décembre 1814, 28 avril 1816 et 15 mai 1818, dont
l'origine domaniale sera connue; l'administration
des domaines fera ses réserves dans l'acte de remise,
et elle imposera aux propriétaires l'obligation de se
conformer aux dispositions de la loi du 14 ventôse
an 7. » (Art. 8.)

L'article 9, que l'on considérait comme la partie
la plus importante de la loi, fixe le délai passé lequel
toute recherche est interdite à l'administration pour
découvrir les engagistes et échangistes qui n'auraient
pas fait les déclarations et soumissions prescrites.

« A l'expiration de trente années, à compter de
la publication de la loi du 14 ventose an 7,
dit cet article, les domaines provenant de l'état,
cédés à titre d'engagement ou d'échange, antérieurement à la loi du 1er décembre 1790; autres que
ceux pour lesquels auraient été faites ou seraient
faites, jusqu'à l'expiration desdites trente années,
les significations et réserves réglées aux articles
précédens, sont déclarés propriétés incommutables
entre les mains des possesseurs actuels, sans distinction de ceux qui se seraient conformés ou non aux
dispositions des lois des 14 ventose an 7, 11 pluviose an 12, 28 avril 1816 et 15 mai 1818.

« En conséquence, les possesseurs actuels desdits
biens, engagistes, échangistes ou concessionnaires,
ou leurs représentans, seront quittes ou libérés, par
l'effet de la présente loi, et sans qu'ils puissent être
tenus de fournir aucune justification, sous prétexte

7.

que lesdits biens proviendraient d'engagemens, d'é-
changes ou de concessions, avant ou depuis le mois
de février 1566, avec ou sans clause de retour. »

377. — D'après la loi du 12 mars 1820, le 4
mars 1829 était donc le terme fixé pour les recherches de l'administration des domaines. Quand ce
terme approcha, le ministre des finances fit signifier
plus de 10,000 sommations aux détenteurs ou prétendus détenteurs, et prorogea ainsi de trente ans l'action domaniale. Cette mesure, qui jeta l'alarme chez
une foule de propriétaires, a été vivement blâmée.
On a demandé comment elle avait pu être ordonnée
par le même ministre, qui disait aux chambres, en présentant le projet de loi de 1820, « qu'un gouvernement éclairé et protecteur devait écarter, des propriétés, l'incertitude qui avait toujours le fâcheux
effet d'en affaiblir la valeur, d'entraver les spécula-
tions des propriétaires et d'empêcher les améliorations. » On s'est plaint que ce ministre, qui avait pris
soin de démontrer que le trésor ne pouvait espérer
que de faibles rentrées par les nouvelles recherches
de l'administration, et qui n'avait sollicité qu'un délai d'un an pour faire les significations et réserves,
vint, à l'expiration du délai fatal, remettre ainsi en
question le sort d'une masse de propriétés.

Il est certain que cette mesure ne paraît pas conforme aux règles d'une bonne politique ni même
aux véritables intérêts du fisc; mais le ministre qui
l'ordonna, put, en se reportant aux discussions législatives, croire sa responsabilité engagée à exercer
les droits de l'état dans toute leur rigueur.

378. — En résumé, voici quelle est aujourd'hui

la position des anciens engagistes et échangistes du domaine de l'état.

La révocation des engagemens postérieurs à 1566 a été maintenue, sauf un certain nombre d'exceptions.

Les échanges légalement consommés et non frauduleux ont, au contraire, été confirmés.

Les engagistes et les échangistes dont les concessions ont été révoquées, et qui n'ont pas été atteints par les déchéances légales, peuvent devenir propriétaires incommutables des biens qu'ils détiennent ou qui se trouvent invendus aux mains de l'état, en payant le quart de la valeur de ces biens, de la manière déterminée par la loi; s'il s'agit de futaies, il est dû la totalité de la valeur.

Toutefois les échangistes dont les échanges n'ont pas été consommés par le défaut d'enregistrement et de lettres de ratification ne sont tenus, pour être maintenus dans leurs possessions, que de payer la soulte résultant des évaluations, si les biens par eux donnés en contre-échange ont été vendus par l'état.

Enfin, ceux de ces engagistes et échangistes contre lesquels il n'a pas été exercé de poursuites dans les trente ans qui ont suivi la publication de la loi du 14 ventose an 7 sont devenus propriétaires incommutables, sans bourse délier.

Quant aux détenteurs qui n'ont pas fait leur soumission dans le délai légal, ou qui n'ont pas soldé le prix exigé par la loi, et qui n'ont pas acquis leur libération, faute de poursuites de la part de l'administration des domaines dans l'intervalle précité, ils peu-

vent être recherchés et contraints, soit au paiement
du prix de la somme fixée par la loi, soit à la restitution des biens qui leur avaient été concédés, à
charge par l'état de les rembourser de leurs finances
d'engagement, et des impenses et améliorations, ou
(si ce sont des échangistes) de leur rendre les biens
donnés en contre-échange, en se tenant compte respectivement des soultes et retours.

§ IV.

Résumé de la jurisprudence en cette matière.

Cette jurisprudence se divise naturellement en
deux parties : l'une judiciaire, l'autre administrative.

Quant à la première, que nous puisons dans les
arrêts de la cour de cassation, nous avons déjà rapporté ses principaux monumens.

Nous avons aussi fait connaître les avis du conseil
d'état et quelques décisions du ministre des finances. Pour compléter la jurisprudence administrative, il nous reste donc à présenter le tableau de la
doctrine établie par les arrêts du conseil d'état.

Nous y trouvons des règles de compétence, des
règles pour le fond de la matière, enfin des règles
de procédure.

SOMMAIRE.

RÈGLES DE COMPÉTENCE.

379. — Nous avons essayé (n° 364, p. 68) d'établir d'une manière certaine, d'après les paroles mêmes des auteurs de la loi du 14 ventose an 7, les attributions respectives des deux autorités judiciaire et administrative. La jurisprudence du conseil d'état, et surtout les décisions rendues sur conflit, achèveront de bien fixer les doctrines en cette importante matière.

380. — COMPÉTENCE DE L'AUTORITÉ JUDICIAIRE. — La compétence de l'autorité judiciaire embrasse :

1° Les contestations qui peuvent s'élever, entre l'état et des particuliers, sur le caractère des actes d'aliénation des biens qu'ils détiennent ;

2° Les contestations entre les engagistes et les sous-aliénataires ;

3° Les contestations qui peuvent s'élever entre des engagistes et des tiers, quant à la propriété des biens compris dans leur soumission, et quant à l'exécution des contrats dont ces biens ont été l'objet postérieurement à la soumission.

381. — *Contestations entre l'état et les engagistes.* — Les tribunaux civils étant seuls compétens pour prononcer sur les questions de propriété, c'est à eux qu'il appartient de juger si des aliénations domaniales ont été faites, originairement, à titre de propriété incommutable, ou bien à titre de simple engagement et d'échange, ou bien encore, lorsque le caractère d'engagement n'est pas contesté, si l'aliénation ne se trouve pas dans la classe de celles qui ont été exceptées de la révocation.

Ainsi, c'est à ces tribunaux qu'il appartient de prononcer sur la question de savoir :

1° Si une concession domaniale, postérieure à l'édit de 1566, n'était qu'une subrogation pure et simple à une concession faite antérieurement à cet édit(1);

2° Si une concession antérieure à l'édit de 1566 était une aliénation définitive, et non un contrat d'engagement (2);

3° Si des aliénations faites dans des pays réunis à la France postérieurement à l'édit de 1566 doivent être confirmées comme ayant eu lieu avant que le principe de l'inaliénabilité du domaine fût établi dans ces pays (3);

(1 et 2) Voir l'arrêt du conseil, du 20 novembre 1815, *Caroillon-Destillères.*

(3) Voir les arrêts du conseil, du 28 octobre 1829, *le ministre des finances c. la commune d'Ortoncourt* ; du 28 octobre 1829, *le ministre des finances c. Marchal et consorts;* du 2 décembre 1829, *le ministre des finances c. la commune de Thorey;* du 2 décembre 1829, *le ministre des finances c. Petit-Didier et autres;* du 30 septembre 1830, *le ministre des*

4° Si un engagiste a le droit d'exclure de sa soumission une partie des domaines qu'il détient, par
le motif que cette partie représente une rente que
ses auteurs ont acquise, sous l'ancienne monarchie,
par voie d'échange (1);

5° Si des particuliers qui ont été déclarés non engagistes d'un bien, et qui s'en prétendent propriétaires incommutables, sont fondés dans leurs prétentions (2);

6° Si un remboursement de finances, fait pendant
la minorité d'un engagiste, peut former titre contre
son héritier, ou s'il est nul à son égard.

Il suit de là que le préfet ne doit pas revendiquer
la connaissance de cette question pour l'autorité administrative, en élevant le conflit d'attributions (3).

7° Si des bois détenus par des communes, en vertu
d'un acte d'accensement, postérieur à 1566, sont ou
non dans le cas des dispositions révocatoires des
lois des 14 ventose an 7 et 11 pluviose an 12; si,
par exemple, les communes, pouvant continuer de
les posséder, doivent payer le quart de la valeur,
ou s'il suffit qu'elles acquittent le cens annuel, stipulé
dans l'acte d'accensement (4);

finances c. Joly; du 22 octobre 1830, le ministre des finances c. Berge-
ret; du 29 mars 1832, le ministre des finances c. Poinsignon; du 23
avril 1832, le ministre des finances c. la commune de Mittersheim.

(1) Voir l'arrêt du conseil, du 13 janvier 1816, comtesse de Roche-
chouart.

(2) Voir l'arrêt du conseil, du 31 décembre 1828, la duchesse de
Beaumont c. Duhays et consorts.

(3) Voir l'ordonnance royale du 28 février 1827, rendue sur un arrêté de conflit pris par le préfet de l'Eure (affaire d'Annebault c. l'état).

(4) Voir l'arrêt du conseil, du 18 janvier 1831, le ministre des finances c. les communes de Lavelino, Lachapelle et Rosière.

8° Si l'ancien concessionnaire d'un fief réuni au domaine par arrêté d'un directoire de district, confirmé par des décisions ministérielles, a des droits pour recouvrer les biens dépendant de l'ancien fief, qui se trouvent invendus dans les mains de l'état; — l'arrêté du district et les décisions ministérielles ne font point obstacle à ce que les tribunaux civils prononcent sur la question de propriété et de restitution (1);

9° Si une rente, maintenue par un arrêt de l'ancien conseil, comme prix d'une concession domaniale, est féodale ou non (2);

10° Si l'engagiste soumissionnaire d'un terrain domanial, qui lui avait été engagé moyennant un cens annuel, et sous la condition qu'il serait restitué sans aucune indemnité dans le cas de révocation, doit, par le paiement du quart de la valeur, être affranchi de la clause de révocation facultative (3);

11° Si l'échange fait par un engagiste avec un tiers peut être exempté de la révocation prononcée par l'article 4 de la loi du 14 ventose an 7, lorsque l'aliénation primitive, faite sous faculté de rachat, est frappée de révocation (4);

12° Les rentes affectées sur des domaines engagés ont été abolies au profit des engagistes qui se sont libérés aux termes de la loi du 14 ventose

(1) Voir l'arrêt du conseil, du 18 mars 1818, d'*Andlaw*.

(2) Voir l'arrêt du conseil, du 6 décembre 1820, *l'administration des domaines c. la veuve et les héritiers Guyot.*

(3) Voir l'arrêt du conseil, du 4 janvier 1833, *Hardy de Saint-Yon*.

(4) Voir l'arrêt du conseil, du 30 novembre 1830, *le ministre des finances c. Braud.*

an 7 (1). La régie des domaines ne peut poursuivre le recouvrement de ces rentes.

Mais les questions incidentes qui peuvent s'élever à leur occasion sont du ressort des tribunaux civils, ainsi que le serait la question principale, si elle n'était décidée par un acte législatif.

Si donc un transport a été fait, par l'état ; à un particulier, de plusieurs cens et rentes affectés sur un domaine engagé, déjà soumissionné par le détenteur, et que la validité du transfert soit contestée par l'engagiste, le litige, dans lequel l'état est appelé en garantie par le transférataire, doit être jugé par les tribunaux civils (2).

13° C'est encore aux tribunaux civils qu'il appartient de prononcer, entre l'état et les engagistes, lorsque ceux-ci prétendent que les biens qu'ils détiennent sont compris dans les exceptions aux révocations qui ont été établies par la loi :.

S'il s'agit, par exemple, de savoir si des terrains engagés rentrent

Dans la catégorie des terres vaines et vagues, des landes, bruyères et marais, qui ont été exceptés de la révocation par le paragraphe 3 de l'article 5 de la loi du 14 ventose an 7 (3) ;

---

(1) Voir ci-dessus, page 81, l'avis du conseil, du 16 fructidor an 13.

(2) Voir l'arrêt du conseil, du 22 novembre 1811, rendu sur un conflit négatif, affaire d'*Hennezel.*

(3) Voir les arrêts du conseil, du 20 novembre 1815, *Caroillon-Destillères ;* du 27 février 1818, *Deutsche ;* du 13 juin 1821, *le ministre des finances c. de Cossette ;* du 2 décembre 1829, *le ministre des finances c. Racine ;* du 6 janvier 1830, *le ministre des finances c. Alotte ;* du 1er avril 1830, *le ministre des finances c. Nollet de Malvoat ;* du 25 novembre

Soit dans la catégorie des terrains épars ou des habitations, qui ont été exemptés de la révocation par le paragraphe 4 du même article de la même loi (1) ;   .

Soit dans la catégorie des terrains dépendant des fossés, murs et remparts des villes exceptés par le paragraphe 5 (2).

De même, c'est à l'autorité judiciaire qu'il appartient de statuer.

Si l'administration des domaines soutient qu'une commune détient ses halles à titre d'engagement, et si ladite commune prétend que la loi du 14 ventose an 7 n'est pas applicable aux communes, et déclare, d'ailleurs, qu'elle entend se prévaloir des exceptions portées dans cette loi en faveur des terrains dépendant des anciens murs, fossés et remparts des villes (3) ;

Si une aliénation doit être considérée comme un échange consommé légalement et sans fraude, et par conséquent doit être rangée dans la première catégorie des exceptions établies par l'article 5 de la loi du 14 ventose an 7, ou si cette aliénation est comprise dans la révocation prononcée par une loi

1831, *le ministre des finances c. Laffitte ;* du 3 mai 1832, *le ministre des finances c. les héritiers Sazerat.*

(1) Voir les arrêts du conseil, du 15 août 1827, *le ministre des finances c. les héritiers Nestier ;* du 1er février 1829, *le ministre des finances c. Leclercq ;* du 11 février 1829, *le ministre des finances c. Claussez ;* du 15 mars 1829, *le ministre des finances c. Mulot ;* du 26 mars 1829, *le ministre des finances c. Flavigny.*

(2) Voir l'arrêt du conseil, du 22 février 1837, *le ministre des finances c. veuve Delux.*

(3) Voir l'arrêt du conseil, du 10 juin 1835, *la ville d'Angers c. le ministre des finances.*

spéciale et doit être regardée comme un simple engagement (1).

— Toutes les décisions qui précèdent ont établi
la compétence de l'autorité judiciaire dans les litiges
engagés entre l'état et des engagistes. Voici maintenant des décisions qui restreignent cette compétence.

Ainsi, l'autorité judiciaire ne peut décider des
questions qui tendent soit à remettre en question
la liquidation d'une finance d'engagement faite par
des arrêts de l'ancien conseil du roi, soit à interpréter le sens et à déterminer les effets d'un arrêt
du nouveau conseil d'état. La connaissance de ces
questions appartient à l'autorité administrative. Si,
sur le renvoi qui leur en a été fait par le conseil de
préfecture, les tribunaux civils se déclarent compétens pour les juger, c'est à bon droit que le préfet
élève le conflit d'attributions (2).

— L'autorité judiciaire est aussi incompétente
pour statuer sur la nature et les effets des soumissions faites par les anciens engagistes. Ces questions
sont du ressort de l'autorité administrative.

Ainsi, lorsqu'un engagiste, qui avait fait soumission de payer le quart de la valeur des biens engagés, a, en vertu de l'article 21 de la loi du 14 ventose an 7, vendu à un tiers une partie de ces biens,
c'est à l'autorité administrative qu'il appartient de

(1) Voir l'arrêté du conseil, du 9 juin 1830, *le ministre des finances
c. Caminade de Chatenay.*

(2) Voir l'ordonnance royale du 28 février 1827, rendue sur un arrêté de conflit, pris par le préfet de l'Eure (*affaire d'Annebault c.
l'état*).

statuer sur les effets de cette vente à l'égard de l'état (1).

: — Enfin l'autorité judiciaire est incompétente pour statuer sur les questions qui se rattachent à la fixation des indemnités dues à l'état par les engagistes. Ces indemnités doivent être réglées et fixées administrativement (2).

382. — *Contestations entre les engagistes et les sous-aliénataires.* — Si les difficultés qui peuvent s'élever entre les engagistes et l'état sur des questions de propriété sont de la compétence de l'autorité judiciaire, à plus forte raison de semblables questions appartiennent-elles à la même autorité, lorsqu'elles s'agitent entre des engagistes et des sous-aliénataires.

Ainsi, ce sont les tribunaux civils qui doivent statuer sur les contestations élevées entre les engagistes principaux et les sous-aliénataires, relativement à la validité et aux effets des contrats de sous-engagement.

Les conseils de préfecture sont incompétens pour prononcer dans ce cas spécial (3).

383. — *Contestations entre les engagistes et*

---

(1) Voir l'arrêt du conseil, du 16 août 1833, d'*Annebault et consorts*.

(2). Voir l'arrêt du conseil, du 4 janvier 1833, *Hardy de Saint-Yon*; les ordonnances royales : du 25 octobre 1823, rendue sur un arrêté de conflit, pris par le préfet du Bas-Rhin (*affaire des héritiers Champy c. l'administration des domaines*); du 28 août 1837, rendue sur un arrêté de conflit, pris par le préfet des Vosges (*affaire des héritiers d'Hoffelize c. l'état*).

(3) Voir l'arrêt du conseil, du 3 février 1819, *Mallin et consorts c. de Buffevent*.

des tiers. — C'est aux tribunaux civils qu'il appartient de prononcer :

1° Lorsqu'il s'élève une contestation entre des communes et un engagiste, sur la question de savoir si des biens qu'il a soumissionnés sont communaux ou domaniaux (1);

2° Lorsqu'une mère revendique, au nom et comme tutrice de son fils, contre un engagiste, la propriété de biens soumissionnés par ledit engagiste (2);

3°. Sur les contestations qui peuvent s'élever entre des engagistes et des particuliers, relativement aux charges et hypothèques dont sont grevés les biens qu'ils ont soumissionnés. Si donc il y a difficulté entre un engagiste et un particulier qui prétend que le domaine soumissionné est grevé, à son profit, d'un droit de *terrage* (droit à une partie de la récolte), le conseil de préfecture est incompétent pour prononcer sur ce litige (3).

— Toutefois, lorsqu'après avoir prescrit la remise en possession d'un ancien engagiste soumissionnaire, le ministre des finances ordonne la suspension de sa première décision, par le motif que l'administration aurait découvert une quittance de remboursement, les tribunaux civils ne peuvent, tant que cette seconde décision n'a pas été réformée, connaître :

1° De l'action d'un tiers, à qui l'engagiste avait vendu une partie de l'immeuble dont il avait été re-

(1) Voir l'arrêt du conseil, du 18 mars 1816, *Guyard c. la commune de Changey et autres*.

(2) Voir l'arrêt du conseil, du 3 décembre 1817, *dame Huet c. de Roncy*.

(3) Voir l'arrêt du conseil, du 4 juin 1809, *Thobois c. veuve Thobois*.

mis en possession, et qui poursuit l'administration des domaines en restitution de cet immeuble et de ses fruits (1).

2° De l'action intentée par un créancier de l'engagiste pour obtenir l'expropriation d'une partie de l'immeuble sur lequel sa créance était hypothéquée.

Si les tribunaux civils se déclarent compétens pour connaître de ces actions, c'est à bon droit que le préfet élève le conflit d'attributions (2).

384. — COMPÉTENCE ADMINISTRATIVE. — La compétence de l'autorité administrative en cette matière est plus étendue que celle de l'autorité judiciaire. En effet, c'est l'administration qui décide s'il y a lieu de recevoir les soumissions des anciens engagistes ; c'est elle qui applique les déchéances ou qui accorde les relevés ; c'est elle encore qui statue sur les effets des soumissions, sur les formes et les bases de l'estimation des biens soumissionnés, et enfin sur le réglement des sommes que les engagistes doivent payer par suite de ladite estimation.

385.—*Compétence des préfets.*—Un préfet reste dans les limites de ses pouvoirs, lorsqu'il se borne à recevoir, conformément à la loi du 14 ventose an 7, la soumission d'un engagiste pour des terrains engagés à ses auteurs. L'arrêté par lequel il déclare qu'en vertu de cette soumission l'engagiste devient propriétaire incommutable ne fait pas obstacle à ce que les tribunaux civils prononcent sur les diffi-

---

(1) Voir l'ordonnance royale du 19 janvier 1825, rendue sur un arrêté de conflit, pris par le préfet de l'Eure (*affaire de Corneille*).

(2) Voir l'ordonnance royale, du 17 août 1825, rendue sur un arrêté de conflit, pris par le préfet de l'Eure (*affaire Delbeck*).

cultés qui peuvent s'élever entre l'engagiste et dès sous-aliénataires qui prétendent que, en vertu du paragraphe 4 de l'article 5 de la loi du 14 ventose an 7, la propriété de tout ou partie des biens soumissionnés, avait été confirmée, dans leurs mains, sans qu'il fût nécessaire de payer le quart de la valeur.

. Si les tribunaux civils, saisis de la question de savoir quels sont les droits des sous-aliénataires, se déclarent incompétens et renvoient les parties devant le préfet pour faire interpréter son arrêté, ce magistrat doit se borner à déclarer qu'il n'a fait que recevoir la soumission de l'engagiste des terrains mentionnés dans l'arrêté, et qu'il n'a rien préjugé ni sur les contrats respectifs de l'engagiste et des sous-aliénataires, ni sur la question de savoir si ces derniers se trouvaient placés dans les exceptions établies par la loi du 14 ventose an 7.

Mais le préfet excède ses pouvoirs, si, au lieu de donner cette explication, il prononce sur l'étendue et les effets desdites exceptions (1).

— Les préfets sont compétens pour déclarer les engagistes déchus du bénéfice de leur soumission. Les arrêtés par lesquels ils prononcent cette déchéance ne peuvent, dès-lors, être déférés directement au conseil d'état. Ils doivent être attaqués devant le ministre des finances (2).

—Les préfets sont aussi compétens pour prononcer des relevés de déchéance en faveur des engagistes.

(1) Voir l'arrêt du conseil, du 13 novembre 1822, *Couturier c. les héritiers de Buffevent.*
(2) Voir l'arrêt du conseil, du 9 janvier 1828, *héritiers de Mailly.*

T. II.   8

Ainsi un préfet n'excède pas les limites de sa compétence, en déclarant que le bénéfice du relevé de déchéance qu'il a prononcé par un précédent arrêté, au profit d'un engagiste, s'étend à tous ses co-héritiers.

Cette déclaration du préfet laisse intacte la question de propriété, qui peut être portée devant les tribunaux civils.

Dès-lors, l'arrêté préfectoral ne peut être déféré directement au conseil d'état. Si quelques-uns des co-héritiers croient devoir attaquer l'interprétation donnée au premier arrêté par le second, ils doivent se pourvoir devant le ministre des finances (1).

— C'est encore le préfet, sauf recours au ministre des finances, et en définitive au conseil d'état, qui doit statuer sur les contestations qui s'élèvent concernant la régularité et les bases de l'estimation qui doit fixer la valeur des biens soumissionnés (2).

C'est avec raison que le conseil de préfecture se déclare incompétent pour prononcer sur le réglement du prix de l'estimation; mais sa déclaration d'incompétence ne peut avoir pour effet de donner compétence à l'autorité judiciaire (3).

(1) Voir l'arrêt du conseil, du 31 janvier 1817, *héritiers Descarsins et Hérot.*

(2) Voir l'arrêt du conseil, du 4 janvier 1833, *Hardy de Saint-Yon;* voir aussi l'ordonnance royale, du 25 octobre 1833, rendue sur un arrêté de conflit, pris par le préfet du Bas-Rhin (*affaire des héritiers Champy*).

(3) Voir l'ordonnance royale, du 25 octobre 1833, rendue sur un arrêté de conflit, pris par le préfet du Bas-Rhin (*affaire des héritiers Champy c. l'administration des domaines*).— Par un arrêt, du 7 février 1809, *Tillette-Montfort*, le conseil d'état avait déclaré positivement que les conseils de préfecture étaient compétens, à l'exclusion des préfets, pour prononcer sur les difficultés qui s'élèvent entre l'administration

Ainsi donc le préfet est compétent pour statuer :

1° Lorsqu'un engagiste soutient qu'on ne peut faire entrer, dans l'estimation de l'immeuble qu'il a soumissionné, les constructions qu'il a élevées sur le terrain nu qui lui avait été concédé. La question ne peut être portée devant l'autorité judiciaire, sous prétexte qu'il s'agit de régler les bases d'après lesquelles le montant de la soumission doit être établi, et que cette interprétation est purement judiciaire (1);

2° Lorsqu'un engagiste conteste l'estimation donnée aux forêts comprises dans l'engagement, par exemple s'il soutient que le prix total des futaies ne doit pas être payé (2);

3° Lorsqu'il s'agit de décider si la valeur de bois abattus par un engagiste, antérieurement à l'expertise qui a suivi la soumission, doit être comprise dans l'évaluation d'une forêt engagée (3).

—Un arrêt par lequel l'autorité judiciaire, statuant sur la domanialité d'un immeuble, déclare que cet immeuble est soumis aux lois des 14 ventose an 7, 28 avril 1816, 15 mai 1818, et 12 mars 1820, et que ses détenteurs auront à se conformer aux dispositions desdites lois, ne préjuge pas et ne peut pas préjuger la question de la quotité du prix à payer

des domaines et les engagistes, relativement au mode ou au taux de l'expertise destinée à constater la valeur des biens engagés.

(1) Voir l'arrêt du conseil, du 4 janvier 1833, *Hardy de Saint-Yon.*

(2) Voir les ordonnances royales, du 25 octobre 1833, rendue sur un arrêté de conflit, pris par le préfet du Bas-Rhin (*affaire des héritiers Champy c. l'état*); du 28 août 1837, rendue sur un arrêté de conflit, pris par le préfet des Vosges (*affaire des héritiers d'Hoffelize c. l'état*).

(3) Voir l'arrêt du conseil, du 16 février 1835, *les héritiers Soubise c. le ministre des finances.*

8.

par les détenteurs, pour devenir propriétaires incommutables de l'immeuble reconnu engagé.

Cet arrêt ne fait pas obstacle à ce que le préfet et
le ministre des finances règlent la quotité du prix,
d'après les bases légales. Ces fonctionnaires ne sont
pas tenus d'appliquer les seuls actes législatifs mentionnés dans l'arrêt. S'agit-il, par exemple, de bois et
forêts, ils pourront, bien que l'arrêt de la cour n'en
fasse pas mention, appliquer l'avis rendu par le
conseil d'état, le 3 floréal an 13, par voie d'interprétation, pour l'exécution et l'application de la loi
du 14 ventose an 7 (1).

Il en serait encore ainsi, quand même l'arrêt rendu
par l'autorité judiciaire porterait, en termes positifs,
que les engagistes paieront le quart de la valeur des
biens. En effet, la seule question en litige devant
cette autorité, se rapportant à la domanialité de la
forêt, aucun débat n'était engagé sur le montant
des répétitions que l'état aurait à exercer si les prétendus propriétaires étaient reconnus simples engagistes. Les questions relatives à ces répétitions restent donc intactes, malgré les expressions de l'arrêt
dont les engagistes voudraient s'autoriser, et il ne
peut y avoir lieu à renvoyer devant la cour qui a
rendu cette décision, pour la faire interpréter et appliquer sur ce point (2).

386. — *Compétence du ministre des finances.* —

(1) Voir l'arrêt du conseil, du 4 avril 1837, *les héritiers Champy c. le
ministre des finances.*

(2) Voir l'ordonnance royale, du 28 août 1837, rendue sur un arrêté
de conflit, pris par le préfet des Vosges (*affaire des héritiers d'Hoffelize
c. l'état*).

Le ministre des finances est compétent pour prononcer sur la question de savoir si les véritables finances d'engagement d'un domaine de l'état ont été remboursées intégralement à l'engagiste, ou si ce dernier est resté créancier de finances accessoires (1).

— Lorsque des particuliers se présentent devant le ministre des finances pour être autorisés à soumissionner un domaine, en qualité d'engagistes, le ministre des finances est compétent pour vérifier leur qualité. Ainsi, il peut rechercher s'ils n'ont pas perdu définitivement cette qualité d'engagistes, par suite d'une loi spéciale qui, antérieurement à celle du 14 ventose an 7, aurait révoqué leur engagement (2).

De même, le ministre des finances reste dans les limites de sa compétence, lorsqu'il déclare qu'il y a lieu d'admettre la soumission de sous-concessionnaires de domaines engagés, comme détenteurs desdits domaines, et qu'il réserve formellement les droits résultant des contrats de sous-concession au profit des engagistes originaires.

---

(1) Voir l'arrêt du conseil, du 24 mars 1832, *d'Annebault et consorts c. le ministre des finances*.

(2) Voir l'arrêt du conseil, du 10 juillet 1832, *héritiers de Maudet c. le ministre des finances.* — Indépendamment des révocations générales, prononcées par les lois que nous avons analysées ci-dessus, il a été prononcé des révocations particulières par un certain nombre de lois spéciales ; telles sont celles : des 14-18 février 1791, qui annule l'aliénation de la baronnie de Fenestranges faite au duc et à la duchesse de Polignac ; des 14-23 juillet 1791, qui révoque la concession faite au cardinal Mazarin, des comtés de Ferretto et seigneuries de Bedfort, Delle, Thann, Altkirck et Issenheim ; et celle des 5 septembre-12 octobre 1791, qui révoque toutes les concessions, accensemens, inféodations, faites depuis 1768, des domaines nationaux situés dans l'île de Corse, notamment du domaine de Galeria.

Dès lors, sa décision ne peut être attaquée, devant le conseil d'état, par l'engagiste ou ses ayant-cause, pour incompétence et excès de pouvoirs.

Cette décision, toutefois, ne fait pas obstacle à ce que l'engagiste ou ses ayant-cause fassent valoir, devant l'autorité compétente, les droits qu'ils peuvent tirer de leurs conventions ou de la loi, pour rester propriétaires incommutables des objets engagés, à l'exclusion des sous-concessionnaires (1).

— Si, postérieurement à l'arrêt du conseil qui a reconnu que le ministre des finances devait donner suite à la soumission de l'ancien engagiste, et postérieurement à un arrêté ministériel qui ordonnait sa remise en possession du domaine engagé, l'administration vient à découvrir une quittance de remboursement, le ministre peut prendre une décision pour ordonner qu'il sera sursis provisoirement à toutes les opérations relatives à la remise en possession de l'engagiste, et qu'il sera procédé à la reprise de possession au nom de l'état, s'il est besoin.

Cette décision ne préjudicie pas aux moyens que l'engagiste peut faire valoir pour contester les effets et les conséquences du remboursement dont excipe l'administration des domaines (2).

387.—*Compétence des conseils de préfecture.*—Les engagistes dont la soumission a été acceptée sont assimilés en tout aux acquéreurs de biens nationaux. Il suit de là que les conseils de préfecture sont com-

(1) Voir l'arrêt du conseil, du 16 mai 1832, *la Société du Cotentin.*

(2) Voir l'arrêt du conseil, du 1er décembre 1824, *D'Annebault et Duparc.*

pétens pour statuer sur la validité de la vente spéciale, consentie, en cette matière, par les préfets, aux engagistes soumissionnaires.

Mais la question de la validité de la vente est-elle subordonnée à une question de propriété ? S'agit-il, par exemple, de décider si l'un des objets soumissionnés était ou non compris dans l'engagement ? le conseil de préfecture est alors incompétent pour statuer sur ce point ; il doit faire prononcer, au préalable, par les tribunaux civils (1).

—Si des tiers revendiquent un droit de servitude, tel qu'un droit de passage, sur des biens vendus à un engagiste, par suite de sa soumission, les conseils de préfecture sont compétens pour décider si l'engagiste soumissionnaire n'a été maintenu en possession du domaine engagé que sans préjudice du droit des tiers, et qu'à la condition de souffrir toutes les servitudes et autres charges dont ce domaine pouvait être antérieurement grevé.

Mais si des tiers fondent leur réclamation, soit sur la possession, soit sur des titres anciens, c'est avec raison que le conseil de préfecture se déclare incompétent pour statuer ; c'est aux tribunaux civils qu'il appartient de juger la contestation (2).

—Si des tiers revendiquent la propriété de biens vendus par l'état à des engagistes, l'action en révendication dont il s'agit élève une question de validité de vente nationale, qui ne peut être décidée

(1) Voir l'arrêt du conseil, du 1er décembre 1824, *Rey, Teisseire et consorts c. le ministre des finances.*

(2) Voir l'arrêt du conseil, du 3 mars 1835, *la ville de Chartres c. Bedel.*

que par l'interprétation des actes administratifs qui
l'ont préparée et consommée, et qui doit être in-
struite et jugée dans les formes prescrites pour les contestations relatives aux ventes de biens nationaux,
par la loi du 28 pluviose an 8. Si l'instance est portée devant les tribunaux civils et que ces tribunaux
se déclarent compétens, c'est à bon droit que le
préfet élève le conflit d'attributions (1).

388. — *Compétence du conseil d'état.* — Le
conseil d'état seul est compétent pour donner l'interprétation de ses arrêts.

Ainsi un conseil de préfecture est incompétent
pour décider, par interprétation d'arrêts du conseil
d'état, rendus entre l'administration des domaines
et un engagiste, si la vente, faite par le préfet à l'engagiste, par suite de sa soumission, est valable ; et
aussi, quelle autorité, judiciaire ou administrative, peut apprécier la validité d'une quittance
de remboursement que l'état oppose à l'engagiste (2).

FOND DE LA MATIÈRE.

389. — Les règles offertes par la jurisprudence
du conseil d'état, quant au fond même de la matière, peuvent être ramenées à sept points principaux.
Elles sont relatives :

(1) Voir l'ordonnance royale, du 15 mai 1825, rendue sur un arrêté
de conflit, pris par le préfet de la Loire-Inférieure (*affaire de la commune
de Bouquenais c. Robineau de Bougon*).
(2) Voir l'arrêt du conseil, du 28 février 1827, *le ministre des finances
c. D'Annebault.*

1° A la qualité d'engagiste ou d'échangiste ;

2° Aux effets des soumissions ;

3° A l'expertise ;

4° Au remboursement et à la liquidation des finances d'engagement ;

5° Aux bois et forêts ;

6° Au prix de l'estimation ;

7° Aux révélateurs.

390. — *Qualité d'engagiste ou d'échangiste.* — Les concessions de marais, faisant partie des biens de la couronne, ont été révoquées par l'article 12 de la loi du 5 janvier 1791. La loi du 14 ventose an 7 a maintenu ces révocations ; elle a seulement excepté, par son article 5, les fonds mis en valeur. Dès lors, des concessionnaires de marais qui ne les ont pas mis en valeur, qui même n'ont pas commencé les travaux de dessèchement, ne peuvent réclamer le bénéfice de leur ancienne concession, et repousser l'application de la déchéance , sous prétexte qu'ils auraient été empêchés de se mettre en possession par la résistance des habitans de la commune qui se prétendaient propriétaires (1).

— Lorsqu'une ordonnance royale , en annulant une concession de relais de la mer, a disposé que ceux des terrains dépendant de ces concessions qui auraient été aliénés de bonne foi ne seraient pas revendiqués par l'état, cette disposition doit s'entendre seulement des aliénations faites à titre onéreux, et non de celles qui auraient eu lieu à titre gratuit, par

_____

(1) Voir l'arrêt du conseil, du 27 septembre 1827, *héritiers Lemoine.*

exemple, pour doter les enfans du concessionnaire (1).

— Le paragraphe 4 de l'article 5 de la loi du 14
ventose an 7 est applicable seulement aux aliénations
de terrains épars, qui ne se rattachent à aucun corps
de domaine ; mais ce serait aller au-delà des intentions du législateur que d'étendre l'exception dont
il s'agit à des objets qui dépendaient de propriétés
plus importantes, qui, prises dans leur ensemble, se
trouvent, par leur nature ou par leur contenance,
dans le cas de la révocation. Ainsi l'exception ne
pouvait s'appliquer à des aliénations de maisons dépendant d'anciens domaines royaux, comme celui
de Choisi et de la Muette (2).

— En principe, la loi du 14 ventose an 7, dans le
cas de la maintenue de l'engagiste principal, maintient implicitement les sous-aliénataires, comme
étant aux droits du vendeur (3).

— L'article 1er de l'ordonnance royale du 4 juin
1814, après avoir réuni au domaine de la couronne
la dotation du sénat et des sénatoreries, a prescrit
d'en distraire les propriétés particulières, acquises
par voie de confiscation, et de les rendre aux anciens
propriétaires, dans l'état où elles se trouvaient, sans
aucune restitution de fruits. Cet article n'est pas

(1) Voir l'arrêt du conseil, du 2 juillet 1823, *comtesse de Beausobre
c. le ministre des finances.*

(2) Voir l'arrêt du conseil, du 12 novembre 1806, *le ministre des
finances c. les héritiers Filleul.* — Aujourd'hui, le conseil d'état renver-
rait la connaissance de semblables contestations à l'autorité judiciaire.
Voir ci-dessus, page 107, 13°.

(3) Voir l'arrêt du conseil, du 3 février 1819, *Mallin et consorts c.
de Buffevent.*

applicable aux domaines engagés qui ne sont pas
rentrés dans les mains de l'état par voie de confiscation, mais dont l'état est rentré en possession, faute,
par les engagistes émigrés, d'avoir fait suivre leurs
soumissions d'aucun effet dans les délais utiles, et
contre lesquels la déchéance a été prononcée par
l'autorité administrative compétente (1).

— Lorsqu'une loi spéciale a révoqué des concessions domaniales faites par arrêts de l'ancien conseil
d'état, les concessionnaires ont perdu, par suite de
cette loi, leur qualité d'engagiste. La loi du 14 ventose an 7 n'a pas fait cesser les effets de la révocation à leur égard. Dès lors, ils ne peuvent être reçus
à se porter soumissionnaires des biens compris dans
l'ancien engagement (2).

— Lorsqu'un échangiste d'anciens droits domaniaux supprimés a été relevé, par décision du ministre des finances, de la déchéance qu'il avait encourue aux termes de la loi du 12 septembre 1791,
une décision ministérielle ultérieure ne peut repousser, par l'exception de déchéance, le même engagiste qui demande sa réintégration dans les objets
par lui donnés en contre-échange (3).

— Aux termes de la loi du 14 ventose an 7 (art.
13 et 14), les engagistes, en faisant les déclarations
et les soumissions prescrites, ont été maintenus dans
leur jouissance, et ceux qui en avaient été dépossé-

(1) Voir l'arrêt du conseil, du 9 janvier 1828, *héritiers de Mailly.*

(2) Voir l'arrêt du conseil, du 10 juillet 1832, *héritiers Maudet c. le
ministre des finances.*

(3) Voir l'arrêt du conseil, du 4 février 1824, *Boutechoux de Cha-
vannes c. le ministre des finances.*

dés devaient y être réintégrés, si lesdits biens se
trouvaient encore dans les mains de l'état. Dès lors,
s'il est reconnu qu'un particulier a le caractère d'engagiste, qu'il n'a jamais été liquidé de sa finance d'engagement, que le domaine engagé est encore dans
les mains de l'état, qu'il a fait les déclarations et
soumissions prescrites par la loi du 14 ventose an 7,
c'est à tort que le ministre des finances refuse
de donner suite auxdites déclarations et soumissions (1).

— Lorsqu'un engagiste, pour un temps déterminé, a été dépossédé des biens compris dans son
engagement, en exécution de la loi du 10 frimaire an
2, la jouissance précaire qu'il a conservée des biens
engagés, jusqu'à l'expiration de l'engagement, ne lui
a conféré aucuns droits sur lesdits biens. Il a dû se
pourvoir en liquidation, dans les délais prescrits par
la loi, à peine de déchéance (2).

— Lorsque la dépossession d'un engagiste a été
ordonnée et mise à exécution, en vertu d'un arrêt
de l'ancien conseil du roi, et que la finance a été
remboursée, cet ancien engagiste n'a pas qualité pour
se porter soumissionnaire en vertu de la loi du 14
ventose an 7 (3).

— Lorsqu'un particulier a fait sa soumission
d'exécuter la loi du 14 ventose an 7, il doit être con-

(1) Voir l'arrêt du conseil, du 22 mars 1821, *D'Annebault c. le ministre des finances.*

(2) Voir l'arrêt du conseil, du 24 mars 1819, *de Cauvigny ;* du
1er décembre 1824, *Lagoille de Coustagnon.*

(3) Voir l'arrêt du conseil, du 1er décembre 1824, *D'Annebault et Duparc c. le ministre des finances.*

sidéré comme ayant reconnu sa qualité d'engagiste;
il ne peut, dés-lors, être admis postérieurement à
réclamer la qualité de simple échangiste (1).

— Lorsque la soumission pour devenir propriétaire incommutable a été faite au nom de la succession d'un engagiste; que le désistement de cette soumission a été donné par un des héritiers seulement,
mais que la totalité des finances d'engagement et
des améliorations a été liquidée au nom de la succession ; que c'est également la succession qui a été
comprise dans les états de rejet, dressés par la commission de liquidation générale de la dette publique, et approuvés par décret impérial, les héritiers
qui n'ont pas signé le désistement ne peuvent se
prévaloir de ce fait pour demander à suivre les effets de léur ancienne soumission (2).

— Lorsqu'un engagiste, après avoir fait sa soumission, y a renoncé volontairement, pour se présenter comme créancier de l'état, et que, en cette
qualité, il a encouru la déchéance prononcée par
un décret définitif et irrévocable, tout est consommé
à son égard. Il ne peut invoquer les lois de 1816
et de 1820, pour faire de nouvelles soumissions en
vertu de son ancienne qualité (3).

La loi du 12 mars 1820 n'a relevé de la déchéance
encourue d'après les lois antérieures, par les engagistes, qui n'avaient pas fait leur soumission dans
les délais utiles, que ceux de ces engagistes qui se

(1) Voir l'arrêt du conseil, du 6 septembre 1826, *les héritiers Terray*
c. le ministre des finances.
(2 et 3) Voir l'arrêt du conseil, du 28 août 1827, *héritiers de Choi-*
seul-Praslin.

trouvaient détenteurs des biens non soumissionnés.
Le relevé de déchéance n'est pas applicable aux engagistes dépossédés (1).

—Un particulier à qui des bois ont été concédés,
par arrêt de l'ancien conseil et par lettres-patentes
de Louis XVI, ne peut être considéré comme engagiste, si les lettres-patentes n'ont point été enregistrées, et s'il n'a jamais été mis en possession des
bois concédés.

Ses héritiers ne sont pas fondés à demander le
maintien de là concession, à la charge de se conformer aux dispositions des lois des 14 ventose an 7
et 28 avril 1816. Ces lois ne leur sont point applicables, puisqu'ils ne sont ni détenteurs, ni dépossédés (2).

— Lorsqu'un arrêté d'administration centrale a
déclaré qu'un engagement était révoqué; que, par
suite de cet arrêté, il a été procédé à la liquidation
des indemnités dues à l'ancien engagiste; que celui-ci s'est pourvu devant le conseil général de liquidation de la dette publique, pour obtenir le paiement de ses indemnités, l'arrêté de l'administration
centrale ne peut être attaqué. L'engagiste doit être
considéré comme y ayant adhéré.

Il ne peut non plus demander à soumissionner les
biens de son ancien engagement, en vertu de la loi
du 14 ventose an 7 (3).

---

(1) Voir les arrêts du conseil, du 28 août 1827, *héritiers de Choiseul Praslin*; du 27 septembre 1827, *héritiers Lemoine*.

(2) Voir l'arrêt du conseil, du 27 décembre 1820, *héritiers de la Bretonnière*.

(3) Voir l'arrêt du conseil, du 1er juin 1836, *comte de Saporta*.

— Lorsqu'un engagiste a été dépossédé par un arrêté d'administration centrale ; que les biens compris dans l'engagement révoqué ont été affectés à la dotation d'une sénatorerie, les droits de l'engagiste, pour les indemnités qui lui étaient dues, se sont trouvés restreints à une créance sur l'état. Si cette créance a été rejetée par une décision du conseil général de la liquidation de la dette publique, approuvée par l'empereur, tout est consommé à l'égard de l'engagiste (1).

—Lorsqu'un engagiste a été remboursé de ses finances, en vertu d'une liquidation opérée par arrêt de l'ancien conseil, il a cessé d'être engagiste. Dèslors, il ne peut être admis à soumissionner les biens compris dans son ancien engagement, en vertu de la loi du 14 ventose an 7, puisque, d'après cette loi, pour qu'une soumission soit recevable, il faut que le soumissionnaire ait conservé la qualité d'engagiste, et qu'il se soumette à faire remise, au trésor, du montant de ses finances (2).

— Un ancien engagiste ne peut revendiquer la qualité d'engagiste, si un arrêt de l'ancien conseil a prescrit la liquidation et le remboursement de ses finances, si un autre arrêt du même conseil a liquidé toutes les quittances produites, et a prescrit à l'engagiste de remettre au trésor, lors du remboursement des sommes liquidées, tous les titres d'engagement, enfin, si le paiement des sommes par le trésor, et la remise des titres ont été effectués en

(1) Voir l'arrêt du conseil, du 1er juin 1836, *comte de Saporta.*
(2) Voir l'arrêt du conseil, du 16 août 1833, *D'Annebault et consorts.*

vertu d'un arrêt de parlement, rendu contradictoirement avec le tuteur de l'engagiste, alors mineur (1).

— Lorsqu'un engagiste a été dépossédé par suite
de la liquidation et du paiement de ses finances
d'engagement, si sa veuve et héritière vient à produire, en bonnes formes, quelques quittances non
encore liquidées, il ne peut résulter de ces quittances
qu'une simple créance. La veuve et héritière est seulement créancière de l'état; elle ne peut être admise, comme engagiste, à faire la soumission autorisée par la loi du 14 ventose an 7 (2).

— Lorsqu'il a été jugé par des arrêts de l'ancien
conseil, rendus contradictoirement avec des engagistes, que l'aliénation qui leur avait été faite ne
constituait qu'un simple engagement, leurs créanciers ne sont pas recevables à soutenir, dans une instance portée devant le nouveau conseil d'état, que
le contrat était un échange et non pas un simple
engagement (3).

391. — *Effets des soumissions.* — Une administration centrale après avoir, sur la réclamation
d'engagistes révoqués, écarté la soumission faite par
un particulier pour acquérir les biens provenant de
l'engagement, a pu reprendre plus tard la soumission qu'elle avait rejetée, et passer adjudication conformément à l'article 4 de la loi du 28 ventose an 4,
et à celle du 4 floréal suivant. Les ventes de cette
espèce ont été maintenues par l'article 13 de la loi du

(1, 2 et 3) Voir l'arrêt du conseil, du 16 août 1833, *D'Annebault
et consorts.*

14 ventose an 7 ; les anciens engagistes ne peuvent
en demander la nullité (1).

— Lorsqu'un particulier, après avoir été admis
à soumissionner, comme engagiste, une forêt nationale, est déclaré plus tard avoir perdu cette qualité,
la vente des coupes successives de ladite forêt, faite
à des tiers, est nulle, alors même que le prix de cette
vente aurait été versé, par l'acquéreur, dans les
caisses du domaine pour le paiement du quart de
l'estimation. Le vendeur n'a pu transmettre à celui-
ci plus de droits qu'il n'en avait lui-même (2).

Si un emprunt a été fait, pour le même objet, par
le soumissionnaire, avec hypothèque spéciale sur la
forêt réputée engagée, et que les sommes empruntées
aient été versées ou offertes réellement au receveur
du domaine, il y a lieu d'accorder au créancier, dont
le contrat a été stipulé de bonne foi, une indemnité
équitablement arbitrée, à raison des sommes dont il
justifiera s'être mis à découvert pour le paiement ou
les offres réelles du quart de la valeur de la forêt.
Cette indemnité ne peut, toutefois, excéder l'estimation dudit quart fixé par l'arrêté préfectoral(3).

— Des particuliers, à qui l'engagiste soumissionnaire avait vendu des biens provenant de son engagement, ne peuvent opposer leurs titres de créance à
l'état, qui revendique la propriété des biens, s'ils ne
se sont pas conformés à l'article 21 de la loi du 14
ventose an 7, c'est-à-dire s'ils n'ont pas versé le prix

(1) Voir l'arrêt du conseil, du 23 avril 1836, *héritiers Broca de Rivière c. Claverie.*

(2 et 3) Voir l'arrêt du conseil, du 16 août 1833, *D'Annebault et consorts.*

de leur acquisition dans la caisse du receveur des
domaines, jusqu'à concurrence de la somme et dans
les délais prescrits par la loi (1).

392. — *Expertise*. — Lorsque l'expert nommé
par l'engagiste refuse de concourir à l'estimation des
biens soumissionnés, sous prétexte qu'on manque
de base pour l'évaluation, et par des motifs relatifs
à la question de droit, l'estimation faite par les deux
autres experts seulement est régulière. Il y a lieu
d'en adopter les résultats, si elle est d'ailleurs équitable et modérée (2).

— Lorsque l'estimation des biens engagés a été
faite contradictoirement et régulièrement par des experts, l'engagiste ne peut opposer ni une estimation
antérieure faite par un seul expert, sans que l'administration y ait été appelée, ni le prix d'une vente faite
à la suite de cette première estimation, ni de simples
inductions qui manquent de base et de valeur (3).

Lorsque, pour arriver à déterminer la valeur d'un
immeuble engagé, il est procédé à plusieurs expertises successives, du consentement des engagistes,
ceux-ci ne peuvent demander à supporter seulement
les frais de la première expertise, et à laisser à la
charge de l'état les frais des autres opérations,
sous prétexte qu'elles auraient été inutiles (4).

393. — *Remboursement et liquidation des fi-*

(1) Voir l'arrêt du conseil, du 16 août 1833, *D'Annebault et consorts*.

(2 et 3) Voir l'arrêt du conseil, du 16 février 1835, *les héritiers Soubise
c. le ministre des finances*.

(4) Voir l'arrêt du conseil, du 6 septembre 1826, *les héritiers Terray
c. le ministre des finances*.

nances d'engagement. — Lorsqu'un engagiste, dont le titre a été révoqué, prétend que le remboursement de ses finances n'a point été intégral et qu'il est resté créancier de sommes considérables, relatives audit remboursement, il doit produire en bonne forme toutes les quittances de finances non remboursées dont il entend se prévaloir. S'il ne l'a pas fait, le conseil d'état doit ordonner cette production, dans un délai déterminé (1).

— Lorsqu'un engagiste prétend qu'il n'a pas été remboursé de toutes ses finances, qu'il lui est dû des finances accessoires, il ne peut remplacer la production des quittances, destinées à établir ses droits, par de simples *visa* de quittances compris dans le préambule d'un arrêt de l'ancien conseil du roi, si ces *visa* ne portent aucun détail sur la nature des valeurs reçues par le trésor, et que, dès lors, on ne puisse, par leur moyen, distinguer les finances admissibles en liquidation de celles qui doivent être rejetées. Ces *visa* sont surtout inad-. missibles pour remplacer les quittances, lorsque leur insuffisance a été reconnue par un arrêt de liquidation de l'ancien conseil d'état (2).

— Lorsqu'un engagiste veut prouver qu'il n'a pas été remboursé intégralement de ses finances, on ne peut admettre, en remplacement des quittances originales, des copies certifiées conformes par son avocat, mais qui ne sont que des copies extraites

---

(1) Voir l'arrêt du conseil, du 24 mars 1832, *D'Annebault et consorts c. le ministre des finances.*

(2) Voir l'arrêt du conseil, du 16 août 1833, *D'Annebault et consorts.*

d'autres copies. Ces pièces manquent d'authenti-
cité ; elles ne peuvent tenir lieu de duplicata régulièrement transcrits sur les registres du contrôle (1).

— On ne peut faire entrer, dans la liquidation
d'un engagement révoqué, une somme versée au trésor pour une année de revenu des biens engagés :
l'article 44 de la loi du 10 frimaire an 2 s'y oppose (2).

— Un engagiste dépossédé ne peut faire comprendre, dans la liquidation de sa finance, le remboursement des sommes qu'il aurait payées à des
tiers, pour taxe du sixième denier ou pour rachat de
charges, si les sommes dont il s'agit n'ont pas été
versées au trésor royal, et s'il n'a été produit aucune quittance de finances, délivrée par le contrôle,
en échange des récépissés des traitans (3).

394. — *Bois et forêts.* — Lorsque, par suite des
lois sur l'émigration, un partage de domaines engagés a eu lieu entre l'état représentant un émigré
et un ancien engagiste, ce partage est inattaquable,
d'après l'article 1er de la loi du 5 décembre 1814.
Le ministre des finances ne peut donc, postérieurement à cette loi, attaquer le partage par le motif
que, dans la formation et l'attribution des lots, les
futaies ont été considérées et cédées respectivement,
comme étant indivises et engagées au même titre que
les taillis, tandis qu'elles auraient dû être séparées et
leur prix payé intégralement. L'état ne peut de-

(1, 2 et 3) Voir l'arrêt du conseil, du 16 août 1833, *D'Annebault et
consorts.*

mander la rescision du partage, par application des articles 884 et 885 du Code civil (1).

— Un arrêt de propre mouvement, émané de l'ancien conseil du roi, qui réunissait au domaine de la couronne une forêt concédée à titre d'engagement et qui ordonnait le remboursement des détenteurs, n'a pu enlever à ce dernier sa qualité d'engagiste, s'il ne lui a jamais été signifié, et si cet engagiste n'y a pas acquiescé. Ces arrêts de propre mouvement ont, d'ailleurs, été annulés de plein droit par la loi du 20 septembre 1793.

La qualité de l'engagiste n'est pas non plus altérée, par l'échange qui aurait été fait de tout ou partie du domaine engagé dont la revente avait été ordonnée par suite de l'arrêt de propre mouvement, si cet échange a été depuis résilié pour cause de lésion.

Dès lors, si l'immeuble engagé était une forêt d'une contenance supérieure à 150 hectares, l'engagiste a eu, postérieurement à la loi du 28 avril 1816, le droit de faire sa déclaration et sa soumission pour devenir propriétaire incommutable (2).

— Les bois dont la contenance était au dessous de 150 hectares, mais qui se trouvaient à une distance moindre de 715 mètres des forêts nationales, n'ont pu être soumissionnés que depuis la loi du 28 avril 1816. Celle du 11 pluviose an 12 n'avait levé la prohibition d'aliénation, quant aux objets placés à une distance moindre de 715 mètres des forêts,

(1) Voir l'arrêt du conseil, du 19 janvier 1825, *Robillard c. le ministre des finances.*

(2) Voir l'arrêt du conseil, du 21 mars 1821, *D'Annebault c. le ministre des finances.*

qu'autant que ces objets étaient de simples terrains.

Mais l'engagiste dont la soumission avait été
repoussée sous l'empire de la loi du 11 pluviose
an 12 a pu, après la loi du 28 avril 1816, demander à profiter du bénéfice de cette dernière loi (1).

— Lorsqu'il s'agit de fixer la valeur d'une forêt,
pour le paiement du quart par l'engagiste, et qu'il
n'existe pas de rôle de la contribution foncière de
1793, pour les futaies, de rôle ni de baux pour les
taillis, le préfet ne peut déterminer la valeur de la
forêt, en prenant pour base les rôles de la contribution foncière des dernières années qui précèdent
l'évaluation. A défaut de rôles et de baux, il doit
prendre pour base l'estimation des experts (2).

— Aux termes de l'art. 5, titre 20, de l'ordonnance de 1669, les engagistes des forêts composées
de futaies et de taillis ne pouvaient disposer des
futaies qui étaient réservées au profit de l'état, et
dont le prix devait être payé au receveur des domaines et bois. (Voir ci-dessus. p. 16 et 79.)

Dès lors l'engagiste qui a soumissionné des forêts
ainsi composées doit, pour devenir propriétaire incommutable, payer la totalité de la valeur des futaies et le quart de la valeur des taillis (3).

— Le prix total de la futaie est dû aussi bien au

(1) Voir l'arrêt du conseil, du 3 décembre 1817, *De Roncy.*
(2) Voir l'arrêt du conseil, du 5 septembre 1821, *Buon c. le ministre des finances.*
(3) Voir les arrêts du conseil, du 5 septembre 1821, *Buon c. le ministre des finances ;* du 6 septembre 1826, *les héritiers Terray c. le ministre des finances ;* du 25 mai 1832, *le ministre des finances c. les héritiers de Polignac.*

cas où les forêts engagées ne sont composées que de futaies que dans celui où elles comprennent à la fois des futaies et des taillis (1).

— Lorsque des engagistes ont soumissionné une forêt composée de futaies et de taillis, ils ne peuvent être admis à diviser leur soumission, afin d'acquérir les taillis séparément de la futaie et de se dispenser de payer la totalité de celle-ci. Mais ils peuvent retirer leur soumission et se pourvoir en liquidation de leur finance d'engagement (2).

—Si l'autorité administrative, en envoyant un engagiste en possession d'une futaie, a, par erreur, demandé seulement le paiement du quart de la valeur de cette futaie, l'état est fondé, même plusieurs années après la remise en possession de l'engagiste, à répéter les trois quarts qui n'ont pas été payés (3).

De même l'instruction donnée à un préfet, par un ministre des finances, pour le réglement du prix de la futaie au quart de sa valeur, ne fait pas obstacle à ce que, postérieurement, un autre ministre décide qu'il y avait lieu d'exiger de l'engagiste le

(1) Voir l'arrêt du conseil, du 4 avril 1837, *les héritiers Champy c. le ministre des finances.*

(2) Voir l'arrêt du conseil, du 5 septembre 1821, *Buon c. le ministre des finances.* — « Le but de la loi, disait le ministre des finances, a été qu'aucun engagiste révoqué ne fût admis à la faveur de devenir propriétaire incommutable qu'à la condition de soumissionner tout un corps de domaine et d'éviter par conséquent à l'état les discussions suite naturelle de l'indivision d'une propriété ou des mesures qui seraient adoptées pour la faire cesser. Cette considération prend bien plus de force lorsqu'il s'agit de futaie sur taillis et que cette futaie, ainsi que le terrain qui la produit, sont censés appartenir à un autre propriétaire. »

(3) Voir l'arrêt du conseil, du 4 juillet 1827, *de Tourzel, c. le ministre des finances.*

prix total, et en conséquence répète le complément du prix (1).

— De même si, sous l'empire de la loi du 11 pluviose an 12, l'état a versé, à l'engagiste d'une forêt au dessus de 150 hectares, les trois quarts du prix de vente de la futaie comprise dans cette forêt, cette somme peut être répétée contre l'engagiste, lorsque, postérieurement à la loi du 28 avril 1816, il veut devenir propriétaire incommutable du surplus de la forêt (2).

— L'engagiste ne peut demander qu'il lui soit payé, par l'état, une indemnité de non-jouissance, pour le temps pendant lequel les bois compris dans l'engagement ont été placés sous le séquestre national. Les lois de la matière n'accordent aux engagistes dépossédés aucune indemnité de cette espèce (3).

— L'édit de 1566, en réservant à l'état la disposition de la futaie dans les concessions de forêts domaniales faites à titre de retour, ne faisait que déclarer un droit de la couronne, et s'appliquait aux concessions antérieurement faites, aussi bien qu'à l'avenir. En conséquence, les soumissionnaires d'une futaie, dépendant d'un domaine concédé avec clause de retour, antérieurement à l'édit de 1566, doivent payer la valeur intégrale de cette futaie (4).

---

(1) Voir l'arrêt du conseil, du 23 mai 1832, *le ministre des finances c. les héritiers de Polignac.*

(2 et 3) Voir l'arrêt du conseil, du 4 juillet 1827, *de Tourzel c. le ministre des finances.*

(4) Voir les arrêts du conseil, du 16 février 1835, *les héritiers Soubise c. le ministre des finances ;* du 4 avril 1837, *les héritiers Champy c. le ministre des finances.*

— Les décisions administratives qui déclarent que les anciens engagistes d'une futaie doivent, pour devenir propriétaires incommutables, payer la valeur totale de ladite futaie, ne préjugent point la question de savoir si les soumissionnaires ont encore la qualité d'engagistes. Ainsi, par exemple, ces décisions ne font pas obstacle à ce que l'état fasse juger, par l'autorité compétente, si la loi du 14 ventose an 7 a fait cesser, à l'égard des soumissionnaires, les effets d'une loi spéciale antérieure qui avait révoqué leur engagement (1).

— Les engagistes soumissionnaires de bois doivent tenir compte à l'état des dégradations qui ont eu lieu pendant qu'ils détenaient les bois par eux-mêmes ou par leurs acquéreurs (2).

— Pour juger s'il y a dégradation, il faut rechercher si les engagistes se sont conformés, dans l'usance des bois dont ils jouissaient, aux conditions et réserves qui se doivent observer dans les bois de l'état (3).

— L'évaluation des forêts et bois qui ont été coupés ou dégradés par les engagistes doit être faite selon la plus haute valeur à laquelle ils auraient pu monter, s'ils n'avaient point été coupés avant le temps. Dès lors, des engagistes ne peuvent attaquer les bases d'une expertise destinée à évaluer une partie de forêt qui avait subi des coupes anticipées, lorsque les

(1) Voir l'arrêt du conseil, du 25 mai 1832, *le ministre des finances c. les héritiers de Polignac*.

(2 et 3) Voir l'arrêt du conseil, du 16 février 1835, *les héritiers Soubise c. le ministre des finances*.

experts ont pris pour base de l'évaluation la comparaison de cette partie de la forêt avec celle où les
bois étaient restés sur pied (1).

395. — *Prix de l'estimation.* — La loi du 14
ventose an 7 ne prescrit pas d'établir le revenu net
des biens engagés, en déduisant des propriétés non
bâties (par exemple, des forêts) la contribution foncière et les frais d'entretien (2).

— Les engagistes qui, en vertu de la loi du 14
ventose an 7, ont été admis à devenir propriétaires
incommutables, en payant le quart de la valeur des
biens qu'ils détenaient, ont dû payer le quart d'après
la valeur des objets au temps de l'estimation, y compris les améliorations, et notamment les constructions faites sur les terrains engagés, et non d'après la
valeur de ces terrains au moment de l'engagement.
Le mot *amélioration* est générique; il s'entend, d'a-
près les règles du droit, de tout ce qui ajoute à la
consistance et au profit d'un fonds, et par conséquent
des bâtimens et édifices qu'on y élève (3).

— La loi du 14 ventose an 7 a assigné, pour point
de départ, aux intérêts de la somme que les engagistes doivent rembourser à l'état, leur maintien et leur
réintégration en possession, par conséquent, dans
tous les cas, une époque postérieure à leur soumission. En d'autres termes, la loi a fait correspondre
le calcul des intérêts à la nouvelle jouissance dont le

(1) Voir l'arrêt du conseil, du 16 février 1835, *les héritiers Soûbise*
c. *le ministre des finances.*

(2) Voir l'arrêt du conseil, du 6 septembre 1826, *les héritiers Ter-*
ray c. *le ministre des finances.*

(3) Voir l'arrêt du conseil, du 19 août 1813, *Elisson et dame Barreau.*

soumissionnaire se trouve investi, après avoir effectué sa soumission. Ainsi, pour les engagistes qui se
trouvaient en jouissance des biens au moment de la
soumission, les intérêts doivent compter à dater de
l'arrêté de maintenue en possession; pour ceux qui
avaient été dépossédés, les intérêts doivent courir à
dater de la reprise de possession (1).

—Lorsque, par suite des amnisties prononcées en
faveur des émigrés, il a été fait à d'anciens engagistes
remise de biens que l'état avait séquestrés pour
cause de leur émigration, la rentrée en jouissance de
ces engagistes ne peut être assimilée à celle qui est
accordée, par la loi du 14 ventose an 7, aux engagistes qui avaient été dépossédés en vertu des lois révocatoires des engagemens, et qui ont été réintégrés
après avoir fait soumission de payer le quart de la
valeur de ces biens.

Les actes qui ont remis les émigrés amnistiés en
possession des biens qui leur avaient été anciennement engagés ont replacé les engagistes dans le
même état que s'ils n'avaient pas cessé d'être détenteurs. Dès lors, s'ils ont fait postérieurement leur
soumission pour devenir propriétaires incommutables, les intérêts de la somme qu'ils peuvent devoir
à l'état comptent, non pas du jour de leur rentrée
effective en possession, mais à dater de l'arrêté par
lequel l'administration, en recevant leur soumission
et fixant le montant de la valeur des biens, d'après
le rapport des experts, les a maintenus en possession,

(1) Voir l'arrêt du conseil du 16 février 1835, *les héritiers Soubise
c. le ministre des finances.*

comme propriétaires incommutables, par application de la loi du 14 ventose an 7 (1).

396. — *Révélateurs.* — Une ordonnance royale qui admet un particulier à révéler des biens célés au domaine ne confère pas à ce particulier le droit de contraindre le ministre des finances à poursuivre les détenteurs des biens révélés, si le ministre ne juge pas convenable, dans l'intérêt de l'état, d'intenter ces poursuites (2) : c'est à lui qu'il appartient de faire cette appréciation, sous sa responsabilité.

— Un particulier admis par ordonnance royale à révéler, moyennant récompense, des biens engagés qu'il croyait être célés au domaine, ne peut réclamer le prix attaché à la révélation, lorsqu'il est constant qu'avant sa révélation l'administration connaissait les biens et le titre domanial qu'il prétend avoir révélés. Ainsi, par exemple, sa réclamation doit être rejetée, s'il résulte d'un certificat du garde général des archives du royaume que, sur la demande de l'administration des domaines, il a été délivré à cette administration une expédition authentique du titre d'engagement plusieurs années avant la connaissance qui a été donnée de ce titre par le prétendu révélateur; et encore s'il est établi que, bien avant la révélation, l'administration centrale avait donné des instructions au directeur local des domaines pour que, au moyen du titre dont il s'agit, ce fonctionnaire prît des mesures à l'effet de déterminer

(1) Voir l'arrêt du conseil, du 16 février 1855, *les héritiers Soubise c. le ministre des finances.*

(2) Voir l'arrêt du conseil, du 18 mai 1857, *Boulay c. le ministre des finances.*

les détenteurs à faire les déclarations et soumissions prescrites par la loi du 14 ventose an 7. Le prétendu révélateur ne peut appuyer sa réclamation sur ce que les poursuites n'auraient pas été exercées (1).

PROCÉDURE.

397. — La connaissance des monumens de la jurisprudence concernant la compétence et le fond de la matière n'est pas la seule qui importe aux citoyens et aux administrateurs. Les droits des particuliers et ceux de l'état peuvent être compromis, quels que soient d'ailleurs le juge et le fond du litige, par de simples omissions ou des erreurs de procédure. Qui ne sait la maxime : la forme emporte le fond!. Nous avons donc cru convenable de placer ici l'analyse des précédens qui se rattachent aux formes de la procédure contentieuse, relativement aux domaines engagés et échangés.

— Lorsqu'un préfet déclare, contrairement aux prétentions de l'administration des domaines, qu'il n'y a pas lieu d'appliquer la loi du 14 ventose an 7, aux halles détenues par une commune, attendu que ladite loi ne concerne pas les édifices publics et d'utilité communale, cet arrêté ne peut être considéré comme ayant acquis l'autorité de la chose jugée, s'il n'a pas été approuvé par le ministre des finances. Il n'existe aucun délai dans lequel ce ministre doive donner ou refuser son approbation. Dès lors, tant

(1) Voir l'arrêt du conseil, du 18 octobre 1833, *Arnal c. le ministre des finances.*

que cette approbation n'a pas été donnée, l'administration des domaines peut, nonobstant l'arrêté préfectoral, renouveler ses prétentions contre la commune (1).

— Si, pour se libérer envers l'état, un engagiste a
vendu à un tiers les immeubles dont il avait été remis en possession, et dont plus tard la reprise a été
ordonnée au profit de l'état, le tiers ne peut poursuivre, devant les tribunaux civils, l'administration
des domaines en restitution du bien et de ses fruits,
tant que la décision ministérielle qui a prescrit la reprise n'a pas été réformée (2).

— L'existence de cette décision s'oppose aussi à ce
qu'un créancier de l'engagiste soit admis à poursuivre, devant les tribunaux civils, l'expropriation
d'une partie de l'immeuble sur laquelle sa créance
était hypothéquée (3).

— La soumission faite, au nom d'une ville, pour
devenir propriétaire incommutable de halles qu'elle
détient à titre d'engagement doit être considérée
comme non avenue, si cette soumission a été autorisée par un nombre de conseillers municipaux insuffisant pour prendre une délibération valable, et si
d'ailleurs le conseil municipal, régulièrement assem-
blé, n'a jamais cessé de résister aux prétentions de
l'administration des domaines, quant à la propriété

---

(1) Voir l'arrêt du conseil, du 10 juin 1835, *la ville d'Angers c. le
ministre des finances.*

(2) Voir l'ordonnance royale, du 19 janvier 1825, rendue sur un
arrêté de conflit, pris par le préfet de l'Eure (*affaire de Corneille*).

(3) Voir l'ordonnance royale, du 17 août 1825, rendue sur un arrêté de conflit, pris par le préfet de l'Eure (*affaire Delbeck*).

des halles. La délibération qui autorisait la soumission ne peut être validée ni par l'exécution que l'adjoint au maire lui aurait donnée, ni par cette circonstance que les intérêts du capital réclamé par le domaine auraient été portés, d'office, par le préfet,
au budget de la commune (1).

— Le ministre des finances peut attaquer, à toute
époque, devant le conseil d'état, un arrêté de conseil
de préfecture, rendu au profit d'un détenteur de
biens engagés, lorsque cet arrêté n'a pas été notifié
extrajudiciairement, à la requête du détenteur, et
que celui-ci ne justifie pas d'un acquiescement donné
par l'administration des domaines (2).

Mais à qui doit être faite la notification extrajudiciaire?

Le conseil d'état a d'abord pensé qu'elle devait
être faite au directeur des domaines du département; et il a décidé que la transmission faite, par le
préfet à ce directeur, d'une expédition d'un arrêté
de conseil de préfecture, rendu au profit de détenteurs de domaines, ne pouvait tenir lieu de la notification extrajudiciaire faite par les parties (3).

Depuis, le conseil a considéré que le préfet seul a
le droit de représenter l'état dans les actions concernant le domaine et les droits domaniaux. En conséquence, il a décidé que, pour faire courir contre

(1) Voir l'arrêt du conseil, du 10 juin 1835, *la ville d'Angers c. le
ministre des finances.*
(2) Voir l'arrêt du conseil, du 22 février 1837, *le ministre des finances c. veuve Delux.*
(3) Voir l'arrêt du conseil, du 3 mai 1832, *le ministre des finances
c. les héritiers Sazerat.*

l'état les délais du recours au conseil d'état contre les arrêtés rendus par les conseils de préfecture, les engagistes devaient notifier extra-judiciairement au préfet les arrêtés rendus à leur profit (1).

—Du reste, la perception d'un droit d'enregistrement et la transcription reçue au bureau des hypothèques ne peuvent constituer un acquiescement, de la part de l'administration des domaines, à un arrêté du conseil de préfecture rendu au profit d'un engagiste (2).

— Lorsqu'un engagiste s'est pourvu au conseil d'état, pour faire réformer des décisions du ministre des finances qui ont déclaré nulle sa soumission, les créanciers, qui lui ont fourni les sommes nécessaires pour solder une partie de cette soumission, ont droit d'être admis à intervenir dans l'instance ; ils ont un intérêt évident à la cause (3).

— Lorsqu'un engagiste demande au conseil d'état de surseoir à statuer sur le recours qu'il a formé contre des décisions du ministre des finances, il n'y a pas lieu d'accorder le sursis 1° s'il a déjà été accordé des délais pour faire les productions nécessaires, et que ces délais soient expirés depuis long-temps; 2° si l'instruction a reçu tous ses développemens, et que le sursis demandé ait pour objet, non pas seulement de retrouver et de régulariser des pièces nouvelles,

(1) Voir l'arrêt du conseil, du 23 décembre 1835, *le ministre des finances c. la commune de Cléville.*

(2) Voir l'arrêt du conseil, du 3 mai 1832, *le ministre des finances c. les héritiers Sazerat.*

(3) Voir l'arrêt du conseil, du 16 août 1833, *D'Annebault et consorts.*

mais de reporter devant l'autorité judiciaire des questions dont la connaissance a été attribuée définitivement à l'autorité administrative, par des arrêts du conseil d'état, intervenus dans la cause (1).

— Il y a lieu de rejeter un désistement, s'il a pour but d'enlever à l'état le bénéfice de précédens arrêts du conseil, si d'ailleurs les créanciers de l'engagiste, exerçant l'action qu'il veut abandonner, ont conclu à ce qu'il fût statué au fond sur le pourvoi, enfin si l'administration des domaines demande que les questions réservées par des arrêts antérieurs soient vidées, et qu'il soit déclaré que l'engagiste a perdu sa qualité et n'est plus qu'un créancier frappé de déchéance (2).

— Lorsqu'un engagiste s'est pourvu au conseil d'état contre des décisions du ministre des finances, et qu'il offre le désistement de son pourvoi, si l'administration des domaines n'accepte pas ce désistement, il y a lieu, par le conseil d'état, de statuer sur le mérite et les effets de cet acte (3).

— Des créanciers de l'engagiste, qui interviennent dans l'instance, ne peuvent avoir plus de droits que lui, en ce qui concerne le sursis et le désistement (4).

— Les créanciers d'un engagiste, n'ayant à exercer d'autres droits que ceux de leur débiteur, ne peuvent, aux termes de l'article 37 du réglement du 22 juillet 1806, former tierce-opposition à des arrêts du conseil qui sont contradictoires avec l'engagiste (5).

(1, 2, 3, 4 et 5) Voir l'arrêt du conseil, du 16 août 1833, *D'Annebault et consorts.*

SECTION II.

Des apanages (1).

398. — En France, un apanage est la dotation qui

(1) Dans ce rapide exposé de la matière des apanages, on reconnaîtra aisément les nombreux emprunts que nous avons faits au travail publié par le savant procureur général près la cour de cassation (*Des apanages en général, et en particulier de l'apanage d'Orléans*, par M. Dupin aîné); nous ne pouvions puiser à meilleure source.

'est attribuée aux princes qui sont frères, fils ou petits-fils de Roi, pour vivre d'une manière convenable
à leur haute position.

Sur l'étymologie de ce mot, les auteurs sont loin
d'être d'accord.

Loisel, dans ses opuscules, donne cette étymologie : « *apennage*, *à pennis* ; c'est donner des plu-
« mes et des moyens aux jeunes seigneurs, sortant
« du nid et de la maison de leurs pères, pour com-
« mencer à voler, et faire quelque fortune par
« quelques exploits. »

« Aucuns, dit Ragueau, dans son Glossaire du
droit français, estiment que ce mot *apanage* vient
de *panis*. »

Apanare, selon Ducange, *id est cibum ac pa-
nem porrigere.*

Laurière, dans ses notes sur Ragueau, dit que
« nos meilleurs auteurs ont préféré avec raison cette
étymologie à toutes les autres, parce que nous
avons des coutumes (1) qui, pour *apanager*, usent
du mot *appaner*, qui vient certainement de *panis*;
et que, dans les anciens livres, *empaner*, qui vient
aussi de *panis*, se trouve souvent pour *nourrir
et doter.* »

399. — Quant à l'origine de l'institution des apanages, voici ce qui paraît le plus certain.

Sous les deux premières races de nos rois, la couronne se divisait entre tous les enfans mâles du prince
qui laissait le trône vacant; mais comme, dans les

___

(1) Par exemple, la coutume de Nivernais, titre XXIII, art. 24, disposait que, fille mariée et *appanée* ou dotée par père et mère...., ne
peut retourner à la succession desdits père et mère, etc.....

partages, l'aîné avait presque toujours un lot plus fort que ses cadets, il arrivait qu'il voulait profiter de sa supériorité pour leur ravir une part qui lui faisait envie, ou que ceux-ci se coalisaient entre eux, et même avec l'étranger, soit pour résister, soit pour envahir à leur tour. De là des guerres civiles, qui, déchirant intérieurement le royaume, en rendaient l'accès facile aux ennemis du dehors.

On sentit enfin les dangers d'un tel état de choses. On comprit que partager ainsi l'empire, c'était l'affaiblir.

Les six premiers rois de la troisième race, éclairés par les désastres des Carlovingiens, eurent la précaution de faire sacrer, de leur vivant, en l'associant à l'empire, l'aîné de leur fils, héritier présomptif de la couronne. Bientôt la coutume parut avoir passé en loi ; et, depuis lors, le royaume fut constamment dévolu au plus proche héritier mâle, par les mâles, du roi décédé.

En vertu de ce nouvel ordre de succession, les cadets se trouvaient exclus de toute participation au pouvoir politique ; mais n'était-il pas juste qu'ils eussent, comme enfans, une part de l'héritage de leur père, et, comme princes, un établissement conforme à l'élévation de leur rang ?

De là l'établissement des apanages.

C'est en s'arrêtant à ce dernier état de choses que Ragueau dit : « En la maison de France, n'y a « *partage*, mais *apanage*, à la volonté et arbitrage « du roi père, ou du roi frère régnant, et ce depuis « le commencement de la troisième lignée des rois « de France ; car auparavant l'empire s'est partagé.»

Sans doute, les apanages n'offraient pas les inconvéniens attachés au partage ; cependant on ne peut
se dissimuler qu'ils eurent bien leurs dangers, quand
les rois, cédant à quelque prédilection peu réfléchie,
commirent l'imprudence de donner, à leurs enfans
puînés ou à leurs frères, non pas de simples domaines, mais des provinces entières : par exemple,
quand, en 1363, le roi Jean donna en apanage, à
Philippe, son quatrième fils, le duché de Bourgogne.

En effet, les princes possédaient alors leurs apanages, suivant la loi des fiefs, et ne percevaient pas
seulement les droits utiles des domaines qui leur
étaient concédés, mais y joignaient, à l'exemple des
hauts barons, la plénitude des droits féodaux et
une sorte de souveraineté, moyennant la vaine céré-
monie de l'hommage et des devoirs dont ils savaient
trop bien s'affranchir ; aussi trouvèrent-ils souvent,
dans les services militaires et l'argent de leurs vassaux, des moyens d'attaquer le roi, soit en lui faisant directement la guerre, soit en se liguant avec
ses ennemis, et entretenant, dans l'État, des bri-
gues et des divisions intestines.

400. — Quelle était la condition des apanages ?

La possession des apanages ne fut d'abord subordonnée à aucune règle fixe et uniforme. Tout dépendait du caprice des donateurs, et des clauses de
l'acte de concession. Ce n'est qu'à la longue, par
trait de temps, et en réunissant un certain nombre
de *précédens*, que l'on est arrivé à déterminer,
d'une manière précise, la loi des apanages.

401. — Les historiens et les jurisconsultes se

sont accordés à distinguer trois âges, dans la législation des apanages, sous l'ancienne monarchie. On
peut ajouter, à cette division, trois autres époques
pour la période de 1790 à nos jours.

Ces six époques sont :

1° Depuis Hugues Capet, en 987, jusqu'à Phi-
lippe-Auguste, en 1180;

2° Depuis Louis VIII, en 1223, jusqu'à Philippe-
le-Bel, en 1285;

3° Depuis Philippe-le-Bel, jusqu'à la révolution
de 1789;

4° La législation de 1790 et 1791;

5° La législation de l'empire;

6° La législation depuis la restauration.

402. — Durant la première période, on voit les
apanages passer aux collatéraux, ainsi qu'aux filles.

D'un autre côté, les apanagistes possédaient, en
pleine propriété, les domaines qui leur étaient donnés pour leur appartenir à titre d'apanages.

403. — Dans la seconde période, les collatéraux
sont exclus de la succession aux apanages; mais
les filles sont maintenues dans le droit d'y succéder.

C'est à saint Louis qu'on doit surtout l'introduction du principe d'exclusion des collatéraux. Lorsque, en 1268, il constitua des apanages à plusieurs
de ses fils, il eut soin d'exprimer, dans les lettres
de concession, que tous ces apanages étaient à
charge de retour au domaine de la couronne, à
défaut d'hoirs en ligne directe (1).

_____

(1) Quod si forté etiam contigerit eumdem filium nostrum vel hære-

404.—Dans la troisième période, non seulement les collatéraux, mais les filles sont perpétuellement exclues de la succession aux apanages.

En outre, on n'assigne plus, aux princes, seulement des provinces et des seigneuries pour apanage, ils peuvent recevoir un revenu fixe en fonds de terre.

L'exclusion des filles fut prononcée par Philippe-le-Bel. Ce prince ayant donné le comté de Poitiers à son fils Philippe dit *le Long*, fit, à cette occasion, un acte, en forme de lettres-patentes, signées et scellées, dans lequel il disposa ainsi qu'il suit :

« Philippe, etc. etc., nous, regardant qu'il pourroit advenir que ledit Philippe ou aucun de ses hoirs ou successeurs, comtes de Poitiers, pourroient mourir sans hoirs mâles de leur corps, laquelle chose nous ne voudrions pas, ni que le comté fût, en main de femelle ; sur ce, avons ordonné ainsi comme il en suit: c'est à savoir, qu'au cas que ledit Philippe, ou aucun de ses hoirs, comtes de Poitiers, mourroient sans laisser hoirs mâles de leurs corps, nous voulons et ordonnons que le comté de Poitiers retourne à notre successeur, roi de France, et soit rejoint au domaine du royaume; et en cas, voulons ce dit notre successeur être tenu et obligé à donner deniers suffisans pour marier les filles, si aucunes y en avoit, etc., etc. »

Les mêmes dispositions se retrouvent dans un codicile du même prince, de 1314.

---

dem suum, aut hæredes *sine hærede de corpore suo* decedere, prædicta omnia ad hæredem seu successorem nostrum, quicumque pro tempore regnum Franciæ tenebit, liberè revertantur.

— C'est Charles V qui, le premier, assigna aux princes un revenu fixe en fonds de terre.

On lit, dans un édit du mois d'octobre 1373, l'article suivant :

« Que comme notre fils Charles doit être roi de France après nous, et succéder en notre royaume.... notre fils Loys ait, pour tout droit de partage ou apànage à lui appartenant en nos terres et seigneuries, pour raison de notre succession ou autrement, douze mille livres de terre, au tournois, avec titre de comte, et 40,000 livres en deniers pour lui mettre en état. »

Les états-généraux, tenus à Tours en 1467, se prononcèrent pour cette loi de Charles V, et demandèrent que les apanagistes fussent réduits à une rente en fonds de terre. Mais cette règle resta long-temps sans exécution (1).

405. — Recherchons maintenant quelles prérogatives étaient attachées aux anciens apanages.

Une foule de monumens nous attestent que les premiers princes apanagés sous la troisième race, sans avoir la souveraineté, jouissaient toutefois, dans leurs apanages, de la majeure partie des droits régaliens, à l'exemple des hauts-barons et des grands vassaux de la couronne.

Ils entretenaient des troupes, faisaient la guerre et la paix, donnaient des lettres de grace, concédaient des privilèges et les révoquaient, faisaient des

(1) Si l'on était curieux de connaître *in extenso* les preuves de ces trois états de la législation des apanages, on les trouverait consignées dans un savant mémoire de M. Husson, imprimé à la suite du commentaire de Duplessis sur la coutume de Paris.

fondations, et ont même disposé à perpétuité de quelques domaines.

Jusqu'au règne de saint Louis, ils jouissaient du droit d'imposer des tailles sur leurs vassaux et sujets, tandis que le roi ne pouvait lever, sans leur consentement, aucun subside dans l'étendue de leurs apanages.

Depuis le règne de ce monarque, et malgré les restrictions qu'il apporta aux apanages, les princes apanagés conservèrent encore, pendant long-temps, plusieurs droits régaliens.

Les chartes du temps, les lettres-patentes des rois, celles des princes apanagés eux-mêmes prouvent, en effet :

1° Que les ducs d'Alençon érigèrent, dans cette ville, sous le nom d'échiquier, un tribunal qui fut long-temps égal en pouvoir et en autorité à l'échiquier du roi, établi à Rouen, sauf pour les cas royaux.

Ce droit exorbitant de juridiction fut accordé, même pour les cas royaux, à Gaston, frère de Louis XIII, par déclaration du 27 avril 1627, enregistrée le 15 juin suivant ;

2° Qu'à l'égard des autres princes apanagés, ils avaient la prérogative d'établir, dans celles des villes de leur apanage qu'ils voulaient choisir, ces tribunaux appelés *grands jours*, dont la juridiction s'étendait sur tous leurs justiciables, sans exception, et qui jugeaient presque toujours en dernier ressort ;

3° Que les princes apanagés pouvaient lever, sur les sujets, notamment sur les juifs, de leurs apanages, des tailles et des taxes ;

4° Que les princes apanagés jouissaient, dans leurs apanages, des droits de franc-fief, échange, amortissement et nouveaux acquêts ;

5° Qu'ils accordaient des lettres de grace, de sauve-garde et de privilège ;

6° Qu'ils plaidaient par procureur, dans toutes les cours du roi, même au parlement de Paris, où leurs procureurs étaient tenus d'êtres présens , aussi bien que le procureur général du roi ;

7° Qu'aussitôt après qu'un apanage était érigé, les juges des *exempts* (1) et des cas royaux étaient obligés d'en sortir, parce que la justice ne devait y être rendue qu'au nom du prince apanagé, et par ses officiers dont il avait la pleine institution, avant comme depuis la vénalité des offices. Cependant, plus tard, on établit que, vacation avenant dans les offices de l'apanage , le prince apanagé nommerait, et que l'institution et les provisions seraient données par le roi ; « expédient, certes, très beau, « dit Loyseau (*des Offices*, Liv. 4, chap. 9, n° 39), « auquel l'un et l'autre gagnoient, pour ce que l'a-« panagé avoit l'émolument des cas royaux, dont les « juges par lui nommés connoissent , et la justice « demeurant toujours royale, le roi retenoit davan-« tage son autorité en l'apanage , où cette marque « bien signalée demeuroit, pour le distinguer d'avec « une seigneurie patrimoniale. »

8° Les princes apanagés ont eu aussi le droit de faire battre monnaie, même d'or.

(1) On entendait par *exempts* ceux qui avaient obtenu le privilége de n'être jugés que par les officiers du roi, et d'être ainsi *exempts* de la juridiction ordinaire des princes apanagés.

9° Ils ont eu encore le droit de nommer et présenter aux abbayes, prieurés et tous autres bénéfices consistoriaux, excepté aux évêchés.

Ce droit se retrouve jusque dans l'édit de 1771, qui constitua l'apanage de Louis-Stanislas-Xavier, depuis Louis XVIII.

10° Jusque dans les derniers temps aussi, on vit nos rois concéder aux princes apanagistes « tous les droits de maison, terre, justice et seigneurie, sans aucune chose en retenir, ne réserver à eux ni à leur couronne, fors seulement les foi et hommages-liges, droit de ressort et de souveraineté. »

11° Les princes tenaient leurs apanages à titre de pairie, avec prééminence et préséance sur les autres pairs, suivant leur degré de consanguinité.

Ce privilége avait été établi pour offrir, à la maison royale, dont faisaient partie les apanagistes, un contrepoids à l'influence des autres grands vassaux. On sait que les princes apanagistes ne se sont pas toujours montrés fidèles, en ce point, aux intentions de nos rois.

12° Enfin les princes apanagés étaient vrais seigneurs et propriétaires utiles, ne connaissant, comme dit Loyseau (liv. 5, chap. 9, n° 7), de bornes à leur jouissance que celle qu'aurait le roi lui-même.

406. — L'apanage s'éteignait en trois cas :

1° Par la mort du prince apanagiste, sans descendance masculine ;

2° Par l'avènement du prince apanagiste à la couronne ;

3° Par la confiscation, pour forfaiture de l'apanagiste.

L'apanagiste pouvait renoncer au droit d'apanage ; mais sa renonciation ouvrait le droit au profit de son légitime successeur audit apanage. Ainsi, en 1780, le duc d'Orléans renonça par anticipation à la jouissance du Palais-Royal.

407. — L'assemblée constituante trouva, en France, trois apanages existans :

Celui qui avait été constitué à Monsieur, comte de Provence (le feu roi Louis XVIII), par édit de Louis XV, du mois d'avril 1771 ;

Celui qui avait été établi, en faveur du comte d'Artois (le feu roi Charles X), par édit de Louis XV, du mois d'octobre 1773 ;

Et celui de la maison d'Orléans, dont l'origine remontait à l'édit du mois de mars 1661.

408. — Constitués en grandes terres, en seigneuries, en fiefs d'où dépendaient des droits féodaux, ces apanages étaient entachés de féodalité.

L'assemblée qui abolissait tous les droits féodaux ne pouvait manquer de porter ses mains sur les apanages, au moins pour leur enlever ces droits ; mais elle ne se borna pas là : elle révoqua toutes les concessions d'apanages réels antérieurement faites, et elle statua qu'à l'avenir il ne pourrait être établi aucuns apanages de ce genre.

Tel fut le but d'une première loi, celle des 13 août — 21 septembre 1790.

« Il ne sera accordé à l'avenir, porte l'article 1er, aucuns apanages réels. Les fils puînés de France seront élevés et entretenus aux dépens de la liste civile, jusqu'à ce qu'ils se marient ou qu'ils aient atteint l'âge de 25 ans accomplis ; alors il leur sera

assigné, sur le trésor national, des rentes apanagères, dont la quotité sera déterminée, à chaque
époque, par la législature en activité. »

Moyennant ces rentes apanagères, les fils puînés
de France et leurs enfans et descendans ne pouvaient, en aucun cas, rien prétendre ni réclamer, à
titre héréditaire, dans les biens meubles et immeubles laissés par le roi, la reine et l'héritier présomptif de la couronne.

L'article 2 révoquait toutes les concessions d'a-
panages antérieures à la loi. Mais la révocation devait avoir son effet à diverses époques, suivant la
nature des droits compris dans l'apanage.

L'effet devait avoir lieu à l'instant de la publication de la loi, pour tous les droits ci-devant régaliens ou qui participaient de la nature de l'impôt,
comme droits d'aides et autres y joints, contrôle,
insinuation, centième denier, droits de nomination
et de casualité des offices, amendes, confiscations,
greffes et sceaux, et tous autres droits semblables,
sur quelques objets et quelques territoires qu'ils
fussent exercés.

Les droits utiles, parmi ceux que nous venons
d'énumérer, devaient, à l'instant même, être réunis aux finances nationales, administrés, régis et perçus selon leur nature par les préposés de l'administration, dans les formes et à la charge de la comptabilité prescrites pour les services publics.

Quant aux domaines et droits fonciers, compris
dans les apanages, les apanagistes devaient continuer d'en jouir, jusqu'au mois de janvier 1791.

Ils pouvaient même faire couper et exploiter, à

leur profit, dans les délais ordinaires, les portions
de bois et futaies dûment aménagées et dont les
coupes étaient affectées à l'année présente par leurs
lettres de concession et par les évaluations faites en
conséquence, à la charge de se conformer aux procès-
verbaux d'aménagement et aux ordonnances et
réglemens intervenus sur le fait des eaux et forêts.
(Ibid , art. 4 et 5.)

Cette loi rencontra une vive opposition.

On disait que, les apanages ayant été constitués
en vertu de véritables lois de l'État, une loi subsé-
quente ne pouvait, sans renverser les principes de
l'ordre social, non seulement substituer à des domaines fonciers une rente en argent, mais supprimer les apanages sans aucune indemnité pécuniaire;
que le seul droit du législateur était d'établir un
nouvel ordre de choses pour l'avenir.

La loi du 1er décembre 1790 reproduisit, dans
ses articles 16 et 17, les articles 1 et 6 de la loi du
21 septembre 1790, sans faire mention de la révocation prononcée par cette dernière loi. Était-ce pour
donner satisfaction aux réclamations qui s'étaient
élevées? Nous ne le pensons pas ; mais cette intention nous paraît avoir été celle des auteurs de la
loi des 21 décembre 1790-6 avril 1791.

Cette loi reprenait toutes les dispositions de la
précédente et y ajoutait les prescriptions suivantes:

Il était accordé, à titre de remplacement, à chacun des trois apanagistes dont les apanages réels
étaient supprimés, une rente apanagère d'un million,
qui devait être payée, de six mois en six mois, par
le trésor national. (Art. 10).

Après le décès des apanagistes, les rentes apanagères qui venaient de leur être affectées devaient
être divisées, par portions égales, entre tous leurs
enfans mâles ou descendans par représentation en
ligne masculine, sans aucun droit de primogéniture,
à l'exclusion des filles et de leur représentation.

Ces rentes devaient leur être transmises, quittes
de toutes charges, dettes et hypothèques, autres
que le douaire viager dû aux veuves de leurs prédécesseurs, auxquelles ces rentes pouvaient être
affectées jusqu'à concurrence de la moitié. La
même division et sous-division devait avoir lieu,
aux mêmes conditions, dans tous les degrés et dans
toutes les branches de la ligne masculine, issue du
premier concessionnaire, jusqu'à son extinction.

En cas de défaillance d'une ou de plusieurs branches masculines de la ligne apanagée, la portion de
la rente apanagère dévolue à cette branche devait
passer à la branche ou aux branches masculines les
plus prochaines, ou en parité de degré, selon l'ordre des successions établi. (Ibid., art. 11 et 12.)

A l'extinction de la postérité masculine du premier concessionnaire, la rente apanagère devait être
éteinte au profit du trésor national, sans autre affectation que de la moitié au douaire viager des
veuves. Les filles ou leurs représentans devaient en
être exclus, dans tous les cas. (Ibid., art. 13.)

Les princes apanagistes frères du roi devaient,
indépendamment du million de rente apanagère,
toucher, pendant leur vie, chacun une pension ou
traitement annuel d'un million, pour l'entretien de
leurs maisons. Leurs épouses, en cas de survivance,

devaient toucher chacune 5oo,ooo liv., par an, pour
la même cause, tant qu'elles habiteraient le royaume
et qu'elles resteraient en viduité. Mais il était entendu que cette espèce de supplément à l'apanage
était accordé pour cette fois seulement.

A l'avenir, les fils et petits-fils de France ne devaient
recevoir aucunes sommes, rentes ou traitement pécuniaire distincts de l'apanage, pour l'entretien de leurs
maisons et de celles de leurs épouses, ou sous quelque autre prétexte que ce fût, sans exclusion néanmoins des rétributions, gages ou appointemens attachés aux fonctions publiques dont ils seraient
revêtus. (Ibid., art. 14 et 15.)

Le législateur ne crut point avoir assez fait pour
les princes apanagistes. Il chargea le trésor public
d'acquitter leurs dettes, suivant le mode que nous
expliquerons tout à l'heure.

Mais, en échange de cette nouvelle concession, il
fut déclaré que les apanagistes ne pourraient former
aucune demande en répétition ou indemnité résultant des améliorations, réfections ou constructions
nouvelles, faites sur leurs apanages; qu'ils ne pourraient demander aucunes coupes, ou parties de
coupes arriérées, dans les bois et forêts desdits apanages, sauf à eux à poursuivre le recouvrement des
autres genres de revenus échus à l'époque du 1er
janvier 1791, et à continuer les coupes et exploitations qu'ils avaient été autorisés à faire par la loi
précédente. (Ibid., art. 17.)

Il était affecté cinq cent mille francs par an
à l'extinction des dettes de Monsieur et du comte
d'Artois, et un million, chaque année, pendant

vingt ans, au paiement des créanciers du duc d'Orléans. (Ibid., art. 16.)

Enfin le palais du Luxembourg et le Palais-Royal étaient exceptés de la révocation d'apanage prononcée contre Monsieur et le duc d'Orléans. Ces deux princes et les aînés mâles de leurs postérités respectives devaient continuer d'en jouir, au même titre et aux mêmes conditions que précédemment.

De plus, on confirmait les aliénations qui avaient pu être faites de terrains ou édifices dépendant de l'apanage du Palais-Royal, ou toutes autres autorisées par des lettres-patentes enregistrées. Ibid., art. 18.)

Il paraît que la presque totalité des bâtimens sur le jardin du Palais-Royal avait été aliénée.

Le législateur se réservait d'aviser aux moyens de fournir, quand les circonstances le permettraient, une habitation convenable au comte d'Artois, pour lui et les aînés de sa branche, au même titre d'apanage, à la charge de réversion au domaine national, aux cas de droit. (Ibid., art. 19.)

Mais bientôt les frères du roi quittèrent la France. Alors la législature, par une loi des 19-23 mai 1792, supprima le traitement d'un million qui leur était affecté pour l'entretien de leurs maisons (art. 1er), et déclara saisissables, par leurs créanciers légitimes, leurs rentes apanagères. (Art. 6.)

Enfin un décret du 24 septembre de la même année supprima, à partir de ce jour, les rentes apanagères, « attendu que la convention ne reconnaissait plus de princes français. »

409. — Nous arrivons maintenant à la cinquième

période de la législation sur les apanages, c'est-à-
dire aux dispositions portées sous le régime impérial.

On a souvent remarqué, comme une singularité
assez piquante, que Napoléon affecta, dès qu'il devint empereur, de suivre les erremens de l'ancienne monarchie.

Cette matière en offre un nouvel exemple.

Dans le sénatus-consulte du 28 floréal an 12,
on le voit composer sa liste civile de la même manière que celle de Louis XVI avait été formée, par
les articles 1 et 4 de la loi du 26 mai 1791. (V.
art. 15 dudit sénatus-consulte.)

Dans ce même sénatus-consulte, voulant pourvoir à l'établissement de la maison de ses frères,
mais n'osant point encore reproduire la qualification
d'apanage, il s'enveloppe dans une formule cou-
verte, et déclare « que les princes français Joseph et
Louis, et à l'avenir les fils puînés naturels et légitimes (1) de l'empereur seront traités conformément aux articles 1, 10, 11, 12 et 13 du décret des
21 décembre 1790-6 avril 1791 »; c'est-à-dire que
les fils puînés n'avaient droit à une rente apanagère
qu'à l'âge de 25 ans, à moins qu'ils ne se mariassent
avant cet âge.

Les princes, frères de l'empereur, devaient jouir
chacun d'une rente d'un million, laquelle rente
devait passer, à leur décès, à leurs enfans mâles
ou descendans par représentation en ligne mascu-

---

(1) *Naturels* est ici par opposition à *adoptifs* et non point à *légitimes*.
Les deux mots naturels et légitimes sont inséparables. Ce sont des enfans nés de son corps (*de corpore suo*), en légitime mariage.

line, etc., selon que nous l'avons expliqué ci-dessus (p. 156 et suiv.).

Napoléon ne garda pas long-temps la contrainte qu'il s'était imposée au début de l'empire : le sénatus-consulte du 30 janvier 1810 ne fit pas difficulté d'appeler les choses par leur nom et de reproduire les anciennes qualifications.

Le titre quatrième de ce sénatus-consulte (1), intitulé du *douaire des impératrices et des apanages des princes français*, était divisé en sept sections, savoir : 1° dispositions générales ; 2° de la transmission des apanages ; 3° de leur concession ; 4° de leur fixation ; 5° des charges que les apanagistes supportent ; 6° de la conservation des biens apanagés ; 7° de l'extinction des apanages.

Dans la section des dispositions générales, on distinguait les apanages en obligatoires et facultatifs.

Les apanages étaient dus :

1° Aux princes, fils puînés de l'empereur régnant ou de l'empereur et du prince impérial décédés ;

2° Aux descendans mâles de ces princes, lorsqu'il n'avait pas été accordé d'apanage à leur père ou aïeul. (Art. 55.)

Il pouvait y avoir lieu, par l'état, à pourvoir d'apanages les princesses et leurs descendans ; mais il n'y avait pas dette à leur égard. (Art. 56.)

— Nous savons entre quelles mains devaient ou

(1) Le sénatus-consulte était divisé en cinq titres, savoir : 1° de la dotation de la couronne ; 2° du domaine extraordinaire ; 3° du domaine privé ; 4° du douaire des impératrices et des apanages des princes français ; 5° de la dotation des princesses.

11.

pouvaient se trouver les apanages impériaux ;
examinons quelle devait être leur nature.

« La plus grande partie des apanages des princes,
« porte le dernier paragraphe de l'art. 56, consiste
« toujours en *immeubles* situés dans l'étendue du
« territoire français. »

Ceux qui étaient affectés aux princes devaient être
pris parmi les immeubles du domaine extraordinaire ou du domaine privé de l'empereur, lorsqu'il
y en avait. En cas d'insuffisance, il devait y être
pourvu par un sénatus-consulte. (Art. 57.)

Les biens personnels des princes apanagés ne devaient point être confondus avec ceux qui formaient
leur apanage.

Les princes apanagés devaient posséder leurs
biens personnels patrimonialement, et en jouir et
disposer conformément aux règles du droit civil.
(Art. 58 et 59.)

410. — Voici les règles de la transmission de
ces apanages.

Après le décès des princes apanagistes, le fils
aîné devait recueillir l'apanage. (Art. 60.)

En cas d'extinction de la ligne masculine, l'apanage devait retourner, soit au domaine extraordinaire, soit au domaine de l'état, soit au domaine
privé de l'empereur régnant, selon son origine.
(Art. 61.)

Le droit aux apanages n'était ouvert que lorsque les princes auxquels ils appartenaient se ma-
riaient ou atteignaient leur dix-huitième année.
(Art. 62.)

On se rappelle que précédemment les princes

n'avaient droit aux rentes apanagées qu'à vingt-cinq ans, hors le cas de mariage.

En cas de défaillance d'une ou de plusieurs branches masculines de la ligne apanagère, l'apanage devait passer à la branche masculine la plus proche, jusqu'à extinction absolue de la descendance masculine. (Art. 63.)

Les biens apanagés devaient être transmis aux princes de tous les degrés, appelés à les recueillir, francs et libres de dettes et des engagemens des apanagistes précédens, sauf le maintien des baux faits dans les termes des articles 595, 1429, 1430 et 1718 du Code civil, ou les baux emphytéotiques autorisés par décret délibéré en conseil d'état. (Art. 64.)

En cas de contestation sur l'ordre d'hérédité des apanages, ou sur leur transmission et conservation, il devait être statué par le conseil de famille. (Art. 65.) (1).

411. — Passons à ce qui regarde la concession des apanages.

(1) Le conseil de la famille impériale avait été organisé par le titre 8 des statuts du 30 mars 1806.

Ce conseil devait être présidé par l'empereur, et, à son défaut, par l'archi-chancelier de l'empire, qui en devait toujours faire partie.

Il était composé, en outre, d'un prince de la maison impériale, désigné par l'empereur, de celui des princes grands-dignitaires de l'empire qui avait le premier rang d'ancienneté, du doyen des maréchaux de l'empire, du chancelier du sénat et du premier président de la cour de cassation.

Le grand-juge ministre de la justice devait remplir, près du conseil, les fonctions du ministère public.

Le secrétaire de l'état de la maison impériale devait y tenir la plume. (Art. 34.)

Il suffit, du reste, pour connaître les attributions de ce conseil de famille, de se reporter aux statuts ci-dessus indiqués.

On faisait une distinction entre les apanages concédés, soit sur le domaine extraordinaire, soit sur le
domaine privé, et ceux qui étaient concédés sur l'état.

La concession des premiers était effectuée par décret de l'empereur; cet acte était communiqué et
enregistré au sénat.

Celle des apanages sur l'état ne pouvait avoir lieu
que par un sénatus-consulte. La proposition devait
en être faite au nom de l'empereur, après l'époque
où le droit d'obtenir apanage était.ouvert.

L'empereur pouvait différer, tant qu'il lui plai-
sait, la proposition de l'apanage, sans que le retard,
quelque long qu'il pût être, fût jamais réputé renonciation.

L'empereur pouvait aussi diviser la constitution
ou la proposition, en ne faisant ou ne requérant
que successivement, et par partie, la constitution
de l'apanage. La division était présumée, tant que
l'empereur n'avait pas épuisé la somme à laquelle
l'apanage pouvait être élevé, à moins qu'il n'eût
formellement renoncé à faire des réquisitions ultérieures, si la constitution était faite sur l'état.

Si l'empereur décédait avant d'avoir fait ou épuisé
la constitution ou la proposition d'apanage, ses droits
devaient être exercés par ses successeurs. (Art. 66 à
69.)

412. — La fixation de la quotité des apanages
n'était pas uniforme.

Cette quotité devait être déterminée par l'empereur : néanmoins, elle ne pouvait être élevée à plus
de trois millions.

Le palais du petit Luxembourg et le Palais-Royal

étaient mis en réserve, avec la destination d'être
concédés à des princes apanagés, pour leur habitation, au même titre que leur apanage, et sans aucune
diminution. (Art. 70.)

413.—Les charges de l'apanagiste étaient réglées
par le sénatus-consulte.

D'abord, sur les revenus des apanages, les princes
apanagés devaient pourvoir :

1° A l'éducation des princes et princesses, enfans naturels et légitimes de l'apanagiste ;

2° A leur entretien, jusqu'à leur mariage et établissement ;

3° Au douaire constitué à leurs veuves, d'après
la manière prescrite par l'article 6 du statut du
30 mars 1806. Cette dernière charge ne pouvait cependant être imputée, sur les revenus de l'apanage,
que jusqu'à concurrence du tiers de ces revenus.

Ensuite, bien que les apanages dussent être transmis aux princes appelés à y succéder, libres de
toutes dettes et de tous engagemens des apanagistes précédens, à l'exception du douaire des veuves,
toutefois l'héritier de l'apanage était tenu d'acquitter les dettes jusqu'à concurrence de moitié d'une
année des revenus de l'apanage : seulement, il
pouvait prendre un délai dont la durée devait être
fixée par le conseil de famille. (Art. 71 et 73.)

414. — Des mesures étaient prises, d'ailleurs,
pour assurer la conservation des biens apanagés.

Ainsi, les biens immeubles et les rentes qui
formaient les apanages ne pouvaient être ni aliénés
ni engagés. En outre, ils étaient déclarés imprescriptibles. (Art. 74.)

Les immeubles apanagés ne pouvaient être échangés qu'en vertu d'un sénatus-consulte. Tous les échanges qui n'auraient pas été faits ainsi devaient être déclarés nuls et de nul effet.

Du reste , ce n'était point aux tribunaux qu'il appartenait de statuer sur la nullité; défense expresse leur était faite à cet égard. La décision était réservée au conseil d'état. Ce conseil était saisi par une dénonciation du grand-juge ministre de la justice : il devait être statué après avoir pris connaissance des moyens des parties. (Art. 75, 76 et 77.)

Les bois et forêts dépendant des apanages devaient être exploités conformément aux lois et réglemens sur l'administration forestière. (Art. 78.)

415.—Voyons ce qui avait été réglé quant à l'extinction des apanages.

Remarquons d'abord que le sénatus-consulte déclarait exclus de l'apanage les princes qui n'auraient pas été élevés, depuis l'âge de sept ans, dans le palais fixé par l'empereur pour l'éducation commune de tous les princes nés dans l'ordre de l'hérédité. (Art. 79.)

— Les apanages devaient s'éteindre :

1° Par la défaillance masculine du premier concessionnaire, sous la réserve néanmoins des douaires dont ils se trouvaient affectés;

2° Par la vocation de l'apanagiste actuel à une couronne étrangère, lorsqu'il n'existait pas de princes collatéraux de la branche qui fussent appelés à recueillir l'apanage;

3° Par la sortie du prince apanagé du territoire de l'empire , sans la permission de l'empereur, lors-

qu'il n'existait aucun prince appelé, après lui, à recueillir l'apanage.

Dans ces deux derniers cas, l'apanage devait
passer au prince collatéral, appelé à recueillir, à
défaut du prince apanagé et de ses enfans. (Art. 80.)

416. — Un sénatus-consulte du 13 décembre
1810 détermina l'apanage du roi Louis, en qualité
de prince français.

Cet apanage fut fixé à un revenu annuel de deux
millions. Des fonds de terre y étaient affectés, jusqu'à la concurrence d'un revenu net de moitié.

L'autre million devait être pris sur les fonds généraux du trésor public. (Art. 1er.)

Après le décès du prince apanagiste, l'apanage,
à l'exception du million annuel, devait passer au
second fils, parce que l'aîné des enfans du prince
Louis avait reçu, de l'empereur, le grand-duché
de Berg, à titre d'apanage. (Art. 2.)

D'autres dispositions avaient été faites en faveur
des membres de la famille impériale. Mais nous
croyons que l'apanage du prince Louis est le seul
qui ait été constitué par un sénatus-consulte; du
moins, c'est le seul dont on trouve la trace au Bulletin des lois ou dans les collections.

. . — Une ordonnance du 19 août 1814 statua que
les rentes accordées pour apanages aux membres
de la famille Bonaparte cesseraient d'être payés.

417. — Examinons maintenant la législation de
la restauration, relative aux apanages de la maison
de Bourbon.

D'abord, dans la loi du 8 novembre 1814,
sur la liste civile, on lit un article 23, ainsi conçu :

« Il sera payé annuellement, par le trésor royal, une somme de huit millions pour les princes et princesses de la famille royale, *pour leur tenir lieu d'apanage.* »

Le paiement de cette somme devait être fait, par paiemens égaux, de mois en mois, sans possibilité d'anticipation ou de retard , entre les mains de la personne désignée, par le roi, à cet effet.

Le roi se réservait de faire la répartition.

La fixation ne devait pouvoir éprouver de changement qu'autant qu'il en surviendrait dans le nombre des membres de la famille royale : dans ce cas, il devait y être pourvu par une loi.

— Ainsi , la nouvelle famille royale semblait renoncer à l'institution des apanages, même non réels. Il faut remarquer, en effet, que la dotation de huit millions ne pouvait guère être considérée comme une rente apanagère ; car elle manquait du caractère le plus essentiel des apanages, puisqu'elle n'était pas assurée à tous les aînés mâles, à titre perpétuel et irrévocable.

—La loi du 15 janvier 1825, qui fixa la liste civile de Charles X , persista dans ces intentions ; on y lit, en effet : « Il sera payé, par le trésor royal, la somme de sept millions, pour tenir lieu d'apanage aux princes et princesses de la famille royale. »

— Mais, dans une autre branche de la maison de Bourbon , subsistait un opulent apanage.

L'apanage d'Orléans a été, comme on sait, constitué originairement au mois de mars 1661 , par Louis XIV, en faveur de Philippe de France, son frère unique. Des édits de 1672, de 1692 et des

ordonnances de 1764 et 1766 modifièrent successivement la première constitution.

Nous avons dit comment il fut disposé à l'égard
de cet apanage, à la suite de la révolution de 1789.

Une ordonnance du roi Louis XVIII, à la date
du 18 mai 1814, rendit au duc d'Orléans le parc
de Monceaux et le Palais-Royal.

Une autre ordonnance, du 20 du même mois,
rendit au même prince tous ses biens non vendus,
qu'ils fussent régis par le domaine ou employés
au service d'établissemens publics.

Enfin une troisième ordonnance, du 7 octobre
suivant, interprétative de celle du 20 mai, statua
que M. le duc et Mademoiselle d'Orléans rentre-
raient dans les biens dont leur père avait joui, à
quelque titre et sous quelque dénomination que ce
fût, seulement sans nuire aux droits des créanciers.

En vertu de ces ordonnances, M. le duc d'Orléans fut remis en possession de tous ceux des biens
de l'ancien apanage de sa branche, qui étaient encore dans les mains du domaine. Les archives du
royaume rendirent à ses agens les titres qui s'y réfé-
raient, comme ayant appartenu à sa maison. Une circulaire du garde-des-sceaux, du mois de mai 1817,
rappela aux tribunaux que les forêts de l'apanage
étaient soumises, en tout, aux mêmes règles d'administration et de surveillance que les autres forêts
de l'état, et l'administration forestière institua les
gardes nommés par le duc d'Orléans.

L'opposition royaliste critiqua la restitution de
cet apanage. Elle prétendit qu'ayant été réuni
au domaine de l'état par la loi du 21 décem-

bre 1790, une loi seule aurait pu le faire revivre ;
que sans doute le roi ayant rendu les ordonnances
des 18 et 20 mai avant la promulgation de la
Charte, c'est-à-dire lorsqu'il tenait, de fait, dans
ses mains, tous les pouvoirs réunis, il aurait pu valablement reconstituer l'apanage, mais que rien de
tel ne se trouvait dans lesdites ordonnances ; que
celle du 7 octobre était, il est vrai, un peu plus ex-
plicite, sans cependant être formelle ; mais qu'elle
avait été rendue par le roi, lorsqu'il n'avait plus la
faculté de disposer du domaine de l'état.

Le gouvernement ne crut pas devoir tenir compte
de cette argumentation. Ainsi, une ordonnance
royale du 10 décembre 1823 autorisa le duc d'Orléans à céder à la ville de Paris l'ancien canal de
l'Ourcq, *dépendant de l'apanage*, à charge de remplacement. Une autre ordonnance du 23 juin 1824
approuva les conditions de la cession ; enfin une autre
ordonnance du 18 juillet 1824 accepta le remplacement, *dans l'apanage de la branche d'Orléans*,
du prix de l'ancien canal de l'Ourcq, par trois arcades du Palais-Royal et quatre maisons de la rue
Saint-Honoré.

Ces diverses ordonnances ayant amené d'assez
vives discussions, où les droits du duc d'Orléans
étaient sans cesse remis en question, le gouvernement crut devoir profiter, au commencement de
1825, de la présentation du projet de loi sur la
nouvelle liste civile, pour faire sanctionner la restitution de l'apanage par la législature. En conséquence, on inséra dans le projet un article 4; ainsi
conçu :

« Les biens restitués à la branche d'Orléans, en exécution des ordonnances des 18 et 20 mai, 17 septembre et 7 octobre 1814, et provenant de l'a-panage constitué par les édits des années 1661, 1672 et 1692 à Monsieur, frère du roi Louis XIV, pour lui et sa descendance masculine, continueront à être possédés, aux mêmes titre et conditions, par le chef de la branche d'Orléans, jusqu'à extinction de sa descendance mâle, auquel cas ils feront re-tour au domaine de l'état. »

Cet article donna lieu à des débats assez animés, dans la chambre des députés. Le parti qu'on ap-pelait la contre-opposition soutint que l'article de-vait être retranché du projet de loi, comme étranger à la liste civile ; que, d'ailleurs, il fallait abandonner le système des apanages en immeubles.

L'opposition libérale, ou du moins une partie de ses membres, prêta, dans cette circonstance, son appui au ministère. Un illustre orateur, le général Foy, défendit de sa parole brillante les apanages réels. D'autres soutinrent que l'article devait tout naturellement trouver sa place dans la loi sur la liste civile, puisque le duc d'Orléans aurait eu droit à un traitement particulier, comme membre de la famille royale, s'il n'avait eu un apanage réel.

Du reste, l'article fut adopté, à la majorité de 278 boules blanches contre 25 boules noires.

De cette manière, le vice reproché aux ordon-nances de 1814 s'est trouvé couvert.

—Un titre dans le Code forestier (le titre 5) et un autre titre dans l'ordonnance réglementaire du 1ᵉʳ

août 1827 (le titre 4), sont consacrés aux bois et
forêts possédés à titre d'apanage.

418. — A la suite de la révolution de juillet, l'a-
panage d'Orléans a dû faire retour à la couronne,
car l'avénement au trône du prince apanagiste a
toujours été considéré comme une condition d'extinction des apanages. La loi du 2 mars 1832, sur
la liste civile, prononce en effet cette réunion. Elle
ajoute que, « dans le cas où il y aurait lieu à indemnité, à raison des accroissemens faits à cet apanage,
depuis qu'il a été rendu à la maison d'Orléans
jusqu'au moment où il a fait retour au domaine
de l'état, cette indemnité ne sera exigible qu'à la
fin du règne actuel. » (Art. 4.)

L'ancienne jurisprudence reconnaissait le principe de l'indemnité en cas d'accroissement. La loi
nouvelle n'a donc rien innové. Toutefois, cette dernière disposition a été vivement critiquée.

Ce serait bien plutôt à l'état, a-t-on dit, qu'appartiendrait le droit de réclamer une indemnité
contre l'apanagiste qu'à l'apanagiste contre l'état;
car, d'après les titres constitutifs, l'apanage devait
produire 200,000 livres tournois; et, au lieu de
cette somme, il produisait réellement trois millions; ce qui prouve qu'évidemment on avait pris,
dans le domaine de l'état, des biens excédant la
valeur fixée.

Il a été répondu que le revenu de 200,000 livres
tournois, indiqué dans le titre constitutif, n'était
pas une condition essentielle, qu'il était une simple
désignation des biens compris dans l'apanage; que,
du reste, l'article ne résolvait point la question de

savoir si une indemnité était due ; qu'elle restait tout entière dans le domaine des tribunaux ; que, d'ailleurs, les droits de l'état à une indemnité restaient aussi réservés.

Tel est l'état actuel de la législation sur les apanages.

419. — Dans la session de 1837, M. le président du conseil des ministres a présenté, à la chambre des députés (séance du 26 janvier 1837), un projet de loi qui avait pour objet de constituer en apanage, à M. le duc de Némours, le domaine de Rambouillet, les forêts de Senonches, de Châteauneuf et de Montecaut.

Nous transcrivons ici la partie de l'exposé des motifs qui avait pour but de développer le sens politique du projet.

M. le président du conseil s'est exprimé comme il suit :

« S. A. R. monseigneur le duc de Némours, second fils de S. M. le roi des Français, a, depuis plus d'un an, atteint l'époque de sa majorité, sans que les chambres aient encore pourvu à son établissement. Le projet que nous venons soumettre à vos délibérations a pour objet d'assigner à S. A. R. une dotation convenable, proportionnée à la grandeur de la France, conforme aux traditions de l'antique monarchie, aussi bien qu'à l'esprit de nos institutions nouvelles.

« Nous ne vous rappellerons pas, messieurs, l'origine et les progrès de la législation des apanages ; on sait que leur établissement définitif a été la consécration d'une grande victoire remportée, au nom

de l'unité de la monarchie, sur des principes de
démembrement qui assimilaient la transmission du
premier pouvoir de l'état à celle d'une propriété
particulière. Cette législation, successivement af-
fermie et développée avec le concours des assemblées nationales, qui ont toujours vu, dans l'institution des apanages, une des meilleures garanties de la
sécurité publique, a été respectée par la révolution
de 1789, par l'empire et par la restauration. Son
principe se concilie parfaitement avec ceux d'un
gouvernement représentatif, avec l'esprit d'égalité
devant la loi qu'il consacre, avec le contrôle et la
disposition de la fortune publique, tels qu'il les établit. Ses formes seules ont changé, et c'est pour obéir
à la nature de nos institutions que le gouvernement
de S. M. appelle le pouvoir législatif à régler la dotation apanagère de S. A. R. monseigneur le duc
de Nemours.

« Le principe des apanages ayant survécu à la nuit
du 4 août 1789, qui avait emporté toutes les institutions féodales, l'assemblée constituante en a
plusieurs fois déclaré le maintien nécessaire et s'est
bornée à le dépouiller, dans l'application, de tous
les accessoires qui empruntaient leur origine à la
féodalité abolie, faisant ainsi passer au creuset des
réformes cette institution comme les autres, et la
soumettant pour jamais à ces règles salutaires de
droit public qui ont subi, sans en être ébranlées,
l'épreuve des révolutions d'un demi-siècle. En effet, on a laissé alors au duc d'Orléans et à Monsieur,
frère du roi, deux propriétés qui faisaient partie de
leur ancien apanage, le Palais-Royal et le Luxem-

bourg, et la loi qui réunissait au domaine de l'état leurs autres propriétés apanagères substituait à ces biens des rentes qualifiées elles-mêmes d'apanagères, pour bien constater leur nature et leur origine. Si l'état de choses réglé par l'assemblée constituante a changé ensuite, si les mesures qu'il entraînait ne se sont pas réalisées, c'est qu'il fut enveloppé dans la ruine commune de la monarchie et de la liberté.

« Aussitôt que les institutions monarchiques ont été rétablies en France, la nouvelle législation de l'empire français a reproduit, sur la dotation des membres de la famille impériale, le principe reconnu et respecté par l'assemblée constituante. Il est vrai qu'en le rétablissant un sénatus-consulte organique de floréal an 12 évitait de rappeler le mot d'apanage, dernière concession que l'on faisait encore à des souvenirs et à des préoccupations qui conservaient quelque puissance sur les esprits. Mais, en 1810, un autre sénatus-consulte du 3o janvier a réglé, dans son titre 4, tout ce qui est relatif aux apanages des princes français. Ils devaient être fixés par l'empereur, et la seule limite assignée à l'exercice de la volonté souveraine concernait la quotité du revenu, qui ne pouvait s'élever à plus de 3 millions.

« Les souvenirs de la restauration sont encore trop récens pour qu'il soit nécessaire de s'appesantir sur sa législation ou ses doctrines en cette matière. Mais on nous permettra sans doute de rappeler que les intérêts de la famille que nous avons placée sur le trône s'étant trouvés mêlés, en 1825, à la discus-

sion d'un projet de loi sur la liste civile du souverain, les grands orateurs dont s'honoraient alors
les opinions les plus libérales se prononcèrent una-
nimement pour une déclaration qui tendait à confirmer législativement la restitution des biens apa-
nagers de la branche d'Orléans. Nous emprunterons
tout-à-l'heure, à cette discussion qui témoignait
déjà des sympathies nationales, l'opinion d'un illustre citoyen, enlevé trop tôt à la cause du pays,
sur le meilleur mode de dotation à établir en faveur
des princes apanagés.

« Nous avons cru devoir, messieurs, commencer
par mettre hors de contestation, sous le rapport du
droit public français de tous les temps, l'institution
des apanages. Si nous passons maintenant à un autre
ordre d'idées, nous avons l'assurance de vous faire
aisément partager notre conviction sur les motifs de
convenance politique et sociale qui doivent engager à ne pas différer plus long-temps d'assurer, à
S. A. R. monseigneur le duc de Nemours, un revenu
indépendant.

« Vous avez, messieurs, pourvu à la splendeur
du trône; vous avez, par la même loi, pourvu à
l'établissement du prince royal, mais le jour est
arrivé où monseigneur le duc de Nemours, adopté
comme lui par la France et par l'armée, appelé
par son âge à un rôle plus éclatant, doit pouvoir dignement suffire aux obligations nouvelles que sa
haute position lui impose. Pour réaliser ces vues,
nous n'avons pas hésité à vous proposer, messieurs,
de constituer à monseigneur le duc de Nemours un
apanage en propriétés immobilières, et nous ne sau-

rions mieux justifier cette proposition qu'en repro-
duisant ici des paroles que plusieurs d'entre vous,
messieurs, se souviendront d'avoir entendu prononcer par une bouche éloquente.

« Est-il plus utile, disait le général Foy, dans la
« discussion de 1825, que les princes aient des
« apanages en terres, au lieu de les avoir en rentes?
« Je crois que, dans notre état social, il est mieux
« que les apanages consistent en propriétés; que par
« là les princes se trouvent dans un rapport plus inti-
« me avec la cité ; qu'ils procurent un grand avan-
« tage, en donnant aux arts et à l'industrie les
« moyens de se développer sur de grands domaines.»

« En effet, messieurs, ainsi que l'a fait remarquer, à cette occasion, un des hommes qui ont le
plus profondément étudié cette importante matière
(M. Dupin), c'est une idée *nationale* que de doter
les princes du sang royal, non en deniers qui se
dissipent ou se déprécient, mais en terres qui s'a-
méliorent et se conservent; et on y trouve encore
une source de prospérité publique par la facilité
que de grands domaines, dans les mains des princes,
leur donnent d'édifier, d'embellir, d'améliorer, et de
concourir ainsi, en quelque façon, comme les autres citoyens, aux progrès de l'agriculture, des arts
et de l'industrie, participant comme eux au sentiment de la propriété et aux charges publiques.

«Nous invoquerons d'ailleurs, messieurs, une autre
considération qu'il ne faut pas perdre de vue ; c'est
qu'il est nécessaire de fonder, à côté du trône, pour
monseigneur le duc de Nemours, une de ces grandes existences qui se rattachent à la propriété ter-

ritoriale. Nous croyons aller ici, messieurs, au devant de la seule objection qu'on pourrait vouloir
tirer de la différence du mode de dotation adopté
pour monseigneur le duc d'Orléans, et la chambre
comprendra facilement que les motifs qui ont fait
assigner à l'héritier du trône une dotation en rente
annuelle ne sont pas applicables à la position de
monseigneur le duc de Nemours. »

Le surplus de l'exposé des motifs était consacré à faire connaitre les charges et les produits des
immeubles qu'on se proposait d'affecter à l'apanage.

— Cette proposition du gouvernement souleva,
dès son apparition, de nombreuses objections. Voici
le résumé des attaques qu'elle eut à subir.

1° « Historiquement, les *apanages* étaient le
pain quotidien des princes ; et c'était justice, par
ce que les biens de leur père s'incorporaient, par
l'avènement au domaine de la couronne ; et que,
pendant son règne et après sa mort, ils se confon-
daient avec l'état. Mais, depuis que le monarque
peut acquérir et posséder privativement, les puinés
peuvent être dotés des deniers royaux, avec supplément sur le budget de l'État, s'il n'y a suffi-
sance.

« Les apanages ont été abolis par l'assemblée
constituante comme institution féodale ; reconsti-
tués dans la maison d'Orléans par des ordonnances
du roi Louis XVIII, ils ne sont rentrés dans l'ordre
légal qu'incidemment par la loi du 15 janvier 1825,
sur la liste civile de Charles X.

« Si, à cette époque, le général Foy soutint les

apanages, c'était pour organiser, à côté de la branche aînée de la maison de Bourbon, une famille assez
solide, assez riche, assez puissante, pour la remplacer au besoin.

2° « L'institution des apanages, envisagée sous le
rapport démocratique, blesse l'égalité, parce qu'elle
rétablit les majorats de propre mouvement. Elle
immobilise et rend mortes des terres qui devraient
être livrées au commerce ; elle blesse les intérêts du
trésor, parce qu'il n'y a plus de droits de mutation
pour les successions, et de droits d'enregistrement
pour les ventes et échanges et les hypothèques. Elle
blesse la propriété de la nation, puisqu'elle dé-
pouille les simples citoyens pour enrichir des familles de princes.

3° « L'institution envisagée sous le rapport monar-
chique blesse la rationalité de la charte, puisque la
liste civile du monarque n'est que viagère, tandis
que les apanages des puînés seraient perpétuels. Elle
blesse l'indépendance du pouvoir royal, parce
qu'elle place, à côté de lui, de grosses fortunes ter-
riennes qui, accrues par d'immenses dots, et exemptes de dépenses officielles, pourraient alimenter
des oppositions collatérales dont l'histoire ne prouve
que trop le danger ; elle blesse la liberté, parce
qu'elle aide un prince à se faire le centre d'une opposition aristocratique.

4° « Il est même de l'essence du gouvernement
représentatif que les princes soient sous la dépendance du roi, leur chef. Sous ce rapport, on a soutenu que les dotations devraient être annuellement
votées par les chambres, comme toute autre dé-

pense de l'État. C'est peut-être ; a-t-on dit, le seul
moyen de retenir, sous l'obéissance, des princes
dont la rébellion, le cas advenant, serait bien autrement dangereuse et difficile à réprimer que celle
des simples citoyens. »

Ces graves questions n'ont point été débattues
devant les chambres. Le projet de loi, présenté le
26 janvier 1837, a été retiré, le 18 avril, en vertu
d'une ordonnance du roi ; avant même qu'il eût été
l'objet d'un rapport, de la part de la commission qui
avait été chargée, par la chambre des députés, de
son examen préalable.

SECTION III.

Des biens ou domaines plus spécialement appelés nationaux.

SOMMAIRE.

420. — Avant tout, il faut bien établir ce qu'on

désigne sous ce nom. A cet égard, tout le monde n'est pas d'accord.

Les uns veulent comprendre, sous la dénomination de *biens* ou *domaines nationaux*, tout à la fois :

Les biens ecclésiastiques, que l'assemblée constituante a mis à la disposition de la nation ;

Les biens des hospices, que la convention a déclarés propriétés nationales ;

Les biens qui ont été confisqués et vendus révolutionnairement sur les émigrés et sur les déportés, notamment sur les ecclésiastiques qui avaient encouru la déportation, pour n'avoir pas prêté le serment constitutionnel exigé du clergé, ou pour incivisme.

D'autres voudraient restreindre l'appellation de *biens* ou *domaines nationaux* à la troisième catégorie des biens dont il vient d'être question.

Il est certain, du moins, que la seconde paraît n'être comprise parmi les domaines nationaux que par un bien petit nombre de personnes.

Pour satisfaire le plus d'opinions qu'il est possible, nous admettons ici la dénomination la plus large, et nous allons donner quelques détails sur chacune des classes de biens ci-dessus désignés ; mais, comme ces matières n'offrent plus guère qu'un intérêt historique, et qu'elles ont déjà donné lieu à un assez grand nombre d'ouvrages spéciaux, nous nous bornerons aux notions les plus sommaires.

421. — Les biens provenant du clergé, après avoir été mis à la disposition de la nation par la loi des 2-4 novembre 1789, furent vendus comme

les autres propriétés nationales, et cette vente continua jusqu'à ce que le concordat du 18 germinal an 10 eût stipulé, par son article 12, que toutes les églises métropolitaines, cathédrales, paroissiales et autres, non aliénées, et qui seraient nécessaires au culte, seraient remises à la disposition des évêques. En échange de cette concession du gouvernement français, le pape Pie VII, « pour le bien de la paix et l'heureux rétablissement de la religion catholique, déclara que ni lui ni ses successeurs ne troubleraient, en aucune manière, les acquéreurs des biens ecclésiastiques aliénés, et qu'en conséquence la propriété de ces mêmes biens, les droits et revenus y attachés demeureraient incommutables entre leurs mains ou celles de leurs ayant-cause. » (Art. 13.)

Par suite de cette convention, les articles organiques disposèrent que les presbytères et les jardins attenans, non aliénés, seraient rendus aux curés et aux desservans des succursales, et que les édifices anciennement destinés au culte catholique, actuellement dans les mains de la nation, seraient, à raison d'un édifice par cure et par succursale, mis à la disposition des évêques, par arrêtés du préfet du département. (Art. 72 et 75.)

Bientôt un arrêté du 7 thermidor an 11 (26 juillet 1803) vint rendre aux fabriques ceux de leurs biens et rentes qui n'étaient pas aliénés; des dispositions subséquentes ont étendu cette restitution aux biens qui avaient appartenu aux métropoles, cathédrales, chapitres, confréries, etc.

422. — Le 23 messidor an 2 (11 juillet 1794), la convention décréta que les créances passives des

hôpitaux, maisons de secours, hospices, bureaux des pauvres et autres établissemens de bienfaisance, sous quelque dénomination qu'ils fussent connus, étaient déclarés dettes nationales; que leur actif faisait partie des propriétés nationales et serait administré et vendu conformément aux lois sur les domaines nationaux.

Il est vrai que, dès le 9 fructidor an 3 (26 août 1795), il y eut sursis provisoire à la vente; mais il paraît que les trois cinquièmes du patrimoine des établissemens charitables étaient déjà aliénés.

Le 28 germinal an 4 (17 avril 1796), une nouvelle loi maintint d'abord la suspension provisoire de l'aliénation des biens ; celle du 16 vendémiaire an 5 (7 octobre 1796), révoquant définitivement l'ordre de vente, statua que les hospices conserveraient leurs biens ; que ceux qui avaient été vendus seraient remplacés, et que les administrations départementales désigneraient les biens nationaux à donner en remplacement.

Une loi du 29 pluviose an 5 (17 février 1797) voulut que les rentes foncières ou constituées provenant des hospices, et qui avaient été aliénées, fussent remplacées en même nature ; celles qui étaient liquidées furent rétablies au grand-livre. Une loi du 20 ventose an 6 (10 mars 1798) étendit le remplacement, tant en biens fonds qu'en rentes, à toutes les propriétés aliénées des pauvres.

Un arrêté du 15 brumaire an 9 (6 novembre 1800) affecta des biens de la nation, jusqu'à concurrence de 4 millions de revenu, pour remplacer les biens vendus des hospices; et des actes subséquens ont,

ainsi que nous l'avons expliqué, concédé des rentes
aux hospices pour accroître leur dotation. Mais, lorsque les affectations faites aux hospices l'avaient été
en biens d'émigrés, les hospices ont été obligés de
remettre aux anciens propriétaires l'excédant de la
valeur de leurs biens aliénés. (Voyez loi du 5 décembre 1814; ordonnances royales des 11 juin 1816
et 12 août 1818; avis des comités réunis du conseil
d'état, du 21 juillet 1819, inédit.)

423. — Quant aux biens des prêtres déportés,
pour n'avoir pas prêté le serment voulu ou pour incivisme, la loi du 22 fructidor an 3 (8 septembre
1795.) fit cesser la confiscation pour les biens des
ecclésiastiques qui étaient sortis, comme contraints
et forcés, du territoire de la république et des pays
y réunis. Le surplus était considéré comme émigrés.
Nous parlerons tout-à-l'heure des réparations qu'ils
ont obtenues plus tard , conjointement avec les
émigrés.

424.—L'assemblée constituante, effrayée de l'é-
migration qui se manifestait sur tous les points de
la France, la considéra comme un moyen de division
politique dont l'effet infaillible serait de prolonger
la révolution que cette assemblée se flattait de terminer. Pour en arrêter les progrès , elle rendit un
décret, sanctionné le 6 août 1791, par lequel il fut
ordonné, d'une part, aux absens, de rentrer en
France dans le délai d'un mois, sous peine de payer
à l'état une triple contribution personnelle, foncière
et mobilière, pendant tout le temps de leur absence;
d'autre part, aux présens, de faire reconnaître et
constater les causes qui les porteraient à s'éloigner.

Cette loi dut cesser d'être en vigueur, quand
parut la constitution du 3 septembre suivant, qui déclara garantir à tout homme, comme droit naturel
et civil, la liberté d'aller, de rester et de partir.

Une loi du 18 du même mois établit les conséquences de ce principe.

Mais la constitution, en ce point comme en beaucoup d'autres, fut bientôt altérée. Dès le 9 février
1792, l'assemblée législative, attendu « qu'il était
instant d'assurer à la nation l'indemnité qui lui était
due pour les frais extraordinaires occasionnés par la
conduite des émigrés, et de prendre les mesures
nécessaires pour leur ôter les moyens de nuire à la
patrie, » l'assemblée législative, disons-nous, décréta que les biens des émigrés étaient mis sous la
main de la nation et sous la surveillance des corps
administratifs.

Le 30 mars suivant, il fut pourvu, par un autre
décret, à l'administration des biens des émigrés, et
il fut, en même temps, accordé un délai d'un mois
à tous les émigrés pour rentrer en France, et recouvrer par ce moyen la jouissance de leurs biens.

Le 27 juillet de la même année, l'assemblée législative décréta la confiscation et la vente, au profit
de la nation, de tous les biens mobiliers et immobiliers des émigrés.

La convention nationale alla plus loin. Par une première loi du 23 octobre suivant, elle déclara les
émigrés bannis à perpétuité du territoire français ; et
le 28 mars 1793, réunissant dans une loi générale une
foule de lois de détail qui avaient été faites jusqu'a-
lors sur cette matière, elle déclara que les émigrés

étaient morts civilement, et que leurs biens étaient acquis à l'état.

La même loi ordonna qu'il fût dressé des listes de tous les émigrés ; que ceux qui y seraient inscrits, seraient, par cela seul, prévenus d'émigration ; que s'ils ne réclamaient pas contre leur inscription, dans un certain délai, ils seraient réputés définitivement émigrés ; que leurs réclamations seraient jugées par les administrations départementales ; mais que les décisions de ces autorités ne deviendraient définitives qu'après avoir été approuvées par le conseil exécutif provisoire.

Le 25 brumaire an 3 (15 novembre 1794), il fut rendu une nouvelle loi, qui détermina, avec plus de précision que les précédentes, quels étaient ceux que l'on devait considérer comme émigrés ; de quelle manière devaient être faites les listes destinées à constater les émigrations, et comment il devait être procédé sur les réclamations élevées contre ces listes.

Une des dispositions de cette loi attribuait au comité de législation de la convention le jugement de ces réclamations. Cette attribution fut transférée au directoire exécutif, par une loi du 28 pluviose an 4 (17 février 1796).

La loi du 12 ventose an 8 (3 mars 1800) effaça la distinction qui avait été faite jusqu'alors entre les prévenus d'émigration et les émigrés réels, les confondit tous sous la dénomination commune d'émigrés, attribua aux cours de justice criminelle la connaissance du fait d'émigration antérieure au 4 nivose précédent, dont seraient prévenus ceux qui n'étaient portés sur aucune liste, et déclara que, à compter du même jour, tout Français pouvait émigrer impunément.

Le 28 vendémiaire an 9 (20 octobre 1800), un arrêté du gouvernement partagea les inscrits sur les listes d'émigration en plusieurs grandes classes, ordonna que les uns seraient éliminés des listes et que les autres y seraient maintenus.

425. — Cependant, en exécution des différentes lois dont nous avons parlé, la majeure partie des biens des émigrés avait été vendue : l'état s'était lui-même rendu garant de ces ventes, et la constitution du 22 frimaire de l'an 8 (13 décembre 1799) avait, par ses articles 93 et 94, donné une nouvelle force à cette garantie.

L'article 93 avait aussi déclaré que, en aucun cas, la nation française ne souffrirait le retour des Français qui, ayant abandonné leur patrie depuis le 14 juillet 1789, n'étaient pas compris dans les exceptions portées aux lois rendues contre les émigrés. Toute nouvelle exception sur ce point était interdite.

426. — Ces dispositions rigoureuses furent bientôt adoucies par le sénatus-consulte du 6 floréal an 10 (26 avril 1802) : amnistie fut accordée à tout prévenu d'émigration, dont la radiation définitive n'avait pas été prononcée, à la charge par les individus amnistiés de rentrer en France avant le 1er vendémiaire an 11.

L'article 16 de ce sénatus-consulte interdit aux individus amnistiés la faculté d'attaquer, dans aucun cas et sous aucun prétexte, les partages de présuccession, succession ou autres actes et arrangemens faits entre l'état et les particuliers, avant l'amnistie.

L'article 17 ordonna que ceux de leurs biens qui étaient encore entre les mains de la nation leur seraient rendus, sans restitution de fruits ; cependant, par un reste de rigueur et de fiscalité, peut-être aussi dans des vues d'administration économique, on excepta de la restitution les bois et forêts qui avaient été déclarés inaliénables par la loi du 2 nivose an 4, puis les immeubles affectés à un service public, les droits de propriété ou prétendus tels sur les grands canaux de navigation, et les créances sur le trésor public, qui pourraient appartenir aux émigrés, et dont l'extinction s'était opérée, par confusion, au moment où l'état avait été saisi de leurs biens, droits et dettes actives.

427.—Tel était, en 1814, l'état de notre législation, lors de la publication de la charte constitutionnelle, dont l'article 9 proclama l'inviolabilité de toutes les propriétés « sans exception de celles qu'on appelle *nationales*, la loi ne mettant aucune différence entre elles. »

Le 21 août, le roi Louis XVIII, interprétant une phrase du préambule de cette charte, déclara que toutes les inscriptions sur les listes d'émigrés, qui subsistaient encore à défaut d'élimination, de radiation ou d'exécution des conditions imposées par le sénatus-consulte du 6 floréal an 10, ou à quelque autre titre que ce fût, étaient et demeuraient abolies, à compter du jour de la publication de la charte ; en conséquence, il fut reconnu que les émigrés avaient recouvré tous leurs droits civils.

Bientôt après, la loi du 5 décembre 1814, en maintenant, soit envers l'état, soit envers les tiers, tous jugemens et décisions rendus, tous actes passés, tous droits acquis avant la publication de la charte, et qui seraient fondés sur des lois ou des actes du gouvernement relatifs à l'émigration, ordonna la remise, en nature, à ceux qui en étaient propriétaires, ou à leurs héritiers ou ayant-cause, de tous les biens meubles et immeubles, séquestrés ou confisqués pour cause d'émigration, ainsi que ceux advenus à l'état par suite de partages de succession ou présuccession, qui n'auraient pas été vendus, et qui feraient encore partie du domaine.

Les fruits perçus étaient exceptés de la remise. Quant aux sommes provenant de décomptes faits ou à faire, aux termes échus et non payés, ainsi qu'aux termes à échoir du prix des ventes de biens nationaux provenant d'émigrés, ils devaient être perçus par la caisse du domaine, pour en faire la remise aux anciens propriétaires desdits biens, à leurs héritiers ou ayant-cause.

Devaient également être remis, ainsi qu'il vient d'être établi :

1° Les biens qui, ayant déjà été vendus ou cédés, se trouvaient cependant actuellement réunis au domaine, soit par l'effet de la déchéance définitivement prononcée contre les acquéreurs, soit par toute autre voie qu'à titre onéreux ;

2° Les biens que l'état avait reçus en échange de biens d'émigrés, et qui se trouvaient encore en sa possession ;

3° Les rentes purement foncières, les rentes

constituées et les titres de créances dus par des particuliers, et dont la régie était en possession, et les
actes conservatoires qui en faisaient partie ;

4° Les actions représentant la valeur des canaux à
des époques déterminées ;

5° Les sommes provenant des décomptes faits ou
à faire des termes échus et non payés, ainsi que des
termes à échoir du prix des ventes de biens nationaux ;

6° La portion des biens donnés aux établissemens
de bienfaisance en excédant de celles de leurs propriétés qui avaient été aliénées par l'état. (Voir ci-
dessus, page 186.)

L'exécution de la loi du 5 décembre 1814 fut
empêchée par des décrets des 13 et 26 mars 1815, qui
rapportaient ses dispositions, et qui rejetaient du sol
national et du sein de l'armée les anciens émigrés
non rayés des listes et rentrés en France depuis la
restauration.

Après la chute définitive de l'empire, la loi du
5 décembre reprit son cours.

428. — En 1816, la loi du 28 avril porta, dans
son article 116, ainsi que nous l'avons fait remarquer en traitant des domaines engagés (voir ci-
dessus page 88), une disposition favorable aux émigrés pour les bois de 150 hectares et au dessus,
qu'on avait confisqués sur eux, et qui avaient le
caractère de domaines engagés.

429. — Les émigrés ne furent pas satisfaits de
ces réparations ; ils voulaient une indemnité complète, qui pût relever leur influence par la fortune,
et qui fût aussi une satisfaction politique. Tous les

adversaires de la révolution de 1789 désiraient ar-
demment de lui infliger cette espèce d'amende hono-
rable.

D'un autre côté, des personnes qui adoptaient
les principes et les intérêts consacrés par cette révolution appelaient de leurs vœux une loi, qui condam-
nerait solennellement les confiscations politiques,
effacerait toute distinction entre les propriétés dites
nationales et les autres immeubles, et enfin achève-
rait la pacification de certaines contrées de l'ouest et
du midi.

Cette loi fut proposée et adoptée, malgré les vives
répugnances de la démocratie, qui lui reprochait
d'accorder par privilége une réparation à une classe
seulement des victimes de nos troubles civils, et d'accroître la puissance de ses irréconciliables ennemis.

La loi du 27 avril 1825 a alloué une indemnité
de trente millions de rentes trois pour cent au capital
d'un milliard, qui a dû être inscrite par cinquième,
d'année en année, et dont le chiffre, déclaré définitif, ne pouvait être augmenté en aucun cas.

L'indemnité s'est appliquée aux biens-fonds, situés en France, ou qui faisaient partie du territoire
de la France au 1er janvier 1792, et qui avaient été
confisqués et aliénés ou concédés définitivement
et gratuitement, soit à des hospices ou à d'autres
établissemens publics, soit à des particuliers.

Elle a été attribuée non seulement aux anciens
propriétaires dépossédés révolutionnairement, mais
à tous ceux qui, à leur défaut, étaient appelés par
la loi ou par la volonté de ces anciens propriétaires
à les représenter à l'époque de leur décès, sans qu'on

ait pu leur opposer aucune incapacité résultant des lois révolutionnaires.

Mais la qualité de Français était une condition indispensable pour avoir droit à l'indemnité.

Elle consistait :

1º Pour les biens-fonds vendus en exécution des lois qui ordonnaient la recherche et l'indication préalable du revenu de 1790 ou de la valeur du revenu de 1790, dans la capitalisation par dix-huit fois le revenu de 1790, tel qu'il avait été constaté par les procès-verbaux d'expertise et d'adjudication ;

2º Pour les biens vendus en vertu des lois antérieures au 12 prairial an 3, qui ne prescrivaient qu'une simple estimation préalable, dans le prix de vente réduit en numéraire, au jour de l'adjudication ;

3º Pour les biens rachetés à l'état ou à des tiers, dans les valeurs réelles qui leur avaient été payées.

L'indemnité devait se composer aussi d'un fonds commun, destiné à réparer les inégalités procédant des bases diverses de la liquidation.

Les bordereaux d'indemnités ont été dressés, dans chaque département, par le directeur local des domaines, soumis à la vérification et à l'examen des préfets en conseil de préfecture, qui ont donné leur avis motivé, puis ils ont été transmis par le ministre des finances, avec ses observations et celles de la direction générale des domaines, à une commission chargée de procéder à la liquidation de l'indemnité, après avoir reconnu et vérifié les droits et qualités des parties.

La déchéance a été encourue, après l'expiration d'un an, de dix-huit mois et de deux ans, selon les cas, faute de réclamation devant la commission.

Le recours au conseil d'état, dans le délai de trois mois, a été ouvert, contre les décisions de la commission, de la part soit des indemnitaires, soit du ministre des finances dans l'intérêt du trésor.

Les discussions entre les réclamans sur leurs qualités et droits respectifs ont dû être jugées par les tribunaux de l'ordre judiciaire.

Telle était, en substance, l'économie de la loi du 27 avril 1825.

430. —Une loi du 5 janvier 1831 a statué que la portion de rentes trois pour cent qui resterait libre sur les 30 millions affectés à l'indemnité des émigrés, déportés et condamnés révolutionnairement, et qui devait, aux termes de la loi de 1825, former un fonds commun, destiné à réparer les inégalités de la liquidation, serait rayée du grand-livre de la dette publique et annulée, au profit de l'état, avec les intérêts qui y étaient attachés, à dater du jour où ces rentes avaient été inscrites.

Le fonds commun était évalué à 3 millions en trois pour cent.

431.—Quoique la révolution de 1830 respectât le principe de l'indemnité, il était nécessaire, dans l'intérêt des indemnitaires eux-mêmes, que cette mesure fût complétement terminée le plus promptement possible.

De là les dispositions insérées dans la loi des recettes du 21 avril 1832. (Art. 16.)

D'abord cette loi déclara déchus de tout droit à l'indemnité, accordée aux émigrés par la loi du 27 avril 1825, les réclamans qui, ayant formé leurs

13.

demandes dans les délais prescrits par cette dernière loi, n'auraient pas produit, avant le 1er juillet 1832, toutes les pièces et délibérations exigées par les ordonnances royales des 1er mai 1825 et 8 mars 1829, ou par des décisions interlocutoires de la commission de liquidation.

Cette commission fut supprimée, à partir du 31 décembre 1832.

On fit à ces dispositions un double reproche.

D'une part, on remarquait qu'elles étaient conçues en termes si généraux que le législateur ne semblait pas même excepter de la déchéance les réclamans qui seraient empêchés de faire les productions, par des faits qui leur seraient étrangers. Mais la jurisprudence du conseil d'état a consacré, comme règle qui n'avait pas besoin d'être exprimée, que les droits des créanciers dont les productions en temps utile avaient été empêchées par des faits indépendans de leur volonté étaient complétement réservés.

D'autre part, on demandait comment feraient les créanciers dont les droits seraient reconnus par le conseil d'état, postérieurement à la dissolution de la commission de liquidation. A qui s'adresseraient-ils pour faire liquider leurs droits? Serait-ce au conseil d'état? mais ce tribunal administratif n'a pas reçu de la loi mission de liquider. Serait-ce au ministre des finances, liquidateur ordinaire des créances sur l'état qui ne rentrent pas expressément dans les attributions d'un des ministres ses collègues? mais ce ministre pourrait refuser, en se retranchant sur ce que la liquidation de l'indemnité ayant été, dès l'origine, conférée à un instrument spécial, étranger à son ministère, il ne pourrait s'en saisir, même après la suppression de cet instrument, qu'en vertu d'une attribution formelle de la loi.

La difficulté s'est, en effet, présentée telle qu'on l'avait prévue. Il est arrivé que le conseil d'état a reconnu, après le 31 décembre 1832, les droits à l'indemnité de citoyens repoussés par la commission de liquidation, sans vouloir entrer dans les détails de la liquidation, et que le ministre des finances a pareillement décliné sa compétence.

C'était un fâcheux spectacle de voir ainsi des citoyens munis de titres déclarés valables, par l'autorité administrative suprême elle-même, ne pouvoir arriver à obtenir l'exécution de ces décisions souveraines. Pour faire cesser cet état de choses, le gouvernement a proposé plusieurs dispositions que les chambres ont insérées dans la loi du 14 juin 1835, portant réglement définitif du budget de l'exercice 1832.

Aux termes de l'article 11 de cette loi, le ministre des finances, après avoir pris l'avis du comité des finances du conseil d'état, doit statuer, sauf appel au conseil d'état, sur les demandes en indemnité, formées en exécution de la loi du 27 avril 1835, qui, après avoir été rejetées ou ajournées par la commission de liquidation chargée de l'application de cette loi, ont été ou seraient ultérieurement admises par ordonnance royale, sur pourvoi au conseil d'état.

D'après l'article 12, les parties qui se trouvent dans le cas prévu par l'article précédent sont tenues, sous peine de déchéance, de fournir, dans les six mois de la publication de la loi ou dans les six mois de la date des ordonnances royales à intervenir, toutes les pièces qui seraient encore nécessaires pour opérer la liquidation autorisée par ces ordonnances, sans préjudice de la déchéance prononcée par l'article 16 de la loi du 21 avril 1832.

L'article 13 dispose que les indemnisés, leurs représentans ou ayant-cause, dont la liquidation aurait été opérée et qui n'auraient pas fourni les pièces nécessaires pour retirer leurs inscriptions de rentes, *sont déchus de leurs droits après un délai d'un an.* Ce délai a commencé de courir à partir de la promulgation de la loi pour les liquidations faites antérieurement, et pour les liquidations ultérieures à partir de la notification des décisions non déférées au conseil d'état, ou de la date des ordonnances royales rendues sur le pourvoi.

—La liquidation et la répartition de l'indemnité des émigrés peuvent être considérées comme terminées. L'histoire tiendra compte au gouvernement fondé par la révolution de juillet de la loyauté avec laquelle il a concouru à l'accomplissement d'une mesure qui donnait des moyens de résistance à des familles dont les répugnances pour les idées et les mœurs de la France nouvelle ont souvent embarrassé sa marche.

· 432. — La matière des biens ou domaines nationaux est assurément celle qui offre le plus de décisions rendues par le conseil d'état, depuis l'établissement régulier de la justice administrative et de ses divers organes. Nous ne pouvions penser à présenter ici la jurisprudence dans son ensemble; la nature du livre et le goût des lecteurs auxquels il

est destiné, nous auraient détournés de ce dessein.
Nous avons dû nous borner à en saisir et retracer les
principaux traits; et si parfois nous sommes entrés dans quelques détails, nous ne l'avons fait que
pour offrir le moyen de mieux faire comprendre
les principes : l'application, en effet, est leur véritable épreuve.

A une époque déjà si éloignée de son origine,
quelques personnes auraient pu souhaiter de nous
voir omettre cette portion de la jurisprudence administrative; mais il ne faut pas croire que sa connaissance soit aujourd'hui sans utilité. Les difficultés juridiques auxquelles peut donner lieu la vente
des biens nationaux s'affaiblissent sans doute chaque jour et leur nombre diminue; mais la possession de ces biens, en quelques mains qu'elle se
trouve aujourd'hui, donne encore assez souvent
naissance à des contestations pour lesquelles il est
nécessaire de recourir aux actes primordiaux de
cette possession, aux titres que l'état lui-même et la
politique du temps ont fondés. La matière n'est donc
pas épuisée, et notre devoir dès lors était tracé (1).

Nous avons, comme dans les autres chapitres, divisé la jurisprudence en trois séries de règles : celles
qui concernent la compétence des autorités, celles
qui touchent au fond du droit, et celles qui ont trait
à la procédure.

Quant à la compétence, nous l'avons classée
successivement ainsi : validité des ventes, des con-

(1) Dans les deux années 1837 et 1838, et dans les trois premiers
mois de 1839, il a été introduit au conseil d'état vingt-trois recours en
matière de biens nationaux.

cessions ou affectations, interprétation des contrats, décomptes et déchéances, et nous avons entièrement séparé la compétence de l'autorité administrative de celle de l'autorité judiciaire.

Quant au fond du droit, nos subdivisions suivent à peu près le même ordre ; ainsi nous espérons qu'il deviendra facile de suivre l'enchaînement des règles principales et de retrouver leur trace au milieu du vrai dédale d'où nous avons extrait ce qui va suivre.

COMPÉTENCE DE L'AUTORITÉ ADMINISTRATIVE.

I° — *Validité des ventes, concessions, affectations*, etc.— La justice administrative est, à l'exclusion de l'autorité judiciaire, compétente pour statuer sur la validité des ventes de biens nationaux.

C'est aux conseils de préfecture que la décision sur toutes ces questions appartient (1).

— Cette compétence existe, pour les conseils de préfecture, alors même que des décisions rendues antérieurement par des directoires de département auraient ordonné le sursis à l'exécution de la vente (2).

— Lorsqu'il s'élève des contestations au sujet de la valeur et des effets d'une soumission faite en exécution de la loi du 28 ventose an 4, c'est au conseil de préfecture, et non au préfet, qu'il appartient de statuer, sauf recours au conseil d'état. C'est là,

---

(1) Voir la loi du 28 pluviose an 8, art. 4 ; l'arrêt du conseil, du 31 mars 1824, *héritiers Bickert*, et l'ordonnance royale, du 23 juin 1824, rendue sur un arrêté de conflit, pris par le préfet de la Seine (*affaire Brogniart c. Lebouteux*).

(2) Voir l'arrêt du conseil, du 18 novembre 1818, *Blot*.

en effet, une matière contentieuse, à laquelle s'applique l'article 4 de la loi du 28 pluviose an 8 (1).

— Le conseil de préfecture est également compétent, s'il s'agit de statuer sur des oppositions à la passation du contrat de vente sur soumission semblable (2).

— Les règles de la compétence administrative s'appliquent non seulement au cas où il s'agit de vente, mais à ceux de concession ou de simple affectation de biens nationaux, faite par l'état à des établissemens publics, par exemple à l'Université (3).

— Toutefois, si une commune prétendait avoir été propriétaire des biens avant le séquestre, en vertu d'un testament, il y aurait lieu de surseoir jusqu'à ce que les tribunaux civils eussent interprété le testament invoqué (4).

— L'autorité administrative est seule compétente pour déterminer la validité et les effets d'un décret qui a mis à la disposition d'une commune une maison séquestrée sur un émigré (5).

— En général, c'est au roi, en conseil d'état, et

(1) Voir l'arrêt du conseil, du 12 mai 1820, *Séguin c. les héritiers Brugier.*

(2) Voir l'arrêt du conseil, du 1er novembre 1820, *De Serezin c. Lapoype.*

(3) Voir les ordonnances royales, du 18 décembre 1822, rendue sur un arrêté de conflit, pris par le préfet de la Côte-d'Or (*affaire de la ville de Dijon c. l'Université*); du 8 septembre 1824, rendue sur un arrêté de conflit pris par le préfet de la Corse (*affaire Graziani, au nom de la fabrique de Cervione c. le ministre de la guerre*).

(4) Voir l'arrêt du conseil, du 11 juin 1828, *la ville de Dijon c. l'Université.*

(5) Voir l'ordonnance royale, du 25 avril 1820, rendue sur un arrêté de conflit, pris par le préfet de la Seine (*affaire de la commune de Saint-Mandé c. Bochard de Champigny*).

non aux conseils de préfecture, qu'il appartient de
statuer sur le sens et les effets d'actes du gouvernement qui ont affecté des bâtimens ou domaines nationaux à un service public (1).

— Il en serait de même s'il s'agissait d'actes d'é-
change d'un bien national entre l'état et une commune (2).

— Les concessions de biens nationaux aux hospices, faites par la loi du 9 septembre 1807, ayant
eu lieu sous la réserve des droits des tiers, si un
tiers revendique l'objet concédé, comme lui ayant
été vendu par l'état, le conseil de préfecture doit
connaître de la contestation, pour interpréter l'acte
d'adjudication nationale et en déclarer la validité,
s'il y a lieu (3).

— C'est aux préfets qu'il appartient d'envoyer les
bureaux de bienfaisance en possession de biens célés au domaine, et réclamés par ces établissemens,
en vertu de la loi du 4 ventose an 9 et de l'arrêté
du gouvernement du 9 fructidor de la même année.

Le recours à l'autorité judiciaire n'est nécessaire
qu'en cas de résistance de la part des détenteurs
des biens (4).

— Ainsi, les effets des ventes de biens nationaux,

(1) Voir l'arrêt du conseil, du 25 juillet 1827, *le consistoire de Nérac
c. l'hospice de cette ville.*

(2) Voir l'ordonnance royale, du 14 mars 1834, rendue sur un arrêté
de conflit, pris par le préfet du Bas-Rhin (*affaire de la ville de Strasbourg
c. l'état*).

(3) Voir l'arrêt du conseil, du 25 mars 1835, *Maron c. les hospices
de Marseille.*

(4) Voir l'arrêt du conseil, du 11 août 1819, *Beke c. le bureau de
bienfaisance de Watrelos.*

entre les acquéreurs et l'état, par exemple une demande en garantie, sont du ressort de l'autorité administrative (1).

II°— *Interprétation des contrats.*— L'autorité administrative est également seule compétente pour prononcer sur les questions relatives à l'interprétation de ces actes de vente.

C'est aux conseils de préfecture qu'il appartient de déterminer le sens et l'étendue des clauses des adjudications (2);

Et par conséquent, si tel bien réclamé a ou n'a pas été compris dans la vente (3);

Ou, par exemple, si une clause du contrat oblige l'acquéreur au pavage de rues et places (4).

— Lorsqu'un bien national a été adjugé successivement à deux acquéreurs différens, la question de préférence est du ressort du conseil de préfecture. L'acte de simple administration portant vente

---

(1) Voir l'arrêt du conseil, du 27 février 1835, *le ministre des finances c. veuve Touillet et consorts.*

(2) Voir les ordonnances royales : du 1er septembre 1819, rendue sur un arrêté de conflit, pris par le préfet de la Corse (*affaire Ramolino c. Multedo*); du 31 mars 1825, rendue sur un arrêté de conflit pris par le préfet de la Seine (*affaire Closier c. Taroux*); et les arrêts du conseil, du 3 juin 1820, *Goulin c. la commune des Moulins*, et du 3 juillet 1822, *Charpentier c. Gluth et autres.*

(3) Voir les arrêts du conseil, du 4 novembre 1824, *Rosselin de Gautez c. Deswaquez*; du 31 janvier 1827, *De Tragin c. Molinier et consorts*; du 25 avril 1820, *Prost c. la fabrique de Montmartre*, et les ordonnances royales : du 17 novembre 1824, rendue sur un arrêté de conflit pris par le préfet de la Seine (*affaire Paravey c. Semallé*); du 28 juillet 1820, rendue sur un arrêté de conflit pris par le préfet de la Seine (*affaire Prost c. la fabrique de Montmartre*).

(4) Voir l'ordonnance royale du 30 juillet 1831, rendue sur un arrêté de conflit, pris par le préfet de la Seine (*affaire Brian et consorts*).

au profit du premier acquéreur n'est pas une décision juridique qui fasse obstacle à la compétence
de ce conseil (1).

— Dans le cas de deux ventes successives, faites
par erreur, le préfet n'est pas compétent pour accorder une indemnité au dernier acquéreur.

Il ne peut y être pourvu que dans les formes
prescrites pour la liquidation et le paiement des
créances sur l'état, après que l'erreur a été déclarée
par le conseil de préfecture (2).

— Les motifs de l'interprétation ne peuvent être
puisés que dans les actes qui ont préparé et consommé la vente (3).

—L'autorité administrative doit, par conséquent,
renvoyer devant l'autorité judiciaire pour qu'il soit
statué par application des règles du droit commun (4).

—Cette décision s'appliquerait au cas où il s'agirait d'une contestation entre une fabrique d'église et
l'administration d'un diocèse, sur la propriété d'un
bien national concédé par l'état (5).

(1) Voir l'arrêt du conseil, du 6 décembre 1820, *Morin du Sendal
c. Pesquidoux.*

(2) Voir l'arrêt du conseil, du 24 mars 1824, *Teutchs.*

(3) Voir les arrêts du conseil, du 12 décembre 1818, *Lavigne*; du
4 mars 1819, *Avignon c. Larochefoucauld*; du 20 janvier 1820, *Sauzet
c. Monteil-Devès*; du 17 juin 1820, *Guillot et Duportal c. Labourdonnaye*; du 30 juin 1824, *Minouflet c. Séart*; du 4 août 1824, *Lemoine c.
la commune de Thivars.* Voir aussi l'ordonnance royale, du 11 août
1824, rendue sur un arrêté de conflit, pris par le préfet de la Seine
(*affaire Haumont c. l'état*).

(4) Voir les arrêts du conseil, du 20 janvier 1820, *Sauzet c. Monteil-
Devès*; du 4 mai 1823, *Saintourens c. Calas.*

(5) Voir l'arrêt du conseil, du 14 février 1834, *le séminaire d'Evreux
c. la fabrique de Saint-Taurin.*

— Un arrêté de conseil de préfecture n'est pas vicié d'incompétence par cela seul que, en interprétant une vente nationale par les actes qui l'ont préparée et consommée, il mentionne quelques circonstances étrangères à ces actes (1).

— Mais l'incompétence serait évidente, si le conseil de préfecture fondait son interprétation sur des motifs étrangers aux actes de la vente (2).

— Un conseil de préfecture n'excède pas sa compétence, lorsqu'il ordonne une simple vérification de lieux, à l'effet de reconnaître l'identité d'un terrain national, d'après les limites indiquées dans les actes administratifs d'estimation et de vente (3).

— L'autorité administrative peut, pour déterminer l'étendue des biens compris dans une adjudication, recourir à un acte auquel se rapporte le titre, par exemple :

Au bail d'après le montant duquel a été fixée la mise à prix, et même à des jugemens rendus sur les contributions payées pour le terrain litigieux (4);

Ou à des actes de vente antérieurs, désignés dans celui qu'il s'agit d'interpréter (5).

— L'autorité administrative pourrait également se servir d'un plan dressé en présence des deux par-

_____

(1) Voir l'arrêt du conseil, du 4 mars 1819, *Vaumarne c. Moquet.*

(2) Voir l'arrêt du conseil, du 6 juillet 1825, *Tilly-Blaru et consorts c. Lemaître, Ternaux et autres.*

(3) Voir l'arrêt du conseil, du 2 juillet 1820, *Castellan.*

(4) Voir les arrêts du conseil, du 32 juin 1819, *la commune de Mondeville c. Vezel;* du 16 avril 1823, *Chassagnole c. Ardant.*

(5) Voir l'arrêt du conseil, du 22 juin 1825, *Boussaroque.*

tics, signé par elles, dont l'exactitude ne serait pas contestée, et qui s'accorderait, d'ailleurs, avec les désignations portées aux actes de la vente nationale (1).

— S'il s'agit d'assigner les limites de l'exploitation d'une mine vendue nationalement, le conseil de préfecture ne peut puiser les moyens de son interprétation ailleurs que dans les actes de vente nationale.

En cas d'insuffisance de ces actes, c'est à l'autorité qui administre les mines à régler cette délimitation, conformément aux dispositions de la loi du 21 avril 1810 (2);

— Les conseils de préfecture ne pourraient fonder leur interprétation sur une expertise ordonnée par eux (3).

Ou sur un bail auquel les actes de la vente ne se réfèrent point (4).

— Toutefois, ils ne sortiraient pas des limites de leur compétence, s'ils s'aidaient d'un ancien bail pour déterminer les limites des biens vendus, pourvu qu'ils n'interprétassent pas ce bail, et qu'ils s'en servissent seulement pour reconnaître la teneur des objets vendus (5).

— Lorsqu'un conseil de préfecture déclare qu'un objet en litige n'a pas été compris dans la vente, il

(1) Voir l'arrêt du conseil, du 31 mars 1825, *Dioudonnat c. la commune de Vert-le-Petit.*

(2) Voir l'arrêt du conseil, du 19 juillet 1826, *le ministre de l'intérieur c. Dolfus-Mieg et consorts.*

(3) Voir l'arrêt du conseil, du 27 avril 1825, *Layerle c. la commune d'Aurensan.*

(4) Voir l'arrêt du conseil, du 31 mars 1825, *les hospices de Strasbourg c. les héritiers Jannesson et consorts.*

(5) Voir l'arrêt du conseil, du 26 août 1824, *le ministre des finances c. Muller.*

doit compléter sa déclaration, en indiquant les limites des biens vendus, afin que les tribunaux civils puissent régler le bornage entre les parties, d'après ces déclarations.

˙ Si le conseil de préfecture ne l'a pas fait, le conseil d'état, saisi par appel, doit y pourvoir (1).

— Les décisions des conseils de préfecture, portant interprétation des actes de vente de biens nationaux, ne font pas obstacle à ce que les questions de possession et de prescription, qui seraient soulevées par l'une des parties, soient portées devant l'autorité judiciaire, qui seule est compétente pour les juger (2).

— Lorsque l'acte d'adjudication indique l'existence d'un chemin sur le bien vendu, le conseil de préfecture peut déclarer que l'acquéreur est tenu de souffrir cette servitude.

Mais il ne peut déclarer qu'il doit subvenir aux frais d'entretien du chemin, si les actes qui ont préparé et consommé la vente sont muets à cet égard (3).

— Si le conseil de préfecture reconnaît que des chemins, réclamés par une commune, ont été compris dans la vente, il n'excède pas ses pouvoirs en faisant défense aux habitans d'y passer à l'avenir (4).

(1) Voir l'arrêt du conseil, du 22 janvier 1824, *Gardin et consorts c. la ville de Bernay.*

(2) Voir les arrêts du conseil, du 17 juin 1820, *Guillot et Duportal c. Labourdonnaye;* du 9 janvier 1828, *les héritiers Collinet c. Janvier et autres.*

(3) Voir l'arrêt du conseil, du 18 juin 1823, *Harlé c. la commune de Longchamp.*

(4) Voir l'arrêt du conseil, du 31 janvier 1827, *Danjon-Paisant c. la commune de Mathieu.*

— De même, il n'excède pas sa compétence si, d'après l'acte d'adjudication, il décide qu'un bien national a été vendu avec ou sans les servitudes dont il était grevé.

Mais il n'a pas le droit de prescrire le rétablissement des lieux dans l'état où ils étaient au moment de l'adjudication (1).

— Alors même que les actes administratifs seraient insuffisans pour résoudre le litige en question, le conseil de préfecture doit toujours donner l'interprétation de l'acte de vente, et renvoyer, pour le surplus, les parties devant l'autorité judiciaire (2).

— Il peut encore, sans se dessaisir du droit d'interpréter ultérieurement la vente nationale, renvoyer d'abord les parties devant l'autorité judiciaire, pour faire procéder à des enquêtes et descentes de lieux (3).

— Un conseil de préfecture n'excède pas les bornes de sa compétence, lorsque, à l'occasion d'une contestation de biens nationaux, il ordonne le dépôt, aux archives de la préfecture, d'une expédition d'acte notarié produite par l'une des parties (4).

— Lorsqu'un conseil de préfecture est saisi d'une demande en autorisation de plaider, formée par un établissement public, par exemple une fabrique,

(1) Voir l'arrêt du conseil, du 24 mars 1819, *Malafosse c. la commune de Dreuil-la-Fage.*

(2) Voir les arrêts du conseil, du 8 mai 1822, *Laura c. la commune de Courrensan;* du 12 juin 1822, *Fayard c. la commune de Libourne;* du 22 janvier 1824, *la commune d'Idron c. les héritiers Bernadotte.*

(3) Voir l'arrêt du conseil, du 22 juin 1825, *les héritiers Cormerais c. Delabarre.*

(4) Voir l'arrêt du conseil, du 12 janvier 1825, *Giraud c. Montaignac.*

au sujet de biens qui ont été vendus nationalement, il doit subordonner sa décision à la déclaration, qu'il lui appartient de faire, des objets vendus.

Pour donner cette interprétation, il doit appeler toutes les parties devant lui et les entendre (1).

— Aux termes du décret du 14 janvier 1814, inséré au Bulletin des Lois, les contestations au sujet des biens des communes, cédés à la caisse d'amortissement par suite de la loi du 20 mars 1813, et vendus en son nom, doivent être jugées comme les litiges en matière de biens nationaux.

Les conseils de préfecture sont donc compétens pour les décider (2).

— C'est à l'autorité administrative qu'il appartient de régler le compte de jouissance d'un bien national, indûment détenu par un soumissionnaire non confirmé comme acquéreur, et qui a été rendu à un ancien émigré, en vertu de la loi du 5 décembre 1814 (3).

— Lorsqu'il s'agit de statuer sur le sens à donner aux stipulations du cahier des charges d'une vente nationale, relativement au paiement du prix et à la libération des acquéreurs et des cautions, ces questions sont du ressort du conseil de préfecture (4).

(1) Voir l'arrêt du conseil, du 21 juin 1826, *Gazzino c. la fabrique-cathédrale de Marseille.*

(2) Voir l'arrêt du conseil, du 26 février 1823, *Perraud c. la caisse d'amortissement.*

(3) Voir l'ordonnance royale du 9 mai 1827, rendue sur un arrêté de conflit, pris par le préfet du Puy de-Dôme (*affaire de Séguin c. les héritiers Brugier*).

(4) Voir l'arrêt du conseil, du 13 novembre 1835, *Musnier de la Converserie.*

III° *Décomptes.* — Aux termes de l'arrêté du 4
thermidor an 11, l'autorité administrative est exclusivement compétente pour statuer sur les résultats d'un décompte du prix de vente d'un bien national (1) :

Notamment, s'il s'agit de savoir si l'acquéreur
a trop payé (2).

—Toutefois, parmi les autorités administratives,
il faut distinguer encore :

Les conseils de préfecture sont incompétens pour
statuer, en général, sur les questions de décompte
et d'imputation de paiement (3).

Toutes les difficultés qui s'élèvent sur les résultats des décomptes sont du ressort des préfets (4);
il doit y être statué par eux, sauf recours au ministre des finances, auquel est confiée la haute surveillance en cette matière (5).

Les décisions de celui-ci sont elles-mêmes sus-

(1) Voir l'ordonnance royale, du 5 novembre 1823, rendue sur un
arrêté de conflit pris par le préfet de l'Eure (*affaire Coutant c. le domaine*).

(2) Voir l'ordonnance royale, du 15 octobre 1832, rendue sur un arrêté de conflit, pris par le préfet de la Seine (*affaire Meslier c.
l'état*).

(3) Voir l'arrêt du conseil, du 21 mars 1821, *l'administration des domaines c. les héritiers Place.*

(4) Voir l'arrêté du gouvernement, du 4 thermidor an 11; les deux
arrêts du conseil, du 9 novembre 1820, *le ministre des finances c. d'Au-
bigny,* et *le ministre des finances c. Legris-Desfontaines;* et les arrêts du
18 juillet 1821, *Millotte, Gousset et autres c. l'administration des domaines;* du 12 novembre 1823, *Billet et Delapoype c. le ministre des
finances.*

(5) Voir l'arrêté du gouvernement, du 4 thermidor an 11, art. 4; le
décret du 23 février 1811, art. 3; les arrêts du conseil, du 21 mars 1821,
l'administration des domaines c. les héritiers Place; et du 12 janvier
1825, *Navier c. le domaine.*

ceptibles de recours devant le conseil d'état (1).

—En matière de décompte de biens nationaux, les questions de prescription opposées à l'état par l'acquéreur sont du ressort de l'autorité administrative (2).

IV° *Déchéances*.—Les conseils de préfecture ne sont pas compétens pour prononcer la déchéance d'un acquéreur ; c'est au préfet qu'il appartient de statuer sur la demande formée, à cet égard, par l'administration des domaines.

Cette compétence est établie par l'arrêté consulaire du 4 thermidor an 11 et par l'ordonnance réglementaire du 11 juin 1817 (3).

—Toutefois, les arrêtés de déchéance pris par les préfets ne peuvent être mis à exécution qu'après avoir reçu l'approbation du ministre des finances ; et l'acquéreur se trouve relevé de la déchéance, s'il solde son décompte avant cette approbation (4).

COMPÉTENCE DE L'AUTORITÉ JUDICIAIRE.

—Lorsque les actes qui ont préparé ou consommé la vente nationale sont insuffisans pour faire reconnaître si des biens ont été ou non compris dans l'adjudication, l'autorité judiciaire est seule compétente pour statuer (5) ;

(1) Voir le décret du 23 février 1811, art. 3, et l'arrêt du conseil du 12 janvier 1825, *Navier c. le domaine*.

(2) Voir l'arrêt du conseil, du 12 janvier 1825, *Jouvençeau et consorts*.

(3) Voir les arrêts du conseil, du 20 novembre 1822, *Sepey* ; du 12 novembre 1823, *Billet et Delapoype c. le ministre des finances*.

(4) Voir l'arrêt du conseil, du 23 janvier 1828, *dame d'Iselin de Lanaus*.

(5) Voir les arrêts du conseil, du 10 janvier 1821, *Carbonneil c.*

14.

Soit par l'application de titres anciens (1);

Soit par les principes relatifs à la possession et à la prescription (2).

Cette règle s'applique soit que la question s'agite entre deux acquéreurs, soit qu'elle s'élève entre un acquéreur et le domaine de l'état (3).

Pons; du 30 mai 1821, Yves Beaugeard c. les héritiers Troyhard; du 5 septembre 1821, Hérault c. de Pleumartin; du 31 octobre 1821, Arm-field; du 19 décembre 1821, Aurenque c. Ginoux; du 16 janvier 1822, Levasseur et consorts c. Tibaud et le domaine; du 26 février 1823, Jeannin c. la commune de Lavaus; du 7 mai 1823, Michel et consorts c. le domaine; du 21 décembre 1825, Tisserant c. le domaine; du 18 janvier 1826, la commune de Mouthiers c. Rondey; du 16 février 1826, les héritiers Coharde c. la fabrique de Saint-Pierre; du 16 février 1826; de Boubers c. Legris; du 24 décembre 1828, Closier et Fouquet c. Tann; du 9 janvier 1832, Guényot c. Clermont-Montoison; du 25 février 1835, le ministre des finances c. veuve Touillet et consorts, et du 31 mars 1835, le ministre des finances c. Pons et consorts.

(1) Voir les ordonnances royales: du 24 mars 1824, rendue sur un arrêté de conflit pris par le préfet de l'Yonne (*affaire Roche c. Jacquet*); du 23 juin 1824, rendue sur un arrêté de conflit pris par le préfet de Seine-et-Marne (*affaire Villers*); et les arrêts du conseil, du 16 août 1820, *Poncelet*; du 31 mars 1825, *commune de Prez-sous-la-Fauche c. Quilliard frères*; du 10 août 1825, *Poissant c. la commune de Monflières*; du 22 novembre 1826, *Seyler et Walter.*

(2) Voir les arrêts du conseil, du 21 octobre 1818, *Daguin c. Lair de Verrières*; du 12 décembre 1818, *Dufour c. la commune de Saint-Germain-le-Vieux*; du 23 juin 1819, *Roblin c. les héritiers Lemaître*; du 13 novembre 1822, *Frech c. l'administration des domaines*; du 14 avril 1824, *Robert et Chambaud c. Fauveau de Frenilly*; du 16 juin 1824, *Bonnet*; du 30 juin 1824, *Guillot et Duportal c. Labourdonnaye*; du 10 août 1825, *Poissant c. la commune de Monflières*; du 29 mars 1827, *Bru et consorts c. de Bouillé*; du 2 décembre 1829, *Pontard*; du 2 décembre 1829, *Chevalier*; du 6 janvier 1830, *Leys c. Cornu*; et les ordonnances royales : du 3 mars 1825, rendue sur un arrêté de conflit pris par le préfet de Seine-et-Oise (*affaire Ozanne et Pelletier*); du 25 octobre 1826, rendue sur un arrêté de conflit pris par le préfet du Rhône (*affaire Cognet et Bourget*).

(3) Voir l'arrêt du conseil, du 16 janvier 1822, *Levasseur et consorts c. Tebaud et le domaine.*

En général, c'est à l'autorité judiciaire qu'il appartient de statuer par l'application des règles du droit civil (1),

Par exemple : des enquêtes (2),

Ou des visites de lieux (3),

Ou des expertises (4);

Soit par l'application d'actes antérieurs à la vente, sur la validité, l'étendue et l'exécution de ces actes (5);

Soit par application d'actes postérieurs à la vente, tel qu'un plan des lieux (6),

Ou une délimitation conventionnelle (7).

— L'autorité judiciaire est compétente pour interpréter la vente nationale, si le domaine vendu est simplement désigné par les mots : *Tel qu'il s'étend et comporte* (8).

— En termes généraux, si l'adjudication se réfère

(1) Voir les arrêts du conseil, du 20 janvier 1819, *Coureau c. Nouger*; du 18 juin 1823, *Carlier c. Vielle*; du 31 mars 1825, *la commune de Prez-sous-la-Fauche c. Quilliard frères*; du 10 août 1825, *Poissant c. la commune de Monflières*.

(2) Voir les arrêts du conseil, du 21 octobre 1818, *Daguin c. Lair de Verrières*; du 17 novembre 1819, *d'Amécourt c. Dalleux*; du 26 octobre 1825, *Brot c. Duroure*.

(3) Voir l'arrêt du conseil, du 17 août 1825, *Mariotti c. Nicolat*.

(4) Voir les arrêts du conseil, du 17 novembre 1819, *d'Amécourt c. Dalleux*; du 19 juillet 1826, *Richard c. Joviac*.

(5) Voir l'arrêt du conseil, du 16 août 1820, *Poncelet*.

(6) Voir les arrêts du conseil, du 6 septembre 1820, *Rabourdin et Vaury c. l'administration des domaines*; du 17 août 1825, *Mariotti c. Nicolat*; du 25 mars 1835, *Desprez c. les hospices de Douai*, et l'ordonnance royale, du 19 juillet 1826, rendue sur un arrêté de conflit pris par le préfet de la Seine (*affaire de Valmy c. Lanjuinais*).

(7) Voir l'arrêt du conseil, du 22 juin 1825, *les héritiers Andra c. le duc d'Uzès*.

(8) Voir l'arrêt du conseil, du 26 octobre 1825, *Delafraye c. la commune de Saint-Félix*.

à un bail antérieur, l'autorité administrative cesse d'être compétente (1).

—Si les biens ont été vendus *tels qu'en ont joui ou dû jouir les précédens fermiers,* la question de savoir si l'objet litigieux a été compris dans la jouissance des anciens fermiers est du ressort des tribunaux civils, et le conseil de préfecture doit se borner à déclarer purement et simplement ce qui a été vendu (2) ;

— A plus forte raison , s'il s'agit d'apprécier un bail antérieur, non mentionné dans les actes qui ont préparé et consommé la vente (3).

— Si le bail qui a servi de base à la mise à prix ne se retrouve plus , c'est à l'autorité judiciaire à apprécier les moyens et les actes produits pour y suppléer (4).

— Lorsqu'un bien national a été vendu avec ses *dépendances essentielles,* sans autre désignation, la question de savoir en quoi consistent ces dépendances est du ressort des tribunaux civils et non pas des conseils de préfecture (5).

—Mais si l'acte d'adjudication désignait suffisamment les dépendances, alors ce serait au conseil de préfecture à prononcer (6).

(1) Voir l'arrêt du conseil, du 1er septembre 1819, *la commune de Choisey c. Pruneaux.*

(2) Voir les arrêts du conseil, du 12 décembre 1818, *Wolf;* du 17 novembre 1824, *veuve Pierrard c. la commune de Berlaimont.*

(3) Voir l'arrêt du conseil, du 8 juin 1832, *Denegri.*

(4) Voir l'arrêt du conseil, du 17 juillet 1822, *Cerf c. Friedel et Weyl.*

(5) Voir l'arrêt du conseil, du 12 décembre 1818, *Sentenac c. Bordes.*

(6) Voir l'arrêt du conseil, du 12 décembre 1818, *Dufour c. la commune de Saint-Germain-le-Vieux.*

— Lorsqu'une adjudication contient une réserve
de *bois de décoration, futaies, taillis sur le plein
et en rabines,* s'il s'élève des contestations sur l'application de ces qualifications à telle ou telle portion de bois, l'autorité judiciaire peut seule les juger d'après les lois, ordonnances, coutumes ou
usages locaux (1).

— Lorsqu'un bien national a été vendu en masse,
sans garantie de mesure et sans désignation de limites, la question des limites, entre l'acquéreur et
les propriétaires contigus, est du ressort de l'autorité judiciaire (2).

— En général, les questions de bornage, relatives
à des biens vendus nationalement, sont de la compétence de l'autorité judiciaire, alors même que
les limites sont indiquées par l'acte d'adjudication (3).

— Les questions de servitudes, même à l'occasion,

---

(1) Voir l'arrêt du conseil, du 9 juillet 1820, *Moigno c. Bonté.*

(2) Voir les arrêts du conseil, du 4 mars 1819, *Vidal c. la commune
de la Livinière;* du 19 mars 1820, *Dupasquier c. Lollivier.*

(3) Voir l'ordonnance royale, du 29 décembre 1819, rendue sur un
arrêté de conflit pris par le préfet des Bouches-du-Rhône (*affaire de la
commune de Martigues c. Guieu*), et les arrêts du conseil, du 29 novembre 1819, *Lablée c. la commune de Velosne;* du 11 février 1820, *Jac-
quart c. la duchesse de Bavière;* du 2 février 1821, *Géru c. de Dou-
deauville;* du 28 mars 1821, *Faucillon c. Brochant;* du 30 mai 1821,
Ladoux c. Guiches; du 20 février 1822, *Soyard c. Folin;* du 17 avril
1822, *Orillard c. Choinet;* du 12 juin 1822, *les héritiers Gouyon de
Marcé c. Rochette et Tournaire;* du 4 décembre 1822, *Destriché de Ba-
racé c. Moras;* du 30 décembre 1822, *Lechevalier et Montbalon c. Las-
Cazes;* du 29 janvier 1823, *Millotti c. l'administration des domaines;* du
26 mars 1823, *Prévost c. l'administration des domaines;* du 23 juillet
1823, *Bertrand c. la commune de Prety;* du 12 novembre 1823, *Dom-
mergues c. Tesseidre;* du 16 novembre 1825, *Veillat de Galle c. Perrot
et Delanneau;* du 19 juillet 1826, *Richard c. Joviac.*

de biens nationaux, sont du ressort de l'autorité judiciaire.

Ainsi, lorsque ces biens ont été vendus, *sous la réserve des servitudes qui pouvaient les grever*, c'est aux tribunaux civils à statuer sur les contestations élevées, à cet égard, entre l'acquéreur et des tiers (1).

— De même, si le bien a été vendu, *avec toutes ses servitudes actives et passives*, sans aucune réserve ni distinction, c'est à l'autorité judiciaire à statuer sur les difficultés survenues au sujet de cette clause, quant à l'étendue et au mode des servitudes (2).

— Ces règles s'appliquent à la mitoyenneté d'un mur (3) ou d'un fossé (4),

A l'exercice d'un droit de pâturage dans une forêt domaniale, contiguë au bien vendu (5).

— Il faut cependant s'assurer, avant tout, si le procès-verbal d'adjudication ne contient aucune énonciation relative à ces droits de servitude ; car, dans le cas où les clauses y relatives auraient besoin d'in-

(1) Voir l'ordonnance royale, du 9 juillet 1820, rendue sur un arrêté de conflit pris par le préfet de la Seine (*affaire Caruyer c. la ville de Paris*), et l'arrêt du conseil, du 22 décembre 1814, *Duchemin c. la commune de Bédar.*

(2) Voir les arrêts du conseil, du 24 mars 1820, *Goy c. la commune de Bréry* ; du 9 juillet 1820, *l'administration des canaux d'Orléans c. Cardon* ; du 7 mars 1821, *Dreux c. Garnier* ; du 18 mai 1822, *Picot c. Marsoux* ; du 13 août 1823, *la fabrique de Saint-Bonaventure de Lyon c. Granvoinet.*

(3) Voir l'arrêt du conseil, du 13 août 1823, *la fabrique de Saint-Bonaventure de Lyon c. Granvoinet.*

(4) Voir l'arrêt du conseil, du 23 juillet 1820, *l'administration des domaines c. Dassouvilez.*

(5) Voir l'arrêt du conseil, du 19 mars 1820, *Dotter c. le domaine.*

terprétation, il faudrait préalablement se retirer devant le conseil de préfecture (1).

— Les actions possessoires, à l'occasion de biens nationaux, sont du domaine de l'autorité judiciaire (2),

Même entre deux acquéreurs contigus (3).

— Les questions de propriété, autres que celles qui résultent de la vente elle-même, sont aussi du ressort de l'autorité judiciaire (4).

— Ainsi, lorsqu'un acquéreur de biens nationaux prétend avoir des droits de propriété sur un objet dont l'adjudication n'a pas fait mention, la contestation est du ressort des tribunaux civils (5).

— Il en est de même, si, postérieurement à une vente de biens nationaux, situés au milieu d'une rivière, il se forme des attérissemens contigus à l'objet vendu (6).

— C'est aux tribunaux civils à statuer entre un

(1) Voir les arrêts du conseil, du 23 juin 1819, *Robert et Macé c. la commune de Paimpont*; du 1er septembre 1819, *Foucquet c. Montfort*; du 19 mars 1820, *Dotter c. le domaine*.

(2) Voir les ordonnances royales du 31 juillet 1822 : rendue sur un arrêté de conflit pris par le préfet de la Loire-Inférieure (*affaire Brunet de Calvaria c. Clary*); du 26 juillet 1826, rendue sur un arrêté de conflit pris par le préfet de l'Ardèche (*affaire Desarcis c. Breysse*); du 4 juillet 1827, rendue sur un arrêté de conflit pris par le préfet de l'Aisne (*affaire Viefville c. la commune de Liez*).

(3) Voir l'arrêt du conseil, du 13 novembre 1822, *Colomb c. Galien.*

(4) Voir l'arrêt du conseil, du 29 mars 1827, *Larraton c. la commune d'Hasnon.*

(5) Voir l'arrêt du conseil, du 23 janvier 1820, *Bard c. Richard de Vervrotte.*

(6) Voir l'arrêt du conseil, du 21 mars 1821, *l'administration des domaines c. Biousse.*

acquéreur et des tiers qui revendiquent, comme leur propriété privée , une portion des biens vendus : sauf l'action en garantie ou en indemnité à exercer par l'acquéreur, contre l'état, s'il est évincé (1).

— Les effets d'une hypothèque prise sur des biens d'émigré, confisqués, puis cédés ou vendus par l'état, ne peuvent être appréciés que par l'autorité judiciaire.

Il faut toutefois que l'autorité administrative se soit prononcée sur le sens et les effets de l'acte qui a disposé des biens (2).

— Depuis la Charte de 1814, les questions de propriété des biens nationaux vendus par l'état et revendiqués par des tiers sont du ressort des tribunaux civils (3).

— L'autorité judiciaire est seule compétente pour prononcer sur la demande en expédition d'une seconde grosse du titre, bien que le chef de l'état soit partie au contrat, personnellement (4).

— Les contestations sur la validité et l'exécution d'un bail de biens nationaux sont du ressort de l'autorité judiciaire (5).

(1) Voir l'arrêt du conseil, du 29 août 1821, *le ministre des finances c. Richardot*.

(2) Voir l'ordonnance royale, du 19 mars 1820; rendue sur un arrêté de conflit pris par le préfet de la Seine (*affaire Lavauguyon c. Mérieu*).

(3) Voir l'arrêt du conseil, du 27 février 1835, *le ministre des finances c. veuve Touillet et consorts*.

(4) Voir l'ordonnance royale, du 4 mars 1819, rendue sur un arrêté de conflit pris par le préfet de la Seine (*affaire Desgraviers c. l'administration des domaines*).

(5) Voir l'ordonnance royale, du 3 février 1819, rendue sur un arrêté de conflit pris par le préfet de la Haute-Vienne (*affaire Sirey c. Mallet*), et l'arrêt du conseil, du 26 août 1824, *Vauvielle et Bourdier*.

— Toutes questions entre un tiers porteur de billets à ordre et un acquéreur de biens nationaux signataire des billets, qui est déchu de son acquisition, faute de paiement, sont du ressort des tribunaux civils, en ce qui concerne l'acquittement de ces billets (1).

— L'autorité judiciaire est également seule compétente pour statuer sur les questions de recours en garantie entre deux acquéreurs successifs (2).

— Il en serait de même des contestations élevées entre les héritiers d'un soumissionnaire de biens nationaux et celui auquel la vente aurait été passée comme subrogé aux droits du soumissionnaire (3);

Ou d'une difficulté élevée au sujet d'un partage de biens d'origine nationale, opéré postérieurement à l'adjudication (4).

— Il en serait de même encore des questions de restitution de fruits, élevées à l'occasion de la possession d'un bien national (5).

— Lorsque le domaine poursuit le paiement du prix d'une vente nationale, contre une personne qu'il croit être le représentant de l'acquéreur primitif, et que cette personne prétend n'être ni l'hé-

---

(1) Voir l'ordonnance royale, du 14 juillet 1824, rendue sur un arrêté de conflit pris par le préfet de l'Isère (*affaire Perret c. Fournier*).

(2) Voir l'ordonnance royale, du 25 octobre 1826, rendue sur un arrêté de conflit pris par le préfet du Rhône (*affaire Cognet et Bourget*).

(3) Voir l'arrêt du conseil, du 15 août 1821, *les héritiers Ruez c. Hachin*.

(4) Voir l'arrêt du conseil du 23 janvier 1820, *Lemière c. Durel*.

(5) Voir les arrêts du conseil, du 1er mai 1822, *Tixier c. la fabrique de Basville*; du 30 juin 1824, *Guillot et Duportal c. Labourdonnaye*; du 18 juillet 1826, *commune d'Idron*; du 18 janvier 1851, *Geslin c. la commune de Longpont*.

ritier ni l'ayant-cause de l'acquéreur, c'est l'autorité judiciaire qui doit statuer sur cette contestation préjudicielle, et il y a lieu de surseoir à toutes poursuites, jusqu'au jugement à intervenir (1).

— Les contestations qui peuvent s'élever entre les détenteurs d'un bien national qui ont soldé le prix de vente et des créanciers hypothécaires sont du ressort de l'autorité judiciaire : le domaine est, dans ce cas, entièrement désintéressé (2).

FOND DE LA MATIÈRE.

Les règles fournies par la jurisprudence du conseil d'état, quant au fond de la matière, peuvent être ramenées à trois points principaux, savoir : l'inviolabilité et la validité des ventes nationales ; le paiement du prix et les preuves de la libération ; l'interprétation des actes de vente.

Iº *Inviolabilité et validité des ventes.* — D'après les règles spéciales aux ventes de biens nationaux, ces ventes sont garanties contre toute action en nullité.

Ainsi, des irrégularités dans les actes passés pour les effectuer ne peuvent les invalider (3).

— Du principe d'inviolabilité des ventes nationales il suit encore que les anciens propriétaires ne sont pas recevables à s'inscrire en faux contre les actes qui ont opéré ces ventes (4).

---

(1) Voir l'arrêt du conseil, du 13 novembre 1822, *veuve Crublier-Larivière c. le domaine.*

(2) Voir l'arrêt du conseil, du 22 juillet 1829, *les héritiers Barrois.*

(3) Voir l'arrêt du conseil, du 30 novembre 1832, *Goupil.*

(4) Voir l'arrêt du conseil, du 16 février 1832, *Darmaing c. Farbos.*

— Aux termes de l'article 94 de la loi du 22 frimaire an 8, et de la charte constitutionnelle de
1814, toute vente de biens nationaux légalement
consommée doit être maintenue, quelle que fût,
pour l'état, l'origine de la possession de ces biens.

Cette règle est applicable au cas même où un arrêté du directoire exécutif a laissé en suspens la
question de la validité de la vente (1).

— Elle est également applicable à une vente qui
aurait compris mal à propos un terrain appartenant
à un tiers, et ce nonobstant l'opposition par lui formée avant l'adjudication définitive. En pareil cas, le
tiers lésé n'a d'autre droit qu'un recours en indemnité contre l'état (2).

— Des co-propriétaires de biens d'émigrés ne
peuvent attaquer la vente de ces biens, s'ils ont
laissé consommer l'acte sans former opposition (3).

— De même encore, si des biens, d'abord
cédés au frère d'un émigré, pour le remplir de ses
droits légitimaires, ont été vendus ensuite, par erreur, le contrat de vente doit prévaloir sur l'acte
de cession et être maintenu (4).

— Lorsqu'il n'est pas contesté que le bien réclamé par un tiers a été compris dans la vente nationale
discutée, l'acquéreur ne peut être troublé dans sa

(1) Voir l'arrêt du conseil, du 20 janvier 1819, *Gestas frères.*
(2) Voir les arrêts du conseil, du 19 mars 1820, *Hoclet c. la commune de Bourg* ; du 24 mars 1824, *de la Bermondie*; du 29 mars 1827,
Devezeau de Chasseneuil c. Reinhard; du 21 novembre 1827, *héritiers
Gail* ; du 25 janvier 1828, *les communes de Cordes et Lafitte c. Blot.*
(3) Voir l'arrêt du conseil, du 4 mars 1819, *Rischmann et consorts
c. l'administration des domaines.*
(4) Voir l'arrêt du conseil, du 16 février 1826, *Brial c. dame Pull.*

possession , sauf au réclamant à exercer, s'il y a lieu, une action en indemnité contre l'état.(1).

— Dans ce cas, l'indemnité doit être égale à la valeur de ces biens, au jour de la dépossession, avec les intérêts, à compter dudit jour : le tout, d'après une expertise contradictoire.(2).

— Cette indemnité ne doit être réglée ni d'après la loi du 8 mars 1810 sur l'expropriation pour cause d'utilité publique , ni en vertu de la loi du 27 avril 1825 sur l'indemnité due aux émigrés (3).

— L'absence d'un acte de vente n'est pas une cause de nullité de la vente : s'il y a eu estimation, consignation de prix et prise de possession , la vente est définitive (4).

— Le défaut de signature des commissaires, qui, d'après la législation du temps , devaient assister à la vente des biens nationaux, n'en peut entraîner la nullité.

Ainsi l'acquéreur doit être maintenu, si, d'ailleurs, l'administration des domaines n'a établi ni invoqué contre lui ni déchéance ni folle enchère (5).

— Les lois qui régissaient, en l'an VI, la vente des biens nationaux , ne contenaient aucune disposition qui privât les administrateurs locaux (par exemple, les administrateurs de district) du droit

(1) Voir l'arrêt du conseil, du 5 juillet 1822, *héritiers Marx.*
(2) Voir l'arrêt du conseil, du 5 août 1829, *héritiers Gail.*
(3) Voir l'arrêt du conseil, du 22 février 1826, *héritiers. Gail.*
(4) Voir l'arrêt du conseil, du 30 juillet 1828, *d'Asnières de la Châtaigneraie c. Dijon.*
(5) Voir l'arrêt du conseil , du 23 janvier 1828, *les communes de Cordes et Lafitte c. Blot.*

d'acquérir ces biens. Il n'y a donc pas lieu de fonder sur cette circonstance une demande en annulation de vente nationale (1).

— Toute vente de droits d'usage dans les foréts nationales est nulle, aux termes de la loi du 27 mars 1791; la défense faite par cette loi n'a été ni abrogée ni modifiée par celle du 28 ventose an 4 (2).

— Mais un ancien émigré n'est pas recevable à fonder, sur ces défenses et à son profit, une demande en nullité de la vente (3).

— L'irrévocabilité des ventes nationales ne s'étend pas aux objets dépendant du domaine public, qui auraient été vendus par le gouvernement, comme compris dans le domaine de l'état. Ainsi, d'après les articles 13, 20 et 21 de la loi du 10 juillet 1791, les terrains dépendant des fortifications d'une place de guerre étant inaliénables, on doit déclarer nulle la vente qui a été faite d'un de ces terrains, sauf, s'il y a lieu, remboursement du prix payé (4).

— Lorsqu'une rue à ouvrir est entrée, comme élément, dans les stipulations de l'acte de vente nationale, et que le conseil municipal se refuse à l'ouverture de cette rue, l'acquéreur est fondé à réclamer de l'état la résolution de la vente (5).

— Les biens nationaux ayant été vendus sans ga-

---

(1) Voir l'arrêt du conseil, du 11 mai 1825, de Tauriac.

(2) Voir l'arrêt du conseil, du 30 novembre 1830, Hickel.

(3) Voir l'arrêt du conseil, du 17 janvier 1831, les héritiers Claveau c. de Boisrenaud.

(4) Voir l'arrêt du conseil, du 22 décembre 1824, Ollagnier c. le ministre de la guerre.

(5) Voir l'arrêt du conseil, du 8 février 1831, Montaut.

rantie de mesure, un excédant de contenance ne
peut motiver ni l'annulation de la vente, ni la demande d'un supplément de prix (1).

— Lorsqu'un acquéreur réclame une indemnité
pour défaut de mesure de biens vendus nationalement en 1791, il n'y a pas lieu d'examiner si l'indemnité était due originairement, puisque, dans
tous les cas, sa créance serait antérieure à l'an 9, et
par conséquent frappée de déchéance (2).

— Entre deux acquéreurs successifs d'un même
bien national, la préférence est due au premier (3).

— Quant à l'indemnité réclamée par l'acquéreur
dépossédé, elle est frappée de déchéance, si la vente
est antérieure à l'an 9 (4).

— Cette règle s'applique au cas où il ne s'agit
que d'un simple droit de mitoyenneté, et lorsque
l'état n'a pas fait réserve de cette mitoyenneté en
faveur du premier acquéreur (5).

— En général, lorsqu'une vente de biens nationaux est déclarée nulle, le remboursement du prix
n'est pas dû par l'état, si le versement a eu lieu antérieurement à l'an 9 (6).

(1) Voir l'arrêt du conseil, du 18 juillet 1821, *Lauvernier c. Bailleul
et le domaine.* Voir aussi, en ce qui concerne les bois et forêts, au
premier volume, page 299.

(2) Voir l'arrêt du conseil, du 23 novembre 1825, *Dubruel.*

(3) Voir les arrêts du conseil, du 13 juillet 1813, *North c. Scherr;*
du 17 novembre 1819, *Malmenaide-Montmillant c. Deshayes;* du 19 novembre 1834, *Saint-Reignier c. Justin;* du 31 mars 1824, *Bickert;* du
1er novembre 1826, *Binos et Dufour c. Marmond;* du 2 décembre 1829,
Pontard; du 14 juillet 1831, *de Castellane c. Castellan.*

(4) Voir l'arrêt du conseil, du 17 novembre 1819, *Malmenaide-Montmillant c. Deshayes.*

(5) Voir l'arrêt du conseil, du 28 octobre 1829, *Bardet c. Piette.*

(6) Voir l'arrêt du conseil, du 31 mars 1824, *Bickert.*

— Si, parmi les limites assignées à un bien vendu, figurent des biens déjà vendus à d'autres personnes, il n'y a pas lieu, pour cela, de reconnaître, au dernier acquéreur, un droit de recours en indemnité, si son adjudication a été passée sans garantie de mesure.

Seulement, il peut, s'il s'y croit fondé, actionner le premier acquéreur, pour faire déclarer que celui-ci jouit d'un étendue de terrain plus grande que celle que lui attribue son contrat (1).

— La soumission d'acquérir des biens nationaux, faite en vertu de la loi du 28 ventose an 4, et l'expertise créaient, dès le moment de leur accomplissement, au profit du soumissionnaire, un droit positif et incommutable à la propriété de l'objet soumissionné.

Il suit de là que ces actes de soumission et d'expertise doivent servir de base à la vente (2).

— Une soumission d'acquérir des biens nationaux ne peut avoir d'effet qu'autant qu'elle a été suivie d'une estimation contradictoire des objets soumissionnés. Dans le cas contraire, il y a lieu de la déclarer nulle (3).

— Aux termes des lois sur la matière, toute soumission sans consignation de deniers est nulle, par conséquent un soumissionnaire de biens nationaux, qui a retiré les sommes qu'il avait consignées pour

(1) Voir l'arrêt du conseil, du 29 août 1821, *le ministre des finances c. Richardot.*
(2) Voir l'arrêt du conseil, du 18 janvier 1851, *Callault.*
(3) Voir l'arrêt du conseil, du 31 mars 1825, *Brugier c. De Séguin.*

15

des parties de terrain, ne peut réclamer le contrat de vente pour ces terrains (1).

— Une soumission, rejetée par un arrêté d'administration centrale, n'a pu servir de base légale à un acte de vente; il y a donc lieu de déclarer cette vente nulle, comme étant l'effet de la surprise ou de l'erreur (2).

— D'après la loi du 13 thermidor an 4, les soumissionnaires étaient déchus, lorsqu'ils avaient laissé écouler les délais fixés par elle, sans acquitter la totalité du prix de leur soumission.

Ils l'étaient aussi, de plein droit, suivant la loi du 11 frimaire an 8, qui avait accordé de nouveaux délais.

Ainsi, un soumissionnaire qui se trouve dans ce cas ne peut invoquer le bénéfice de l'article 1er de la loi du 5 décembre 1814, qui maintient les droits acquis (3).

— Une soumission est sans effet, bien que le soumissionnaire ait fait des paiemens, et que la passation du contrat de vente ait été provoquée par lui, et ordonnée par le conseil de préfecture, si l'arrêté de ce conseil n'a pas été approuvé par le ministre des finances, si l'objet soumissionné a été affecté à un service public, enfin, si le soumissionnaire n'en a pas été mis en jouissance (4).

(1) Voir l'arrêt du conseil, du 8 septembre 1824, *Grézy c. l'administration des domaines*.

(2) Voir l'arrêt du conseil, du 14 avril 1824, *Robert et Chambaut c. Fauveau de Frénilly*.

(3) Voir l'arrêt du conseil, du 7 avril 1824, *Delapoype c. De Serezin*.

(4) Voir l'arrêt du conseil, du 3 février 1819, *Martin c. Pons*.

— L'état n'est garant, envers les acquéreurs de biens nationaux , que des troubles et évictions provenant de son fait et qu'il eût pu empêcher.

Il ne peut donc être actionné pour la dépossession opérée contre l'acquéreur d'un domaine qu'il avait vendu, en pays étranger, durant la conquête (1).

II° *Paiement du prix et preuves de la libération.* — Les règles de jurisprudence sur ce point sont extrêmement multipliées. Nous avons essayé de les classer et de les présenter dans un ordre méthodique ; on trouvera ainsi successivement des règles relatives : à la déchéance , à la solidarité entre acquéreurs, aux décomptes, au mode de paiement, à la compensation , aux intérêts et à la prescription.

1° *Règles générales de la déchéance.* — L'acquéreur qui n'a fait aucun paiement, aux termes convenus, est soumis à la déchéance ; elle doit être prononcée contre lui , et il doit, en outre , être condamné au paiement du dixième du prix, à titre de dommages-intérêts de la folle-enchère (2).

— Lorsqu'un acquéreur a encouru la déchéance sur folle-enchère, tout capital cesse d'être exigible, et ce que l'acquéreur a payé est compensé de droit, d'après l'article 14 de la loi du 11 frimaire an 8 , avec les intérêts représentatifs des fruits (3).

(1) Voir l'arrêt du conseil, du 8 mai 1822, *Petit c. le ministre des finances.*

(2) Voir l'arrêt du conseil, du 14 novembre 1821, *Soufflot de Mcrey c. l'administration des domaines.*

(3) Voir l'arrêt du conseil, du 26 mai 1824, *Boudachier c. le ministre des finances.*

15.

— C'est contre l'acquéreur primitif, et non contre son cessionnaire, que doit être prononcée la déchéance, à défaut de paiement (1).

— Lorsqu'un acquéreur a été déclaré déchu pour défaut de paiement, qu'une partie du bien a été revendue à sa folle enchère, et l'autre remise à l'ancien propriétaire, il n'y a pas lieu d'admettre la demande en réintégration faite par cet acquéreur, sous promesse de payer le montant de son décompte(2).

— Lorsque l'acquéreur déchu n'a pas acquitté le montant du décompte, dans le délai de grace accordé par l'ordonnance réglementaire du 11 juin 1817, un paiement postérieur ne peut être admis, au détriment de l'ancien propriétaire à qui doit être restitué, d'après la loi du 5 décembre 1814, le bien vendu et rentré aux mains du domaine (3).

— Aux termes des lois du 28 ventose et 6 floréal an 4, les soumissions de biens nationaux, faites en vertu de ces lois, devaient être suivies d'actes de vente, sous peine de déchéance.

La loi du 12 mars 1820, qui déclare libérés les acquéreurs auxquels aucun décompte n'aurait été signifié dans les délais qu'elle fixe, n'est pas applicable à de simples soumissionnaires : jusqu'à la passation d'un contrat, il n'y avait pas lieu de leur signifier de décompte (1).

---

(1) Voir l'arrêt du conseil, du 12 novembre 1823, *Billet et Delapoype c. le ministre des finances*.

(2) Voir l'arrêt du conseil, du 26 août 1824, *Vauvielle et Bourdier*.

(3) Voir les arrêts du conseil, du 12 novembre 1823, *Billet et Delapoype c. le ministre des finances*; du 3 décembre 1823, *Bilatte c. Puységur et l'administration des domaines*; du 26 août 1829, *les héritiers Bayle*.

— S'il s'agit de statuer sur la validité d'une soumission , et qu'un sous-acquéreur prétende qu'en
cette qualité il n'est passible d'aucun des effets de la déchéance, le préfet doit surseoir à statuer sur l'annulation de la soumission ; jusqu'après
la décision du conseil de préfecture sur la prétention du sous-acquéreur.

Si la soumission a été suivie d'expertise , d'envoi
en possession et de paiement d'une partie du prix ;
le soumissionnaire a pu sous-aliéner au profit d'un
tiers, même avant la passation du contrat d'adjudication.

Et si le sous-acquéreur s'est libéré du prix de
son adjudication, en vertu d'un jugement d'ordre ,
tout recours contre lui et ses héritiers, pour cause
de déchéance , est interdit par l'article 5 de la loi
du 12 mars 1820 (2).

— Un sous-acquéreur a-t-il laissé passer le délai
de grace accordé par l'ordonnance du 11 juin 1817,
sans payer le reliquat de compte dont il était débiteur , la déchéance prononcée contre lui est définitive, du moment où le domaine a repris possession
de l'immeuble (3).

— L'acquéreur déchu ne peut réclamer le remboursement de faux frais faits par lui , ni de dépenses faites dans son intérêt privé (4).

2° *Solidarité des acquéreurs.* — D'après l'arti-
ticle 5 de la loi du 3 juillet 1791, la solidarité existe,

(1) Voir l'arrêt du conseil, du 2 janvier 1835, *les héritiers Codron.*
(2) Voir l'arrêt du conseil, du 18 avril 1835, *les héritiers Henrion.*
(3) Voir l'arrêt du conseil, du 19 juin 1828, *Bouilliat.*
(4) Voir l'arrêt du conseil, du 19 mai 1835, *Soufflot de Mercy.*

entre les acquéreurs, pour le paiement du prix du domaine qui leur a été vendu en un seul lot et pour un seul prix (1).

— Si l'adjudication a été faite avec clause formelle de solidarité, et que quelques uns des acquéreurs soient déclarés déchus, pour défaut de paiement de leur quote-part, la revente de leurs lots, sous la réserve expresse de la solidarité, ne peut libérer ceux des acquéreurs qui sont demeurés en possession de leurs lots; ils sont tenus de payer la différence entre le prix de la première adjudication et celui de la revente, quel qu'ait pu être, d'ailleurs, le montant de la mise à prix (2).

— Le domaine a la faculté de poursuivre, par voie d'action personnelle, contre l'acquéreur ou ses héritiers, le paiement d'un décompte régulièrement signifié (3).

3° *Décomptes*. — Tant qu'un acquéreur n'avait pas obtenu, dans les formes prescrites par le décret du 22 octobre 1808, une quittance *pour solde*, l'administration des domaines a pu, dans les délais de la loi, faire le décompte définitif des paiemens effectués par cet acquéreur (4).

— Une quittance délivrée par le receveur de l'enregistrement et des domaines ne peut tenir lieu de

(1) Voir l'arrêt du conseil, du 18 juillet 1821, *Millotte, Gousset et autres*.

(2) Voir l'arrêt du conseil, du 30 mai 1821, *les héritiers Duval*.

(3) Voir l'arrêt du conseil, du 30 décembre 1822, *les héritiers Caussin c. le ministre des finances*.

(4) Voir les arrêts du conseil, du 17 novembre 1819, *Poullet c. le domaine*; du 19 avril 1826, *Carez-Tisserant c. le domaine*.

décompte définitif, qu'autant que le contenu en a été reconnu et approuvé par l'administration générale des domaines (1).

— Lorsque des bordereaux produits par l'acquéreur ne font pas mention de la remise des quittances partielles par lui faite en échange de ces bordereaux, que ceux-ci ne sont qu'énonciatifs de ces quittances, et que, d'ailleurs, les paiemens ne sont pas portés en recette sur les registres du receveur, il n'y a pas lieu de déclarer que l'acquéreur est libéré (2).

— Les sommes versées sur le prix de vente doivent être employées dans l'ordre de date des paiemens (3).

—L'acquéreur qui a consigné, dans les caisses de l'état, la somme dont un décompte l'avait déclaré débiteur, n'est pas recevable à attaquer ce décompte (4).

— Un acquéreur qui a acquis deux fois le même objet, d'abord sur enchères, ensuite sur soumission, ne peut opposer les quittances de la seconde vente, pour se libérer du résultat du décompte de la première (5)

---

(1) Voir les arrêts du conseil, du 30 mai 1821, *Chollet c. l'administration des domaines;* du 18 juillet 1821, *Millotte, Gousset et autres c. l'administration des domaines ;* du 12 janvier 1825, *Navier c. l'administration des domaines.*

(2) Voir l'arrêt du conseil, du 31 mars 1825, *Floquet c. l'administration des domaines.*

(3) Voir l'arrêt du conseil, du 20 juin 1821, *Poigné c. l'administration des domaines.*

(4) Voir l'arrêt du conseil, du 15 décembre 1824, *Despouy et Laguens c. l'administration des domaines.*

(5) Voir l'arrêt du conseil, du 17 août 1825, *Michel.*

— Lorsqu'un acquéreur prétend que la signification qui lui a été faite de son décompte est irrégu-
lière, et qu'il se fonde là dessus pour demander sa
libération, le préfet peut et doit maintenir le décompte, et en assurer l'exécution, tant que l'acquéreur n'a pas fait prononcer, en justice, sur la validité
de la signification (1).

— La signification d'un décompte produit son
effet, bien que, depuis les arrêtés qui l'ont suivie, le
domaine soit resté plusieurs années sans exercer de
poursuites, si le débiteur n'a pas demandé la pé-
remption d'instance. (2).

4° *Mode de paiement.* — Les adjudicataires qui
ont payé le prix de leur adjudication, d'après l'é-
chelle de réduction déterminée par la loi du 15
germinal an 4, sont valablement libérés, attendu
que ce mode de paiement a été prescrit par une circulaire de la régie des domaines, du 14 floréal
an 4 (3),

— Les acquéreurs qui, aux termes de la loi du 16
octobre 1791, ayant eu un mois pour faire choix
d'un mode de paiement, n'ont pas fait d'option
formelle, doivent payer dans la forme des premiers
paiemens effectués par eux postérieurement à la promulgation de la loi : ils n'ont plus l'option (4).

(1) Voir l'arrêt du conseil, du 26 août 1824, *Sirvain.*

(2) Voir l'arrêt du conseil, du 20 novembre 1822, *les héritiers Fayolle
c. l'administration des domaines.*

(3) Voir l'arrêt du conseil, du 10 janvier 1821, *Garnier c. l'administration des domaines.*

(4) Voir les arrêts du conseil, du 24 mars 1819, *Chartier c. l'administration des domaines;* du 19 novembre 1823, *Pérot c. l'administration
des domaines;* du 14 juillet 1824, *Ygouff et consorts c. l'administration
des domaines;* du 12 janvier 1825, *Jouvenceau.*

— Lorsqu'un acquéreur a fait option de payer par douzième, et non par annuités, il ne peut être tenu au paiement par annuités (1).

— D'après le décret du 22 octobre 1808, les sommes que les acquéreurs restaient devoir en assignats, lorsqu'ils ont effectué leurs paiemens en mandats, doivent être réduites en numéraire, au cours du jour du versement, pour en faire l'imputation jusqu'à due concurrence (2).

— Mais il y a lieu de rejeter une réclamation relative au cours des mandats donnés en paiement, lorsqu'il résulte des faits de la cause que ces valeurs ont été portées, dans le décompte, au jour de leur versement réel (3).

— L'excédant des versemens faits, par anticipation sur le montant des trois premiers quarts qui devaient être acquittés en mandats, valeur nominale, doit être appliqué au dernier quart, avec la réduction au cours du jour du dernier versement (4).

— Lorsqu'un acquéreur était tenu de payer, en numéraire ou en obligations produisant 5 p. o/o, la première moitié de son prix, il n'est pas fondé à prétendre qu'on doit imputer, sur cette moitié, des

(1) Voir l'arrêt du conseil, du 17 juin 1820, *Tondu-Poulain c. l'administration des domaines.*

(2) Voir les arrêts du conseil, du 22 février 1821, *Mioche c. l'administration des domaines*; du 29 janvier 1828, *Gonnier c. l'administration des domaines.*

(3) Voir l'arrêt du conseil, du 27 août 1823, *Martin c. l'administration des domaines.*

(4) Voir l'arrêt du conseil, du 18 juillet 1821, *Millotte, Gousset et autres c. l'administration des domaines.*

effets publics qu'il a versés dans la caisse du domaine (1).

5° *Compensation*. — L'acquéreur d'un domaine national n'a pu compenser la somme qu'il redevait sur son acquisition, avec une créance qu'il possédait sur l'état. La voie de liquidation pour celle-ci lui restait seule ouverte, et, s'il ne l'a pas suivie en temps utile, il est frappé de déchéance (2).

— Un acquéreur de biens nationaux n'est pas fondé à demander la compensation des dîmes dont il a été dépouillé, avec le prix de son acquisition, s'il ne justifie pas que les reconnaissances de liquidation de ces dîmes aient été reçues dans les caisses du domaine, en paiement du prix de son adjudication, avant la loi du 17 juillet 1793, ni même qu'elles aient été admises à une liquidation définitive (3).

— Un acquéreur qui doit le prix de l'acquisition n'est pas admissible à présenter, à titre de compensation, une créance qu'il avait lui-même sur l'ancien propriétaire des biens confisqués, si cette créance n'a pas été liquidée, et si d'ailleurs il n'en a pas été fait emploi provisoire en paiement, avant le 9 vendémiaire an 6.

Dans ce cas, l'acquéreur peut être valablement déclaré déchu de son acquisition, faute de paiement (4).

(1) Voir l'arrêt du conseil, du 30 mai 1821, *Chollet c. l'administration des domaines.*

(2) Voir l'arrêt du conseil, du 19 mars 1820, *Barthélemy c. le ministre des finances.*

(3) Voir l'arrêt du conseil, du 20 février 1822, *Giret c. l'administration des domaines.*

(4) Voir les arrêts du conseil, du 12 novembre 1823, *Billet et*

— La loi du 6 floréal an 4 ne faisait pas courir de
plein droit l'intérêt des sommes consignées et res-
tituées par suite de l'annulation des soumissions.
Ces intérêts ne courent qu'à partir de la liquidation : d'où il suit qu'il n'y a pas lieu de les allouer,
en compensation des fruits dont le soumissionnaire
a joui provisoirement pendant le temps antérieur à
la liquidation (1).

6° *Intéréts*. — Quand l'adjudication a lieu d'après
la loi du 5 ventose an 12, les intérêts du prix de
vente sont dus par l'acquéreur, après le premier
terme de paiement, pour chacun des autres termes (2).

— Les intérêts dus au domaine, en fait de décompte, doivent être payés depuis l'époque des
paiemens non effectués, jusqu'au jour de la libération (3),

Ou jusqu'au jour de la dépossession de l'objet
vendu (4).

Le calcul des intérêts doit être fait conformément à l'article 2 du décret du 22 octobre 1808,
qui n'admet que des intérêts simples (5).

Delapoype c. le ministre des finances; du 23 novembre 1825, *Davin.*

(1) Voir l'arrêt du conseil, du 30 décembre 1822, *Vaison c. le ministre des finances.*

(2) Voir l'arrêt du conseil, du 21 octobre 1818, *l'administration des
domaines c. Pequignot et Perriguey.*

(3) Voir les arrêts du conseil, du 31 juillet 1822, *Saint-Remy-Carette
c. l'administration des domaines ;* du 27 août 1823, *Martin c. l'administration des domaines.*

(4) Voir l'arrêt du conseil, du 31 juillet 1822, *Saint-Remy-Carette c.
l'administration des domaines.*

(5) Voir l'arrêt du conseil, du 18 juillet 1821, *Millotte, Gousset et
autres c. l'administration des domaines.*

—D'après ce même article, ce qui est resté dû par l'acquéreur, après chaque échéance fixée par l'adjudication, tant en capital qu'en intérêts, doit porter intérêt à 5 p. o/o jusqu'au jour de l'acquittement (1).

7° *Prescription.* — La prescription, en matière de décompte de biens nationaux, n'est applicable que lorsque la quittance a été délivrée pour solde, suivant les dispositions de l'article 5 du décret du 22 octobre 1808 (2).

—Les lois relatives à la prescription, en matière de droits d'enregistrement, ne s'appliquent pas au paiement du prix de vente d'un bien national (3).

— D'après l'ordonnance du 11 juin 1817, le domaine est tenu seulement à signifier, aux tiers-détenteurs et aux créanciers de l'acquéreur, l'arrêté de déchéance et non le décompte (4).

— Est maintenant prescrite toute action du domaine, en recouvrement des décomptes qui n'ont pas été signifiés dans les délais fixés par l'article 3 de la loi du 12 mars 1820 (5).

—La signification, pour être valable, a dû être faite à la personne ou au domicile de l'acquéreur; et, à défaut de personne ou de domicile, suivant qu'il est prescrit par l'article 31 de la loi du 24 floréal an 3.

Une indication d'adresse, donnée au bas d'une

---

(1) Voir l'arrêt du conseil, du 12 avril 1832, *compagnie Adam.*

(2) Voir l'arrêt du conseil, du 12 janvier 1825, *Jouvenceau et consorts.*

(3) Voir l'arrêt du conseil, du 17 novembre 1819, *Poullet c. l'administration des domaines.*

(4) Voir l'arrêt du conseil, du 22 juillet 1829, *les héritiers Barrois.*

(5) Voir l'arrêt du conseil, du 2 août 1826, *Dumoustier-Delaruc.*

lettre, par l'acquéreur, trois ans avant la signification, n'a pu constituer légalement une élection de
domicile (1).

— Il n'y avait pas lieu de signifier de décompte
aux soumissionnaires auxquels il n'avait pas été
passé acte de vente. Par conséquent, un soumissionnaire qui se trouve dans ce cas ne peut se prévaloir
du défaut de signification du décompte, pour opposer la prescription à l'état (2).

— D'après l'article 3 de la loi du 12 mars 1820,
c'est à l'acquéreur primitif qu'a dû être signifié le
décompte, avant le 1er janvier 1822.

— Quant au sous-acquéreur, les paiemens qu'il
aurait faits ne peuvent le libérer qu'autant qu'ils
ont eu lieu en vertu de jugemens (Art. 5 de la
même loi). — Et comme il est d'ailleurs assimilé en
tout à l'acquéreur primitif, par l'ordonnance royale
du 11 juin 1817, il n'est pas recevable à opposer au
domaine la prescription de dix ou vingt ans (3).

— Le sous-acquéreur, qui s'est libéré en vertu
d'un jugement d'ordre, doit jouir du bénéfice de la
loi du 12 mars 1820, et se trouve à l'abri de l'action du domaine, exercée par suite d'un nouveau
décompte (4).

III° *Règles pour l'interprétation des ventes.* —

(1) Voir l'arrêt du conseil, du 22 juin 1825, *Montureux, Pouca et
consorts c. l'administration des domaines.*
(2) Voir l'arrêt du conseil, du 18 janvier 1831, *Callaut.*
(3) Voir l'arrêt du conseil, du 13 juillet 1825, *Perrier c. l'administration des domaines.*
(4) Voir l'arrêt du conseil, du 18 juillet 1821, *Millotte, Gousset et
autres c. l'administration des domaines.*

Pour interpréter les ventes de biens nationaux, le premier acte à consulter est l'acte de vente; en cas d'incertitude, il faut recourir au procès-verbal d'estimation (1).

— Quand le procès-verbal d'estimation, qui a servi de base à la vente, comprend le terrain en litige dans les limites du bien vendu, il y a lieu de déclarer que ce terrain a été adjugé avec les autres objets de l'adjudication, surtout si l'acquéreur en a joui paisiblement et sans trouble pendant longues années, par exemple pendant vingt-cinq ans (2).

— En général, on doit déclarer compris dans la vente un objet désigné dans le procès-verbal d'estimation, lorsque les affiches et les procès-verbaux d'enchères et d'adjudication se réfèrent à cet acte, et que la mise à prix a été faite conformément à l'évaluation de l'expert (3).

— Un chemin prétendu vicinal, compris dans l'estimation des biens mis en vente, doit être déclaré vendu, bien qu'on ait omis de le mentionner dans les affiches et le procès-verbal d'adjudication, si rien ne prouve que la mention ait été supprimée à dessein, par suite de réclamations antérieures à la vente, et si, d'ailleurs, l'acquéreur a joui sans trouble de ce chemin, pendant plusieurs années (4).

(1) Voir les arrêts du conseil, du 2 juin 1819, *Duverger c. Desguillard*; du 14 octobre 1831, *Émeringer c. la ville de Sierk.*

(2) Voir l'arrêt du conseil, du 11 août 1824, *Ernault c. la commune de Melleray.*

(3) Voir les arrêts du conseil, du 12 janvier 1825, *Giraud c. Montaignac*; du 10 janvier 1832, *Ventre c. Michel.*

(4) Voir l'arrêt du conseil, du 8 septembre 1819, *les héritiers Fauquez c. la commune d'Échouboulain.*

— Si un terrain a été nominativement désigné, dans le procès-verbal d'estimation ; et si son revenu a été compris dans le calcul de la mise à prix, il fait partie de la vente, bien que la désignation des confronts soit muette à son égard : surtout quand l'omission est réparée par l'expression générale *et autres*, appliquée à toutes les propriétés servant de confronts (1).

— Lorsqu'il est constant que les biens affermés par un bail antérieur ont seuls été soumissionnés, estimés et vendus, il y a lieu de rejeter la demande de l'acquéreur tendant à faire comprendre d'autres biens dans la vente (2).

— De ce que les actes qui ont préparé et consommé la vente ne font pas mention d'un objet en litige, il ne s'ensuit pas nécessairement qu'il n'y a pas été compris. La solution peut dépendre des moyens du droit civil (3).

— Lorsqu'un bien a été vendu par lots et non en bloc, avec la désignation nominative des objets vendus, on doit déclarer non compris dans l'adjudication un terrain qui n'y est pas mentionné, alors surtout qu'il est séparé des objets désignés par un chemin, et qu'il est clos d'arbres et de haies (4).

— Lorsqu'il résulte du procès-verbal d'estimation qu'un corps de ferme n'a pas été vendu en

---

(1) Voir l'arrêt du conseil, du 24 décembre 1818, *Py c. Compagno-Rodor et consorts.*

(2) Voir l'arrêt du conseil, du 11 mai 1825, *Caboche c. l'administration des domaines.*

(3) Voir l'arrêt du conseil, du 22 juin 1825, *Audra c. le duc d'Uzès.*

(4) Voir l'arrêt du conseil, du 12 juin 1822, *Guibert et Talbot c. Maupas.*

masse, mais qu'il en a été seulement vendu *tant
d'articles*, désignés et évalués séparément; on
doit déclarer que ces seuls articles ont été vendus,
surtout si l'estimation a servi de base à la mise à
prix, et si le procès-verbal d'adjudication se réfère
à celui d'estimation pour la description des objets
mis en vente (1).

— Lorsque, dans une vente nationale, des bois ont
été expressément réservés à l'état et qu'ils n'ont
pas cessé, d'ailleurs, de demeurer sous la main du
domaine, il y a lieu de déclarer qu'ils n'ont point
fait partie de la vente (2).

— Une adjudication qui comprend une vente
d'arbres n'emporte pas nécessairement la propriété
du terrain sur lequel ils sont plantés (3).

— Mais sont réputés compris dans une adjudication de biens nationaux les arbres ou bois épars
plantés sur un terrain, lorsque les procès-verbaux d'expertise et de vente de ce terrain ne
contiennent, à cet égard, aucune réserve contraire (4).

— Si le procès-verbal d'estimation avait poussé
l'exactitude jusqu'à indiquer le nombre de pieds
d'arbres vendus, il n'y aurait pas lieu pourtant d'ad-

---

(1) Voir l'arrêt du conseil, du 30 juin 1824, *Guillot et Duportal c.
Labourdonnaye.*

(2) Voir l'arrêt du conseil, du 2 février 1823, *Danthon c. l'administration des domaines.*

(3) Voir l'arrêt du conseil, du 7 avril 1819, *Barbier-Dufay c. la commune d'Houdainville.*

(4) Voir les arrêts du conseil, du 20 février 1822, *Champ c. l'administration des domaines;* du 29 janvier 1823, *Millotte c. l'administration des domaines.*

mettre une demande en réduction de prix, sur le fondement que le nombre annoncé ne s'est pas trouvé dans les bois vendus (1).

— Un cours d'eau, revendiqué par l'acquéreur d'un moulin, n'est pas compris dans la vente comme dépendance du moulin, s'il n'est pas désigné comme tel dans les actes qui l'ont préparée et consommée(2).

— Un préfet ne porte pas atteinte aux droits de l'acquéreur d'un moulin, lorsque, pour prévenir l'inondation des propriétés supérieures, il prescrit l'abaissement des vannes, si l'adjudication de ce moulin porte que l'acquéreur n'en jouira que comme en ont joui les précédens fermiers ou propriétaires, et si, d'ailleurs, il est certain que la hauteur de ces vannes excède celle qu'elles avaient à l'époque de la vente (3).

— Les ventes de biens nationaux ayant été faites sans garantie de mesure, on ne doit considérer que les limites données aux objets vendus, et non pas leur contenance (4).

— L'acquéreur a droit à tout ce qui se trouve compris dans les tenans et aboutissans clairement déterminés (5).

Rien de ce qui est au delà des confins assignés

***

(1) Voir l'arrêt du conseil, du 26 février 1825, *Perraud c. la caisse d'amortissement.*

(2) Voir les arrêts du conseil, du 27 avril 1825, *Kilds c. Mantraud ;* du 26 octobre 1825, *Carrère c. Serp.*

(3) Voir l'arrêt du conseil, du 24 décembre 1818, *Dodon.*

(4) Voir l'arrêt du conseil, du 19 janvier 1832, *Legry c. la commune de Crécy-Aumont.*

(5) Voir l'arrêt du conseil, du 16 février 1825, *les héritiers Vidaud d'Envaud c. les héritiers Nicaud.*

aux objets vendus n'est compris dans la vente (1).

— En général, l'acquéreur n'est pas fondé à réclamer, comme compris dans la vente, un bien désigné seulement comme confin (2).

— Ainsi, on ne doit pas déclarer compris dans la vente un terrain ou un bois, qui, d'après les procès-verbaux d'expertise et d'adjudication, sert d'abornement à un édifice vendu (3).

— Toutefois, un mur qui, d'après l'acte d'adjudication et un plan figuratif y annexé, forme la limite du bien vendu, doit être déclaré compris dans la vente (4).

— Il en serait de même d'un fossé (5).

— Mais si la délimitation a été fixée en ces termes : *fossés entre deux compris*, on doit déclarer que ce fossé est commun aux deux parties litigantes (6).

— L'acquéreur d'un jardin clos de murs peut

(1) Voir l'arrêt du conseil, du 4 mai 1825, *Vatel et consorts c. Goupy.*

(2). Voir les arrêts du conseil, du 16 janvier 1822, *Levasseur et consorts c. le domaine* ; du 7 mai 1823, *Hérail c. la ville de Lyon* ; du 21 juillet 1824, *Clerc Lasalle;* du 16 février 1825, *Drapiez c. la commune de Luzy;* du 31 mars 1825, *Dioudonnat c. la commune de Vert-le-Petit;* du 6 septembre 1825, *Degoutin;* du 26 octobre 1825, *Riboud et consorts c. Hélie;* du 27 août 1828, *Guilhuy c. de Fléchin;* du 27 août 1828, *Lanjuinais c. de Valmy;* du 10 janvier 1832, *Ventre c. Michel;* du 21 juin 1833, *Perrin.*

(3) Voir les arrêts du conseil, du 30 mai 1821, *Yves Beaugeard c. les héritiers Troyhard;* du 20 juin 1821, *Tournay et Mersey c. Leduc de Choiseul;* du 20 février 1822, *Soyard c. Folin.*

(4) Voir l'arrêt du conseil, du 30 décembre 1822, *les hospices de Rouen c. Barrois-Baudry.*

(5) Voir l'arrêt du conseil, du 26 mai 1824, *Carbonné c. Laurent.*

(6) Voir l'arrêt du conseil, du 16 mai 1827, *Delplanque c. Jacob d'Aigremont.*

n'avoir pas droit à la propriété de cette clôture, si elle n'est pas expressément comprise dans les actes qui ont préparé et consommé la vente (1).

— La digue d'une rivière canalisée fait partie de cette rivière : ainsi, lorsque la rivière a été donnée pour limite à l'objet vendu, la digue n'est pas vendue (2).

— Si la mer a été donnée pour limite, il ne s'ensuit pas que l'acquéreur ait un droit indéfini sur tous les terrains que les eaux abandonneraient; le bornage doit être fixé au point où les eaux arrivaient, au moment de la vente nationale (3).

— Lorsque la vente a eu lieu sans réserve ni garantie de mesure, on doit considérer comme vendu tout terrain compris dans les limites fixées par l'acte d'adjudication, alors même que ce terrain excède la mesure énoncée audit acte (4).

— Pour déterminer l'étendue des terrains compris dans une adjudication, il ne faut pas s'arrêter au plus ou moins de mesure indiquée; car les ventes de biens nationaux ont été passées sans aucune garantie de mesure : ce qu'il faut examiner, c'est la fixation des limites indiquées par l'acte d'adjudication (5).

— Il se peut, toutefois, que la mesure ait été déterminée, d'une manière précise, par le procès-verbal

---

(1) Voir l'arrêt du conseil, du 3 février 1835, *Morard c. Jacquinot*.

(2) Voir les arrêts du conseil, du 30 mai 1834, *le ministre de l'intérieur c. Duméril*; du 14 novembre 1834, *le ministre des finances c. Liégeois*.

(3) Voir l'arrêt du conseil, du 27 septembre 1827, *Brisson*.

(4) Voir l'arrêt du conseil, du 20 juin 1821, *Tournay et Mersey c. le duc de Choiseul.*

(5) Voir les arrêts, du 7 avril 1819, *Mahuet c. les héritiers Mensuy;*

16,

d'estimation auquel se réfère l'acte de vente; mais alors l'acquéreur ne peut prétendre à une étendue plus grande que celle qui a été désignée, surtout si lui ni ses auteurs n'ont jamais possédé les terrains réclamés (1).

— Lorsque la vente a été faite sans garantie de mesure, en bloc pour chaque pièce, l'ancien propriétaire n'est pas fondé à réclamer l'excédant de mesure sur la contenance fixée approximativement dans l'acte d'adjudication, si, d'ailleurs, l'acquéreur a été envoyé en possession de cet excédant (2).

— La condition, faite à l'acquéreur d'une maison, de souffrir l'élargissement d'une rue, sans indemnité, est absolue et ne peut être combattue sous le prétexte que l'alignement retrancherait plus de terrain que l'acquéreur n'avait pu s'y attendre (3).

— Il ne peut pas non plus prétendre à une indemnité pour le terrain retranché (4).

— S'il s'est simplement obligé à le fournir au prix de vente, il ne peut réclamer un prix plus élevé, sous prétexte que ces terrains ont augmenté de valeur. (5).

— Lorsque les biens et rentes d'une corporation religieuse ont été adjugés en masse, en vertu de la

du 7 avril 1819, *Pallotte c. la commune de Chemilly-sur-Serain ;* du 23 juin 1819, *le ministre des finances c. Berdot et Melzger.*

(1) Voir l'arrêt du conseil, du 1er mars 1826, *Combes.*

(2) Voir l'arrêt du conseil, du 18 avril 1821, *Court et Tissandier c. les héritiers Falletans.*

(3) Voir l'arrêt du conseil, du 15 mars 1826, *Watrin.*

(4) Voir l'arrêt du conseil, du 20 mai 1829, *Marqfoy.*

(5) Voir l'arrêt du conseil, du 7 février 1834, *Châtillon c. la ville de Paris.*

loi du 7 mai 1790, le débiteur d'une de ces rentes ne peut en refuser le service, sous le prétexte qu'elle n'est point comprise dans l'acte d'adjudication (1).

—Lorsqu'un édifice domanial a été mis à la disposition d'un consistoire protestant, par suite d'un acte spécial du gouvernement qui affectait cet édifice au service du culte, le consistoire ne peut réclamer la propriété de l'immeuble ; il a seulement droit à la jouissance, tant que l'acte d'affectation n'a pas été révoqué (2).

RÈGLES DE PROCÉDURE.

— Tous jugemens de l'autorité judiciaire qui ont annulé des adjudications de biens nationaux, avant la loi du 29 vendémiaire an 4, ont été implicitement infirmés par cette loi, sauf recours à l'autorité administrative (3).

— Les arrêtés du directoire exécutif, rendus sur le contentieux des domaines nationaux, étant souverains de leur nature, ont toute l'autorité de la chose jugée (4).

— Il en est de même des décisions du comité des finances de la Convention, surtout lorsque la partie y a acquiescé (5).

(1) Voir l'arrêt du conseil, du 1er septembre 1819, *Hérissé c. Brenetière.*

(2) Voir l'arrêt du conseil, du 25 juillet 1827, *le consistoire c. l'hospice de Nérac.*

(3) Voir l'ordonnance royale, du 11 février 1820, rendue sur un arrêté de conflit pris par le préfet des Bouches-du-Rhône, *affaire Piolle c. Aubespin.*

(4) Voir l'arrêt du conseil, du 18 novembre 1818, *les héritiers Lebran.*

(5) Voir l'arrêt du conseil, du 12 décembre 1818, *Lesellier de Chezelles.*

— Aux termes du décret du 11 juin 1806, confirmé par l'ordonnance royale du 23 septembre
1815, on n'est pas recevable à se pourvoir, par la
voie contentieuse, contre les décisions de l'ancien
conseil de liquidation (1).

— En matière de biens nationaux, comme en
toute autre, l'appel des décisions des anciennes administrations centrales de département ne peut être
porté que devant le conseil d'état (2).

— Mais on n'est pas recevable à se pourvoir contre ces arrêtés, s'ils ont été confirmés par un décret
impérial, signifié aux parties (3).

— Une décision prise en l'an 7, c'est-à-dire avant
le rétablissement du conseil d'état, par le ministre
des finances, sur le mérite respectif de deux adjudications successives du même immeuble, est définitive, surtout si elle a reçu son exécution (4).

— Une décision ministérielle, confirmative d'un
arrêté préfectoral, intervenu en matière de décompte, mais qui a été rendue par défaut, doit
être attaquée, d'abord, par la voie de l'opposition
devant le ministre qui l'a prise (5).

— Lorsqu'un litige est engagé devant l'autorité

(1) Voir l'arrêt du conseil, du 12 mai 1819, *Delorme c. le ministre des finances.*

(2) Voir l'arrêt du conseil, du 16 février 1827, *les héritiers de Graveron.*

(3) Voir l'arrêt du conseil, du 28 octobre 1829, *de Beaunay et consorts c. de Romé.*

(4) Voir l'arrêt du conseil, du 2 février 1821, *Boucher c. Grandbarbe et autres.*

(5) Voir l'arrêt du conseil, du 22 juin 1825, *les héritiers Lecoulteux c. l'administration des domaines.*

judiciaire, pour l'exécution d'un décret qui a disposé de biens nationaux, qu'il n'existe, dans la cause, ni conflit d'attributions de la part de l'autorité administrative, ni renvoi par l'autorité judiciaire pour interprétation, l'une des parties au procès n'est pas recevable à demander, au conseil d'état, l'inter-prétation du décret, pendant l'instance judiciaire (1).

— Les acquéreurs de biens nationaux ne sont pas recevables à demander directement, au conseil d'état, l'interprétation de leurs contrats de vente ; les conseils de préfecture doivent statuer préalablement à cet égard (2).

— Lorsque le conseil d'état a été régulièrement saisi d'un pourvoi contre un arrêté de conseil de préfecture, en matière de biens nationaux, il y a lieu de statuer sur le pourvoi, quoiqu'il existe une décision judiciaire, rendue depuis et d'après l'arrêté du conseil de préfecture (3).

—Il y a lieu de maintenir un arrêté de conseil de préfecture interprétatif d'un premier arrêté, si, d'ailleurs, l'interprétation donnée est exacte (4).

— Un tiers, qui ne prétend aucun droit de propriété sur un bien vendu nationalement, n'a pas qualité pour attaquer, devant le conseil d'état, un arrêté de conseil de préfecture qui a donné l'interprétation de l'acte de vente (5).

(1) Voir l'arrêt du conseil, du 28 février 1831, *la duchesse de Mont-morency c. les usagers de la forêt de Briquebec.*
(2) Voir l'arrêt du conseil, du 18 avril 1821, *Bourgoin.*
(3) Voir l'arrêt du conseil, du 25 mars 1835, *Desprez c. les hospices de Douai.*
(4) Voir l'arrêt du conseil, du 23 juillet 1823, *Vincent c. Siau.*
(5) Voir l'arrêt du conseil, du 8 septembre 1824, *Conte.*

⁻ᶜ — Il y a lieu d'annuler un arrêté de conseil de préfecture qui a statué sur une demande en interprétation, lorsque l'acquéreur s'est présenté, de son propre mouvement, devant ce conseil, sans y citer aucun adversaire, par exemple, pour obtenir seulement une déclaration de limites (1).

ᶜ—On n'est pas recevable à attaquer, devant le conseil d'état, par la voie contentieuse, un arrêté préfectoral qui s'est borné à fixer les frais dus à un expert chargé par le préfet de reconnaître les biens occupés par plusieurs soumissionnaires et de fixer les limites de chaque lot (2).

— Les affaires précédemment portées au département des domaines nationaux (ministère des finances) ayant été attribuées à la commission du contentieux, à partir de la date du décret du 23 février 1811, l'article 11 du décret du 22 juillet 1806 leur est devenu applicable, depuis cette époque. Ainsi, faute de pourvoi, devant le conseil d'état, dans les trois mois, la déchéance a été encourue, même pour les décisions antérieures (3).

— Les décrets rendus sur le rapport du conseiller d'état ayant le département des biens nationaux, avant le décret réglementaire du 23 février 1811, sont réputés contradictoires avec le domaine. La direction générale actuelle des domai-

(1) Voir l'arrêt du conseil, du 15 juin 1821, *Mugot*.

(2) Voir l'arrêt du conseil, du 8 septembre 1824, *Grézy c. l'administration des domaines*.

(3) Voir les arrêts du conseil, du 28 juillet 1819, *les héritiers Damou c. Sala et consorts*; du 6 septembre 1826, *Delorme-Dubaron c. le domaine*.

nes ne peut donc les attaquer par la voie de l'opposition (1).

.. — Un acquéreur de domaines nationaux n'est pas
recevable à se pourvoir au conseil d'état, après l'expiration des délais d'appel, contre une décision ministérielle qui le constitue reliquataire d'une partie
du prix de son acquisition, surtout s'il a acquiescé
à cette décision par des actes notariés, souscrits
au profit des anciens propriétaires des biens dont
il s'agit (2).

— Lorsqu'il y a eu transaction entre des particuliers sur une contestation relative à la délimitation de deux propriétés contiguës, d'origine nationale, toute décision administrative au sujet d'une
nouvelle contestation concernant les limites de ces
propriétés doit être suspendue, jusqu'à ce que les
effets de la transaction aient été jugés par l'autorité
judiciaire (3).

.. — Lorsque la minute de l'acte d'adjudication
d'un bien national a péri par force majeure, et que
le conseil de préfecture a statué néanmoins sur une
question d'interprétation, d'après une expédition
dudit acte, qui avait été produite par l'acquéreur,
il y a lieu de maintenir cette décision, tant que
l'acquéreur qui a retiré l'expédition ne produit,
devant le conseil d'état, ni cette expédition ni

(1) Voir l'arrêt du conseil, du 15 mars 1826, *l'administration des domaines c. Bailly.*
(2) Voir l'arrêt du conseil, du 17 août 1825, *Marandet frères c. l'administration des domaines.*
(3) Voir l'arrêt du conseil, du 20 janvier 1819, *Caillat c. veuve
Tampier.*

aucune autre pièce qui détruise le fait déclaré par le conseil de préfecture (1).

—Lorsque la partie, qui s'est inscrite en faux contre un acte d'adjudication produit, ne conteste pas que les objets désignés au procès-verbal d'expertise aient été vendus, et que les erreurs qu'elle signale ne peuvent influer sur la décision à intervenir, il n'y a pas lieu de surseoir, jusqu'au jugement de l'inscription de faux, pour déclarer quels objets ont été compris dans la vente nationale (2).

— Aux termes de la loi du 14 avril 1793, tous les biens meubles et immeubles, possédés par les anciennes corporations, à quelque titre que ce soit, ont été déclarés nationaux, et les dettes qui les grevaient ont dû être acquittées par l'état, qui, de cette manière, a été complétement substitué aux corporations.

Ainsi les prud'hommes de la corporation des pêcheurs de Marseille sont sans qualité pour revendiquer les biens de cette ancienne corporation (3).

SECTION IV.

Du domaine extraordinaire.

La législation sur le domaine extraordinaire ne reçoit aujourd'hui que d'assez rares applications; mais elle offre un intérêt historique incontestable,

(1) Voir l'arrêt du conseil, du 7 mars 1821, *Boerio et consorts c. le ministre de la guerre.*

(2) Voir l'arrêt du conseil, du 16 février 1825, *les héritiers Vidaud d'Envaud c. les héritiers Nieaud.*

(3) Voir l'arrêt du conseil, du 12 août 1829, *les patrons des prud'- hommes pêcheurs de Marseille.*

et comme elle n'a encore été l'objet d'aucune publication spéciale, qui soit parvenue à notre connaissance, nous avons cru devoir l'exposer avec
quelques détails.

Cette législation présente deux périodes bien distinctes. Dans la première, se trouvent tous les actes
qui ont constitué le domaine extraordinaire, qui ont
réglé sa composition, sa distribution et les conditions de la jouissance donnée ; c'est l'époque de la
prospérité. Dans la seconde période, le domaine extraordinaire est démembré ; il en reste quelques débris à peine. La législation s'efforce, d'une part, d'en
empêcher l'entière dilapidation, de l'autre, d'indemniser les donataires dépouillés, autant que le
permet la situation du trésor.

§ Ier.

Législation antérieure à 1814.

SOMMAIRE.

433. — C'est par le sénatus-consulte du 3o janvier 1810 qu'a été introduite, dans la législation française, la dénomination de *domaine extraordinaire*, pour désigner une portion des biens de l'état, dont la disposition était réservée au chef de l'empire, et qui était principalement affectée à la récompense des grands services civils et militaires.

Mais, en réalité, on peut faire remonter l'origine du domaine extraordinaire à la loi du 1ᵉʳ floréal an II, qui concéda, à titre de récompense nationale, aux vétérans de la guerre de la liberté, des terres devenues domaniales par droit de conquête.

Nous allons reproduire les dispositions de cette loi, qui a un caractère historique et qui manque dans certaines collections.

— Elle commence naturellement par poser les bases de l'institution.

Les militaires de terre et de mer, mutilés ou grièvement blessés dans la guerre de la liberté, et âgés de moins de quarante ans, qui voudraient s'établir dans les 26ᵉ et 27ᵉ divisions militaires, devaient recevoir, à titre de supplément de récompense nationale, un nombre d'hectares de terre, d'un produit net égal à la solde de retraite dont ils jouissaient. (Art. 1ᵉʳ.)

Des camps de vétérans devaient être formés, dans ces circonscriptions militaires, conformément aux dispositions qui seraient faites, à cet égard, par le gouvernement. (Art. 3.)

Il devait être affecté dix millions de biens nationaux pour les cinq premiers camps qui seraient établis dans les 26ᵉ et 27ᵉ divisions militaires; savoir : quatre millions dans la 26ᵉ division, et de
préférence sur les propriétés nationales le plus à
portée des places de Mayence et de Juliers, et six
dans la 27ᵉ division, et de préférence sur les propriétés nationales le plus à portée des places d'Alexandrie et de Fenestrelles. (Art. 4.)

— Voici sous quelles conditions les concessions
étaient faites.

Les vétérans concessionnaires étaient tenus de
résider sur les terres qui leur seraient distribuées;
de les cultiver ou faire cultiver, d'en payer les contributions et de concourir, quand ils y seraient appelés, à la défense des places frontières des 26ᵉ et
27ᵉ divisions militaires. (Art. 2.)

Ces propriétés ne pouvaient être ni engagées, ni
cédées, ni aliénées pendant l'espace de vingt-cinq
ans. Elles ne devaient être transmissibles aux enfans
des vétérans qu'autant que ceux-ci seraient nés de
mariages contractés sur le territoire de la république
ou aux armées, avant l'époque de la formation du
camp dans lequel ils auraient été compris, ou de
mariages contractés, depuis cette époque, avec des
filles du pays où le camp serait établi. (Art. 5.)

Les enfans mâles de ces vétérans ne pouvaient
cependant conserver la part héréditaire qui leur serait échue dans le partage de la portion de terre distribuée à leur père, qu'autant qu'ils rempliraient eux-
mêmes, jusqu'au laps de vingt-cinq ans, depuis la
formation du camp, les conditions auxquelles leur

père aurait été soumis, en exécution des lois et des arrêtés du gouvernement. (Art. 6.)

Lorsqu'un vétéran mourait sans enfans, sa veuve devait conserver, pendant sa vie, l'usufruit de sa portion de terre ; et si elle épousait un militaire ayant dix ans de service, elle devait lui apporter en dot ce domaine, dont elle devenait propriétaire incommutable.

Après la mort de la veuve qui n'aurait point été re-mariée ainsi, la république devait rentrer dans la propriété de cette portion, et le gouvernement en disposait en faveur d'un militaire reconnu pour réunir les conditions exigées pour être admis dans les camps de vétérans. (Art. 7.)

— Le contentieux était réglé comme il suit.

Les contestations qui surviendraient à l'occasion de ces propriétés, entre les vétérans et des proprié-taires voisins, devaient être jugées, comme toutes les contestations entre les citoyens, par les voies ordi-naires. (Art. 8.)

Les contestations qui surviendraient, à la même occasion, entre des vétérans ou leurs héritiers et d'autres vétérans, pendant le temps que ces proprié-tés pourraient faire retour à la république, de-vaient être jugées administrativement et sans frais. (Art. 9.)

Après que le droit de retour aurait cessé, et même quand il n'aurait cessé que pour une seule des pro-priétés à l'occasion desquelles il y aurait des contes-tations entre voisins, la connaissance de ces contes-tations appartenait à la justice ordinaire. (Art. 10.)

— Ainsi, ces concessions territoriales avaient non

seulement pour but de récompenser le courage, et d'exciter une utile émulation pour la gloire et la défense du pays; mais le gouvernement voulait encore porter, sur l'extrême frontière des contrées nouvellement réunies à la France, l'élite des vieux guerriers, pour qu'ils servissent au besoin de remparts vivans à l'état. Enfin, on voulait favoriser des alliances avec les peuples conquis, acclimater peu à peu, parmi eux, les habitudes et la langue nationales, et les attacher, par tous les liens de la famille, à leur nouvelle patrie (1).

— Un arrêté du 26 prairial an 11 régla tout ce qui concernait la formation et l'organisation des camps de vétérans (2).

— Un autre arrêté, à la date des mêmes jour et année, prescrivit la formation immédiate du premier camp de la 27ᵉ division militaire. Ce camp devait être placé le plus près possible de la ville d'Alexandrie, de manière que la partie la plus éloignée de la place n'en fût pas distante de plus de trois lieues.

Un arrêté du 30 nivose an 12 contenait des dispositions semblables pour la formation du premier camp de la 26ᵉ division, près de la ville de Juliers.

(1) Voir l'exposé des motifs du projet de loi, lu par le conseiller d'état Mathieu Dumas, à la séance du corps législatif, du 21 germinal an 11.
(2) Cet arrêté, qui ne contient pas moins de soixante-quinze articles, est divisé en sept titres : le premier traite de la formation des camps; le deuxième, des habitations des vétérans; le troisième, de l'évaluation, de la répartition et de la délimitation des terres; le quatrième, de la mise en possession des vétérans; le cinquième, des mutations; le sixième, du mariage des vétérans; le septième était consacré à des dispositions générales.

Ces deux camps sont les seuls que nous sachions avoir été établis.

Bientôt furent prises des mesures d'un autre ordre, qui concoururent aussi à préparer la formation du domaine extraordinaire.

. 434. — Le traité de Presbourg, du 26 décembre 1806, renouvelant les dispositions de celui de Campo-Formio, fit abandon des États-Vénitiens à la France. Cette cession, qui était le prix de la bravoure et du sang des Français, devenait le patrimoine de la nation. D'après les principes de la constitution alors en vigueur, c'était au corps législatif qu'il appartenait d'en disposer : mais Napoléon s'attribua ce droit. Par sept décrets, du 30 mars 1804 et un du 5 juin de la même année, il érigea *en grands fiefs :* la Dalmatie, l'Istrie, le Frioul, Cadore, Bellune, Conégliano, Trévise, Feltre, Bassano, Vicence, Padoue, Rovigo, Lucques, Parme et Plaisance.

Neufchâtel, Clèves et Berg étaient érigés avec titre de souveraineté.

Il devait y avoir, en outre, dans le royaume de Naples et de Sicile, six grands fiefs, qui ont été depuis Reggio, Tarente, Gaëte, Bénévent, Ponte-Corvo et Otrante.

Napoléon se réservait la faculté de donner l'investiture de chacun de ces fiefs, et la disposition de biens immeubles et de rentes, en faveur des généraux, officiers ou soldats qui auraient rendu le plus de services à la patrie et à la couronne, et qu'il lui plairait de désigner.

Le sénatus-consulte du 14 août 1806 disposa (art. 3) que les donataires ne pouvaient aliéner ni échanger les biens composant leur dotation qu'à la charge d'acquérir des biens en remplacement, sur le territoire de l'empire français, avec le prix des aliénations.

En attendant la répartition des donations, l'empereur, par décision du 23 septembre 1807, mit à la disposition du major-général de la grande armée onze millions, pour être distribués à ses généraux, en rentes et en argent. La somme ou partie de la somme d'argent devait être employée, par les généraux, à se procurer un hôtel à Paris, qui devait être compris dans le fief à ériger et qui ne pouvait plus être aliéné. (Voir ci-après, p. 308.)

Bientôt les dotations furent constituées par les actes des 1er février, 17, 19 mars et 28 septembre 1808.

Ces actes déclarèrent qu'elles étaient la propriété des donataires et de leur descendance masculine, directe et légitime.

Un décret du 4 mai 1809 établit, pour la conservation des biens des dotations situés en pays étrangers, des agens chargés de veiller à ce que, pendant sa vie, le titulaire jouît en bon père de famille des biens de sa dotation, et à ce que, en cas de retour, ils retournassent dans leur intégrité et sans retard à la *couronne*.

Toutes les fois que les conservateurs reconnaissaient que les intérêts de la dotation étaient compromis, ils en devaient instruire le procureur général près le conseil du sceau des titres, pour que, après avoir informé le prince archichancelier, il fût, par ce conseil, pourvu administrativement à ce qui serait nécessaire.

. Jusqu'à la prise de possession des donataires,
les agens conservateurs étaient chargés de veiller à
l'entretien et à l'administration des biens de la dotation ; ils en devaient recevoir les fruits pour les
rendre au donataire, aussitôt après la prise de possession, sous la déduction toutefois des frais d'entretien et d'administration. S'il s'élevait quelque difficulté sur le réglement de ces frais, il devait être
statué, par le conseil d'état, sur l'avis du conseil du
sceau des titres.

Les fonctions attribuées aux agens conservateurs
pour les biens des dotations situés en pays étranger
devaient être remplies, pour les dotations situées
dans l'étendue de l'empire français, par la régie de
l'enregistrement et des domaines, et, par l'administration forestière, lorsque la dotation comprenait
des bois.

Dans cette gestion d'office, les conservateurs n'é-
taient soumis qu'à la restitution des fruits perçus ;
ils n'étaient pas responsables, vis-à-vis des donataires,
des portions de revenu dont le recouvrement n'aurait pas eu lieu ; ils devaient seulement rendre
compte des sommes qu'ils avaient touchées (1).

— En 1809, par le traité conclu à Vienne, le 14
octobre, l'Autriche céda et abandonna à la France,
avec la Galicie occidentale ou Nouvelle Galicie, les
provinces et pays à la droite de l'Inn, le comté de
Gorice, le terroir de Montefalcone, le gouvernement de la ville de Trieste, la Carniole avec les en-

(1) Voir l'arrêt du conseil, du 12 avril 1832, *le baron Thiry c. le ministre des finances.*

claves sur le golfe de Trieste, le cercle de Wiwack
en Carinthie, et tous les pays situés à la droite de la
Saxe, ainsi que la seigneurie de Ladzeins, enclavée
dans le pays des Grisons.

Une partie de ces nouvelles acquisitions servit à
former de nouvelles dotations qui furent concédées,
par des décrets des 15 août, 3 octobre, 3 novembre
1809, aux soldats, officiers et généraux qui avaient
perdu un membre à la bataille de Wagram, à celle
d'Essling, etc., ainsi qu'aux militaires qui s'étaient
distingués par leur valeur ou par les services qu'ils
avaient rendus dans le cours de la campagne.

Toutes les dotations étaient également transmissibles à la descendance directe, masculine et légitime, par ordre de primogéniture. A défaut d'héritiers mâles et légitimes, en ligne directe, les dotations faisaient retour à l'état.

Quelquefois, cependant, un donataire ayant reçu
plusieurs dotations, à chacune desquelles il avait
été attaché des titres distincts, il fut accordé qu'elles se diviseraient à son décès entre plusieurs de ses
descendans. C'est ce qui eut lieu, notamment, lorsque le maréchal Masséna, déjà duc de Rivoli, fut
élevé au rang de prince d'Essling. Il fut stipulé,
dans les lettres d'investiture de la principauté d'Essling, que ce fief resterait distinct du duché de Rivoli,
et que les deux dotations ne pourraient être réunies sur une même tête que dans le cas où il n'exis-
terait qu'un seul héritier mâle de la descendance
directe, légitime et masculine.

Le maréchal Masséna étant mort et laissant deux
fils, les deux dotations se partagèrent entre eux;

17.

mais le fils aîné décéda lui-même, peu de temps
après, sans postérité. Alors le second fils réclama la
dotation de son frère, et le ministre des finances fit
droit à sa réclamation : les héritiers de Caraman et
M. le duc d'Orléans, intéressés à faire déclarer que
cette dotation avait fait retour à l'état, attaquèrent
la décision du ministre devant le conseil d'état. Ils
se fondaient sur ce qu'il est de principe que les dotations ne sont point transmissibles aux collatéraux;
le pourvoi fut rejeté, par deux arrêts du 4 septembre
1822.

— Avant de continuer l'exposé de la législation
relative aux dotations, il nous paraît utile de cher-
cher à constater quelle fut la pensée qui guida
l'empereur dans leur établissement.

435.—Voici comment s'est exprimé, à cet égard,
M. le duc de Bassano, ancien ministre secrétaire
d'état et des relations extérieures, l'un des hommes
qui furent le mieux placés pour connaître la pensée
intime de Napoléon et pour juger sa position.

« Une nécessité grave naissait, pour l'empire, de
notre état intérieur. Les grandes familles appartenant à l'ancien régime se tenaient à l'écart du nouveau gouvernement. Si la plupart n'étaient pas évidemment hostiles, beaucoup d'entre elles usaient
de l'opulence qu'elles avaient conservée pour exercer une influence ennemie. Napoléon voulut opposer,
à ces familles puissantes, des familles qui seraient aussi
puissantes qu'elles; à des fortunes dont l'emploi inquiétait son gouvernement, des fortunes qui lui devant leur origine auraient les mêmes intérêts que
lui. Ce qui ne se fait qu'à l'aide des siècles, il pouvait

le faire en un jour, et il le fit. Les ressources accu-
mulées de la conquête furent distribuées en dotations; mais cette distribution n'aurait produit qu'un
effet précaire, si, attachée au titre qui la décorait,
la libéralité du prince avait suivi la loi de l'égalité
des partages, et n'avait pas subi celle de l'hérédité,
comme le trône lui-même. De là la nécessité de
constituer ces dotations en majorats (1). »

Un illustre historien, qui a reçu de Napoléon lui-
même la mission de faire connaître à la postérité les
mobiles de sa politique (M. le baron Bignon), explique à peu près par les mêmes motifs l'institution des
dotations et leur constitution en majorats. Mais fidèle aux principes démocratiques, même en exécu-
tant le legs de Sainte-Hélène, il blâme sévèrement
cette institution, et il ajoute : « Les hommes éclairés ne s'aveuglent pas sur ce qu'il y a de dangereux
dans une institution qui déjà, en naissant, emporte
avec elle un privilége, le droit de fonder des majorats; mais les masses ne voient, dans la transformation de plébéiens en hommes titrés, qu'une sorte de
victoire sur les nobles d'autrefois, et c'est jusqu'à un
certain point la haine de l'inégalité ancienne qui fa-
vorise l'introduction d'une nouvelle inégalité (2). »

436. — L'importance des biens dont il avait ainsi
disposé détermina la création d'une nouvelle branche dans le domaine, sous le nom de *domaine extraordinaire.*

Le sénatus-consulte du 30 janvier 1810 consacra, à

(1) Rapport à la chambre des pairs, séance du 11 mars 1834.
(2) *Histoire de France sous Napoléon,* tome VII, page 111 et suiv.

ce domaine, le second des cinq titres qu'il renferme.

D'après ce sénatus-consulte, le domaine extraordinaire dut se composer des domaines et biens mobiliers et immobiliers que l'empereur, exerçant le
droit de paix et de guerre, pouvait acquérir par
des conquêtes ou des traités, soit patens, soit secrets. (Art. 20.)

— Voici quelle était la destination du domaine
extraordinaire.

L'empereur pouvait en disposer :

1° Pour subvenir aux dépenses de ses armées ;

2° Pour récompenser ses soldats et les grands
services civils ou militaires rendus à l'état ;

3° Pour élever des monumens, faire faire des
travaux publics, encourager les arts, et ajouter à la
splendeur de l'empire. (Art. 21.)

Le domaine extraordinaire servit, en outre,
dans plusieurs circonstances, pour des prêts à
l'industrie. Il en fut fait ainsi à des négocians qui
éprouvaient des embarras dans leurs affaires, par
suite du blocus maritime, et qui, pour sûreté du
prêt, remirent, à l'administration du domaine extraordinaire, des marchandises en dépôt. Des avances
furent aussi faites à des manufacturiers, afin qu'ils
pussent soutenir la lutte engagée par l'Angleterre,
qui, pour se défendre contre le blocus continental,
jetait sur notre marché, par la contrebande, ses
marchandises à quinze et même à vingt pour cent
au dessous du prix des marchandises françaises (1).

_____

(1) La somme avancée à l'industrie par le domaine extraordinaire,
dans la seule année de 1811, s'élève à plus de dix-huit millions. (BIGNON,
Histoire de France sous Napoléon, t. X, p. 302.)

— L'empereur disposait du domaine extraordinaire, mobilier ou immobilier, par des décrets ou de simples décisions émanées de lui. (Art. 26.)

Si la disposition était faite sur le domaine mobilier, l'intendant général du domaine extraordinaire délivrait, aux parties prenantes, une ordonnance qui devait être acquittée par le trésorier général, et sans laquelle tout paiement devait être rejeté de ses comptes. (Art. 27.)

Si la disposition était faite sur le domaine immobilier, l'intendant devait dresser un état des biens et l'envoyer au prince archichancelier, lequel faisait faire l'acte d'investiture, par le conseil du sceau des titres, en faveur du donataire. Il devait être tenu, par l'intendant, des états des biens dont la transmission aurait été ainsi opérée. (Art. 28.)

La réversion des biens donnés par l'empereur sur le domaine extraordinaire devait toujours être établie dans l'acte d'investiture. (Art. 29.)

Toute disposition du domaine extraordinaire était irrévocable. (Art. 30.)

— L'intendant général du domaine extraordinaire exerçait les actions judiciaires de l'empereur ; toutes les actions judiciaires à la charge de l'empereur étaient dirigées et les jugemens prononcés contre lui. (Art. 24.)

On a pu voir, d'après ce qui précède, que le domaine extraordinaire avait non seulement son administration spéciale, mais aussi son trésor particulier. La comptabilité du trésorier devait être vérifiée, chaque année, par une commission du conseil d'état. (Art. 25.)

—Le domaine extraordinaire ne tarda pas à s'accroître de la partie du canal du Midi qui était la propriété du domaine de l'état, et en outre des canaux d'Orléans et du Loing, qui lui furent cédés, à titre onéreux, par l'état, en exécution des décrets des 21 mars 1808, 7 février, 17 mai et 10 août 1809, et de la loi du 23 décembre 1809.

Les droits de propriété appartenant au domaine extraordinaire sur chacun de ces canaux furent divisés en mille actions de 10,000 francs chacune.

L'administration devait être confiée à un administrateur général, nommé par l'empereur, sur la présentation du grand chancelier de la légion d'honneur.

Il devait être payé, de six mois en six mois, un intérêt de cinq pour cent par an.

Le dividende devait être réglé définitivement, tous les ans, par les actionnaires, dans une assemblée générale du mois de mai ; un dixième des bénéfices devait être mis en réserve. Ce dixième devait entrer en accroissement de chaque action, pour devenir, comme elle, la propriété de l'actionnaire, et pouvait cependant être employé en dépenses imprévues, s'il y avait lieu.

Les actions des canaux précités étaient assimilées en tout aux actions de la Banque de France, quant à leur immobilisation, leur disposition et leur jouissance. (Voir les décrets des 10 et 16 mars 1810.)

437. — Plusieurs de ces dotations étaient attachées à des titres héréditaires, c'est-à-dire qu'elles formaient des majorats, et par conséquent toutes

les règles relatives à cette institution leur étaient applicables.

Un décret du 3 mars 1810 statua que le fils du titulaire d'un majorat, dont la transmission lui aurait été assurée, porterait le titre immédiatement inférieur. (Art. 10.)

D'après ce même décret, tous ceux qui avaient reçu de l'empereur des dotations en pays étranger étaient tenus de les vendre le plus tôt que faire se pourrait. Tout ou au moins la moitié des biens devait être vendue dans un délai de vingt ans, et l'autre moitié dans les vingt années suivantes, de sorte que la totalité eût été aliénée et convertie, soit en rentes, soit en domaines, dans l'intérieur de l'empire, dans l'intervalle de quarante années. (Art. 12.)

Cette dernière disposition, qui confirmait et développait un article du sénatus-consulte du 14 août 1806, montre évidemment que la pensée de l'empereur, en établissant les dotations, était réellement celle qui a été signalée par M. le duc de Bassano (voir ci-dessus, page 260). On voit aussi que cette pensée n'était pas celle qui, en l'an 11, avait fait distribuer, aux vétérans de nos armées, une partie du territoire des pays conquis par elles.

—Les ventes, le remploi et le placement provisoire des fonds provenant des ventes, devaient être autorisés, par un conseil établi, à cet effet, auprès de l'intendant du domaine extraordinaire, et suivant des formes déterminées. (Art. 13.)

— Un second décret, du même jour, statua que toute dotation accordée par l'empereur, pour services civils et militaires, qui ne serait point attachée,

à un titre, devrait néanmoins être constituée par le
sceau des titres, de manière à ce qu'elle fût assimilée, quant aux règles de possession et de transmission, à ce qui était établi pour la possession et la
transmission des majorats. (Art. 1er.)

Dès lors, comme un majorat ne peut, aux termes
des articles 35 et 36 du décret du 1er mars 1808,
être transmis à l'enfant adoptif du titulaire qu'autant que le chef de l'état aurait autorisé l'adoption,
il suit de là que le fils adoptif du titulaire d'une
dotation sans titre, dont l'adoption n'a pas été autorisée par le chef de l'état, n'a pas droit de réclamer
la transmission de cette dotation, et de s'opposer à
l'effet du droit de retour stipulé dans l'acte d'investiture (1).

Ces dotations pouvaient être considérées comme
le commencement d'un titre. Elles pouvaient servir
à compléter un majorat, soit avec une autre dotation, soit avec les biens propres du donataire.
(Art. 4 et 5.)

—Les actions ou coupures d'action des grands canaux de l'empire, ainsi que les rentes immobilisées,
qu'elles formassent un majorat ou une simple dotation, pouvaient être aliénées par les titulaires, lorsqu'il s'agirait de les convertir en fonds de terre, ou
même pour les actions, lorsqu'il s'agirait seulement
de les convertir en rentes immobilisées. L'aliénation
devait être autorisée par une délibération du conseil établi près de l'intendant du domaine extraordinaire. (Art. 34 et 35.)

---

(1) Voir l'arrêt du conseil, du 16 novembre 1832, *Rocanus-Dufeux.*

—Ce même décret contenait des dispositions sur l'enregistrement des lettres-patentes, la délivrance des lettres ou brevets d'investiture, l'expédition des actes et titres émanés du conseil du sceau des titres, etc. L'examen de ces détails nous entraînerait trop loin, pour que nous puissions l'entreprendre.

438.—Un décret, du 23 septembre 1810, réunit en société les donataires de cinquième et de sixième classe de rentes sur le Monte-Napoleone de Milan. Les actions étaient déclarées immobilières et inaliénables. Elles étaient de 500 fr. Les titulaires de plusieurs places devaient recevoir autant d'actions qu'ils avaient de places.

La société devait avoir, à Paris, un administrateur général chargé de gérer, en bon père de famille, les intérêts de la société, et d'exécuter les réglemens qu'elle avait arrêtés.

Cet administrateur devait être spécialement chargé du recouvrement de toutes les recettes de la société et du paiement de toutes ses dépenses. Il devait rendre, à l'assemblée des sociétaires, un compte annuel en recettes et dépenses.

L'empereur s'était décidé à constituer ces donataires en société, par la considération qu'ils étaient obligés d'avoir des agens à Milan, où se faisaient les paiemens; qu'ils avaient des comptes à régler avec lesdits agens, pour la différence des changes et pour les frais d'envoi de fonds; qu'il en résultait une charge trop considérable pour ceux surtout qui ne jouissaient que d'une place dans les dotations de sixième classe; que, dans les difficultés contentieuses qui pouvaient s'élever, ils n'avaient pas le moyen de faire valoir leurs droits ; que plusieurs même, ne pouvant se livrer au soin de leurs affaires, éprouvaient dans les paiemens des suspensions ou des retards dont ils ne pouvaient ni rechercher la cause ni faire cesser les effets.

Les mêmes motifs firent réunir en société les donataires de quatrième et cinquième classe dans les anciennes provinces westphaliennes et dans le ci-devant pays de Hanovre, ainsi qu'à Bayreuth, à Erfurth, à Fulde et Hanau, pour l'administration et la jouissance des biens et revenus attachés à leur dotation.

Les donataires ci-dessus désignés devaient être formés en cinq sociétés particulières, savoir : une dans les anciennes provinces westphaliennes, une dans le ci-devant pays de Hanovre, une à Bayreuth, une à Erfurth, une à Fulde et Hanau.

Les actions de chaque société devaient représenter une année du revenu établi dans l'acte de dotation.

Les actions de la société de Westphalie devaient être de 2,000 fr. ;

Celles de la société du Hanovre de 4,000 fr. ;

Celles des sociétés de Bayreuth, d'Erfurth, de Fulde et Hanau, de 2,000 fr.

Les titulaires de dotations de classes supérieures pouvaient être admis dans la société. Ils recevaient des actions dans la proportion d'une année du revenu établi dans l'acte des dotations.

Chaque société devait avoir un administrateur général, établi à Paris, et ayant sous ses ordres un directeur résidant dans le pays de la situation des

biens , et le nombre nécessaire d'inspecteurs, vérificateurs et percepteurs.

Un caissier général devait être établi pour chaque société, à Paris. (Voir le décret du 23 septembre 1810, art. 1 à 4, 7 et 8.)

Les donataires des pays de Fulde et Hanau furent
réunis à la Société des donataires d'Erfurth, par un
décret du 15 décembre 1810.

439. — Nous avons déjà indiqué l'intervention
nécessaire du conseil du sceau des titres et de l'intendant général du domaine extraordinaire, relativement aux dotations créées sur ce domaine. Un décret du 14 octobre 1811 régla leurs attributions respectives.

La surveillance sur les dotations appartenait à
l'intendant. En cas d'extinction et de retour desdites dotations au domaine, cet intendant devait en
prendre possession.

Lorsqu'il y avait un héritier appelé à recueillir la
dotation, il était saisi, de plein droit, des biens qui
la composaient, ainsi que des droits et actions du
défunt sur ces biens ; et il pouvait, en conséquence,
s'en mettre immédiatement en possession ; néanmoins, il était tenu, dans les six mois du décès du
titulaire, de présenter, à l'intendant du domaine
extraordinaire, une demande, avec les pièces justificatives à l'appui, afin d'être reconnu pour ayant-
droit de recueillir ladite dotation. Si l'intendant,
d'après l'examen de la demande et des pièces, reconnaissait le droit du demandeur, il renvoyait l'affaire au conseil du sceau, avec son avis.

Les veuves de donataires qui se croyaient en droit

d'obtenir des pensions devaient adresser leur demande à l'intendant, qui faisait, sur cette demande,
un rapport à l'empereur, à qui la décision appartenait.

Enfin, les demandes relatives aux ventes, échanges et remplois provisoires et définitifs des biens
composant les dotations devaient être adressées à
l'intendant général. (Art. 3, 4, 5, 6 et 10.)

440. — Un décret du 3 janvier 1812 introduisit
une exception au principe général de la législation
des dotations, qui voulait qu'elles fussent transmissibles aux seuls enfans mâles des donataires.

Ce décret statua que les dotations de sixième
classe, accordées pour cause d'amputation, de blessures graves, ou en récompense de services militaires, seraient transmissibles, *à défaut d'enfans mâles*, aux filles des donataires, par ordre de primogéniture, sous la condition, par elles, d'épouser,
lorsqu'elles seraient en âge de le faire, des militaires
admis à la retraite par suite d'honorables blessures
ou d'infirmités contractées à la guerre. (Art. 1er.)

Dans le cas où la fille aînée d'un donataire se
trouvait mariée à tout autre qu'un militaire retiré,
avant que la transmission eût pu avoir lieu, elle per-
dait alors son droit de primogéniture, et la transmission devait avoir son effet en faveur de la fille ca-
dette non mariée ou mariée conformément à la disposition ci-dessus ; enfin le droit à cette transmission devait passer successivement aux autres filles
puînées, lorsque les aînées s'en trouvaient déchues
par des mariages contraires à cette même disposition. La dotation ne devait faire retour à la couronne que si toutes les filles du donataire décédé se

trouvaient dans le cas de la déchéance. (Art. 2.)

Si, par suite de ce droit de transmission, la fille d'un donataire se trouvait recueillir la dotation avant l'âge nubile, elle devait jouir du revenu à partir de la mort de son père ; mais si le mariage qu'elle contractait par la suite devait la priver de la dotation, celle-ci passait, dès le moment du mariage, à sa sœur puînée, et, s'il y avait lieu, successivement aux autres sœurs sous la même condition : la non-exécution, lors du mariage de la dernière appelée, déterminait le retour au domaine extraordinaire. Toutefois la jouissance des dotations ne pouvait être réclamée ou prorogée en faveur des filles de donataires qui avaient atteint l'âge de trente ans, sans avoir contracté un mariage, conformément à l'article 1er du décret. (Art. 3.)

Les filles, ainsi appelées à recueillir les dotations de sixième classe, étaient tenues, dans les six mois du décès de leur père, de présenter, à l'intendant général du domaine extraordinaire, leur demande appuyée de pièces justificatives, à l'effet de faire constater leur droit à recueillir la dotation. (Art. 5.)

Le revenu des dotations devait être payé sur la production d'un certificat de vie, délivré par le maire de la commune où résidait le titulaire, et visé par le préfet du département, constatant, en outre, qu'elle n'était pas mariée ou qu'elle l'était conformément aux dispositions que nous venons de faire connaître. (Art. 4.)

441. — Un décret du 22 décembre 1812 prescrivit aux donataires de faire transcrire les lettres d'investiture des biens situés dans l'intérieur de l'em-

pire, soit originairement, soit par l'effet de la réunion des pays où les biens étaient situés, au bureau de la conservation des hypothèques de la situation desdits biens.

Lorsque les dotations étaient composées, en totalité ou en partie, de rentes ou redevances annuelles, payables soit en argent, soit en nature de grains, denrées ou bestiaux, à quelque titre et sous quelque dénomination que ce fût, il devait être pris, pour la conservation du fonds de ces rentes ou redevances, inscription, au bureau des hypothèques, sur les domaines qui en étaient grevés.

Faute par les donataires d'avoir fait faire les transcriptions ou d'avoir pris les inscriptions dans des délais déterminés, l'intendant général pouvait les faire faire ou prendre à leurs frais.

442. — Un autre décret du même jour contenait des dispositions pour empêcher que les biens des majorats et dotations provenant du domaine extraordinaire pussent, même sous prétexte de litige, éprouver de diminution, sans de justes causes, et par l'insuffisance de la défense, ou par la collusion des parties.

D'abord, en tout procès intéressant le fonds et la propriété des biens composant les majorats et dotations provenant du domaine extraordinaire, le ministère public devait être entendu, avant le jugement, tant en première instance qu'en appel.

Les arrêts ou jugemens en dernier ressort, rendus contradictoirement avec un titulaire de majorat ou de dotation, ou contre lesquels il ne pouvait être reçu à former opposition, ne pouvaient être rétrac-

tés sur le fondement d'une tierce-opposition formée
par son successeur médiat ou immédiat ; ce successeur pouvait seulement se pourvoir, s'il y avait lieu,
par la voie de la requête civile, et cette requête
pouvait être fondée sur les ouvertures mentionnées
dans l'article 480 du Code de procédure civile, aussi
sur le défaut d'intervention du ministère public, sur
le défaut de défense ou l'omission de défense valable
de la part du titulaire précédent, et s'il s'était laissé
condamner par défaut, ou ne s'était pas rendu ap-
pelant d'un jugement rendu contradictoirement.

Dans ce dernier cas, après l'admission de la requête civile, la voie de l'appel était rouverte et suivie dans les formes et délais ordinaires.

Nulle action n'appartenait à celui dont les droits
n'étaient pas ouverts ; mais, après le décès du titulaire contre lequel la condamnation était intervenue,
le successeur pouvait, sans attendre que le jugement
lui fût signifié, se pourvoir pour les causes et de la
manière que nous venons d'exposer.

Si le successeur n'usait pas de la faculté de se
pourvoir avant la signification du jugement ou arrêt, il le pouvait encore dans le délai de trois mois
à compter de ladite signification à sa personne ou à
son domicile, s'il était majeur et jouissant de ses
droits, ou à la personne ou au domicile de son cu-
rateur, s'il était interdit.

S'il était mineur, le délai ne devait courir que du
jour de la signification qui lui aurait été faite après
sa majorité.

Les délais fixés par les articles 485, 486, 488 et
489 du Code de procédure civile, dans les cas d'ab-

sence du territoire européen ou du royaume pour
le service de l'état, de résidence hors de la France
continentale, dans le cas où les ouvertures de requête civile seraient le faux, le dol ou la découverte
de pièces nouvelles, et pour celui de contrariété de
jugemens, étaient applicables aux donataires.

—La faculté de se pourvoir, selon les règles qui
viennent d'être expliquées, appartenait non seulement au successeur immédiat du titulaire, contre
lequel le jugement était intervenu, mais encore aux
successeurs médiats, lorsque le jugement n'avait pas
été signifié à ceux du degré précédent, ou n'avait
pas été attaqué par eux, sans attendre la signification.

Cependant si, en l'absence de toute signification
du jugement en dernier ressort ou passé en force de
chose jugée, il s'était écoulé au moins trente ans
depuis le décès du titulaire contre lequel le jugement est intervenu, sans que ses successeurs particuliers aient agi d'après les dispositions que nous
venons de faire connaître, ceux-ci ne seraient plus
recevables à se pourvoir. (Art. 7 et 8.)

443. — Les règles qui précèdent ne s'appliquent
qu'au cas où le donataire avait des successeurs;
mais si la donation faisait retour au domaine, comment alors devait-il être procédé?

L'intendant général était investi du droit d'attaquer le jugement ou l'arrêt par la voie de la requête civile et par les moyens ci-dessus énoncés, dans les trois mois du jour de la signification du jugement ou arrêt, sans attendre l'ouverture du droit de retour, lorsque la partie qui

avait obtenu le jugement ou l'arrêt le lui faisait signifier. A défaut de cette signification, il ne pouvait
se pourvoir avant l'ouverture du droit de retour,
et, en ce cas, il devait le faire dans les trois ans à
compter de cette ouverture.

Du reste, le pourvoi ne pouvait être fait que de
l'avis du conseil de l'intendance.

L'avis de ce conseil et l'approbation de l'empereur étaient nécessaires pour tout accord ou transaction d'où résultait abandon, diminution ou mutation des biens des majorats et dotations provenant
du domaine extraordinaire.

Lorsque, en l'absence de toute signification du
jugement en dernier ressort ou passé en force de
chose jugée, il se serait écoulé au moins trente ans
depuis le décès du titulaire contre lequel ce jugement serait intervenu, sans que les successeurs particuliers eussent agi selon les règles qui ont été
tracées, ils ne seraient plus recevables à se pourvoir. (Art. 9 à 14.)

444. — Par un décret du 8 avril 1813, les donataires de quatrième classe, en Illyrie, furent, à partir du 1er janvier 1812, réunis en société pour l'administration et la jouissance des biens-fonds, rentes
et redevances à eux affectés.

La société devait n'embrasser que les revenus et
les dépenses d'usufruit.

Elle avait un syndic chargé de gérer les intérêts communs et de veiller au recouvrement de
tous les revenus et au paiement de toutes les dépenses.

—Un autre décret des mêmes jour et an réunit

18.

en société les donataires de revenus sur les mines situées dans les provinces illyriennes , pour l'administration en commun de ces établissemens et la jouissance de leurs produits, à compter du 1er janvier 1812.

Il était créé cent vingt actions de 2,000 fr.

La société avait un syndic établi à Paris , pour gérer en bon père de famille les intérêts de la société, et exécuter les réglemens qu'elle aurait arrêtés.

Ce syndic devait avoir sous ses ordres un ou plusieurs agens, qui résidaient près des mines, et dont le nombre et les fonctions devaient être réglés par l'assemblée générale des sociétaires.

445.—Un décret du 4 juillet 1813 régla le mode de constater les remplois et les échanges des biens affectés aux majorats et dotations créés sur le domaine extraordinaire.

Les remplois faits en rentes sur l'état ou en actions de la Banque devaient être notés au conseil du sceau des titres sur les anciennes lettres d'investiture, sans qu'il fût besoin d'en obtenir de nouvelles à cet effet.

Les remplois et les échanges faits en immeubles, et dûment autorisés, devaient être constatés par de nouvelles lettres d'investiture, délivrées aux titulaires par le conseil du sceau.

Ces lettres , purement sommaires, devaient être dressées à la requête du procureur général au conseil, sans qu'il pût être exigé aucun droit nouveau pour les remplois ou échanges.

446.—Un décret, du 11 novembre 1813, conte-

nait des dispositions concernant les pensions affectées sur les majorats et dotations constitués sur
le domaine extraordinaire.

—C'est ici le lieu d'exposer ce qui avait été fait
précédemment quant aux pensions.

D'après le décret du 1er mars 1808, au décès du
titulaire, soit qu'il laissât une postérité mâle, soit
que, faute de postérité mâle, la dotation se trouvât
éteinte ou transportée hors de la descendance masculine, la veuve avait droit à une pension, qui devait être prise sur le revenu des biens affectés au
majorat.

Cette pension devait être de la moitié du produit;
si la dotation était éteinte ou transférée, et du tiers
si la dotation subsistait encore. Dans ce dernier cas,
la pension n'était due :

1° Qu'autant que la veuve ne trouverait pas, dans
ses biens personnels, un revenu égal à celui que la
pension lui eût donné ;

2° Qu'autant qu'elle resterait en viduité ou ne se
remarierait qu'avec la permission de l'empereur.
(Art. 48 et 49.)

—Le décret du 4 mai 1809 prescrivit que les veuves, pour l'exécution des dispositions qui précèdent,
se pourvoiraient devant le prince archichancelier,
à l'effet de faire régler, par le conseil du sceau des
titres, leurs droits à la pension et sa quotité.

· Un extrait de la délibération du conseil, visé par
le prince archichancelier, devait servir de titre auxdites veuves pour la jouissance de leur pension.

Si la dotation avait fait retour, la pension était
payée aux veuves, à partir du décès de leur mari,

par le trésorier du sceau des titres, jusqu'à disposition en faveur d'un nouveau titulaire, qui alors était chargé du paiement. (Art. 21, 22 et 23.)

—Le décret du 30 mars 1810 chargea le procureur général près le conseil du sceau des titres de transmettre au conseil les demandes des pensionnaires, veuves et héritiers qui auraient droit à un majorat ou à une pension de 4,000 fr. et au dessous. Ces personnes furent ainsi dispensées d'employer le ministère des avocats au conseil d'état.(Art.14 et 15.)

—Le 24 août 1812, il intervint un nouveau décret concernant les pensions des veuves de titulaires de majorats ou dotations.

Rien n'était innové, quant aux droits à la pension et à la quotité, pour les veuves de donataires dont les dotations ne faisaient point retour au domaine extraordinaire.

Mais, quant aux dotations qui faisaient retour, la position des veuves était complètement changée : elles n'avaient plus droit à pension ; elles ne pouvaient en obtenir qu'en vertu d'un décret spécial de l'empereur.

Une pension équivalente au tiers du revenu de la dotation pouvait être proposée, pour les veuves de titulaires qui restaient avec des filles issues de leur mariage ou avec des descendans de ces filles.

Une pension équivalente au quart seulement pouvait être proposée, pour les veuves restant sans filles de leur mariage avec le donataire, ou sans descendans de ces filles.

En aucun cas, la proposition pour la fixation des pensions de veuve ne pouvait excéder 200,000 fr.

Lorsque, au décès du titulaire, les majorats ou dotations étaient déjà grevés d'une pension, la nouvelle pension ne pouvait être proposée que sur le revenu qui restait, déduction faite de la première pension, sauf à augmenter la seconde, en cas d'extinction de la première.

Si la dotation était formée partie des libéralités de l'empereur et partie des biens fournis par le titulaire ou ses auteurs, les pensions devaient être fixées proportionnellement au revenu du bien provenant du domaine extraordinaire, sauf à la veuve à exercer le surplus de ses droits sur les autres biens.

Les veuves avaient certaines formalités à remplir, pour obtenir les pensions; elles devaient, entre autres choses, faire connaître leur fortune, soit en perpétuel, soit en viager; adresser leurs réclamations dans les six mois qui suivaient le décès de leur mari ou de leurs fils : à défaut de quoi elles pouvaient être privées des arrérages de leurs pensions, jusqu'au jour de leur demande.

Les pensions accordées aux veuves, sur les dotations, formaient une charge fixe et non de quotité. Les pensionnaires n'avaient pas le droit de demander le compte et le partage des revenus.

Les pensions devaient cesser dans le cas où les veuves se remarieraient, sans avoir obtenu la permission de l'empereur.

Les veuves devaient se pourvoir devant le conseil du sceau, pour obtenir, en représentant le décret de concession, un brevet de pension.

Les brevets des veuves de donataires de 1,000 fr. et au dessous devaient être délivrés à la diligence

du procureur général du conseil du sceau , sans ministère d'avocat et sans autres frais que ceux de
parchemin et d'expédition.

Les brevets de pension des veuves de donataires
au dessus de 1,000 fr. ne devaient être délivrés
que sur la preuve , par quittance ou obligation , du
versement, par elles fait , de la moitié du droit auquel les donataires étaient assujétis pour obtenir
leur acte d'investiture (1).

Lorsque la dotation avait été recueillie par un
enfant mineur, et qu'il existait d'autres enfans , il
pouvait être distrait des revenus de ladite dotation,
pendant la minorité, une somme nécessaire pour
pourvoir à l'existence et à l'éducation des frères et
sœurs du donataire.

La somme à prélever était déterminée par l'empereur, d'après le rapport qui lui était fait par l'intendant du domaine extraordinaire , sur la position
de la famille du mineur et ses ressources.

—Nous voici parvenus au décret du 11 novembre
1813.

Ce décret, reprenant et étendant les restrictions
portées dans celui du 24 août 1812, relativement
aux pensions des veuves, statuait qu'à l'avenir aucune pension ne pourrait être affectée, sur les majorats ou dotations constituées sur le domaine extraordinaire, que de la pure libéralité de l'empereur et
par un décret spécial , et que les propositions à cet
effet ne pourraient excéder le cinquième du revenu
du majorat ou de la dotation. (Art. 1ᵉʳ.)

---

(1) Voir les décrets du 24 juin 1808 et du 4 décembre 1809.

Dès lors, la veuve d'un donataire, dont le mari est décédé sans postérité, ne peut prétendre droit à pension sur les biens qui composaient la dotation, si elle ne justifie pas d'un décret spécial qui lui ait accordé cette pension. C'est en vain qu'elle invoque le décret du 1er mars 1808, et qu'elle soutient que la dotation de son mari ayant été constituée avant les décrets des 24 août 1812 et 11 novembre 1813, elle avait, au moment de ces décrets, des droits acquis (1).

En effet, le décret du 11 novembre 1813 n'a maintenu que les pensions déjà concédées ; mais il les a maintenues, quelle que fût leur quotité, sans que les pensionnaires fussent assujétis à aucune nouvelle formalité.

Les donataires devaient payer les pensions accordées sur les biens de leurs dotations, pour la totalité, tant que le revenu de leur majorat ou de leur dotation était double du montant de la pension. Si, par des causes majeures et indépendantes du fait du donataire, le revenu de son majorat ou de sa dotation se trouvait inférieur à cette quotité, le déficit devait se partager par moitié entre lui et le pensionnaire.

Le décret de 1813 réglait aussi les contestations entre les donataires et les pensionnaires, au sujet du revenu effectif du majorat ou de la dotation. Chaque partie nommait un arbitre. Si les arbitres n'étaient point d'accord, l'intendant général prononçait, après les avoir entendus, en présence du con-

(1) Voir l'arrêt du conseil, du 24 août 1834, *veuve Dufeux*.

seil de l'intendance , et après avoir pris l'avis de ce conseil.

Si la décision de l'intendant avait besoin d'être mise à exécution par les voies juridiques, les parties intéressées devaient la présenter au président du tribunal civil de l'arrondissement où était domiciliée la partie contre laquelle l'exécution était requise, et le président devait la revêtir de son ordre d'*exequatur*.

S'il s'élevait des débats à raison de l'exécution , les cours et tribunaux ne pouvaient s'ingérer dans l'examen des questions sur lesquelles l'intendant avait prononcé. Sa décision ne pouvait être attaquée que devant le conseil d'état, dans les formes et délais prescrits pour la procédure contentieuse. L'appel n'était point suspensif ; la décision était exécutoire par provision.

Telles sont les règles principales qui furent posées par le gouvernement impérial relativement au domaine extraordinaire.

§ II.

Législation postérieure à la restauration.

447. — Avant tout, constatons quelle était, en 1814, la situation du domaine extraordinaire.

Les dotations affectées tant sur des biens à l'étranger que sur des immeubles en France, actions de canaux ou inscriptions sur le grand-livre, étaient au nombre de 5,716, réparties entre 4,970 donataires, pour récompenser des services civils et militaires.

Le revenu annuel de ces dotations montait à 32,463,817 fr. Voici quelle était la répartition :

1° Dans les trois premières classes, 376 donataires. — Revenu 25,898,417 fr.

2° Dans la quatrième classe, 675 donataires. — Revenu 3,116,000 fr.

3° Dans la cinquième classe, 774 donataires. — Revenu 1,741,900 fr.

4° Dans la sixième classe , 3,145 donataires. — Revenu 1,707,500 fr.

Il restait encore une portion du domaine extraordinaire dont il n'avait pas été disposé ; mais cette portion était faible, eu égard à celle qui avait été distribuée.

448. — Bientôt ce riche patrimoine fut diminué. La France, après avoir soumis l'Europe, fut, à son tour , envahie par l'Europe. Alors les étrangers reprirent, par droit de conquête , ce que nous leur avions enlevé, en vertu de ce même droit.

Un article séparé et non publié du traité de Paris, du 30 mai 1814, porte : « La renonciation du gouvernement français , contenue dans l'article 18, s'étend nommément à toutes les réclamations qu'il pourrait faire contre les puissances alliées, à titre de dotations, de donations de revenus de la Légion d'Honneur , des sénatoreries, de pensions et autres charges de cette nature. »

Cet article fit perdre au domaine extraordinaire un revenu de près de 29 millions, dont 25 millions sur les propriétés immobilières situées en pays étrangers. Plus de 3,000 donataires se trouvèrent dépossédés ; 1889 conservèrent, en France, un revenu de 3,739,627 fr.

Il paraît cependant que quelques uns des donataires étrangers furent assez heureux pour sauver une partie de leurs dotations en pays étrangers , en traitant avec les gouvernemens dans le territoire desquels se trouvaient ces dotations. En effet, on trouve, au Bulletin des lois, une ordonnance du 18 septembre 1814, qui autorise les ducs de Tarente et

de Reggio, et tous autres titulaires de dotations situées dans le royaume de Naples, à faire telles dispositions qu'ils jugeront convenables des dotations
à eux assignées dans ce royaume, sans être obligés
d'employer, à leurs dotations en France, autres et
plus grandes sommes que celles provenant des cessions et ventes autorisées par ladite ordonnance,
dont le préambule explique cette faveur, ainsi qu'il
suit :

« Nos chers et bien aimés cousins, le maréchal
Macdonald, duc de Tarente, et le maréchal Oudi-
not, duc de Reggio, nous ayant exposé que les lois
relatives à l'établissement des majorats n'autori-
saient l'aliénation des biens compris dans leurs dotations qu'à la charge de les remplacer en terres et
domaines de même nature et revenu ; mais que les
circonstances ne permettaient pas ce remplacement
à l'égard des biens situés dans le royaume de Naples, sans une grande diminution de revenus, *et que
cependant différentes considérations politiques
pouvaient rendre avantageuse la prompte disposition des mêmes biens qui ne sont plus aujour-
d'hui à notre domination*, etc. »

— Un autre article du traité du 30 mai 1814 fut
une cause d'amoindrissement pour le domaine extraordinaire.

L'empereur avait fait entrer, dans ce domaine, des
propriétés situées en France, qui avaient été confisquées sur les sujets anglais, par suite du décret du
21 novembre 1806, sur le blocus des îles Britanni-
ques. L'article 9 du traité précité ayant consenti la
restitution, aux anciens propriétaires, de ceux de ces

biens dont il n'avait pas été disposé, le gouvernement ne considéra pas le domaine extraordinaire comme un être moral distinct de l'état, et restitua aux sujets anglais les biens qui avaient été confisqués sur eux et qui se trouvaient encore libres dans le domaine extraordinaire. La restitution s'étendit même à des biens qui avaient été affectés à des donataires, mais dont ceux-ci n'avaient pas pris possession. Ces donataires ont été assimilés à ceux dont les dotations étaient situées en pays étrangers (1).

Quant aux dotations dont les donataires avaient pris possession, le gouvernement mit plus de fermeté à les protéger contre les demandes en restitution formées par les sujets anglais. Ces dotations furent maintenues : les anciens propriétaires des biens confisqués dont elles se composaient furent déclarés n'avoir droit qu'à une indemnité (2).

—Il restait encore, au domaine extraordinaire, un revenu de quatre millions sur des biens immobiliers, situés en France ; mais ce revenu ne tarda pas à être diminué d'une somme de 1,600,000 francs, par suite de la loi du 5 décembre 1814, qui ordonnait de restituer aux émigrés tous les biens confisqués sur eux, qui n'avaient point été vendus et qui se trouvaient aux mains de l'état.

D'après l'article 10 de cette loi, l'état devait même rendre aux émigrés, au fur et à mesure qu'elles rentréraient dans ses mains, par l'effet du droit de

(1) Voir l'arrêt du conseil, du 22 janvier 1832, *Le Cordier c. le ministre des finances.*

(2) Voir l'arrêt du conseil, du 27 août 1817, *Hunt c. le ministre des finances.*

retour stipulé dans les actes d'aliénation, les actions représentant la valeur de canaux de navigation qui avaient été affectés à des dotations.

Mais, pour que la restitution ait pu être faite légitimement aux anciens propriétaires, il a fallu que les actions se trouvassent aux mains de l'état par suite du droit de retour. Le gouvernement n'aurait pu restituer des actions dont il avait été disposé, par l'empereur, en faveur d'un donataire qui n'en avait pas pris possession (1).

449. — Le revenu des débris de l'ancien domaine extraordinaire en France se trouva ainsi réduit à 2,400,000 fr. La plus grande partie était disponible. Mais combien de blessures il y avait à cicatriser avec cette somme!

A défaut des sentimens d'humanité, la politique eût commandé à la restauration de ne pas oublier les blessés. Son attention se porta d'abord sur les plus anciens et aussi les plus modestes des donataires, sur les vétérans des camps de Juliers et d'Alexandrie. Le roi Louis XVIII, dans une ordonnance du 2 décembre 1814, annonça qu'il voulait donner une marque de sollicitude et de bienveillance aux vétérans de ces camps, ainsi qu'aux familles de ces militaires, qui, par l'effet des événemens de la guerre, avaient été dépossédés des terres domaniales qui leur avaient été concédées. En conséquence, il fut accordé :

Aux officiers, sous-officiers et soldats des deux

____

(1) Voir les trois arrêts du conseil, du 18 avril 1833, *les héritiers de Caraman c. Piedanna, c. Petit, et c. Gravet.*

camps, rentrés dans leurs anciens foyers, un doublement de la solde de retraite dont ils jouissaient;

Aux veuves et aux orphelins de ceux qui étaient
décédés dans ces établissemens, une pension qui devait être fixée à raison des grades occupés par les
maris ou pères, d'après le tarif fixé pour l'armée,
par l'ordonnance du 27 août précédent.

Chacun des sous-officiers et soldats devait recevoir, en outre, dans le lieu de sa nouvelle résidence, un secours une fois payé de 5o fr., et chaque
femme et chaque enfant un secours de 25 fr.

450. — La loi du 23 septembre 1814 ayant
adopté, en principe, la suppression de toute distinction entre les fonds généraux du trésor et les fonds
spéciaux, la confusion des créances et dettes respectives du trésor et du domaine extraordinaire fut
opérée, comme conséquence de ce principe.

Le trésor s'est donc ainsi trouvé dispensé de
rembourser, au domaine extraordinaire, les sommes
qui lui avaient été avancées pour des services publics par la caisse de ce domaine. Mais la confusion
établie ainsi au profit de l'état ne peut être étendue
aux communes. Dès lors, si le domaine extraordinaire était créancier d'une ville qui avait elle-même
des créances sur ce domaine et sur le trésor, ladite
ville ne peut prétendre que, d'après la loi du 23
septembre 1814, il y a eu confusion des dettes et
créances respectives, et que, par conséquent, elle
ne doit pas verser au trésor l'excédant de ses créances passives sur ses créances actives (1).

(1) Voir l'arrêt du conseil, du 31 mars 1825, *la ville de Paris c. le
ministre des finances.*

Voilà les seuls actes qui furent faits , à notre connaissance du moins, dans le cours de la première
restauration, relativement aux donataires.

451.—Durant les *cent jours*, un décret impérial
du 6 avril 1815 créa, sous la direction d'un ministre
d'état, *une caisse de l'extraordinaire*, dans laquelle
devait être versée la somme provenant des recettes
casuelles qui n'avaient point été portées au budget,
et qui, en 1814 et 1815, avait été détournée des
caisses du trésor public, au profit de la liste
civile.

La moitié des fonds de la caisse de l'extraordinaire était affectée spécialement à donner des secours
aux propriétaires des habitations qui avaient été
détruites par l'effet de la guerre, en 1814, dans les
départemens composant les anciennes provinces de
l'Alsace, de la Lorraine et de la Champagne.

L'autre moitié devait être employée à donner des
secours aux donataires des sixième, cinquième et
quatrième classes, qui avaient perdu leur dotation,
jusqu'à ce que la liquidation du domaine extraordinaire mît l'empereur en état de faire le remplacement desdites dotations.

La répartition des secours devait être faite dans
les proportions suivantes :

Pour les dotations de sixième classe, à raison de
la moitié du revenu annuel de la dotation ;

Pour les donataires des cinquième et quatrième
classes , à raison du quart dudit revenu.

Des secours devaient être également accordés aux
donataires des trois premières classes ; mais ces secours ne pouvaient s'élever au dessus de ceux qui

avaient été accordés aux donataires de la quatrième classe.

La seconde restauration a laissé ce décret sans exécution.

452. — La loi dite *d'amnistie*, du 12 janvier 1816, a eu, relativement au domaine extraordinaire, des effets qu'il importe de constater.

L'article 3 de cette loi autorisa le roi à éloigner de la France, dans le délai de deux mois, et à priver, de tous les biens et pensions à eux concédés *à titre gratuit*, les citoyens à qui l'article 2 de l'ordonnance du 24 juillet 1815 avait ordonné de sortir de la ville de Paris.

La même loi, en déclarant exclus du royaume, à perpétuité, les ascendans et descendans de Napoléon, ses oncles et ses tantes, ses neveux et nièces, ses frères, leurs femmes et leurs descendans, ses sœurs et leurs maris, déclara qu'ils ne pourraient jouir d'aucuns droits civils, posséder aucuns biens, titres, ni pensions à eux accordés à titre gratuit. (Art. 4.)

Enfin, la loi du 12 janvier 1816, en bannissant, disait-elle, à perpétuité du royaume ceux des régicides qui avaient voté l'acte additionnel ou accepté des fonctions ou emplois de *l'usurpateur*, déclara aussi qu'ils ne pourraient jouir d'aucun droit civil, posséder aucun bien, titre, ni pension à eux concédés à titre gratuit. (Art. 7.)

Le gouvernement de la seconde restauration trouva, dans ces dispositions, les moyens d'accroître les restes du domaine extraordinaire, dont Louis XVIII s'était constitué le dispensateur.

Ainsi, d'abord, une ordonnance royale du 22 mai

1816 préscrivit que le ministre de la maison du roi
ferait prendre possession de tous les biens et revenus concédés à titre gratuit à la famille de Napoléon,
qui avaient fait retour à l'état, par l'effet de la loi
du 12 janvier 1816, pour les revenus et arrérages
être versés au trésor du domaine extraordinaire.

Il y avait exception pour la rente de 670,000 fr.
formant la dotation du duché de Guastalla. Cette
rente devait rester, conformément à l'ordonnance
du 25 mars précédent, affectée au remplacement
des rentes illégalement aliénées en vertu des décrets
impériaux des 8 et 16 mai 1815, sauf à restituer au
domaine extraordinaire une rente égale, qui serait
prise sur les 1,500,000 fr. de rentes déposées à
titre de nantissement à la Banque de France, dès
que ce dépôt serait dégagé.

A l'occasion des arrérages de la dotation de ce
duché de Guastalla, le gouvernement décida que
les arrérages des dotations et pensions des membres
de la famille Bonaparte, qui étaient échus et non
perçus à l'époque de la promulgation de la loi du 12
janvier 1816, ne devaient pas être payés. Une délibération du conseil des ministres, du 5 octobre 1821,
qui servit de base à une décision du ministre des finances, prise le 10 du même mois, portait « que la disposition de l'article 4 de la loi du 12 janvier 1816
était générale ; qu'elle ne distinguait pas les fonds des
dotations gratuites, de leurs fruits non perçus ; que,
dès lors, cet article devait recevoir son exécution,
pour tous les biens et pensions à titre gratuit que
les membres de la famille Bonaparte pourraient
avoir à réclamer contre l'état. »

19.

Un recours au conseil d'état fut dirigé contre cette décision, par la maison de banque J. Laffitte et compagnie, qui était devenue cessionnaire des droits de la princesse Borghèse ; mais ce recours fut rejeté, « attendu que la réclamation tenait à une question politique dont la décision appartenait exclusivement au gouvernement. » (Voir l'arrêt du conseil du 1ᵉʳ mai 1822.)

—Par une autre application de la loi du 12 janvier 1816, une ordonnance du 25 mai 1816, considérant les dotations constituées sur le domaine extraordinaire comme des concessions à titre gratuit, déclara que les donataires qui avaient été exceptés de l'amnistie par la loi du 12 janvier étaient privés de leurs dotations, qui étaient regardées comme ayant fait retour.

Furent ainsi supprimées, d'une part, les dotations des sieurs duc de Dalmatie, Alix, Excelmans, duc de Bassano, Boulay (de la Meurthe), Vendamme, Lamarque, comte de Lobau, Arnault, Pommereuil, Regnault de Saint-Jean-d'Angély, duc de Padoue, Déjean fils, Réal, Durbach, Defermon et Hullin ; et d'autre part, les dotations des sieurs Quinette, Jean de Brie, Milhaud, Berlier, Cambacérès, Fouché et Merlin de Douai.

Le domaine extraordinaire, toutefois, ne profita pas exclusivement de ces réunions, parce que, parmi les biens affectés aux dotations supprimées, il s'en trouvait qui ne s'étaient trouvés dans les mains de l'état que par suite de la confiscation des propriétés des émigrés, et qui furent rendus à leurs anciens propriétaires, en vertu de la loi du 5 décembre 1814.

La légalité·de ces mesures fut contestée ; on soutint que la loi du 12 janvier 1816 , ne dépouillant les bannis que des biens, titres et pensions par eux possédés à titre gratuit, ne pouvait s'appliquer aux dotations qui avaient été concédées pour récompenser de grands services publics, et qui, d'après le sénatus-consulte de 1810 , étaient irrévocables. (Voir ci-dessus , page 263.) D'ailleurs, d'après les titres constitutifs, les enfans mâles étaient, à défaut de leur père, appelés à recueillir les dotations ; pour ceux des bannis qui avaient des fils , la loi de 1816 , en la supposant applicable aux concessions sur le domaine extraordinaire , n'avait donc pas donné ouverture au droit de retour.

Plusieurs des donataires bannis ayant été autorisés, dans le cours de 1818 et de 1819, à rentrer en France, soulevèrent , mais sans succès , ces importantes questions.

L'un d'eux, le comte Defermon, avait reçu en dotation des actions du canal du Midi , confisquées pour cause d'émigration sur un membre de la famille de Caraman, et qui, après le bannissement du donataire , avaient été rendues à l'ancien propriétaire. Rentré en France, en 1818, il réclama la restitution de ses actions et les intérêts échus pendant son absence.

Il fondait sa réclamation sur les considérations que nous avons indiquées tout à l'heure et sur une décision du ministre des finances, en date du 25 janvier 1819, ainsi conçue :

« Le ministre des finances, considérant que l'effet de la décision du 24 décembre 1818 est de remet-

tre les choses au même état où elles étaient à l'époque du 16 janvier 1816, et, par conséquent, de
faire cesser soit le séquestre, soit la réunion au domaine des biens concédés auxdites personnes à titre
gratuit, décide, après avoir pris les ordres du roi :

« Les personnes dénommées aux états ci-dessus
énoncés, et qui sont donataires de biens provenant
du domaine extraordinaire, seront réintégrées dans
la possession et jouissance desdits biens ; les revenus leur seront remis, sous la déduction des frais de
régie et des dépenses légitimement faites.

« S'il s'élève des contestations à raison des droits
que des tiers prétendraient avoir acquis, elles seront
portées devant le comité du contentieux du conseil
d'état. »

Par suite du refus des héritiers de Caraman de
faire droit à la demande du sieur Defermon, le débat fut porté devant le conseil d'état, qui repoussa
les prétentions du donataire dépossédé, par un arrêt
du 29 janvier 1823 (1), que nous croyons devoir
rapporter ici.

« Considérant, quant à l'opposition formée par
le comte Defermon envers l'ordonnance du 25 mai
1816, que cette ordonnance n'est pas de nature à
être attaquée par la voie contentieuse ;

« Considérant, quant à la décision de notre ministre des finances, en date du 25 janvier 1819, que
rien ne peut suppléer à notre signature dans les ac-

(1) On peut consulter aussi un premier arrêt du 14 novembre 1821,
rendu entre les mêmes parties, et qui avait rejeté un pourvoi des héritiers de Caraman contre la décision du ministre des finances, attendu
qu'elle ne préjudiciait en rien à leurs droits.

tes qui sont susceptibles d'en être revêtus ; qu'ainsi, quoiqu'il soit énoncé dans cette décision que le ministre qui l'a rendue avait préalablement pris nos ordres, cette énonciation ne suffit pas pour lui attribuer l'autorité d'une ordonnance émanée de nous, et n'empêche point qu'elle ne doive être uniquement considérée comme une simple décision ministérielle ;

« Considérant, au fond, que la loi du 12 janvier 1816 nous déférait le pouvoir d'éloigner de la France les individus compris dans l'article 2 de notre ordonnance du 24 juillet 1815, et de les priver en outre de tous biens et pensions à eux concédés à titre gratuit ; que, par notre ordonnance du 17 janvier 1816, nous avons déclaré que tous les individus dénommés dans l'article 2 de celle du 24 juillet précédent, et au nombre desquels était le sieur Defermon, seraient tenus de sortir de France ; — Qu'une seconde ordonnance, en date du 25 mai de la même année, porte expressément que les donataires du domaine extraordinaire, exceptés de l'amnistie par la loi du 12 janvier, sont privés des biens de ce domaine dont ils jouissaient à titre gratuit, et que ces biens seront considérés comme ayant fait retour ; — Que le comte Defermon est spécialement mentionné dans cette ordonnance ; — Qu'il résulte de l'article 10 de la loi du 5 décembre 1814 que les actions représentant la valeur des canaux, et dont l'ancien gouvernement avait disposé, doivent être rendues aux anciens propriétaires, aussitôt qu'elles sont retombées dans le domaine de l'état, par l'effet du droit de ré-

tour ; — Que , dès le jour où notre ordonnance du
25 mai a été rendue, les actions dont il s'agit sont
rentrées dans le domaine de l'état , par l'effet du
droit de retour, et ont dû être immédiatement res-
tituées aux anciens propriétaires , conformément à
la loi du 5 décembre 1814 ; — Que la décision par
laquelle nous avons révoqué le bannissement prononcé contre le sieur comte Defermon ne révoque
point la peine pécuniaire à laquelle il avait également été soumis ; que cette révocation ne saurait
résulter d'une décision ministérielle ; —Que nos ordonnances ne peuvent, dans aucun cas, être annulées
ou modifiées par les décisions des ministres ; —
Que, par conséquent, notre ordonnance du 25 mai
a conservé toute sa force, nonobstant la décision de
notre ministre des finances, du 25 janvier 1819 ; —
Que, d'ailleurs, cette décision elle-même réservait les
droits des tiers ; —Que cette réserve recevait, dans
la contestation actuelle, son application naturelle,
et même la seule dont elle fût susceptible ; —Qu'en
effet, quoique la peine dont il s'agit pût être considérée comme révocable tant que les choses auraient
été entières, elle avait cessé de l'être dans l'affaire
actuelle, dès le moment où le droit de retour ayant
été exercé, nous n'aurions pu faire un acte de munificence envers le sieur Defermon, sans dépouiller
les héritiers de Caraman d'une propriété qu'ils
avaient légalement recouvrée. »

—Les mêmes questions ont été reprises, à la suite
de la révolution de juillet, lorsque la loi du 11 septembre 1830 eut disposé que les Français, bannis en
exécution des articles 3 et 7 de la loi du 12 janvier

1816, étaient réintégrés dans tous leurs droits civils et politiques, et pouvaient en conséquence rentrer en France ; qu'ils étaient aussi réintégrés dans les biens et pensions dont ils auraient été privés par suite de ladite loi, sans préjudice des droits des tiers. Cette réintégration a été accordée aussi aux bannis qui antérieurement étaient rentrés en France, en vertu de décisions particulières.

En vertu des dispositions de cette loi, des donataires bannis, qui avaient été privés d'actions du canal du Midi, ont dirigé, contre la famille de Caraman, à laquelle ces actions avaient été rendues, des demandes en restitution. Le conseil d'état a été appelé à prononcer sur ces contestations.

Les héritiers de Caraman ont soutenu que l'ordonnance du 25 mai 1816 ne pouvait être attaquée devant le conseil d'état par la voie contentieuse, attendu qu'elle était purement réglementaire ; qu'elle avait été rendue pour l'exécution d'une loi ; que c'était un réglement d'administration publique, et ils invoquaient l'arrêt précité du 29 janvier 1823. Au fond, ils ont prétendu que la loi du 11 septembre 1830 protégeait la restitution qui leur avait été faite, puisque, en réintégrant les bannis dans les biens et pensions dont ils avaient été dépouillés par suite de la loi du 12 janvier 1816, elle réserve les droits des tiers.

Le conseil d'état a rejeté complètement le système soutenu par la famille de Caraman : voici le texte d'une de ses décisions.

« *Sur les conclusions du sieur Merlin, et d'abord sur la fin de non-recevoir opposée par les sieurs de Caraman :*—Considérant que, aux termes de l'article 1er de la loi du 11 septembre 1830 , le sieur Merlin a été réintégré dans les biens à lui con- cédés à titre gratuit, dont il aurait été privé par suite de l'article 7 de la loi du 12 janvier 1816, sans pré- judice des droits acquis à des tiers, et que les sieurs de Caraman opposent à sa réclamation les droits qu'ils prétendent leur avoir été acquis par l'ordon- nance royale du 25 mai 1816 ; que, dans cet état, le sieur Merlin est recevable dans son opposition à ladite ordonnance ;

« *Au fond :* — Considérant que le requérant ne peut être privé du bénéfice de la loi de 1830 , qu'autant que des tiers auraient acquis des droits sur les actions des canaux réclamées ; — Que les ac- tions dont il s'agit n'avaient fait retour à l'état, ni par la clause de réversibilité, ni par la loi du 12 jan- vier 1816 , qui privait seulement les donataires y désignés de tous les biens et pensions possédés par eux à titre gratuit ; —Que l'ordonnance du 26 mai 1816, rendue pour l'exécution de cette loi ; en a violé le texte et l'esprit, en déclarant, en outre, que les actions des canaux dont avait été investi le sieur Merlin seraient considérées comme ayant fait re- tour ; — Que , par conséquent, les sieurs de Cara- man, qui ne pouvaient , aux termes de la loi du 5 décembre 1814 , rentrer dans la possession des- dites actions qu'autant qu'elles auraient fait retour, sont sans aucuns droits sur celles qui étaient la pro- priété du sieur Merlin (1). »

_____

(1) Voir les arrêts du conseil, du 9 mai 1832, *comte Merlin c. les hé-*

—Une autre décision fort importante, du conseil d'état, est celle qui a été rendue le 11 janvier 1833, et par laquelle il a été statué que l'arrêt du 29 janvier 1823, qui avait rejeté la demande du sieur Defermon père, contre les héritiers de Caraman, ne pouvait être opposée à son fils, parce que le titulaire d'un majorat ne peut porter atteinte, par ses faits personnels, aux droits de son successeur naturel, et que, dès lors, les décisions rendues contre lui ne peuvent avoir l'autorité de la chose jugée, contre le successeur, que quand elles ont porté exclusivement sur le fonds et la propriété de la dotation.

Cet arrêt est ainsi conçu : .

« Vu le décret du 22 décembre 1812(2); vu l'article 30 du sénatus-consulte du 30 janvier 1810, ainsi conçu : — « Toute disposition du domaine extraordinaire faite ou à faire par l'empereur est irrévocable; » — Vu le titre 2 du décret impérial du 26 août 1811, qui déclare que, en cas de confiscation, les titres et les biens y attachés seront dévolus à la personne restée française, appelée selon les lois à succéder au Français déchu ;

« *En ce qui touche l'exception de la chose ju-*

---

ritiers de Caraman; du 9 mai 1832, *comte Berlier c. les héritiers de Caraman*, et du 24 août 1832, *comte Réal c. les héritiers de Caraman.*— Rapprochez l'arrêt du 23 mars 1836; *comte Sieyès c. les héritiers de Choiseul-Gouffier et autres :* cet arrêt a décidé que la possession d'un immeuble décerné spontanément par une loi spéciale, et à titre de récompense nationale, ne pouvait être considérée comme une possession à titre onéreux; que, dès lors, cet immeuble avait pu être réuni au domaine en vertu de la loi du 12 janvier 1816, et restitué à d'anciens propriétaires émigrés, conformément à la loi du 5 décembre 1814.

(2) Voir ci-dessus p. 272.

gée, fondée sur l'ordonnance du 29 janvier 1823 :
—Considérant que le titulaire d'un majorat ne peut jamais porter atteinte, par ses faits personnels, aux droits de son successeur naturel, et que les décisions rendues contre lui ne peuvent avoir l'autorité de la chose jugée, contre le successeur, que quand elles ont porté exclusivement sur le fonds et la propriété du majorat, et qu'elles n'ont pas été fondées sur des faits personnels au titulaire ; considérant, en fait, que l'ordonnance du 29 janvier 1823 ne met en question ni l'importance ni la validité de la concession, faite au sieur Defermon père, des vingt actions revendiquées ; — Que cette ordonnance, rendue sur le pourvoi du sieur Defermon seul, porte uniquement sur les conséquences de la mesure dont il avait été personnellement atteint, mesure qu'elle qualifie de peine pécuniaire ; et qu'il résulte, de son texte et de l'instruction qui l'a précédée, que la question du droit de retour, relativement au successeur éventuel, n'a point été discutée ni jugée ; d'où il suit que l'autorité de la chose jugée ne peut être opposée au sieur Defermon fils, qui, en sa qualité de successeur au majorat, était le seul adversaire contre lequel le retour pût être valablement prononcé ;

« *Au fond :* — Considérant que la dotation accordée au sieur Defermon père était, aux termes des lettres d'investiture du 16 juillet 1810, transmissible à sa descendance directe et légitime de mâle en mâle, par ordre de primogéniture ; — Que la qualité du réclamant, comme fils aîné du titulaire, n'est pas contestée ; — Que la loi du 12 jan-

vier 1816, qui autorisait le roi à priver, de tous
biens et pensions concédés à titre gratuit, les individus compris dans l'article 2 de l'ordonnance du
24 juillet 1815, prononçait une peine personnelle
auxdits individus ; qu'elle n'annulait point, au préjudice des appelés, les majorats constitués au profit
de ces mêmes individus, et qu'ainsi elle n'avait pas
pour conséquence, dans les termes des lettres d'investiture, le retour à l'état des objets compris dans
ces majorats ; — Considérant que, aux termes de
l'article 10 de la loi du 5 décembre 1814, les héritiers de Caraman ne pouvaient rentrer en possession
des actions du canal du Midi qu'autant qu'elles
seraient retournées dans les mains de l'état, par
l'effet du droit de retour stipulé dans les actes d'a-
liénation ; qu'ainsi c'est à tort , et par une fausse
application desdites lois du 5 décembre 1814 et
du 12 janvier 1816, que l'ordonnance du 25 mai
et l'arrêté du sieur de Pradel du 8 août de la même
année ont déclaré que les actions avaient fait retour
à l'état, et ont ordonné qu'elles seraient remises
aux héritiers de Caraman ;

« Art. 1er. — L'ordonnance du 25 mai 1816 est
rapportée, et l'arrêté du 8 août de la même année
est annulé, en tant que lesdites ordonnances et arrêté ont décidé que les actions revendiquées par le
réclamant avaient fait retour à l'état, et que les héritiers de Caraman devaient en être remis en possession. — Art. 2. Le sieur Jacques Defermon, en
sa qualité de fils aîné du feu sieur Defermon, est
déclaré propriétaire des vingt actions du canal du
Midi constituées à son père, suivant les lettres d'in-

vestiture du 16 juillet 1810, à partir du 15 juillet
1831, époque du décès du titulaire immédiat, aux
clauses, charges et conditions énoncées auxdites lettres.—Art. 3. Il sera fait compte audit réclamant des
intérêts et dividendes échus depuis ladite époque. »

453. — Les débris du domaine extraordinaire
ayant été accrus par cette interprétation de la loi
du 12 janvier 1816, une ordonnance royale du 22
mai de cette même année, disposa que les biens
et revenus en provenant étaient spécialement affectés aux secours à distribuer :

1° Aux militaires amputés ;

2° Aux donataires du domaine extraordinaire de
sixième, cinquième et quatrième classes, *restés fidèles au roi ;*

3° Aux militaires des armées royales de l'Ouest
et du Midi, amputés ou mis hors d'état de service, par suite des événemens du mois de mars
1815.

Les secours affectés aux donataires durent leur
être distribués, en raison de leurs besoins, et, « en
attendant qu'on pût reconstituer, sur les retours qui
s'opéreraient, des dotations équivalentes à celles
dont jouissaient les membres dépouillés. »

Les secours furent fixés dans les proportions suivantes : Pour les donataires de la sixième classe, à
raison de la moitié du revenu annuel de la dotation ; pour ceux des cinquième et quatrième classes,
à raison du quart du revenu de ces classes.

Les militaires des armées de l'Ouest et du Midi
furent assimilés aux donataires, savoir : les soldats
et sous-officiers à ceux de la sixième classe ; les of-

ficiers à ceux de la cinquième ; et les officiers supérieurs à ceux de la quatrième.

Il devait être fait, du reste, imputation sur ces
secours des sommes qui avaient pu être payées, à
quelques uns des donataires ci-dessus désignés, depuis la perte de leurs dotations.

454. — Une autre ordonnance royale, également
à la date du 22 mai 1816, statua que les biens
mobiliers et immobiliers, droits et actions du domaine extraordinaire, alors existans, continueraient
à former, sous la même dénomination, un domaine
distinct et séparé de celui de l'état et de la couronne.

L'administration du domaine extraordinaire passait des mains de l'intendant général dans celles du
ministre de la maison du roi : ce ministre devait
avoir sous ses ordres un intendant et un trésorier,
dont le roi devait déterminer les attributions, sur
le rapport du ministre (1).

Le roi se réservait de régler, chaque année, le
budget du domaine extraordinaire, sur le rapport
du ministre de sa maison ; il voulait en conserver la
libre disposition.

Toute disposition légale et réalisée par une transmission effective faite, jusqu'à ce jour, des biens
du domaine extraordinaire, devait sortir son plein
et entier effet, en tant qu'il n'y avait pas été dérogé
par des traités et conventions ou par des lois spéciales.

—————

(1) Elles furent déterminées par une ordonnance royale, du 8 juin
1816.

Les réglemens antérieurs concernant le domaine extraordinaire devaient continuer à être exécutés, en tout ce qu'ils n'avaient pas de contraire aux dispositions nouvelles.

Enfin, le ministre de la maison du roi était chargé de dresser et de présenter au roi, le plus promptement possible, un état général de la situation, de la consistance et des ressources actuelles du domaine extraordinaire. Il devait aussi proposer au roi les moyens les plus convenables pour venir au secours des donataires blessés ou pauvres, qui avaient perdu leurs dotations.

455. — Nous avons dit ce que l'ordonnance du 2 décembre 1814 avait fait pour les vétérans des camps de Juliers et d'Alexandrie et pour leurs familles ; mais l'article 25 de la loi du 25 mars 1817, ayant disposé que le ministre des finances ne pourrait faire inscrire ni payer aucune pension, dont la création n'était pas justifiée comme le prescrivait cette loi, ou *dont le montant dépassait le maximum fixé* PAR LES LOIS, le paiement du doublement de la solde de retraite des vétérans fut suspendu, le 1er avril 1817.

— La loi de finances du 15 mai 1818 prescrivit (par son article 98) d'accorder aux vétérans un secours proportionné au fonds disponible du domaine extraordinaire.

Ce secours ne pouvait, toutefois, excéder : pour les commandans, le quart du revenu des donataires de la quatrième classe ; pour les officiers, le quart du revenu des donataires de la cinquième classe ; pour les sous-officiers et soldats, la moitié du revenu des donataires de la sixième; pour les veuves, un semestre de leurs pensions.

456. — Cette loi du 15 mai 1818 contenait d'autres dispositions importantes, relativement au domaine extraordinaire.

Ce domaine a été réuni par elle au domaine de l'état : en conséquence, les dotations et majorats qui, en vertu de leur concession, étaient réversibles au domaine extraordinaire, ont dû et doivent encore, dans les cas prévus par les statuts et décrets, faire retour au domaine de l'état.

L'administration des domaines et de l'enregistrement dut prendre possession, au nom de l'état, de l'actif du domaine extraordinaire, recevoir le compte de l'actif alors existant dans la caisse de ce domaine, faire verser à la caisse des dépôts et consignations la somme restée sans emploi, au moment de l'établissement du compte de l'actif. (Art. 95.)

La même administration dut poursuivre le recouvrement des créances du domaine extraordinaire, en percevoir les revenus, et mettre en vente, dans la forme usitée pour l'aliénation des domaines nationaux, les biens-fonds et maisons non affectés à des dotations.

Le produit de ces recouvremens et de ces ventes a dû également être versé à la caisse des dépôts et consignations, pour être employé à des achats de rentes sur le grand-livre.

Les détails concernant l'administration du domaine extraordinaire durent former la matière d'un chapitre particulier, dans le compte général annuel de l'administration des finances. (Art. 96 et 99.)

457. — L'article 97 ordonna de dresser, pour la prochaine session, un état des donataires et de leurs veuves, divisé par classes. Cet état dut présenter : 1° le nom de chaque donataire ; 2° le titre auquel la dotation lui avait été accordée, soit avant, soit depuis le 1er avril 1814 ; 3° le montant de cette dotation ; 4° à l'égard des veuves, les pensions auxquelles chacune d'elles pouvait prétendre.

Il paraît que des faveurs de cour avaient absorbé une partie du domaine extraordinaire ; ce fut pour mettre fin à ces libéralités abusives que furent portées les prescriptions que nous venons de transcrire.

— Mais, en attendant que le législateur pût statuer, d'une manière définitive, en connaissance de cause, à l'égard du domaine extraordinaire, il importait de venir aux secours des donataires. Dans ce but, la loi de 1818 permit d'accorder, sur les produits de ce domaine, des secours aux donataires des quatrième, cinquième et sixième classes, ainsi qu'aux autres donataires, amputés ou orphelins, qui avaient perdu leurs dotations.

Les militaires des armées de l'ouest et du midi, amputés ou mis hors de service, continuèrent d'être assimilés aux donataires et durent, comme eux, recevoir des secours sur les revenus du domaine extraordinaire.

Les secours ne purent excéder : pour les donataires de sixième classe, la moitié du revenu de leur dotation ; pour tous les autres, le quart de ladite dotation ; pour les veuves, un semestre de leurs pensions. (Art. 98.)

Cette loi était, quant aux donataires, une amélioration des ordonnances antérieures ; d'abord, elle étendait la distribution des secours aux amputés, aux orphelins, aux veuves de toutes classes ; ensuite, elle préparait la liquidation de l'ancien domaine extraordinaire, et empêchait qu'on ne continuât à l'appauvrir par des actes clandestins.

458.— Une loi du 14 juillet 1819 a, par son article 8, abrogé les dispositions de l'article 98 de la loi du 15 mai 1818, qui assimilait les vétérans des camps d'Alexandrie et de Juliers aux donataires des quatrième, cinquième et sixième classes.

Ces vétérans, ainsi que les veuves et les orphelins de ceux qui étaient décédés, tant sur les établissemens que depuis leur rentrée en France, ont dû être inscrits au livre des pensions, pour une somme égale à leur solde de retraite, en indemnité des domaines nationaux qui leur avaient été concédés par la loi du 1er floréal an 11.

Ces pensions ont été déclarées réversibles sur la tête de leurs veuves.

Enfin, les arrérages du doublement de solde, accordés par l'ordonnance du 2 décembre 1814, et suspendus, comme nous l'avons expliqué, au 1er avril 1817, durent être acquittés, sauf déduction des sommes reçues du domaine extraordinaire, en vertu de l'article 98 de la loi du 15 mai 1818.

Le sort des vétérans des deux camps et de leurs familles a été ainsi définitivement fixé.

—Il faut remarquer qu'il n'a été déterminé, à ces vétérans, aucun délai, à peine de déchéance, pour réclamer l'inscription de la pension que leur accorde la loi du 14 juillet 1819.

20.

Ils peuvent même faire leur réclamation, à ce sujet, sans résider sur le territoire français, pourvu que leur absence ait été autorisée par le roi, sauf la réduction du tiers de la pension (1).

Mais les vétérans qui ont droit à la pension dont il s'agit sont ceux-là seulement qui ont été obligés de quitter les camps, par suite des événemens militaires de 1814. Eux seuls, en effet, peuvent être assimilés aux donataires dépossédés.

Ainsi la pension ne peut être réclamée par un vétéran qui, bien avant 1814, avait été expulsé de son camp, en vertu d'un décret impérial, par mesure disciplinaire.

La veuve ne peut avoir, à cet égard, plus de droits que le mari.

En vain prétendrait-on que les concessions domaniales faites aux vétérans, dans les camps de Juliers et d'Alexandrie, étant le prix du sang versé pour la patrie, constituaient une propriété à titre onéreux, dont les vétérans ne pouvaient être dépouillés même par le chef de l'état (2).

459. — Une ordonnance royale, du 19 août 1818, non insérée au Bulletin, statua que les titulaires de majorats, qui avaient reçu des sommes pour leur faciliter l'acquisition d'un hôtel ou d'une maison destinés à devenir le siége du majorat, pourraient employer cette somme soit à l'acquisition d'un hôtel, soit à l'achat de rentes cinq pour cent consolidés, avec immobilisation.

_____

(1) Voir l'arrêt du conseil, du 5 décembre 1828, *Le Normand*.
(2) Voir l'arrêt du conseil, du 29 janvier 1839, *veuve Allard*.

Une autre ordonnance royale, en date du 22 février 1821, non insérée au Bulletin, a décidé qu'il
serait fait, en exécution du décret du 3 mars 1810,
aux titulaires de majorats provenant du domaine
extraordinaire, qui n'auraient pas justifié de l'emploi
de la somme à eux remise par le gouvernement, pour
se procurer un hôtel ou une maison d'habitation destinés à devenir le siége de leur majorat, une retenue du tiers du revenu annuel dudit majorat, ou de
la portion qu'ils en ont conservée, à moins que lesdits titulaires n'aient fourni ou ne fournissent une
hypothèque suffisante.

Cette retenue devait être exercée, sur les majorats
ou dotations en rentes cinq pour cent consolidés, à
compter du 22 mars 1821, et ce au moyen de la
distraction qui devait être faite, sur l'inscription
dont jouit le titulaire, du tiers de son montant annuel. Ce tiers devait être porté au compte d'accroissement des majorats, ouvert en exécution du décret
du 4 juin 1809, pour y être capitalisé de la même
manière que les autres rentes portées à ce compte.

Les titulaires des majorats, soumis à la retenue
ci-dessus prescrite, doivent être mis en possession
des rentes qui en proviennent, lorsqu'elles ont atteint, par l'accumulation des produits et au coûrs
du temps, la somme à rétablir. Ils jouissent de ces
rentes aux mêmes titres que des autres revenus du
majorat, et sous les conditions de réversibilité sti-
pulées par les statuts du 1er mars 1808, 4 mai 1809
et 3 mars 1810.

Toutefois ces rentes peuvent, avec l'autorisation
spéciale du roi, être aliénées, conformément à l'ar-

ticle 35 du décret du 3 mars 1810, à la charge de
les remplacer par une maison d'habitation, qui soit
au moins d'égale valeur. (Art. 1er, 2, 3 et 4.)

Les dispositions établies par cette ordonnance,
à l'égard des titulaires de majorats, s'appliquent
incontestablement à ceux qui sont appelés à les recueillir à leur mort : succédant aux avantages de la
dotation, ils doivent aussi succéder aux charges.

Ainsi, lorsqu'un majorat comprenait une somme
de 100,000 fr., destinée à l'acquisition d'un hôtel à
Paris, le neveu du donataire, qui a recueilli le majorat, doit justifier que les 100,000 fr. ont été
employés soit à l'acquisition d'un hôtel, soit à
un achat de rentes immobilisées au grand-livre.
S'il n'a pas fait cette justification, c'est à bon
droit que le ministre des finances, par application
de l'ordonnance royale du 22 février 1821, prescrit une retenue du tiers sur les revenus du majorat. Le neveu ne peut prétendre qu'il s'agit non pas
d'une charge du majorat, mais d'une dette personnelle de son oncle, dette qu'il ne peut être tenu
d'acquitter, puisqu'il n'est pas son héritier, et qu'il
est seulement appelé à recueillir le titre et la dotation qui lui avaient été accordés (1).

460. — Cependant la situation des donataires de
l'ancien domaine extraordinaire restait toujours
dans le provisoire ; les trois premières classes, qui
avaient éprouvé les mêmes pertes que les trois dernières, continuaient d'être privées de tout dédom-
magement; et toutefois l'état se trouvait en posses-

(1) Voir l'arrêt du conseil, du 16 mars 1837, le comte Leblond de
Saint-Hilaire c. le ministre des finances.

sion d'une ressource, dépendant du domaine extraordinaire, qui pouvait suffire pour accorder des
indemnités à tous les donataires privés de leurs dotations en pays étranger.

Le gouvernement s'occupa enfin de consacrer les
débris du domaine extraordinaire à réparer, autant
que possible, les pertes des donataires, même de
ceux qui avaient dû croire naturellement que ces
pertes étaient irréparables.

Ces intentions bienveillantes se manifestèrent dans
la session de 1820.

461. — Le 17 mars 1821, le ministre des finances (M. Roy) présenta, au nom du gouvernement,
un projet de loi qui avait pour but de faire participer aux dédommagemens tous les donataires dépossédés. On voulait accorder, à chacun d'eux,
une inscription au grand-livre, en cinq pour cent,
valeur du 22 septembre 1821, en indemnité de sa
dotation ; il devait alors jouir de sa rente, au même
titre et sous les mêmes conditions qu'il avait joui de
la dotation.

La commission de la chambre des députés, chargée
de l'examen préalable du projet, adoptant le principe
du gouvernement, pensa que les donataires avaient
des droits réels sur les biens qu'ils avaient perdus ;
que leurs descendans mâles, par ordre de primogéniture, les avaient aussi ; qu'il y avait, dès lors, lieu à
l'indemnité ; que l'indemnité devait avoir le même
caractère que l'objet qu'elle remplaçait ; enfin, que
l'intervention de la loi était nécessaire, puisque le
domaine extraordinaire était réuni au domaine de
l'état.

La commission proposait, en outre, de laisser les extinctions entre les mains du prince, pour récompenser les personnes qui auraient rendu des services, mais qui n'avaient pas de droits légaux à la pension; c'était une pierre d'attente pour le rétablissement du domaine extraordinaire.

Les chambres, dont les élections du double vote venaient de modifier la majorité, dans un sens peu favorable à tout ce qui tenait au régime impérial, se sont écartés de ces données, dans la loi qui a pris la date du 26 juillet 1821.

— D'abord, cette loi règle le sort des donataires entièrement dépossédés de leurs dotations en pays étrangers, et n'ayant rien conservé en France; puis celui des donataires dépossédés par portion; enfin celui des militaires des armes royales de l'ouest et du midi.

— Les premiers, ceux qui n'avaient rien conservé en France, ainsi que les veuves et les enfans de ceux qui étaient décédés, purent être inscrits au livre des pensions, en indemnité des dotations qu'ils avaient perdues, pour une pension dont le taux était réglé ainsi que nous allons l'expliquer.

Mais, avant tout, nous devons faire connaître que, se fondant sur ces mots *pourront être inscrits*, le conseil d'état (1) a décidé que la disposition de la loi est purement facultative; qu'en conséquence un donataire dépossédé qui se prétend dans les cas prévus par la loi, pour obtenir une pension, ne peut récla-

(1) Voir l'arrêt du 21 mai 1823, *le comte Tascher de la Pagerie c. le ministre des finances.*

mer devant le conseil d'état, par la voie contentieuse, contre une décision du ministre des finances qui lui refuse cette pension. Nous doutons que le conseil d'état rendît aujourd'hui une pareille décision. Il a été saisi, dans ces dernières années, de plusieurs pourvois relatifs à des pensions de donataires (voir ci-après page 314), et la fin de non-recevoir dont il s'agit ne paraît pas même avoir été soulevée.

Voici, du reste, quel est le taux des pensions accordées par la loi du 26 juillet 1821.

Pour les donataires des première, deuxième, troisième et quatrième classes, 1,000 fr.

Pour ceux de cinquième classe, 500 fr.

Pour ceux de sixième classe, 250 fr.

Les pensions furent déclarées réversibles sur la veuve et les enfans, filles et garçons, des donataires.

La veuve et les enfans, au décès du donataire, doivent posséder la pension par égale portion. Il y a réversibilité en faveur du survivant de la veuve et des enfans; l'extinction n'a lieu qu'après le décès du dernier survivant. (Art. 1er.)

La réversion de ces pensions est naturellement soumise aux mêmes règles que celles des dotations.

Dès lors, comme les dotations ne pouvaient être transmises aux enfans adoptifs des donataires qu'autant que leur adoption aurait été autorisée par le chef de l'état, il suit de là que les enfans adoptifs d'un donataire dépossédé ne peuvent réclamer la réversibilité de sa pension, si leur adoption n'avait pas été autorisée dans les règles prescrites.

Il n'y a pas lieu de distinguer s'il y avait un titre

attaché à la dotation (voir ci-dessus page 266). On
ne peut pas non plus soutenir que l'autorisation du
chef de l'état était nécessaire pour les mâles seulement (1).

Le roi a dû faire dresser et arrêter les listes des
donataires, et faire publier, au Bulletin des lois, la
liste des pensions. (Art. 1er.)

—Quant aux donataires dépossédés d'une portion
de leur dotation, si la portion restant était inférieure
à l'indemnité accordée par la loi à leur classe, ils
ont pu demander le complément ou une pension
égale à la différence. (Art. 2.)

— On a persisté à ranger, avec les donataires de
l'ancien domaine extraordinaire, les militaires des
armées royales de l'ouest et du midi. Ils ont reçu de
cette loi des pensions ainsi réglées :

Les officiers supérieurs............. 300 fr.
Les autres officiers............. 200
Les sous-officiers................ 150
Les soldats. 100

La réversibilité aux veuves et aux enfans a été admise, d'après les règles suivies pour les donataires
du domaine extraordinaire. (Art. 3.)

Les veuves qui étaient en possession de pensions
sur les dotations durent être inscrites au livre des
pensions du trésor, avec jouissance du 22 décembre
1821, pour la somme assignée à la classe dans laquelle elles étaient placées. (Art. 4.)

Quarante-six pensions sur le domaine extraordi-

(1) Voir l'arrêt du conseil, du 14 octobre 1831, *la dame Henry c. le ministre des finances.*

naire, montant à 65,000 fr., qui n'étaient pas assignées sur les dotations, durent pareillement être inscrites au livre des pensions du trésor, avec jouissance du 22 décembre 1821, et être payées intégralement, suivant leurs fixations actuelles. (Art. 5.)

Toutes ces pensions ont été affranchies des lois sur le cumul. (Art. 6.)

D'après ces arrangemens, tous les immeubles ont dû être vendus, suivant le principe posé dans la loi de 1818, et le produit a dû être employé, par la caisse des consignations, à des achats de rentes qui ont dû être immédiatement annulées. (Art. 7.)

1,054,810 fr. de rentes, appartenant à la partie non affectée de l'ancien domaine, ont dû être rayés du grand-livre. (Art. 9.)

400,000 fr. de rentes, restant sur les 500,000 fr. affectés aux grandes charges de la couronne, par le décret du 13 février 1810, ont dû être pareillement rayées, à partir du 22 mars 1822. (Art. 10.)

Mais les soldes en caisse et les revenus à percevoir dans le courant de 1821 ont dû être employés tant à solder ce qui restait dû des indemnités autorisées par la loi du 15 mai 1818 et par l'ordonnance du 1er avril 1820 qu'à payer, pour 1821, aux donataires et pensionnaires y désignés, une somme équivalente auxdites indemnités. (Art. 8.)

Enfin la loi du 26 juillet 1821 contient des dispositions spéciales pour les dotations sur les canaux, dont les titulaires étaient absens.

Ainsi, elle a prononcé l'envoi en possession provisoire des anciens propriétaires dépossédés, lorsque cinq années s'étaient écoulées à partir de l'acte

constitutif des dotations, sans que les titulaires, ou
les appelés à leur défaut, se fussent présentés, par
eux-mêmes ou par leurs fondés de pouvoirs, munis
de la preuve de leur existence, pour réclamer les actions comprises dans les dotations qui les concernaient. Toutefois, après l'envoi en possession provisoire des anciens propriétaires, les actions devaient
continuer de rester sous les noms des titulaires,
avec les mêmes numéros qui se trouvaient désignés
dans le titre constitutif des dotations. (Art. 11.)

L'équivalent d'un semestre échu de la totalité
des actions présumées vacantes est toujours laissé
à la caisse des consignations, comme premier gage
des dividendes perçus à restituer aux titulaires absens qui se présenteraient, ou à leurs ayant-droit.
(Art. 12.)

Lorsqu'il s'est écoulé trente ans, à compter du
jour de l'envoi en possession provisoire, sans que
ces titulaires aient réclamé, ou qu'on ait rapporté la
preuve de leur existence, l'envoi en possession devient définitif, conformément au Code civil, et les
actions sont rendues aux anciens propriétaires et re-
placées sous leurs noms.

Il en est de même dans le cas où, avant l'expiration des trente années ci-dessus mentionnées, on
justifie soit de l'acte de décès des titulaires, soit de
l'accomplissement des formalités prescrites par les
lois, pour suppléer à ces actes et constater le décès
des titulaires absens. (Art. 13.)

—Ainsi, la plupart des donataires de l'ancien domaine extraordinaire, de fieffataires qu'ils étaient,
sont devenus de simples pensionnaires de l'état.

Leurs pensions figurent ; au budget des dépenses, sous le titre *de pensions des donataires*.

462. — En 1821, on comptait 3,170 donataires pensionnés.

Ils étaient ainsi répartis : 205 des trois premières classes, 675 de la quatrième, 630 de la cinquième et 1,660 de la sixième.

On comptait, en outre, 260 veuves, mères ou sœurs de donataires en possession de pensions sur les dotations : 45 appartenaient aux trois premières classes, 75 à la quatrième, 66 à la cinquième et 74 à la sixième.

Les pensions s'élevaient en totalité à 1,766,900 fr., savoir : 1° 1,610,000 fr. pour les donataires ; 2° 138,000 fr. pour les veuves, mères et sœurs ; 3° 18,900 fr. pour les pensions de 160 militaires des armées de l'ouest et du midi.

Au 1er janvier 1839, les pensions de donataires inscrites au trésor public étaient au nombre de 2,837, montant à 1,389,860 fr.

Ce nombre sera réduit inévitablement, dans le cours de l'année, par suite de décès ; mais il faut remarquer que, d'après la loi du 26 juillet 1821, il y aura lieu à de nouvelles inscriptions au profit des veuves et des enfans des donataires décédés. Des pensions supprimées, pour défaut de réclamation des arrérages pendant trois ans, pourront aussi être rétablies.

463. — La liquidation de l'ancien domaine extraordinaire, prescrite par les lois du 15 mai 1818 et 26 juillet 1821 (voir ci-dessus, p. 305 et 315), n'est pas encore terminée.

Au 1ᵉʳ janvier 1839, il y avait encore à recouvrer quatorze créances actives, montant à la somme de 1,929,640 fr. 44 c. Plusieurs de ces créances étaient contestées ; pour quelques autres, les créanciers étaient considérés comme peu solvables.

A la même époque, les immeubles provenant du domaine extraordinaire, qui restaient à aliéner, étaient au nombre de deux seulement, savoir : 1° des biens provenant du comte de Sickingen, situés dans le département du Bas-Rhin ; 2° le domaine de La Mothe-Sainte-Héraye, situé dans le département des Deux-Sèvres, qui récemment a fait retour à l'état, par suite du décès, sans postérité masculine, du maréchal comte de Lobau. Le premier de ces immeubles est évalué à 316,000 fr. : sa vente est suspendue, parce qu'il est l'objet d'un litige entre l'état et les héritiers de Sickingen. Le second est évalué à 500,000 fr.

Au 1ᵉʳ janvier 1839, il existait, à la caisse des dépôts et consignations, 190,045 fr. 80 c., affectés, par l'article 8 de la loi du 26 juillet 1821, au paiement des indemnités arriérées. (Voir ci-dessus, p. 315.)

Les recettes effectuées sur l'ancien domaine extraordinaire, en 1838, se sont élevées à 767,493 fr. 13 c., provenant de créances réalisées, de revenus de biens de toute nature et d'intérêts de prix de vente.

D'après la loi du 26 juillet 1821 (voir ci-dessus, p. 315), ces sommes devaient être employées à des achats de rentes sur le grand-livre, qui étaient amorties immédiatement. Mais l'article 12 de la

loi du 8 juillet 1837, contenant réglement du budget de l'exercice 1834, a rapporté cette disposition
et statué que le produit des recouvremens dont il
s'agit serait, à partir du 1ᵉʳ janvier 1837, appliqué
au budget général de l'état.

Du reste, le compte spécial, prescrit par l'article 99, de la loi du 15 mai 1818, doit continuer
d'être annexé au compte général des finances, jusqu'à l'entière réalisation de l'actif de l'ancien domaine extraordinaire.

Voici les motifs qui ont dicté cet article. Le système général d'amortissement établi par la loi du 10
juin 1833, et qui a assigné, sur les fonds de l'état, une
dotation proportionnelle aux diverses classes de
rentes, a rendu inutile et embarrassant le partage
entre elles des produits fort variables et très peu
considérables de l'ancien domaine extraordinaire.
L'application de ces produits au budget général
de l'état a paru meilleure (1).

En conséquence, les 767,493 fr. 13 c. réalisés en
1838 ont été versés au trésor public (2).

464. — La loi du 2 mars 1832, constitutive de
la liste civile du roi régnant, a déclaré (art. 25)
qu'il ne sera plus formé de domaine extraordinaire;
qu'en conséquence tous les biens meubles et immeubles, acquis par droit de guerre ou par des traités

----

(1) Rapport fait à la chambre des députés, séance du 28 mars 1837,
au nom de la commission chargée d'examiner le projet de loi relatif au
réglement définitif des comptes de l'exercice 1834, par M. Bignon, de la
Loire-Inférieure.

(2) Voir le compte général de l'administration des finances pour l'année 1838, première partie, pages 538 et suivantes.

patents ou secrets, appartiendront à l'état, sauf toutefois les objets qu'une loi donnerait à la couronne.

C'est le gouvernement lui-même qui a proposé
cette disposition. L'existence d'un domaine extraordinaire lui paraissait injuste : «Ce n'est pas au souverain, disait-il, mais à la nation, que doivent appartenir les domaines et les trésors acquis avec le
sang de la nation (1). »

Et la commission de la chambre des députés, chargée de l'examen préalable du projet de loi, louait
cette proposition « comme un retour à la pureté de
notre ancien droit, où, comme le disait le procureur général de la Guesle, « c'est une maxime de nos
« docteurs que, pour le regard de la conquête qui
« se fait avec les armes, forces et finances publiques
« et par le sang des hommes, le droit du domaine
« public est sans difficulté (2). »

Par application de ces principes, le trésor du
dey d'Alger, pris par l'armée française, lors de la
conquête de la régence, a été versé au trésor et employé aux dépenses publiques.

465. — Nous avons fait connaître, dans l'exposé
qui précède, les décisions rendues par le conseil
d'état sur les contestations qui lui ont été soumises
relativement au domaine extraordinaire. Nous
croyons devoir présenter ici une sorte de résumé

---

(1) Exposé des motifs lu, par le président du conseil des ministres, à
la chambre des députés, le 4 octobre 1831.
(2) Rapport fait par M. de Schonen, à la chambre des députés, séance
du 29 décembre 1831.

de cette jurisprudence, en ce qui concerne la compétence, afin qu'on puisse mieux en saisir les règles.

—Les contestations qui ont pour objet l'interprétation des actes constitutifs des dotations doivent être jugées par l'autorité administrative.

S'agit-il, par exemple, de décider si le fils puîné d'un donataire peut, après la mort de son frère aîné, recueillir la dotation dont celui-ci avait été investi au décès de son père, c'est au conseil d'état qu'il appartient de statuer sur le recours exercé contre la décision du ministre des finances qui accorde ou refuse la transmission de la dotation (1).

— C'est aussi au conseil d'état qu'il appartient de statuer sur les droits de propriété qui peuvent résulter, pour les donataires, des actes constitutifs de leurs dotations, à l'égard des tiers (2).

— C'est encore au conseil d'état qu'il appartient de statuer, lorsqu'il s'agit de déterminer les obligations auxquelles le successeur d'un donataire est tenu vis-à-vis de l'état, par exemple, pour l'emploi d'une somme comprise dans un majorat (3).

— L'autorité administrative est compétente, à

(1) Voir les deux arrêts du conseil, du 4 septembre 1822, *le duc de Rivoli c. les héritiers de Caraman*, et *c. le duc d'Orléans*.

(2) Voir les arrêts du conseil, du 27 août 1817, *Hunt c. le ministre des finances*; du 22 janvier 1823, *Le Cordier c. le ministre des finances*; du 29 janvier 1823, *Defermon c. les héritiers de Caraman*; du 9 mai 1832, *Merlin c. les héritiers de Caraman*; du 9 mai 1832, *Berlier c. les héritiers de Caraman*; du 24 août 1832, *Réal c. les héritiers de Caraman*; du 11 janvier 1833, *Defermon c. les héritiers de Caraman*; du 18 avril 1833, *les héritiers de Caraman c. Piédanna, c. Petit et c. Gravet*.

(3) Voir l'arrêt du conseil, du 16 mars 1837, *Le Blond de Saint-Hilaire c. le ministre des finances.*

l'exclusion de l'autorité judiciaire., pour. statuer sur la validité et le sens d'une décision royale dont se prévaut un créancier du domaine extraordinaire, pour établir sa libération.

. Ainsi, par. exemple, si l'administration des domaines a formé une demande pour être autorisée à se faire délivrer une seconde grosse d'une obligation souscrite au profit du domaine extraordinaire par un créancier de ce domaine, et que le créancier oppose une exception tirée de ce qu'une décision royale l'aurait libéré de son obligation, l'autorité administrative est seule compétente pour apprécier le mérite de cette exception (1).

— C'est à l'autorité administrative qu'il appartient de statuer sur les difficultés relatives à la concession ou à la réversion des pensions des donataires (2).

—Il en est de même en ce qui concerne les arrérages, par exemple, pour l'application de la déchéance faute de réclamation pendant trois ans (3).

— Il faut remarquer que le règlement des pensions des donataires proprement dits est dans les attributions du ministre des finances, qui statue sur les contestations y relatives, sauf recours au conseil d'état, tandis que le règlement des pensions des

___

. (1) Voir l'ordonnance royale, du 27 octobre 1837, rendue sur un arrêté de conflit pris par le préfet de la Gironde (*affaire des héritiers Ducru c. l'administration des domaines*).

. (2) Voir les arrêts du conseil, du 3 décembre 1828, *Le Normand;* du 14 octobre 1831, *dame Henry;* du 16 novembre 1832, *Rocanus-Dufeux;* du 24 août 1834, *veuve Dufeux;* du 29 janvier 1839, *veuve Allard.*

. (3) Voir les arrêts du conseil, du 3 décembre 1828, *Le Normand;* du 28 juillet 1838, *Target.*

vétérans des camps de Juliers et d'Alexandrie paraît être rangé dans les attributions du ministre de la guerre, sans doute parce que ces pensions sont considérées comme un supplément à une pension militaire. Du moins, dans une affaire de ce genre, qui a été portée récemment devant le conseil d'état, et où il s'agissait d'une pension réclamée par la veuve d'un vétéran du camp d'Alexandrie, la décision attaquée émanait du ministre de la guerre. Il est vrai que la veuve réclamait, en même temps, la réversion de la pension militaire dont jouissait son mari, comme lieutenant en retraite (1). Dans une autre affaire jugée, en 1828, par le conseil d'état, sur le pourvoi d'un vétéran qui réclamait sa pension, en vertu de la loi du 14 juillet 1819, la décision attaquée émanait du ministre des finances (2).

SECTION V.

Du domaine départemental.

SOMMAIRE.

466.—Le département, personne civile.
467.—Origine et caractère de la propriété départementale.
468.—Différence entre le domaine départemental et le domaine communal.
469.—Ce que comprend le domaine départemental.
470.—Importance et valeur de ce domaine. — Mesures prises pour les constater.

466. — Tous les doutes qui s'étaient produits

(1) Voir l'arrêt du conseil, du 29 janvier 1839, *veuve Allard.*
(2) Voir l'arrêt du conseil, du 5 décembre 1828, *Le Normand.*

jusque-là ont été levés par la loi du 10 mai 1838 : le département compte désormais, dans notre législation, parmi les personnes civiles. Comme l'état et la commune, il est propriétaire; il a les mêmes droits; il obtient les mêmes garanties. Nous ne rappellerons pas ici les discussions qui ont eu lieu dans les écrits des publicistes et à la tribune des deux chambres, sur les dangers politiques que pouvait offrir la reconnaissance légale de l'existence civile des départemens, mais il n'est pas sans intérêt de rechercher l'origine et de fixer le véritable caractère de la propriété départementale.

467. — L'assemblée constituante, en établissant les départemens, n'entendait créer que des divisions territoriales; elle ne voulut les substituer à aucun des droits appartenant à quelques unes des anciennes provinces et qui auraient pu les faire considérer comme des personnes civiles : ces droits passèrent à l'état, qui prit en revanche les dettes à sa charge. Ainsi la loi des 12-17 avril 1791 déclara « que toutes les propriétés tant mobilières qu'immobilières, appartenant aux ci-devant pays d'état, à titre collectif, étaient déclarées domaines nationaux, » en conséquence de ce que les dettes de ces pays étaient mises à la charge de la nation.

Cependant c'est l'assemblée constituante qui a déposé, dans la législation, les premiers germes de la propriété départementale.

En effet, une loi des 10-30 avril 1791 imposa, aux directoires de département et de district, l'obligation d'acheter ou de louer, chacun aux frais de leurs administrés respectifs, les édifices qui pourraient leur être nécessaires pour leurs établissemens, sans qu'aucun membre desdits corps administratifs pût y être logé.

D'autre part, la loi des 22 décembre 1789-10 janvier 1790 admit la possibilité de séparer les dépenses générales de l'état des dépenses des départemens (v. section 3, art. 6 de ladite loi); et, lors de l'établissement des contributions foncière et mobilière, on distingua, du principal, les sous pour livre additionnels, destinés à couvrir les dépenses de département et de district, c'est-à-dire les frais de leur administration et ceux des tribunaux et juges.

Il semble que la convention ait pressenti que ces dispositions pouvaient tendre à isoler les départemens de l'état, et préparer leur admission au nombre des personnes civiles; en effet, un décret du 19 fructidor an 2 (4 septembre 1794) statua « que la distinction entre le principal et les sous pour livre additionnels, pour les dépenses de département et de district, était supprimée; que ces sous additionnels seraient réunis au principal, pour ne former qu'une seule masse et être versés indistinctement au trésor public; que les frais d'administration des départemens et des districts, et ceux des tribunaux ou juges, feraient partie des dépenses générales de la république. »

Ces dispositions ne peuvent surprendre, de la part d'une assemblée qui, pour écarter tout ce qui pouvait compromettre, dans l'avenir, l'unité nationale, avait aboli la propriété des communes et des établissemens de bienfaisance; mais elles furent de courte durée.

Une loi du 28 messidor an 4 (16 juillet 1796) reprit et étendit l'ancienne division des dépenses publiques, et mit à la charge des départemens, sous le nom de dépenses d'administration, les dépenses des administrations centrales, des corps judiciaires, de la police intérieure et locale, de l'instruction publique et des prisons. Cette distinction fut maintenue par les lois du 15 frimaire an 6 (5 décembre 1797), 11 frimaire an 7 (1er décembre 1798), et du 2 ventose an 13 (21 février 1805).

La nécessité de pourvoir aux exigences de ces divers services entraîna les départemens dans des acquisitions d'immeubles et de meubles plus ou moins considérables, qui, par le fait, leur constituèrent une propriété. Quant à la reconnaissance du droit, elle commença par le décret inédit du 25 mars 1811 (voir ci-après, pag. 336 et suiv.), relatif au mobilier des préfectures, qui détermina leurs obligations sur ce point. Mais cette reconnaissance date surtout du décret du 9 avril 1811, qui concéda gratuitement aux départemens, arrondissemens et communes, *la pleine propriété* des édifices et bâtimens nationaux, actuellement occupés pour le service de l'administration des cours et tribunaux, et de l'instruction publique. »

Nous apprécierons plus tard ce décret.

La propriété départementale s'accrut encore, et à titre onéreux, par suite 1° du décret du 16 décembre 1811, qui, après avoir mis à la charge des départemens, sous le nom de routes départementales, les routes impériales de troisième classe, autorisa les conseils généraux à en créer de nouvelles; 2° des lois annuelles de finances qui, depuis celle du 25 mars 1817, ont autorisé le vote d'un certain nombre de centimes facultatifs pour des dépenses d'utilité départementale.

Mais c'est seulement par la loi précitée du 10 mai 1838 que les droits du département comme propriétaire ont été reconnus d'une manière générale, et que leur exercice a été réglé par des dispositions précises et spéciales.

Ainsi s'est formée la propriété départementale. Avoir montré son origine, c'est avoir déterminé son caractère. En effet, par ce qui précède, on voit que la plupart des immeubles qu'elle comprend ont été distraits du domaine de l'état, et que, comme ce dernier, ils ont pour but, non pas de créer des revenus, mais de pourvoir à des services publics (1).

468. — De là résulte une différence bien tranchée entre le domaine départemental et celui qu'on pourrait appeler communal. Les communes n'ont pas seulement, parmi leurs propriétés, des immeubles affectés à des services publics; elles ont des biens patrimoniaux dont les revenus figurent dans leurs budgets, au premier rang de leurs ressources ordinaires (loi du 18 juillet 1837, art. 31), et dont leurs habitans peuvent se partager la jouissance en nature.

(1) Nous avons montré, dans le premier volume de cet ouvrage, que tel est aujourd'hui le véritable objet du domaine national. La seule partie de ce domaine qui produise un revenu important (les bois et forêts) est conservée aux mains de l'état, dans l'intérêt des services publics, bien plus que pour les produits que le trésor en tire. Autrement, l'état aurait des avantages de plus d'un genre à leur aliénation.

Cette différence dans l'origine et le but des propriétés s'explique, du reste, par celle qui existe dans la nature même des associations nationale, départementale et communale.

Certes, il ne serait pas sans utilité d'étudier ces différences et d'en montrer les résultats; mais nous devons nous restreindre à l'objet spécial que nous nous sommes proposé.

469. — Le domaine départemental comprend :

Des immeubles,

Des meubles,

Des droits incorporels.

470. — Chacun conçoit qu'il est essentiel, pour le gouvernement et pour les départemens, de connaître l'importance et la valeur de ce domaine.

En 1831, le ministre du commerce et des travaux publics, alors chargé de l'administration départementale et communale, prescrivit aux préfets, par une circulaire du 23 novembre, de dresser un état des immeubles affectés à des services départementaux, en distinguant les propriétés d'origine domaniale de celles qui avaient été acquises par les départemens, à titre onéreux ou gratuit.

En 1838, une circulaire du ministère de l'intérieur, à la date du 25 février, a ordonné la révision de cet état de la propriété départementale immobilière, et demandé aux préfets de faire connaître, d'une part, le prix d'acquisition et la somme approximative des travaux de restauration, de reconstruction et d'agrandissement, et, d'autre part, la valeur vénale actuelle des immeubles.

Le ministre a aussi demandé un état de la propriété mobilière, indiquant la valeur vénale actuelle des objets mobiliers appartenant aux départemens.

Voici un extrait des instructions adressées aux préfets par le ministre, pour la rédaction de ces états.

« L'évaluation de la valeur vénale actuelle des immeubles devra se faire sans se préoccuper, en aucune manière, du montant des acquisitions ou des dépenses de construction, quelque élevé qu'il soit et quelque dépréciation que les deux termes de comparaison puissent faire ressortir. Ne perdez pas de vue qu'il s'agit uniquement d'indiquer le prix qui pourrait probablement être retiré des immeubles, s'ils étaient mis en vente aujourd'hui. L'estimation devra donc en être faite d'après la valeur des propriétés voisines, mais seulement par masses de bâtimens et sans entrer dans tous les détails d'une évaluation minutieuse, qui serait ici sans utilité. Bornez-vous à prendre l'avis d'un architecte et celui du directeur ou du contrôleur des contributions directes, sur la valeur vénale de l'édifice, et adoptez ensuite celui des deux avis qui vous aura paru être l'expression la plus exacte du prix vénal.

« Sans doute, à raison de leurs distributions intérieures, qui ne pourraient généralement, sans des dépenses considérables, se prêter aux usages de la vie privée ou aux besoins de l'industrie, les bâtimens affectés aux services publics, évalués de la manière que je viens d'indiquer, représenteront presque toujours une valeur inférieure à celle qu'ils ont pour le département, puisque leur remplacement exigerait des dépenses bien supérieures; mais cette considération doit être absolument écartée, dans une opération qui a pour but principal d'établir en quoi consistent, en ce moment, les bâtimens départementaux, et quelle est leur valeur actuelle.

« Souvent le même édifice renferme, à la fois, des services généraux de l'état, des services départementaux et des services communaux. Ainsi il n'est pas rare que la cour royale et le tribunal de première instance se trouvent dans la même enceinte ; que l'hôtel de sous-préfecture et la mairie occupent le même bâtiment. Dans ces cas, et lorsque surtout les divers services auront des localités communes, telles que les escaliers, les cours, les couvertures, lorsque encore la propriété se divisera par étages, ou par portions d'étages seulement, dans ces cas, dis-je, je pense qu'il conviendra d'établir la valeur vénale de l'édifice tout entier, d'après les bases déjà indiquées, et de rechercher dans quelle proportion les bâtimens sont occupés par le service départemental.

« La circulaire du 23 novembre 1831 voulait qu'on fît connaître séparément, sous le titre de *propriétés disponibles*, les immeubles départementaux qui ont cessé, pour un motif quelconque, d'être affectés à un service public. Je n'ai pas jugé nécessaire, attendu qu'ils sont en très petit nombre, d'en faire l'objet d'un état séparé dans le relevé que je vous demande. Ayez seulement le soin d'indiquer qu'ils sont *sans destination*, dans la colonne réservée pour faire connaître l'usage actuel de l'édifice ou du terrain.

« Quelques départemens ont fait volontairement les frais d'édifices pour des services à la charge de l'état, notamment pour des palais épiscopaux et des séminaires, et pour des dépôts d'étalons. A moins qu'il n'y ait eu cession définitive et sans condition de ces immeubles au profit de l'état, il y a lieu de les considérer comme des propriétés départementales, puisque, si l'affectation qui en a motivé l'abandon venait à cesser, l'usage en ferait retour au département. Ainsi donc, lorsque le droit de propriété ressortira du titre de l'affectation consentie par le département, il faudra comprendre lesdits immeubles dans les états, avec les annotations et les évaluations demandées.

« Si la propriété de quelque immeuble était contestée au département, vous ne devriez pas moins l'inscrire ou le maintenir sur les tableaux, si, toutefois, le département est en possession de l'immeuble. »

Ces états officiels, que le ministère de l'intérieur se propose de publier prochainement, nous fourniront les détails statistiques que nous joindrons à l'exposé des règles qui président à l'administration des trois classes de biens que renferme le domaine départemental.

Nous parlerons d'abord des meubles, parce que, en réalité, c'est la portion du domaine départemental qui, la première, s'est bien nettement isolée du domaine de l'état : tout ce qui va suivre le démontrera.

§ Ier.

Des meubles appartenant aux départemens.

471. — La richesse mobilière des départemens est, comme leur richesse immobilière, bien inférieure à celle de l'état. Cependant elle a son importance, qui tend à s'accroître sans cesse. Ainsi, les départemens ne possèdent pas, comme l'état, un immense matériel et de précieux dépôts de matières premières, destinées aux grands services publics, et principalement à ceux de la guerre, de la marine et des postes; ils n'entretiennent pas de vastes ateliers, tels que ceux du timbre, les manufactures de tabac et les poudreries; mais, comme l'état, ils possèdent :

1° Un mobilier assez considérable, affecté à certains fonctionnaires ou à certaines administrations;

2° Des archives;

3° Des bibliothèques;

4° Des collections d'objets d'art et de science.

Nous allons exposer, aussi brièvement que possible, les règles qui président à l'administration de ces diverses propriétés mobilières; quelque minutieuse que puisse paraître une partie de ces règles, il est utile de les connaître, et nous ne devons pas les passer sous silence.

ARTICLE 1ᵉʳ.

Du mobilier appartenant aux départemens.

SOMMAIRE.

472. — Ce qu'il comprend.

472. — Le mobilier qui appartient aux départemens est celui :

Des préfectures ;

Des bureaux des sous-préfectures ;

Des écoles normales primaires;

De certains palais de justice ;

De certaines prisons;

De certains hospices et asiles;

Des cours d'accouchement.

Enfin une partie du mobilier des archevêchés et évêchés est la propriété des départemens.

Nous ne comprendrons pas, dans cette catégorie, le mobilier qui garnit les casernes affectées à la gendarmerie qui fait le service des départemens. Le casernement ordinaire est à la charge des départemens; quant au mobilier, il est la propriété personnelle des gendarmes.

N° 1.

Mobilier des préfectures.

La loi du 10 mai 1838 (art. 12, 4°) comprend, parmi les dépenses ordinaires des départemens, «l'ameublement et l'entretien du mobilier de l'hôtel de préfecture et des bureaux de sous-préfecture. »

Cette disposition, pour être bien comprise, exige quelques explications : chacun de ces objets doit donc nous occuper séparément.

473. — Lorsque la loi du 28 pluviose an 8 (17 février 1800) eut institué les préfectures, un premier arrêté consulaire, du 17 ventose suivant (4 mars), disposa, par son article 2, « que les administrations centrales de département dresseraient un inventaire du mobilier dépendant de leur administration ; que les préfets en feraient la vérification et en dresseraient procès-verbal. »

Par un second arrêté, à la date du même jour, « les maisons et dépendances employées aux audiences, séances et travail des commissaires du gouvernement et des administrations centrales, furent mis à la disposition des préfets, avec le mobilier qu'elles renfermaient : ces maisons devaient servir à la demeure des préfets, à l'établissement du conseil de préfecture, du secrétariat général et des bureaux de la préfecture, et à la tenue du conseil général de département. » (Art. 3.)

Le mobilier dont il est ici question ne pouvait avoir une grande importance. D'abord, comme le logement n'était pas dû aux membres des administrations centrales (1), il ne pouvait s'agir de meubles

_____
(1) Voir ci-dessus, p. 525, la loi des 10-30 avril 1791.

à leur usage personnel ; d'un autre côté, la *représentation* chez les fonctionnaires publics était essentiellement contraire aux idées du temps : le mobilier des administrations centrales devait donc se composer, à peu près exclusivement, du mobilier des bureaux.

Napoléon, qui pensait qu'en France la représentation est nécessaire pour les principaux dépositaires de l'autorité publique, prit des mesures différentes : en même temps qu'il accordait aux préfets un logement gratuit dans des édifices publics, il leur alloua, pour frais d'établissement, une somme de 2400 fr., qu'ils devaient toucher, à leur arrivée au chef-lieu du département, à la caisse du receveur général, sur le produit des centimes additionnels. (Premier arrêté consulaire, du 17 ventose an 8, art. 4.)

Mais cette somme était loin de pouvoir subvenir à l'acquisition de meubles de représentation, tels qu'ils pouvaient convenir au premier administrateur d'un département; elle était même insuffisante pour l'achat des meubles destinés à l'usage personnel des préfets.

Aussi, lorsque des circonstances d'apparat, par exemple, les voyages de l'empereur dans les diverses parties de la France, forcèrent à meubler les hôtels de préfecture, y fut-il pourvu avec les fonds des départemens et quelquefois des villes chefs-lieux de département.

Ce que quelques préfets avaient obtenu, tous le réclamèrent; il y avait, d'ailleurs, une grande variété dans la quotité et la valeur des meubles qui se trouvaient dans les préfectures, parce que l'importance des acquisitions avait été, en général, réglée par l'importance des fonds disponibles.

En 1811, le gouvernement impérial voulut régulariser cet état de choses ; et le ministre de l'intérieur prépara un projet de décret, qui fut discuté en conseil d'état, et reçut la date du 25 mars (1).

Ce décret a défini le *mobilier légal* des préfectures : il l'a restreint aux meubles de représentation et à ceux des bureaux, et il a fixé sa valeur à une année du traitement accordé aux préfets par le décret du 11 juin 1810. Ce traitement avait été réglé lui-même d'après l'importance combinée de la ville où est établie la préfecture et du département dont elle est le chef-lieu.

Une somme fixe était donnée, par année, à chaque préfet, pour entretenir et renouveler le mobilier légal de la préfecture, de manière à lui conserver toujours une valeur égale à celle pour laquelle il avait été remis aux préfets. La somme ainsi allouée était le dixième du traitement du préfet; cependant elle était de 4,000 francs seulement pour les préfets dont les traitemens s'élevaient au dessus de 40,000 francs.

Les sommes nécessaires pour l'achat et l'entretien du mobilier devaient être fournies soit par le département, soit par la ville chef-lieu de la préfec-

(1) Ce décret n'a jamais été inséré au *Bulletin officiel*; on le trouve, par extrait seulement, au tome III, page 394, du *Recueil des circulaires du ministère de l'intérieur*, et M. Isambert en a publié le texte complet dans sa *Collection des lois et ordonnances*, volume de 1822, page 219 du supplément.

ture, soit concurremment par l'un et par l'autre. La répartition de la dépense était faite par l'empereur, sur le rapport du ministre de l'intérieur.

La conservation du mobilier était garantie par des mesures qui ont été confirmées et développées par deux ordonnances royales des 17 décembre 1818 et 3 février 1830.

Le décret laissait à la charge du préfet les meubles d'un usage purement personnel et domestique, tels que linge, vaisselle, argenterie, batterie de cuisine, le mobilier de tous les appartemens d'habitation, l'appartement dit *d'honneur* excepté. L'argenterie qui se trouvait dans les préfectures pouvait, après avoir été pesée et évaluée, être livrée au préfet, à la charge par lui de la représenter, en même valeur, en quittant la préfecture : cette valeur de l'argenterie ne devait pas entrer dans celle du mobilier de la préfecture.

Afin de mettre les préfets en état d'acquérir les meubles nécessaires pour leur usage personnel et pour celui de leur famille, il était alloué, à tout préfet nouvellement nommé, à compter du 1er juillet 1810, pour frais d'établissement, une somme égale à trois mois de son traitement annuel, tel qu'il était fixé par le décret du 11 juin 1810.

Cette allocation, qui remplaçait celle qui avait été accordée par l'arrêté du 17 messidor an 8, devait être prise sur le fond général des traitemens administratifs.

Le décret du 25 mars 1811 a été modifié et complété par plusieurs actes subséquens, notamment par les deux ordonnances des 17 décembre 1818 et

3 février 1830, que nous avons déjà mentionnées : on peut y joindre les instructions ministérielles du 30 décembre 1818 (1), du 1er septembre 1825 (2), du 30 mars 1830 (3), et du 16 août 1838 (4).

Voici maintenant l'état actuel des choses.

Le préfet reste toujours obligé de se fournir et d'entretenir son mobilier personnel et celui de sa famille ; mais aujourd'hui cette charge est pour lui sans indemnité ; car, dans les premières années de la restauration, les chambres ont supprimé, sans les remplacer par aucun avantage, les frais d'établissement des préfets, qui avaient pour but de dédommager ces fonctionnaires de l'obligation qui leur était imposée relativement à la partie du mobilier dont il s'agit.

474. — Le mobilier légal des préfectures, à la charge des départemens, se compose :

1° Des meubles meublans servant à la représentation, tels que glaces, consoles, secrétaires, tentures, lustres, tapis, siéges et autres objets qui garnissent les salons de réception, la salle à manger, les salles d'audience et le cabinet du préfet. (Décret du 25 mars 1811, art. 2.)

Nonobstant les termes de ce décret, quelquefois les glaces qui garnissent les appartemens d'une préfecture ont été déclarées immeubles par destination. Cette mesure a permis d'augmenter la valeur du mobilier, par le retranchement du prix des glaces ainsi mobilisées.

(1) Voir le *Recueil des circulaires du ministère de l'intérieur*, tome III, page 592.

(2) Même recueil, tome V, page 415.

(3) Même recueil, tome VI, page 328.

(4) *Bulletin officiel du ministère de l'intérieur*, tome Ier, page 272.

Les tableaux, bustes et statues qui décorent certains hôtels de préfecture ne sont pas compris parmi les meubles qui composent le mobilier légal; ils sont, comme l'argenterie, inventoriés séparément et compris, pour mémoire, dans l'inventaire. (Circulaire ministérielle du 16 août 1838.)

2° De l'ameublement d'un appartement d'habitation d'honneur. (Décret du 25 mars 1811, art. 2.)

Cet appartement contient deux chambres à coucher et leurs dépendances; elles sont destinées au préfet et à sa femme; mais les autres personnes de sa famille ne sont pas logées aux frais du département. La raison de cette disposition est que chaque changement de préfet amènerait, suivant le nombre plus ou moins grand de personnes de sa famille, des variations dans la nature et la composition du mobilier. Si l'on admettait, dans l'ameublement acquis par le département, des meubles pour plusieurs chambres de parens et de domestiques, ces objets absorberaient une partie de la somme affectée au mobilier légal, et l'ameublement de représentation en serait diminué d'autant. (Circulaire ministérielle du 16 août 1838.)

3° De meubles nécessaires aux salles des séances du conseil général, du conseil de préfecture et des bureaux. (Décret du 25 mars 1811, art. 2.)

Telle est la composition du mobilier légal des préfectures.

475.— La valeur de ce mobilier est restée fixée, au maximum, d'après le décret du 25 mars 1811, à une année du traitement du préfet, tel qu'il était réglé par le décret du 11 juin 1810.

22.

Quelques difficultés s'étant élevées, à cet égard, après la révolution de 1830, le ministre de l'intérieur a soumis, au comité du conseil d'état attaché à son département, la question de savoir si l'on devait continuer de prendre, pour base du maximum de la valeur du mobilier légal des préfectures, le traitement des préfets d'après le décret de 1810, ou leur traitement actuel, qui est sensiblement moins élevé.

Dans un avis du 24 août 1831, le comité a émis l'opinion que la base fixée pour le mobilier légal des préfectures, par le décret du 25 mars 1811, et par l'ordonnance royale du 17 décembre 1818, devait être maintenue dans l'usage, parce qu'elle n'avait été rapportée par aucun acte postérieur; que les ordonnances qui avaient réduit les traitemens des préfets n'avaient nullement parlé du mobilier des préfectures; et que, d'ailleurs, la plupart des départemens ayant été autorisés à construire des hôtels de préfecture, d'une grande étendue, ou à agrandir les anciens hôtels, on ne pouvait songer à réduire la valeur du mobilier légal.

Il est certain que, dans la pratique, les efforts du ministère de l'intérieur ont plutôt pour objet de contenir les votes des conseils généraux dans les limites du décret de 1811, que d'exciter ces conseils à atteindre ces limites. Plusieurs de ces conseils, en effet, ont pensé que la valeur du mobilier légal des préfectures, ainsi circonscrite, était insuffisante, soit à raison du nombre et de la disposition des appartemens de représentation de l'hôtel de préfecture, soit en considération de la charge onéreuse qui résulte, pour les préfets qui n'ont qu'une fortune mo-

dique, de l'obligation de se procurer, à leurs frais,
un mobilier personnel et de famille, approprié à
leur nouvelle résidence, et de le transporter avec
eux ou de le vendre à perte, quand ils quittent le
département. A ces raisons, le ministre a toujours
opposé le texte du décret de 1811 ; et il a représenté
que le prix des meubles ayant plutôt diminué qu'augmenté depuis la publication de ce décret, la somme
légalement affectée au mobilier de représentation
et des bureaux doit suffire, en général, pour son
objet, si le mobilier légal est convenablement entretenu, et si l'on n'y fait pas entrer des meubles
qu'il ne doit pas comprendre. (Circulaire du 16
août 1838.)

476. — Du reste, l'entretien de ce mobilier doit
avoir lieu de manière à ce qu'il soit maintenu dans
une valeur égale à celle qui a été fixée par le décret
de 1811.

A cet effet, ce décret avait alloué aux préfets une
somme annuelle, égale au dixième de leur traitement,
d'après le décret de 1810, c'est-à-dire au dixième
de la valeur du mobilier lui-même. On avait adopté
cette espèce d'abonnement, « parce que les meubles
sont susceptibles de s'altérer par le temps et l'usage,
et que si l'administration générale devait s'occuper
habituellement de l'entretien et du renouvellement
qui en serait la suite, il en résulterait des soins mul-
tipliés, beaucoup d'abus et des dépenses qui n'auraient aucune mesure (1). »

(1) Rapport fait à l'empereur par le ministre de l'intérieur, à l'appui
du projet de décret.

Mais, plus tard, on crut devoir renoncer à cette espèce de marché à forfait, comme peu convenable en lui-même et causant souvent de fâcheuses difficultés. En conséquence, l'ordonnance royale du 17 décembre 1818 supprima, à partir du 1ᵉʳ janvier 1819, l'indemnité allouée par l'article 4 du décret du 25 mars 1811 aux préfets, qui cessèrent d'être responsables de la valeur des meubles et ne furent plus tenus que de les représenter.

A l'avenir, il dut être pourvu à cet entretien, au moyen de sommes votées par le conseil général, et allouées dans le budget du département. (Art. 3.) Les villes ont été exonérées de la participation aux dépenses d'entretien du mobilier des préfectures, que le chef de l'état pouvait leur imposer d'après l'article 5 du décret du 25 mars 1811. La loi du 10 mai 1838 a reconnu pareillement que cette dépense était, de sa nature, purement départementale.

Aucune somme n'a été déterminée, par l'ordonnance royale du 17 décembre 1818, pour l'allocation annuelle, destinée à l'entretien du mobilier. Voici les règles qui ont été adoptées, par le ministère de l'intérieur, pour base des approbations à donner aux votes des conseils généraux.

Le ministère distingue le simple entretien, c'est-à-dire les réparations ordinaires, qui ont lieu au fur et à mesure des besoins ; afin d'éviter de plus grandes détériorations, et les réparations extraordinaires, qui ont plus d'importance.

Le fonds annuel d'entretien est destiné à pourvoir aux réparations de la première espèce : aussi le ministre a-t-il pensé que ce fonds ne devait

pas excéder le vingtième de la valeur du mobilier.

Les réparations extraordinaires ont lieu au moyen
d'allocations spéciales, votées par le conseil général.
(Circulaire du 1ᵉʳ septembre 1825.)

Malgré ces instructions, il paraît que d'assez
nombreuses irrégularités ont eu lieu dans l'emploi
du fonds d'entretien.

Ainsi la cour des comptes a eu l'occasion de remarquer qu'on l'avait fait servir à des remplacemens
ou à des acquisitions de meubles, qui ne peuvent
également avoir lieu que dans des formes et suivant
des règles spéciales que nous expliquons plus bas.
(V. n° 477). Si l'on tolérait un pareil emploi du fonds
d'entretien, il arriverait, ainsi que la cour des comptes
l'a constaté, que la valeur du mobilier s'élèverait
promptement au-dessus du maximum légal, et que
l'inventaire pourrait s'accroître de meubles d'une
autre nature que celle qu'a déterminée le décret du
25 mars 1811.

La cour des comptes a aussi signalé à la vigilance
du ministre de l'intérieur l'emploi du fonds d'entretien à des réparations locatives ou de menu entretien, ou encore au blanchissage des tentures,
draperies et rideaux, au frottage et cirage des appartemens. Ces dépenses sont à la charge du préfet,
les unes parce qu'ayant l'usage des lieux, il doit les
acquitter comme s'il était locataire ; les autres, parce
qu'elles se rapportent aux frais de sa maison.

D'après ce qui précède, est-il nécessaire d'ajouter qu'aucune partie du fonds d'entretien ne doit
être appliquée aux meubles qui sont destinés à l'u-

sage personnel et domestique du préfet ? Le décret
de 1811 s'y oppose formellement ; on ne peut trans-
gresser ses prescriptions, sous prétexte que le mobilier légal n'aurait pas employé le maximum déterminé pour le fonds d'entretien. En effet, il faut remarquer d'abord que le conseil général n'est pas
tenu de voter ce maximum, s'il n'est pas utile :
c'est ce qui arrive, par exemple, dans les départemens
où le mobilier vient d'être renouvelé et n'est susceptible, par conséquent, que de très légères réparations. Ensuite, quelle que soit la quotité de l'allocation votée par le conseil général, la portion qui
ne serait pas employée pour réparation du mobilier
légal doit faire retour au budget du département.
(Circulaire ministérielle du 16 août 1838.)

Chaque année, il doit être rendu compte par le
préfet, au conseil général, de l'emploi de ce fonds
d'entretien. (Ordonnance royale du 17 décembre
1818, art. 3.)

477. — Le renouvellement du mobilier, comme
l'entretien, dont il est en quelque sorte une partie,
est à la charge des départemens. Voici comment on
y procède.

Les meubles portés sur l'inventaire ne peuvent
être remplacés que par la voie de la réforme et de la
vente.

Lors donc qu'il y a lieu de supprimer des meubles pour cause de vétusté, il en doit être dressé un
état contenant une double estimation : 1° la valeur
originaire d'achat, qui se trouve dans l'inventaire ;
2° la valeur vénale actuelle.

La première indique la somme dont sera réduite

la valeur totale du mobilier légal et détermine le quantum du crédit qui pourra être alloué pour reporter le mobilier à sa valeur précédente, ou au maximum légal, s'il était dépassé ou s'il n'avait pas été atteint.

La seconde estimation a pour but de faire connaître, par approximation, le produit que le département retirera de la vente.

L'état estimatif est soumis au conseil général, qui délibère sur la vente proposée (loi du 10 mai 1838, art. 4, n° 2), et qui vote, s'il y a lieu, un crédit pour l'acquisition de nouveaux meubles.

Pour être approuvées par le ministre de l'intérieur, les allocations ainsi votées par le conseil général doivent être accompagnées d'un état contenant la désignation des meubles à acquérir, de leur prix et des appartemens où ils seront placés. (Voir les circulaires ministérielles des 30 décembre 1818, 1er septembre 1825 et 16 août 1838.)

478. — La vente des meubles supprimés s'effectue, avec publicité et concurrence, en présence d'un agent de l'administration des domaines. Le produit en est versé chez le receveur général, pour le compte du département, et il est porté en recette à la première section du budget, parmi les produits éventuels ordinaires. (Loi du 10 mai 1838, art. 10, n° 6, et art. 13.)

479. — D'autres dispositions ont été prises pour garantir les droits du département, quant à la propriété dont il s'agit. Ainsi toutes les préfectures doivent avoir un inventaire estimatif et un inventaire descriptif de leur mobilier; ces deux inventaires

sont, d'ailleurs, soumis à un récolement, chaque année, et à chaque mutation de préfet ; enfin les accroissemens et réductions de mobilier, survenues dans l'intervalle de deux récolemens successifs, doivent être consignés sur les deux inventaires. (V. décret du 25 mars 1811, art. 6, 7 et 8 ; ordonnances royales des 17 décembre 1818, art. 2 et 4, et 3 février 1830.

Chacune de ces opérations exige quelques détails.

— L'inventaire estimatif a son origine dans les dispositions suivantes du décret du 25 juin 1811.

« Les meubles destinés à composer le mobilier d'un hôtel de préfecture sont désignés dans un état, qui indique la forme, la nature et la valeur actuelle de chaque article. Cet inventaire est fait en présence du préfet, du secrétaire général, du président de la dernière session du conseil général, si le département a seul fourni le prix des meubles, ou du maire si c'est la ville qui l'a donné, ou de l'un et de l'autre, si la ville et le département y ont concouru. Il est signé par tous ces fonctionnaires, en triple expédition : l'une reste à la préfecture, une autre à la mairie, et la troisième est adressée au ministre de l'intérieur. » (Art. 6.)

C'est aussi dans ce décret de 1811 que se trouvent les premières dispositions relatives au récolement de l'inventaire estimatif.

« Si le préfet vient à quitter l'administration du département, il doit faire dresser contradictoirement, entre lui et son successeur, un état estimatif des meubles de la préfecture, dans les formes établies par l'article précédent. Le préfet entrant est chargé des meubles portés dans le nouvel inventaire.

« En cas de décès du préfet, ou s'il vient à quitter avant que son successeur soit arrivé, le président du conseil général, ou à son défaut le maire de la ville du chef-lieu, doit recevoir les meubles comme l'eût fait le nouveau titulaire, en présence du conseiller de préfecture qui se trouve remplir l'*interim* et est chargé de pourvoir à leur conservation jusqu'à ce qu'ils soient remis au nouveau préfet.

« Si lors des inventaires qui auront lieu, le mobilier inventorié ne monte pas à une valeur égale à celle pour laquelle il a été livré des meubles au préfet décédé ou sortant, les héritiers du décédé sont tenus de compléter cette valeur, soit en meubles, soit en deniers, jusqu'à concurrence. » (Art. 7, 8 et 9.)

L'ordonnance royale du 17 décembre 1818 a supprimé, nous l'avons dit, l'indemnité allouée aux préfets par le décret du 25 mars 1811, pour l'entretien et le renouvellement du mobilier des préfectures, et a statué que, à partir du 1er janvier 1819, il y serait pourvu au moyen de sommes votées par le conseil général.

A la même époque, les préfets devant cesser d'être responsables de la valeur des meubles, et n'étant plus tenus que de les représenter, il dut être procédé, dans la forme prescrite par l'article 6 du même décret, à un état estimatif du mobilier. Lorsque la valeur ne se trouva pas égale à celle pour laquelle il avait été remis, la moins-value dut être versée, par le préfet, à la caisse du receveur général, et portée en recette dans le budget, pour être employée, s'il y avait lieu, à la réparation du mobilier. (Art. 1, 2 et 3.)

On dut porter dans l'état estimatif, pour mémoire seulement, les glaces et autres effets qui n'auraient pas été compris dans les inventaires primitifs du mobilier soumis à l'entretien ou qui en auraient été retirés comme tenant à l'immeuble. Une expédition certifiée de l'état estimatif dut être adressée au ministère de l'intérieur. (Instruction ministérielle du 30 décembre 1818.)

L'ordonnance royale du 17 décembre 1818 voulut, en outre, que le mobilier départemental fût soumis à un récolement annuel, fait contradictoirement entre le préfet et une commission choisie par le conseil général parmi ses membres. (Art. 4.)

Comme cette ordonnance laissait subsister les articles du décret de 1811 qui n'étaient pas contraires à ses dispositions, la circulaire ministérielle expliqua que, en cas de décès ou de mutation du préfet, il devait être procédé au récolement de la manière prescrite par les articles 7 et 8 du décret précité, et que les meubles qui ne se retrouveraient pas (il n'est plus question de leur valeur) devraient être remplacés par le préfet sortant ou par les héritiers du préfet décédé.

D'autres circulaires ont recommandé que, dans les récolemens, on eût soin de conserver aux meubles, jusqu'à ce qu'ils fussent réformés et vendus, la valeur d'achat originaire, et de ne pas leur donner leur valeur vénale actuelle. Cette règle est fondée sur ce qu'un meuble qui, sans être neuf, est en bon état, sert tout aussi bien qu'un meuble neuf, et dès lors représente, dans l'ensemble du mobilier, la valeur

pour laquelle il a été acquis. (Circulaires des 1er septembre 1825 et 16 août 1838.)

. D'un autre côté, on ne doit pas non plus ajouter,
sur l'état estimatif, à la valeur originaire des meubles, le montant des réparations ordinaires ou extraordinaires qu'ils ont subies. Ces réparations n'ont
pour effet que de maintenir ou de remettre les meubles en état de servir. (Circulaire ministérielle du
16 août 1838.)

. Enfin, une expédition des récolemens doit être
transmise au ministère de l'intérieur.

— L'article 8 de la loi du 26 juillet 1829 ayant
disposé « que les inventaires du mobilier fourni, soit
par l'état, soit par les départemens, à des fonctionnaires publics, seraient faits avant le 1er janvier
1830, et que ces inventaires seraient récolés à la fin
de chacune des années suivantes et à chaque mutation de fonctionnaire responsable, » une ordonnance
royale du 3 février 1830 a ajouté, à l'inventaire estimatif qui existait déjà pour le mobilier des préfectures, l'obligation de dresser un inventaire descriptif.

. Le premier indique la forme, la nature, et la valeur de chaque article du mobilier; le second contient seulement l'énonciation et la description.

L'inventaire descriptif a dû être dressé par le
préfet, contradictoirement avec un agent de l'administration des domaines ; il en a dû être rédigé
trois expéditions; l'une pour rester dans les mains
du préfet, l'autre pour être déposée au secrétariat
général de la préfecture, et la troisième à la direction locale des domaines. (Ordonnance royale du 3
février 1830, articles 1 et 3.)

C'est cet inventaire qui doit être récolé annuellement, et à chaque mutation de préfet, en présence d'un préposé de l'administration des domaines et d'un membre du conseil général, désigné, à chaque session, parmi les membres de la commission chargée de procéder au récolement de l'inventaire estimatif. (Art. 4.)

Les accroissemens et réductions de mobilier qui surviennent dans l'intervalle d'un récolement à l'autre doivent être consignés, par le préfet, sur la copie de l'inventaire descriptif qui est laissée entre ses mains : aux époques de récolement, cette expédition doit être conférée et rendue conforme aux deux autres. (Art. 5 et 6.)

Si des meubles portés sur l'inventaire ne sont pas représentés au récolement, le préfet, ou ses héritiers s'il est décédé, sont tenus de remplacer les meubles manquans ou d'en acquitter le prix de remplacement. La somme, dans ce dernier cas, doit être versée dans la caisse du receveur général, et elle est portée, dans la première section du budget départemental, parmi les recettes ordinaires imprévues.

N° 2.

Du mobilier des bureaux des sous-préfectures.

——

SOMMAIRE.

480. — La loi du 28 pluviose an 8 ayant rem-

placé les municipalités de canton par les sous-préfectures et par les administrations communales, un arrêté du 17 ventose, que nous avons déjà cité, ordonna aux administrations centrales de département « de charger les administrations municipales de dresser sans délai un inventaire du mobilier et l'état sommaire des papiers dépendans de l'ancienne municipalité. » (Art. 1er.) Les objets inventoriés devaient être mis sous le scellé par les juges de paix, en attendant que les sous-préfets pussent s'occuper de la réunion au chef-lieu ou de l'envoi, aux maires et adjoints des communes, des cartons et papiers afférens à chacune d'elles. (Art. 7.).

A la faveur de ces dispositions, les sous-préfets purent trouver un mobilier pour leurs bureaux ; quant à leur ameublement personnel, il fut laissé complétement à leur charge, comme le logement, et il ne leur fut pas accordé de frais de premier établissement comme aux préfets ; bien plus, ils durent pourvoir à l'entretien et au renouvellement du mobilier de leurs bureaux.

Il est résulté de là des inconvéniens réels.

Les sous-préfets sont trop modestement rétribués (1) pour que l'administration supérieure pût les obliger à faire, sur leur traitement, un prélèvement déterminé pour l'achat et l'entretien du mobilier.

L'ameublement des sous-préfectures dépendait donc et de la fortune personnelle des sous-préfets

(1) « Le traitement des sous-préfets, dans les villes dont la population excèdera vingt mille habitans, sera de 4,000 francs, et de 3,000 francs dans les autres. » (Loi du 28 pluviose an 8, art. 23.)

et des chances plus ou moins prochaines de déplacement qu'ils pouvaient prévoir : aussi beaucoup
d'entre eux se bornaient-ils à entretenir, d'une manière quelconque, le mobilier que leurs bureaux
avaient recueilli des anciennes administrations can-
tonales; et encore, le plus souvent, cette dépense
était-elle mise à la charge du budget départemental, au moyen d'un changement de désignation to-
léré par les conseils généraux.

En présence de ces faits, le gouvernement crut
devoir proposer, dans le projet de loi sur l'administration départementale, qui est devenu la loi du 10
mai 1838, d'obliger les départemens à fournir et
entretenir le mobilier des hôtels et des bureaux de
sous-préfecture.

La chambre des députés avait adopté cette disposition ; mais la chambre des pairs a cru devoir
borner, quant à présent, l'obligation des départemens aux meubles des bureaux. La commission,
sur le rapport de laquelle la charge relative au mobilier des hôtels de sous-préfecture a été retranchée,
« a cru que la fourniture simultanée du mobilier,
dans 277 sous-préfectures, causerait une dépense
considérable, et que l'entretien et le renouvellement
de cet ameublement pourrait devenir une source de
discussions, de tracasseries et même d'abus (1). »

Dans le cours de la discussion, le maintien de la
disposition intégrale, adoptée par la chambre des
députés, a été demandé, comme propre à donner
aux sous-préfets l'importance et la stabilité que l'on

(1) Rapport fait par M. le baron Mounier, à la séance du 4 mars 1837.

réclame depuis long-temps, et en vain, pour ces administrateurs.

Le ministre de l'intérieur (M. le comte de Montalivet) a représenté que l'obligation, pour les départemens, de pourvoir à l'ameublement des hôtels de sous-préfectures était le complément de celle
qui leur était imposée relativement au logement. Il
a fait valoir, en outre, que l'administration se trouverait ainsi plus libre dans ses choix ; les sous-préfets
pourraient donner à la représentation ce qu'on épar-
gnerait à leurs traitemens, si modiques, sur les dépenses de première nécessité, et les permutations
d'emploi utiles au bien public ne seraient plus en-
travées par des considérations matérielles que l'administration est forcée maintenant d'apprécier quelquefois. Le ministre estimait que ces avantages ne
seraient pas achetés trop cher au prix de quinze ou
vingt mille francs, une fois donnés par chaque département.

Le rapporteur de la commission a répondu que
la situation des sous-préfets allait déjà recevoir une
amélioration importante, par suite de la disposition
qui leur assurait à tous la jouissance d'un hôtel aux
frais du département ; qu'on avait pensé qu'il fallait
procéder avec mesure en cette matière, et que ce
n'était pas encore le moment de grever les départemens, déjà surchargés de dépenses, d'une autre
charge qui s'élèverait à près de trois millions, en
calculant les frais de premier ameublement des
hôtels de sous-préfecture à raison de dix mille francs
seulement par hôtel.

Le ministre de l'intérieur, après avoir insisté

pour obtenir, en faveur des sous-préfets, l'avantage que leur avait accordé la chambre des députés, a fini par se rendre à la considération qu'il s'agissait seulement de différer la jouissance de cet avantage (1).

L'ameublement des hôtels de sous-préfecture reste donc à la charge des sous-préfets ; mais aucune obligation déterminée ne leur est imposée à cet égard. Quant à l'ameublement des bureaux et à l'entretien de ce mobilier, ils sont compris parmi les dépenses ordinaires des départemens. (Loi du 10 mai 1838, art. 12, 4°.)

481. — L'administration supérieure a voulu que cette dépense fût le moins onéreuse que possible aux départemens, dans un moment où la loi nouvelle ajoutait plusieurs charges assez lourdes à celles qui pesaient déjà sur eux.

Ainsi le ministre de l'intérieur, dans des instructions en date du 26 juillet 1838 (2), après avoir rappelé aux préfets que le mobilier dont il s'agit ne doit pas comprendre des meubles d'un usage personnel et domestique, ou de représentation, a recommandé d'y faire entrer seulement :

1° Les tables et chaises des employés ;

2° Les armoires et les rayons destinés à recevoir les papiers et les cartons : ceux-ci doivent être payés sur le fonds d'abonnement ;

3° L'ameublement du cabinet de travail du sous-préfet.

(1) Voir les débats de la chambre des pairs, séances des 9 et 10 mars 1837.

(2) Voir le *Bulletin officiel du ministère de l'intérieur*, page 214.

Les différences qui existent soit entre les diverses sous-préfectures, sous le rapport de l'importance des localités et du nombre d'employés, soit entre les appartemens qu'il s'agit de garnir de meubles, ne permettaient pas d'adopter un chiffre uniforme pour la dépense de la fourniture de ce mobilier ; mais le ministre a voulu qu'elle fût restreinte dans les limites de 600 fr. à 1,200 fr.

Il y a plus : l'entretien du mobilier pourrait donner lieu à des abus. Le ministre a décidé que la somme qui serait portée, pour cet objet, au budget départemental, ne devrait pas excéder le vingtième de la valeur du mobilier.

Les allocations pour le mobilier des bureaux des sous-préfectures ont été votées par les conseils généraux, sur la proposition des préfets, d'après la demande des sous-préfets et l'avis des conseils d'arrondissement.

482. — Les règles adoptées pour la conservation du mobilier des préfectures (voir le n° précédent) devaient naturellement s'appliquer au mobilier des bureaux des sous-préfectures. Le ministre a disposé qu'il en serait ainsi, et a prescrit qu'il y aurait un inventaire et un récolement, chaque année et à chaque mutation de sous-préfet.

N° 3.

Mobilier des écoles normales primaires.

SOMMAIRE.

483. — La loi du 28 juin 1833 dispose, par son 23.

article 11, « que tout département est tenu d'entretenir une école normale primaire, soit par lui-même,
soit en se réunissant à un ou plusieurs départemens. »

Ces écoles étant à la fois des établissemens d'instruction et des pensionnats exigent, sous ce double rapport, un mobilier assez considérable.

Il se compose généralement de lits et de tout ce
qui s'y rapporte, de bancs et de tables pour le ré-
fectoire, pour les classes et pour les études ; d'une bibliothèque, dont tous les ouvrages doivent être choisis parmi ceux que le conseil royal de l'instruction
publique a autorisés pour l'instruction primaire ; de
collections d'instrumens scientifiques ou aratoires ;
enfin du matériel nécessaire pour les exercices gym-
nastiques.

La loi précitée du 28 juin 1833, l'ordonnance
royale du 16 juillet de la même année, rendue pour
son exécution, et le statut général du 14 octobre
1832 ; qui a continué de régir les écoles normales
primaires, ne contiennent aucunes dispositions relatives à la composition et à la conservation du mobilier. Mais l'administration supérieure n'a pas laissé
sans direction cette portion du service de l'instruction primaire.

Chaque année, le ministère de l'instruction publique est informé des besoins de chaque établissement, sous le rapport du mobilier, par les demandes
du directeur de l'école, accompagnées des avis de
la commission de surveillance, du conseil académi-
que et du recteur de l'académie. Des instructions
sont adressées par le ministre au préfet, relative-

ment aux propositions que ce magistrat doit faire
dans le budget départemental, qu'il soumet à la délibération du conseil général dans sa session annuelle. Habituellement ces conseils pourvoient d'une
manière libérale à tous les besoins de ce genre.

484. — Quant à la conservation du mobilier, le
ministère de l'instruction publique a recommandé
qu'il fût dressé un inventaire pour chaque établissement, et il se fait rendre compte de l'accomplissement de cette formalité. Il y a un récolement tous
les ans, et, en outre, dans le cas de mutation du
directeur, sous la responsabilité duquel on a dû placer la garde du mobilier. Tous les ans aussi le catalogue des livres est vérifié avec soin.

— Dans la pratique, ces mesures paraissent satis-
faisantes ; nous pensons qu'il serait convenable de
les faire régulariser et compléter par un réglement
concerté entre les deux ministères de l'instruction
publique et de l'intérieur.

N° 4.

Du mobilier des cours et tribunaux.

***

SOMMAIRE.

485. — L'article 12, n° 8, de la loi du 10 mai 1838
comprend, parmi les dépenses ordinaires des dépar-
mens, « le mobilier des cours et tribunaux. »

D'après l'interprétation donnée à cette disposition
par le ministère de l'intérieur, le mobilier qui se

trouve ainsi à la charge des départemens est celui
des cours royales, des tribunaux dits de première
instance ou d'arrondissement, et des tribunaux de
commerce. D'après l'article 30, n° 10, de la loi du
18 juillet 1837, l'achat et l'entretien du mobilier des
justices de paix doivent être faits par les communes
chefs-lieux de canton. Cette charge est pour ces
communes une compensation de l'avantage qu'elles
ont d'être chefs-lieux.

Le même motif paraît avoir déterminé le ministère de l'intérieur à faire supporter exclusivement,
par le département où siége la cour royale, la dépense du mobilier de cette cour.

486. — On peut, ce nous semble, contester la
justesse de cette interprétation.

En effet, il faut remarquer que les dépenses communes à plusieurs départemens, qui ont, pendant
vingt ans environ, figuré dans les budgets départementaux, sont acquittées aujourd'hui sur les fonds
généraux du trésor. Or, parmi ces dépenses, se
trouvent (le ministère de l'intérieur l'a reconnu)
les réparations, même locatives, des bâtimens des
cours royales.

Pourquoi en serait-il autrement du mobilier? Est-
ce parce que la loi du 10 mai 1838 s'est servie des
mots *cours* et tribunaux? Mais le mot *cour* s'explique tout naturellement, en l'appliquant aux *cours
d'assises*, qui sont particulières à chaque département.

D'ailleurs, pourquoi mettre à la charge du seul
département où siége la cour royale cette dépense
du mobilier? C'est, dit-on, par analogie avec ce qui

existe pour les justices de paix, d'après les dispositions de la loi du 18 juillet 1837 ; mais, pour que
l'analogie fût exacte, il aurait fallu mettre la dépense dont il s'agit à la charge de la ville et non du
département où siége la cour royale.

487. — Du reste, la loi et l'administration supérieure n'ont tracé aucune règle pour la composition
du mobilier des cours et tribunaux. Les propositions que le préfet soumet à la délibération du conseil général sont faites d'après les demandes présentées par les chefs de la magistrature. Le ministère
de l'intérieur exerce, il est vrai, une sorte de surveillance sur cette partie du service, parce que,
avant de faire approuver par le roi le budget de
chaque département, il examine toutes les dépenses
portées dans ce budget, et qu'il peut demander un
rapport spécial relativement à celles qu'il ne croit
pas suffisamment justifiées ou dont le montant lui
paraît trop élevé.

Quant à l'emploi du crédit, avant la loi du 10
mai 1838, le préfet ne pouvait faire, sans autorisation spéciale du ministre, une dépense de mobilier
s'élevant à plus de 5,000 francs (1) : ce cas était
très rare. Depuis la loi précitée, toute dépense de
cette nature peut se faire, par le préfet, dans les limites du crédit ouvert par le budget départemental,
régulièrement approuvé.

Il n'existe aucune disposition pour assurer la
conservation du mobilier des cours et tribunaux. Il

(1) Voyez la circulaire du 22 octobre 1825, au *Recueil des circulaires
du ministère de l'intérieur*, tome V, page 425.

y sera sans doute pourvu avant peu. Les règles ci-
dessus tracées pour le mobilier de l'état pourront
être appropriées à celui-ci.

N° 5.

Du mobilier des prisons départementales.

SOMMAIRE.

488. — La loi du 10 mai 1838 a compris dans la
première section du budget des départemens, c'est-
à-dire parmi leurs dépenses obligatoires, les dépenses ordinaires des prisons départementales. (Art.
12, n° 6.)

Avant de nous occuper de celles de ces dépenses
qui se rapportent au mobilier et au matériel, il nous
semble convenable de rechercher quelles sont les
prisons départementales.

— Les prisons départementales sont de trois
sortes : la maison d'arrêt, la maison de justice et la
maison de correction. Les deux premières servent
avant jugement, et la troisième après jugement.

On distingue assez généralement les détenus dans
les prisons départementales en deux classes, savoir :
la population sédentaire et la population flottante.

— La population sédentaire comprend :

Dans la maison d'arrêt,

Les prévenus (Code d'instr. crim., art. 603) ;

Les débiteurs contre lesquels la contrainte par corps a été prononcée (Code de procéd. civ. , art. 788 ; loi du 17 avril 1832, art. 30);

Les délinquans retenus pour sûreté de paiement des amendes, restitutions, dommages-intérêts et frais prononcés au profit de l'état ou de particuliers (Code pén., art. 53 et 54; loi du 17 avril 1832, art. 38);

Les débiteurs du trésor (décret du 4 mars 1808);

Les faillis (Code de commerce, art. 455).

Dans la maison de justice,

Les accusés traduits devant la cour d'assises (Code d'inst. crim., art. 249 et 603);

Les condamnés à mort, jusqu'au moment de l'exécution.

Dans la maison de correction,

Les individus condamnés correctionnellement à un an et au-dessous (ordonnances royales du 2 avril 1817, et du 6 juin 1830);

Les enfans détenus par correction paternelle (loi du 22 juillet 1791, titre 2, art. 2) ;

Les enfans au-dessous de seize ans, retenus ou condamnés en vertu des art. 66, 267 du Code pénal , lorsque l'emprisonnement ne doit pas excéder un an.

—La population flottante comprend :

Les accusés qui sont transférés devant les cours d'assises ;

Les condamnés de toute espèce, en appel et en pourvoi;

Les condamnés aux travaux forcés, au bannissement et à la déportation, en attendant leur transfèrement ;

Les condamnés qui sont amenés devant les cours et tribunaux, soit pour y déposer comme témoins, soit pour y assister à l'entérinement de leurs lettres de grâce ;

Les personnes qui sont détenues par mesure administrative, parce qu'elles ont été trouvées voyageant sans passe-ports hors de leur canton. D'après la loi du 10 vendémiaire an 4 (titre 3, art. 6 et 7), la détention doit durer jusqu'à ce que ces personnes aient justifié de leur domicile ; mais, à défaut de justification dans les quinze jours de l'arrestation, elles doivent être considérées comme vagabonds et gens sans aveu, et, comme telles, déférées aux tribunaux compétens ;

Les militaires et marins que l'on conduit devant les conseils de guerre et de révision et dans les établissemens de détention militaire des compagnies de discipline ;

Les mendians et vagabonds qui sont renvoyés devant le maire de leur commune.

— On trouve encore dans les prisons départementales :

1° Des condamnés à la réclusion et des condamnés correctionnels à plus d'une année d'emprisonnement ; mais cela n'a lieu que faute de place dans les maisons centrales de détention. Alors la dépense de ces condamnés est à la charge des fonds généraux du trésor ; elle est remboursée aux départemens par l'état.

Il y a aussi des condamnés correctionnels à plus d'un an qui restent dans les prisons départementales pour y subir leur peine, en vertu d'autorisations que le ministre de l'intérieur accorde principalement dans l'intérêt des familles, et après avoir consulté les procureurs généraux et les procureurs du roi.

Mais les condamnés ainsi autorisés à rester dans les prisons départementales sont obligés de s'y entretenir à leurs frais. (Circulaires du ministère de l'intérieur du 5 avril 1817 et du 15 avril 1838.) La raison en est simple. La loi ne met à la charge des départemens que les condamnés à l'emprisonnement pour un an et au dessous, et, d'un autre côté, le ministère de l'intérieur n'a de crédit, dans son budget, que pour les dépenses des détenus dans les maisons centrales.

2o Des condamnés militaires. Aux termes des lois et règlemens existans, les militaires de passage doivent seuls être admis dans les prisons départementales. Ceux qui sont condamnés à des peines afflictives et infamantes, autres que celles des fers (auquel cas les militaires sont envoyés aux bagnes), doivent, après avoir été dégradés, être transférés dans les maisons *de force*, avec les autres condamnés des mêmes classes.(Circulaires du ministère de l'intérieur, du 23 janvier et du 15 avril 1833.)

Ceux qui ont à subir la peine de l'emprisonnement simple, soit en vertu du jugement de condamnation, soit en vertu de commutations accordées, doivent être conduits et détenus dans les pénitenciers militaires, par les soins et aux frais de l'administration de la guerre. (Décret du 18 juin 1811;

ordonnance royale du 3 décembre 1832 ; circulaire du ministère de l'intérieur, du 15 avril 1833.)

Par exception, le ministre de l'intérieur a autorisé (voir la circulaire du 19 août 1836) l'admission, dans les prisons départementales, des jeunes soldats de la réserve, punis disciplinairement d'un emprisonnement de quinze jours au plus. Quoique le ministre ait fait des efforts sérieux pour que l'exception ne reçût pas d'extension, il est certain que, dans des villes même pourvues de casernes spacieuses, la prison civile reçoit jusqu'aux militaires détenus par simple police de corps.

L'autorité militaire n'éprouve à cet égard aucune résistance de la part des administrations municipales, toujours jalouses de conserver et de faciliter le casernement. Du reste, la dépense de ces détenus est à la charge du département de la guerre.

— Les aliénés ont long-temps fait partie de la population des prisons départementales. Dans certaines localités on les emprisonnait jusqu'au jugement d'interdiction qui précédait leur transfert à l'hospice ; dans d'autres endroits, faute d'hospices, on les détenait jusqu'à guérison ou plutôt jusqu'à la mort. La loi du 30 juin 1838 veut que les aliénés, en attendant qu'ils soient dirigés sur l'établissement spécial destiné à les recevoir ou pendant le trajet qu'ils font pour s'y rendre, soient déposés dans des hospices ou hôpitaux. A défaut d'hospices et d'hôpitaux, les maires doivent pourvoir à leur logement, soit dans une hôtellerie, soit dans un local loué à cet effet. Dans aucun cas, les aliénés ne peuvent être déposés dans une prison. (Art. 24.)

Maintenant que nous connaissons la population sédentaire et flottante des prisons, voyons quelles dépenses cette population exige.

489. — Les dépenses des prisons départementales embrassent :

1° Les frais d'administration : traitemens des aumôniers, des officiers de santé et des concierges, salaires des gardiens et autres préposés ;

2° La nourriture, le coucher, l'habillement et l'entretien de tous les détenus ;

3° Le loyer et l'entretien des bâtimens ;

4° Les frais de translation de prisonniers d'une prison départementale à l'autre. — D'après l'ordonnance royale du 2 avril 1817 et les circulaires du ministre de l'intérieur, des 5 avril et 30 juillet 1817 (1), les départemens étaient tenus, en outre, de pourvoir aux frais pour la translation soit des condamnés aux travaux forcés dans les bagnes, soit des réclusionnaires et des condamnés correctionnellement à un emprisonnement de plus d'une année dans les maisons centrales. La loi du 10 mai 1838 (art. 12, 7°) comprend, parmi les dépenses départementales ordinaires, les frais de translation des détenus en général. Mais, depuis 1838, le transport aux bagnes, des condamnés aux travaux forcés, a lieu au moyen de voitures cellulaires, en vertu d'un marché payé sur les fonds généraux du trésor. A partir de 1839, on a cru devoir procéder de la même manière pour la translation, aux maisons cen-

(1) *Recueil des circulaires du ministère de l'intérieur*, tome III, pages 183 et 249.

trales, des réclusionnaires et des condamnés correctionnellement à plus d'une année d'emprisonnement ;

5° Les frais de translation des condamnés aux travaux forcés ;

6° Les frais de greffe ;

7° Les frais d'inhumation des détenus décédés ;

8° Les frais de chauffage et d'éclairage des corps de garde établis près des prisons. (Circulaire du ministre de l'intérieur, du 17 décembre 1814 (1); loi du 10 mai 1838, art. 12, 9°.)

De ces dépenses, trois seulement entraînent un mobilier ou matériel : ce sont le coucher, l'habillement et le service de santé. Nous devons, dès lors, entrer dans quelques détails sur chacun de ces objets.

490.—Dans le rapport au roi du 1er février 1837 sur les prisons départementales, le ministre de l'intérieur s'exprimait ainsi, à propos du coucher : « Il n'y a encore que trop de prisons où l'on se contente de jeter de la paille sur le sol, quoique des maladies graves et même mortelles aient été attribuées par les médecins à cet état de dénûment pendant les rigueurs de l'hiver.

« Dans d'autres prisons, on a ajouté à la paille non seulement la couverture, mais le lit de camp. Dans d'autres, on a introduit le coucher séparé dans des hamacs, avec une couverture en été et deux en hiver ; ailleurs ce sont des lits à bascule ; ailleurs

(1) *Recueil des circulaires du ministère de l'intérieur,* tome II, page 555.

encore des galiotes garnies, comme celles des maisons centrales, d'un matelas, d'une paire de draps,
avec une couverture en été et deux en hiver. Enfin,
il est un nombre assez notable de prisons où les détenus sont couchés dans des lits ordinaires, avec
paillasse, matelas, traversin, draps et couvertures.

« Les lits en fer ont aussi pénétré dans quelques
prisons. Mais l'emploi de la paille, pour le coucher
des détenus dans les prisons départementales, est
encore le plus général, quoique cet usage soit à la
fois le plus mauvais et le plus onéreux. Avec le lit de
camp, on a cru remédier aux inconvéniens de ce
coucher, c'est-à-dire au contact dangereux d'un sol
humide ou d'une pierre froide et glacée. Il n'a pas
cessé d'être défectueux, en ce qu'il réunit de même
tous les dangers physiques et moraux attachés au
coucher en commun.

« D'un autre côté, en vain prescrit-on le renouvellement des pailles, tous les dix ou quinze jours ;
en vain défend-on que la paille qui a servi à un détenu puisse servir à un autre, les règlemens, sur ce
point, comme sur tant d'autres objets, sont inexécu-
tables et inexécutés, parce que les séjours ne cadrent
pas avec les prescriptions. Il y a, en effet, des séjours
de deux, trois, quatre, cinq jours et même de quinze.
Aussi la vermine pullule bientôt dans cette paille, et
le coucher en commun y répand tous les dangers
des maladies contagieuses.

« Pour obtenir le renouvellement du coucher à la
paille, il faudrait qu'il eût lieu, non par quinzaine,
mais par séjour individuel, abstraction faite de la
durée de ce séjour. On a reculé avec raison devant

ce mode, comme le plus dispendieux qu'on puisse imaginer; mais on ne s'avoue pas encore généralement combien même l'usage actuel est onéreux. Il est certain, en effet, que, même avec le seul prix de la paille que détruit annuellement le coucher des prisonniers dans la plupart des maisons d'arrêt et de justice, l'administration établirait, en peu d'années, des matelas ou des paillasses piquées, qui seraient d'un long usage, et qui coûteraient peu à entretenir ; tant il est vrai que, pour améliorer, il ne s'agit pas toujours d'augmenter les dépenses, mais au contraire de les réduire par un emploi mieux raisonné.»

Malgré ces sages réflexions et les efforts de l'administration, d'après une circulaire émanée du ministre de l'intérieur à la date du 7 août 1838 (1), il paraît que le coucher sur la paille étendue à terre ou sur des lits de camp a continué d'être le plus général, même pour les prévenus. Malheureusement l'état d'incertitude où le gouvernement est encore sur les dispositions intérieures des maisons d'arrêt et de justice empêche de régler définitivement ce service. L'administration a dû se borner à prescrire les dépenses absolument indispensables dans l'intérêt de la santé des prévenus, et qui pourront plus tard être utilisées, à quelque système qu'on s'arrête. Il a donc été ordonné aux préfets de prendre des dispositions pour que chaque prisonnier ait un matelas en laine, du poids de six à sept kilogrammes et d'une largeur de soixante-dix centimètres, puis un traversin

(1) *Bulletin officiel du ministère de l'intérieur,* tome Ier.

·également en laine , et de plus une couverture en été et deux en hiver (1).

Le rapport précité attribue à l'usage des pistoles (2) un des principaux obstacles que l'administration éprouve pour l'amélioration du service du coucher. Les concierges, qui retirent souvent, des pistoles, des profits considérables , que l'administration locale considère comme le complément légitime d'un traitement évidemment insuffisant, ont un intérêt opposé à l'amélioration du mode du·coucher. Les inspecteurs ont souvent conseillé, sur les lieux, l'introduction d'un meilleur mode, que les préfets ont mis à l'essai et qui a été abandonné par eux, parce que le concierge avait eu l'habileté de faire échouer l'essai.

On s'explique aisément, d'après ce qui précède, comment il n'a pas été pris de mesure administrative pour assurer la conservation du matériel affecté au coucher des détenus, dans les prisons départementales.

491. — Une circulaire du ministre de l'intérieur du 19 mai 1818 (3) a statué qu'il devait y avoir

(1) Depuis la circulaire précitée, le ministre a reconnu qu'au lieu de matelas on pouvait se borner, dans les prisons départementales, comme dans les maisons centrales, à des paillasses piquées ; il y a plus d'écono· mie, et au moins autant de propreté.

(2) On appelle *pistoles* des chambres, communes ou séparées, garnies de lits, où les détenus couchent moyennant un prix de location. L'administration supérieure s'efforce de retirer aux concierges les pistoles, aussi bien que les cantines. Lorsque les allocations votées par les conseils généraux, pour les traitemens de ces préposés, permettent de leur supprimer ces anciens avantages, on ne manque jamais de le faire, car on le considère comme une amélioration du service.

(3) *Recueil des circulaires du ministère de l'intérieur*, tome III, p. 511.

dans les prisons départementales, pour chaque détenu, un vestiaire complet, composé de deux habil-
lmens, l'un d'été, l'autre d'hiver.

L'habillement d'hiver devait comprendre, pour les
hommes, une veste et un pantalon de droguet.

L'habillement d'été comprenait une veste et un
pantalon de toile écrue.

Il devait y avoir, en outre, un bonnet, trois che-
mises et huit paires de sabots.

Ces deux habillemens devaient durer deux ans.

La circulaire du 7 août 1838 (1) a maintenu ces
dispositions; seulement, elle a prescrit de fournir de
plus, pendant l'hiver, aux hommes, des chaussures
et des guêtres en étoffes de laine, et aux femmes des
bas de laine (2).

Les deux habillemens sont évalués de 44 à 45
francs, ce qui ferait une dépense moyenne, par an,
de 22 à 23 francs ; mais il faut remarquer que ces
objets ne sont dus gratuitement qu'aux prévenus ;
les condamnés peuvent être obligés à contribuer,
par leur travail, à leurs dépenses personnelles. Le
ministre de l'intérieur, par la circulaire précitée du
7 août 1838, recommande aux préfets de faire faire,
sur le produit du travail des condamnés qui restent
dans les maisons de correction départementales, la
retenue du tiers, à l'instar de ce qui est prescrit par
l'ordonnance royale du 2 avril 1817 pour les maisons centrales de force et de correction.

— Indépendamment du vestiaire qu'on peut

(1) *Bulletin officiel du ministère de l'intérieur*, t. Ier, p. 230.
(2) Il a toujours été entendu que les vêtemens des femmes doivent
être faits avec les mêmes étoffes que ceux des hommes.

appeler départemental, parce qu'il est fourni et
entretenu par les départemens, il y a encore, dans
les prisons départementales :

1° Le vestiaire des dépôts, qui est consacré à la
conservation des vêtemens personnels des détenus,
qu'on répare et blanchit pour leur être remis à leur
sortie ;

2° Le vestiaire de charité, pour les besoins des
partans et des passagers qui en sont dépourvus à l'é-
poque de leur sortie. L'administration centrale fait
tous ses efforts pour arriver à la suppression de ces
vestiaires, qui se forment souvent au moyen de quêtes en nature, que les concierges des prisons vont
faire de porte en porte. Deux circulaires du ministère de l'intérieur, à la date des 8 juillet 1829 (1)
et 15 avril 1833, ont prescrit, pour la conservation
des vêtemens personnels des prisonniers, des mesures dont la circulaire du 7 août 1838 a recommandé
la stricte exécution. Le registre d'écrou renferme
une colonne spécialement destinée à l'enregistrement des effets d'habillement dont les détenus sont
nantis au moment de leur arrivée. S'ils en possèdent
au delà de leurs besoins, il ne leur est pas interdit
d'en disposer pour se procurer quelques secours ;
mais ces ventes ne doivent jamais se faire par l'inter-
médiaire et au profit des employés des prisons. Le
ministre de l'intérieur a recommandé que l'autorité
municipale voulût bien se charger de ce soin.

Les concierges sont responsables de la conserva-

<hr>

(1) *Recueil des circulaires du ministère de l'intérieur*, t. VI, p. 274.

24.

tion des vêtemens portés ou devant être portés sur
le registre d'écrou.

Mais ces précautions seraient vaines, si les prisonniers étaient libres de vendre leurs vêtemens pendant leur translation. Aussi, lorsqu'il y a lieu d'ordonner le transfèrement d'un détenu, il est remis,
aux gendarmes de l'escorte, un état détaillé des vêtemens qu'il est tenu de conserver et dont il est porteur. Les gendarmes doivent veiller, sous leur responsabilité, à ce qu'il n'en dispose pas en route. La
même responsabilité doit peser sur les concierges et
gardiens des prisons dans lesquelles le détenu s'est
arrêté avant d'arriver à sa destination.

Les concierges et gardiens et les gendarmes sont,
à plus forte raison, responsables des effets d'habillement dont la fourniture est faite par les départemens.

Pour garantir le bon emploi des crédits et le contrôle du service relatif à l'habillement, les commissions de surveillance des prisons ont été, depuis
quelques années, invitées à tenir un registre du vestiaire départemental.

Plusieurs de ces commissions ont adopté un usage
que nous croyons devoir signaler, et que l'administration supérieure nous semblerait devoir prescrire comme règle générale.

Chaque année, dans le mois qui précède la session du conseil général, la commission rédige le relevé du vestiaire, et le sous-préfet l'adresse au préfet, qui peut ainsi en apprécier l'état, et qui propose
ensuite au conseil général de pourvoir aux vêtemens hors de service, par un nombre équivalent de

vêtemens neufs. Ces vêtemens hors de service passent alors dans le vestiaire de charité.

Dans un assez grand nombre de départemens,
des sœurs de charité sont chargées de la confection
et de l'entretien du vestiaire, ainsi que de la surveillance des travaux confiés aux prisonniers. Il est
aisé de comprendre que cette mesure a procuré de
grands avantages, sous le rapport de l'ordre, de la
décence et du bien-être des prisonniers (1).

492. — La législation française n'exige pas que
les détenus malades soient traités dans l'intérieur
des prisons. La loi du 4 vendémiaire an 6 (23 septembre 1797) prévoit (art. 15) que, en cas de maladie, les individus enfermés dans les maisons d'arrêt et de justice et même dans les prisons pour peines, pourront être transférés dans les hospices, d'a-
près l'ordre du magistrat civil, s'il s'agit d'un condamné, et avec le consentement de l'autorité judiciaire, s'il s'agit d'un prévenu ou d'un accusé.

Dans son article 6, la même loi a prescrit les précautions à prendre pour prévenir les évasions des
détenus traités dans les hôpitaux. (Circulaire ministérielle du 15 avril 1833.)

Les facilités pour faire traiter les détenus dans
les hôpitaux ont été accordées, par la considération
que, dans la plupart des prisons départementales, la
population moyenne est, en général, trop peu nom-

(1) Des sœurs sont aussi chargées de préparer les alimens. Enfin, le
plus souvent, ce sont elles qui procurent du travail aux prisonniers; car
il n'y a pas, pour les prisons départementales, comme pour les maisons
centrales, d'entreprises organisées pour mettre à profit le travail des
prisonniers. Il est vrai qu'il y aurait à cela des obstacles de plus d'un
genre.

breuse et les cas de maladie trop peu fréquens, pour qu'il fût besoin d'y organiser un service de santé, dont la dépense serait hors de proportion avec les résultats qu'on obtiendrait.

Mais il existe, dans plusieurs chefs-lieux de département, des infirmeries de prisons, dont le service est d'ordinaire dirigé par des sœurs de charité.

Les dispositions qui ont pu être prises, pour assurer la conservation du mobilier des infirmeries et pour constater l'entrée et l'emploi des médicamens, sont purement locales.

L'exposé qui précède, tout sommaire qu'il est, fera voir sans doute combien le régime actuel des prisons départementales réclame d'améliorations; nous aurions été moins brefs, si la législature ne devait être prochainement saisie d'un projet de loi qui doit modifier complètement le système de nos établissemens de détention.

N° 6.

Du mobilier de certains hospices et asiles.

SOMMAIRE.

493. — Quels établissemens sont à la charge des départemens.
494. — Règles de leur administration, quant au mobilier qu'ils renferment.

493. — La loi du 30 juin 1838 a disposé que « chaque département est tenu d'avoir un établissement public, spécialement destiné à recevoir et soigner les aliénés, ou de traiter, à cet effet, avec un établissement public ou privé, soit de ce département, soit d'un autre département. » (Art. 1er.)

L'effet de cette disposition, quoiqu'elle laisse aux départemens la faculté de traiter avec des établissemens privés, doit être certainement de faire créer en France, un peu plus tôt, un peu plus tard, un assez grand nombre d'asiles départementaux pour les aliénés. Avant la promulgation de la loi précitée, il en existait déjà avec ce caractère, et plusieurs pouvaient être cités comme des modèles, par exemple ceux de Rouen, Nantes, Bordeaux et Strasbourg.

Ces asiles n'étaient pas les seuls établissemens de bienfaisance entretenus par les départemens, il y en avait, et il y en a encore, pour des destinations assez diverses, qui sont de véritables hospices.

Tous ont un mobilier assez considérable ; quelques-uns ont, en outre, des dépôts de matières premières, qui sont livrées à des ateliers, formés dans leur intérieur, pour confectionner des vêtemens et autres objets à l'usage de l'établissement.

494. — La bonne administration de ces dépôts et celle des magasins contenant les denrées et autres objets de consommation est d'une aussi grande importance pour la prospérité des établissemens dont il s'agit, que pour celle des établissemens de bienfaisance qui forment ordinairement des annexes à l'administration municipale.

Aussi l'ordonnance royale du 29 novembre 1831, qui prescrit au ministre de l'intérieur d'organiser, dans ces derniers établissemens, une comptabilité en matières, à partir du 1er janvier 1832, a-t-elle été, sans hésitation, appliquée aux établissemens de bienfaisance ayant une origine purement départementale.

D'après cette ordonnance , la gestion financière
est confiée à deux agens spéciaux et distincts, un receveur et un économe.

La gestion du receveur, qui est chargé du ma-
niement des deniers, a été réglée, depuis long-temps
déjà, par divers actes, et notamment par l'ordonnance royale du 31 octobre 1821.

La gestion de l'économe est réglée par des instructions rédigées par le ministre de l'intérieur, en
exécution de l'ordonnance royale du 29 novembre
1831, et qui portent la date du 20 novembre 1836.

Les règles ainsi établies intéressant l'administration départementale et en particulier la gestion de
la portion de mobilier dont nous nous occupons ,
nous croyons devoir les exposer ici.

— D'après l'instruction ministérielle précitée, un
économe est chargé, dans chaque hospice (1), de

(1) En général, un seul économe doit suffire, lors même que les hospices seraient divisés en plusieurs établissemens. Cependant, si leur
importance était telle que le service dût souffrir de la réunion de tous
les magasins dans les attributions d'un seul employé, rien, dans les ordonnances, ne s'oppose à ce que les fonctions d'économe soient divisées
entre plusieurs agens qui deviennent responsables, chacun en ce qui
le concerne ; mais il faut que la nécessité d'une pareille mesure soit bien
constatée pour qu'on l'adopte, et elle est toujours soumise à l'approbation du ministre. D'un autre côté, il n'y a pas incompatibilité entre les
fonctions d'économe et celles de receveur : ce dernier comptable pourrait
donc être chargé de l'économat, si ce cumul était jugé utile aux intérêts
des établissemens; mais ce système ne peut guère s'appliquer qu'aux
hospices peu considérables. En général, il est préférable, pour l'ordre et
pour la régularité du service, que la caisse et l'économat soient séparés,
lorsque la gestion en nature présente quelque importance; d'ailleurs, si
les fonctions de l'économat n'absorbent pas tous les momens de l'employé qui en est chargé, cet employé peut y réunir des attributions relatives au service intérieur, telles , par exemple, que celles de préposé
au recouvrement, de secrétaire, etc.

percevoir, d'emmagasiner et de conserver les denrées et autres objets mobiliers appartenant à l'établissement, de distribuer ces denrées et objets selon
les besoins du service, enfin de passer écriture et
de rendre compte de ces opérations.

L'économe est nommé par le préfet, sur la présentation des administrations charitables, qui proposent en même temps le traitement à lui allouer.

Les économes sont soumis à un cautionnement,
dans les établissemens où la valeur des denrées et
objets de consommation s'élève annuellement à
20,000 francs, et au delà. Ces cautionnemens doivent être fixés d'après les mêmes bases que ceux des
receveurs (ordonnance royale du 29 novembre
1831, art. 2), c'est-à-dire qu'ils doivent être égaux
au dixième de la valeur des objets dont la manu-
tention leur est confiée.

Conformément à l'ordonnance du 6 juin 1830,
les cautionnemens doivent être réalisés en immeubles ou en rentes sur l'état, en observant d'en élever la quotité d'un tiers, lorsqu'ils sont fournis en
immeubles.

Les règles de l'emmagasinement et de la conservation des objets confiés à la responsabilité de l'économe, celles qui concernent leur distribution, sont
déterminées par les réglemens du service intérieur
de chaque hospice; l'administration supérieure s'est
seulement occupée de régler le mode de la comptabilité en matières, c'est-à-dire, la forme des écritures, celle du compte, de sa présentation, et de sa justification, puis enfin le jugement.

— L'ensemble des écritures de la comptabilité en matières est assez compliqué. En effet, on y trouve :

1° Un état, avec évaluation en argent, des consommations présumées pour l'année courante. Cet état, qu'on peut appeler le budget de l'économe, est formé par les commissions administratives, en même temps que le budget de l'établissement, et soumis avec lui à l'approbation, soit du préfet, soit du ministre, selon que le règlement du budget appartient à l'un ou l'autre. Il devient ainsi une annexe nécessaire du budget en deniers, dont il sert à justifier les divers articles qui se rapportent aux divers objets de consommation ou d'entretien, c'est-à-dire, en définitive, à la plupart des crédits ;

2° Un état des restes en magasin au 31 décembre de l'année précédente ;

3° Un journal à souche pour l'enregistrement des recettes en matières. Un bulletin détaché de la souche est remis à la partie versante, à titre de récépissé ; il doit porter le numéro du talon, le nom de la partie versante, la nature et la quantité des objets versés. La souche contient, en outre, l'indication du numéro du *journal général* où la recette doit être immédiatement portée. Sur la représentation et en échange du bulletin de l'économe, le receveur de l'hospice délivre une quittance définitive ;

4° Un journal général pour l'enregistrement journalier des entrées et des sorties. Ce livre est destiné, comme le journal de la comptabilité en deniers, à l'enregistrement, jour par jour, des recettes et des dépenses, ou, en d'autres termes, des entrées et des sorties en matières, au fur et à mesure qu'elles s'effectuent par les soins de l'économe ;

5° Un grand-livre, pour l'établissement du compte particulier des diverses natures de denrées ou d'objets mobiliers. Dans ce livre, sont successivement indiquées les quantités entrées ou sorties et dont il a été passé écriture, au fur et à mesure, sur le *journal général*. Chacun des comptes fait ressortir, dans des colonnes distinctes, quant à l'*entrée* ou *débit*, les quantités entrées et leur évaluation en argent ; quant à la sortie ou *crédit*, les quantités sorties et les restes en magasins ;

Le journal à souche, le journal général et le grand-livre doivent être cotés et paraphés, avant le commencement de l'année à laquelle ils se rapportent, par l'un des membres de la commission administrative ;

6° Des bordereaux mensuels de situation des comptes du grand-livre, pour que la commission administrative puisse suivre et surveiller le mouvement des consommations, et que l'économe puisse établir et connaître sa situation à des époques rapprochées ;

7° Un carnet d'enregistrement des mandats délivrés sur la caisse du receveur, pour le paiement des fournitures versées à l'économe.

La comptabilité en matières des hospices a été conçue de manière à établir un contrôle permanent entre les écritures de l'économe et celles du receveur ; et, à cet effet, le premier de ces comptables porte dans ses livres, à côté des quantités qu'il reçoit, leur valeur en numéraire. Mais, pour faire exactement cette énumération, il faut qu'il connaisse positivement le montant de la somme payée par le receveur, pour chaque fourniture. Le carnet d'enregistrement des mandats lui en donne les moyens.

Tout mandat délivré par l'ordonnateur des dépenses, pour le montant d'une fourniture, ne peut être acquitté par le receveur, sans qu'au préalable il ait été présenté par la partie prenante à l'économe, qui appose son visa. L'économe inscrit sur son carnet l'objet et la somme de ce mandat, et, immédiatement après, il passe écriture au journal et au grand-livre, dans les colonnes réservées au montant en argent des fournitures. Il a soin d'indiquer le numéro de l'article du carnet.

Les additions de ce carnet doivent concorder tant avec celles du grand-livre qu'avec les écritures du receveur, à la fin de l'année ; l'économe arrête définitivement ce livre à la somme des mandats payés, laquelle doit figurer au résumé à établir sur le compte de gestion.

S'il arrivait qu'un mandat visé par l'économe et enregistré au carnet n'eût pas été payé, par quelque cause que ce fût, ce comptable annulerait alors son enregistrement par un article de déduction, et il comprendrait le mandat déjà visé parmi ceux à payer pour l'année suivante.

La tenue du carnet a encore un autre avantage non moins important pour l'intérêt des établissemens. Comme il s'écoule toujours un temps plus ou moins long entre la fourniture et le paiement, l'économe a pu, durant cet intervalle, reconnaître la qualité des objets fournis, et, s'il a à s'en plaindre, il peut, quand ce mandat lui est présenté, arrêter le paiement et prévenir l'administration, qui avise aux mesures à prendre.

— A la fin de l'année, l'économe doit, en outre, rédiger :

1° Le relevé des articles du journal général dont le montant en numéraire n'a pas été payé au 31 décembre. Ce relevé sert à établir le décompte de la déduction à faire, sur le carnet d'enregistrement, des mandats délivrés et non acquittés ;

2° Un état des restes en magasin, au 31 décembre. Cet état, rapproché de celui de l'année précédente, sert à établir la position du comptable.

— Le compte présenté par l'économe n'est et ne saurait être que la reproduction des comptes du grand-livre. En effet, comme ce registre présente le mouvement de chaque nature de denrées ou d'objets mobiliers entrés et sortis pendant l'année, il est évident que le compte de gestion ne peut faire autre chose que reprendre, un à un, les résultats qui y sont consignés.

Ainsi, à chaque article du compte, l'économe se charge en recette, comme dans le grand-livre :

1° Des restes en magasin, constatés antérieurement à l'année du compte ;

2° Des entrées effectuées pendant cette année.

En dépense, il présente toutes les sorties effectuées dans le cours de l'année et dont il a été fait écriture au grand-livre.

La confection du compte est donc sans difficulté ; il était moins facile de déterminer quelles justifications devaient l'accompagner.

« Il serait difficile, a dit le ministre de l'intérieur, dans la circulaire précitée, de justifier les
opérations de la comptabilité en matières d'une manière aussi rigoureuse que celles de la comptabilité
en deniers. Celle-ci, en effet, a directement affaire,
soit au débiteur, soit au créancier; elle donne quittance à la partie versante ou la reçoit de la partie
prenante, et sa justification est complète aux yeux
de tous. Mais la comptabilité en matières ne peut
agir de la même manière; l'économe, lorsqu'il dis-
tribue des denrées qui doivent servir à la consommation, n'a pas directement affaire à celui qui con-
somme. Les véritables parties prenantes sont ici les
personnes qui forment la population des établissemens, et il est évident qu'on ne peut leur demander
de quittance pour les objets qu'elles consomment.»

Mais, tout en reconnaissant que la justifica on ne
peut être aussi complète que pour la gestion en deniers, le ministre s'est efforcé de la rendre aussi
satisfaisante que possible.

A cet effet, il a prescrit que chacun des articles
du *compte-matières* fût accompagné, à titre de
justification :

En recette ou pour les entrées : 1° d'un état de
réception, constatant, mois par mois, les quantités
versées à l'économe, et visé par l'ordonnateur de l'é-
tablissement; 2° d'un état des restes en magasin au
31 décembre ;

En dépense ou pour les sorties : d'un état également visé par l'ordonnateur, et indiquant, mois
par mois, et par nature de denrées, les distributions
faites dans l'établissement.

Il.doit être joint à ces états, pour servir de point de comparaison et de contrôle, un état du mouvement de la population, présenté aussi par mois.

Enfin le compte doit être accompagné d'une expédition de tous les marchés de fournitures, et des copies certifiées des titres en vertu desquels il aurait été fait recette de denrées ou d'objets mobiliers.

— Le compte, ainsi formé et accompagné des pièces justificatives ci-dessus énoncées, doit être remis à la commission administrative, qui, aux termes de l'article 1er de l'ordonnance royale du 29 novembre 1831, est chargée de l'apurer. Cette remise doit être faite aux mêmes époques que les comptes des receveurs, c'est-à-dire avant le mois de juillet. En cas de retard, les économes pourraient, comme ces comptables, être poursuivis et par les mêmes voies de droit.

Les injonctions prononcées contre l'économe, pour l'arrêté de son compte, doivent être exécutées par lui dans le délai de deux mois, à dater de la notification, sous peine d'y être contraint.

En un mot, les dispositions qui régissent la comptabilité des receveurs, quant aux obligations qu'ils encourent par le fait de leur qualité de comptables, s'appliquent aux économes.

—Il est probable que l'application des règles établies par la loi du 10 mai 1838, sur l'administration départementale, amènera, en ce qui concerne les établissemens départementaux, la modification de quelques unes des dispositions qui précèdent.

N° 7.

Du mobilier des cours d'accouchement.

495. — L'administration centrale a, depuis long-temps déjà, encouragé l'établissement, dans les départemens, de cours d'accouchement destinés à l'instruction d'élèves sages-femmes.

Lorsque les conseils généraux consentent à doter leurs départemens de cette institution, ils portent, au budget facultatif, le crédit nécessaire pour les dépenses du personnel et du matériel.

Comme il s'agit ici d'une dépense purement facultative, on conçoit que l'administration supérieure se soit abstenue de régler la composition du mobilier, qui, généralement du reste, doit être peu considérable. Et c'est sans doute aussi à cause de la faible importance de ce mobilier qu'on a négligé de prescrire des règles pour sa conservation.

N° 8.

Du mobilier des archevêchés et évêchés.

496. — La dépense du mobilier des archevêchés et évêchés a été, jusqu'en 1825, à la charge des départemens. Après la création du ministère des af-

faires ecclésiastiques et de l'instruction publique (ordonnance royale du 26 août 1824), cette dépense fut
portée dans le budget de l'état, qui par suite a été
considéré comme propriétaire du mobilier légal,
tel qu'il a été déterminé par l'ordonnance royale du
7 avril 1819. (Voir le préambule de l'ordonnance
royale du 4 janvier 1832.) Les départemens ont été
déclarés propriétaires seulement des parties d'a-
meublement qui ont été acquises sur les fonds votés
par les conseils généraux, depuis 1819, en augmentation du mobilier légal. (Ordonnance royale du 4
janvier 1832, art. 3.)

Nous avons exposé précédemment les règles qui
ont été adoptées pour garantir la conservation de
cette partie de la propriété des départemens. (V.
t. Ier, p. 430 et suiv.)

ARTICLE II.

Des archives départementales.

SOMMAIRE.

497.— Une loi, en forme de proclamation, du 20

avril 1790, statua « que les états provinciaux, assemblées provinciales, commissions intermédiaires,
intendans et subdélégués rendraient, aux administrations qui les remplaceraient, le compte des fonds
dont ils avaient eu la disposition, et leur remet-
traient toutes les pièces et tous les papiers relatifs à
l'administration de chaque département. »

Telle est l'origine des archives départementales.
L'importance de ces dépôts devait s'accroître naturellement par les papiers et registres provenant des
administrations nouvelles, et dont la conservation
dans les bureaux cessait d'être nécessaire. Mais ils
ont reçu un accroissement inattendu, par suite de
la loi du 5 brumaire an 5 (26 octobre 1796). Nous
avons expliqué précédemment (t. 1er, p. 534) que
cette loi suspendit, dans les départemens, sauf
quelques exceptions, le triage des dépôts publics,
chartriers des monastères, et cabinets des émigrés,
qui avait été prescrit afin de réunir, dans les archives
générales établies à Paris, tous les titres et pièces
appartenant à l'histoire, aux sciences et aux arts et
pouvant servir à l'instruction, ou bien qui se ratta-
chaient aux domaines nationaux. Dans les départemens où le triage fut suspendu, « les administrations
centrales durent faire rassembler, au chef-lieu, tous
les titres et papiers dépendant des dépôts appartenant à la république. »

Le directoire exécutif pouvait autoriser leur placement provisoire dans les édifices nationaux.

On a souvent gémi, dans l'intérêt des sciences,
des arts et des lettres, de la manière dont cette mesure fut exécutée : la plupart des autorités locales

né voyant, dans les anciens titres et papiers, que des témoignages du régime féodal ou des vieilleries inutiles, les reléguèrent dans des greniers ou dans des salles bassés, et lés livrèrent ainsi à leurs ennemis éternels, la poussière, l'humidité, les vers et les rats. Quelquefois aussi de prétendus archéologues y butinèrent pour leurs collections particulières, et des gagistes pour les épiciers.

Lorsque le gouvernement consulaire organisa le service des préfectures, il se borna à déclarer que le secrétaire général aurait la garde des papiers et signerait les expéditions. (Loi du 28 pluviose an 8, art. 7.) Du reste, ces fonctions du secrétaire général devaient s'appliquer plutôt aux papiers et registres des administrations préfectorales ou à ceux des autorités qui, depuis 1790, avaient administré les départemens, qu'aux anciens titres et papiers entassés dans les préfectures et sous-préfectures. Le gouvernement impérial, qui, après avoir fait, des archives générales, un monument de ses conquêtes, voulait leur élever un palais (v. t. 1er, p. 538), négligea complètement les archives départementales. En septembre 1807, il est vrai, le ministre de l'intérieur (M. Cretet), à l'occasion des travaux de statistique qu'il voulait organiser dans son ministère, demanda des informations aux préfets sur l'état de ces archives ; mais sa circulaire (1) ne paraît avoir rien produit, si ce n'est l'envoi, au ministère, de mémoires et documens dont la trace est aujourd'hui perdue. Cette négligence pour les

(1) *Recueil des circulaires du ministère de l'intérieur*, tome II, p. 50.

vieilles archives s'explique aisément. Le culte du passé ne pouvait guère être en honneur le lendemain d'une révolution qui avait détruit toutes les institutions anciennes, et sous un régime qui, dans l'ivresse de sa gloire, croyait que la France nouvelle n'éprouverait jamais le besoin de faire remonter ses souvenirs au delà de l'ère dont il datait lui-même.

A la restauration, les prétentions aristocratiques, et surtout la nécessité de faire valoir certains droits dans les réparations accordées aux émigrés, firent secouer la poudre des archives départementales. Quelques esprits d'élite furent aussi attirés, dans ces établissemens, par le beau mouvement qui, vers 1817, fut imprimé aux études historiques; et qui, bien que trop court, à cependant porté de nobles fruits.

Ce fut alors qu'apparut le triste état de ces archives, qui presque toutes avaient été spoliées et où l'on ne trouvait, d'ordinaire, que des pièces entassées sans ordre, souvent mutilées, pourries ou rongées.

L'administration centrale fit quelques efforts pour remédier au mal. Le 21 avril 1817, le ministre de l'intérieur (M. Lainé), rappelant à ceux d'entre les conseillers de préfecture qui étaient appelés à remplacer les secrétaires généraux, supprimés par l'ordonnance royale du 9 de ce mois, les devoirs qui les attendaient dans leurs nouvelles fonctions, recommandait spécialement à leur attention la bonne tenue et la mise en ordre des archives départementales. Il déplorait la triste situation de ces établissemens précieux à tant de titres, et il prescrivait des dispositions pleines de sagesse pour assurer la conservation des archives et faciliter la recherche de toutes les pièces qui s'y trouvaient déposées (1).

Malheureusement ces instructions ne produisirent aucun résultat sérieux. Il en fut de même de celles qui furent adressées dans les départemens, le 17 juillet 1829, par un autre ministre de la restauration, M. de Martignac. Les tentatives de l'autorité supérieure n'ont guère été plus fructueuses, quoique plusieurs conseils généraux s'y soient associés, lorsque le gouvernement fondé par la révolution de juillet voulut ouvrir à l'activité des esprits toutes les sources de l'érudition historique.

Quels étaient donc les obstacles devant lesquels la volonté de l'administration centrale était venue se briser à diverses époques? Le principal, sans contredit, c'était qu'il n'y avait pas, dans les préfectures, pour la conservation des archives, un employé spécial ayant l'instruction et recevant le salaire convenable pour remplir ces fonctions. Le gouvernement a trouvé, dans la nouvelle loi sur l'administration départementale, qui s'élaborait depuis 1829, le moyen de faire disparaître cet obstacle. Il a proposé de comprendre, parmi les dépenses ordinaires des départemens, c'est-à-dire parmi celles dont ils ne peuvent s'affranchir, les dépenses de garde et de conservation des archives départementales : cette proposition est devenue l'une des dispositions de l'art. 12 de la loi du 10 mai 1838.

La législature a laissé au gouvernement le soin d'assurer, sous sa responsabilité, l'organisation de ce

(1) *Recueil des circulaires du ministère de l'intérieur*, tome III, p. 209.

service. Les mesures à prendre à cet effet ren-
traient spécialement dans les attributions du ministre de l'intérieur. Une circulaire du 8 août 1839,
dont les bases avaient été préparées par M. le comte
de Montalivet, contient une première série de dispositions que M. le vicomte Duchâtel a cru devoir
adopter pour que les archives départementales puissent être vraiment utiles à l'administration, aux familles et à la science.

498.— D'abord on a déterminé quels objets peuvent et doivent être conservés dans les archives.

« Chaque préfecture et sous-préfecture, a dit le
ministre, a des papiers et registres qui sont les matériaux du travail courant ou qui se rattachent à des
opérations assez récentes pour qu'il soit nécessaire de
les avoir toujours sous la main : ils doivent rester dans
les bureaux, jusqu'à ce qu'ils aient cessé d'avoir ce
genre d'utilité. Alors ils doivent passer dans les archives départementales, s'ils offrent quelque intérêt
soit pour les recherches historiques, soit pour les services publics, qui exigent quelquefois qu'on remonte
aux actes anciens, soit même pour les familles, qui,
dans certains cas, trouvent la preuve de droits importans dans les pièces qui constatent les opérations
administratives. Si les papiers et registres ne se recommandent par aucun mérite de ce genre, ils doivent être supprimés, pour prévenir l'encombrement
des bureaux et des archives.

« D'après cela, les archives départementales peuvent renfermer des pièces et documens de deux
sortes : les uns, antérieurs à 1789, qui ne présentent
guère qu'un intérêt historique ou paléographique ;

les autres, extraits des cartons de l'administration depuis 1789, et qui peuvent, à l'intérêt historique, joindre éventuellement un intérêt particulier pour les familles ou administratif pour l'autorité. »

499. — Après avoir ainsi réglé la composition des archives départementales, le ministre a pris des dispositions relatives aux choix des archivistes.

Ces dispositions ne paraissent concerner que les archives existant près des préfectures. Sans doute, le ministre a pensé qu'il n'y avait, en général, dans les sous-préfectures, que des dépôts de pièces dont la conservation n'exige pas les soins d'un employé spécial; que si, par exception, il se trouvait, dans quelques sous-préfectures, des dépôts d'une grande importance, ils devraient être réunis aux archives établies près de la préfecture, ou seraient l'objet de mesures particulières.

Voici les règles générales.

« La garde et la conservation des archives qui ne contiennent que des pièces et documens de la seconde espèce, ou qui n'en contiennent de la première qu'un nombre sans importance, peuvent être confiées à un employé qui doit joindre, à une certaine instruction des matières administratives, l'aptitude aux travaux et aux soins qu'exigent les dépôts de ce genre. »

Mais les archives qui possèdent un grand nombre de papiers et de titres anciens et des documens de différens âges, ont besoin, pour mettre, dans leur véritable jour, les richesses qu'elles renferment, d'un homme versé dans l'étude des chartes et des anciens monumens de notre histoire; il leur faut un archiviste paléographe.

Comme, dans ces derniers cas, les préfets pourraient rencontrer des difficultés pour faire un choix
convenable, le ministre les invite à lui en référer.
« L'école des chartes établie près de la Bibliothèque
royale à Paris, et les comités historiques, institués
près du ministère de l'instruction publique, sont,
dit-il, des pépinières où l'on est certain de trouver des candidats offrant toutes les garanties dési-
rables. »

On ne peut qu'applaudir à ces dispositions qui ont
pour but de vivifier une institution utile, dont les
élèves manquent trop souvent d'emploi, lorsque le
cours de leurs études est terminé. L'ordonnance
royale du 11 novembre 1829, qui a rétabli l'école
des chartes, statua, par son art. 10, « qu'après les
deux années d'études auxquelles ils sont soumis, les
élèves de diplomatique et de paléographie française,
qui seraient reconnus dignes de cette distinction
après un examen, recevraient, du ministre de l'intérieur (l'école des chartes était alors dans les attributions de ce ministre), un brevet d'archiviste paléographe, et obtiendraient ainsi, par préférence à tous
les autres candidats, la moitié des emplois qui
viendraient à vaquer dans les bibliothèques publiques (celle de la rue Richelieu exceptée), aux archives du royaume, et dans les divers dépôts littéraires.»

Les mesures adoptées par le ministre de l'intérieur rentrent donc parfaitement dans l'esprit qui
a présidé à la fondation de l'école des chartes.

Dans tous les cas, qu'il s'agisse d'un archiviste
paléographe ou d'un archiviste ordinaire, le ministre
se réserve d'approuver les choix faits par les préfets.

500. — Du reste, la première des conditions pour un bon choix, c'est d'assurer, à l'archiviste, des avantages suffisans pour l'attacher à ses fonctions : c'est pour cela que le législateur a rangé les frais de la garde et de la conservation des archives dans la première section des dépenses départementales. Le ministre, en recommandant aux préfets de porter, au budget de 1840, la somme nécessaire pour que l'archiviste soit rétribué d'une manière convenable, selon la nature et l'importance des archives, s'est abstenu de toute indication en chiffres sur le taux du traitement. Il s'est borné à dire qu'il fallait se guider, à cet égard, d'après les observations et les distinctions qui ont été établies ci-dessus.

Sans doute le ministre a pensé, et avec raison, que le traitement devait être fixé d'après plusieurs circonstances locales ; par exemple, la cherté de la vie dans la résidence de l'archiviste, et la quotité des traitemens alloués aux autres employés de la préfecture. Ainsi, il semble convenable, en général, qu'un archiviste paléographe ait au moins une position équivalente aux chefs de division de la préfecture.

Suivant l'importance des archives, il peut y avoir besoin d'auxiliaires pour l'archiviste titulaire, et, dans tous les cas, le matériel de l'établissement exige des dépenses. Le ministre recommande aussi ces objets à l'attention des préfets, et il ne doute pas qu'ils ne trouvent les conseils généraux tout disposés à favoriser la bonne organisation d'un service si éminemment utile, et qu'on a souvent reproché à l'administration d'avoir trop négligé.

501. — Dans le désir d'assurer un sort convenable aux archivistes départementaux, le ministre de l'intérieur a aussi décidé que les employés des archives départementales, quoique rétribués sur le budget du département, pourraient être admis à participer aux charges et bénéfices des caisses de retraite établies dans les préfectures pour les employés qui sont rétribués sur le fonds d'abonnement fourni par le trésor public. Le ministre n'a pas été arrêté par la nature différente des caisses où se puisent les traitemens des deux ordres d'employés dont il s'agit. Il a considéré que, malgré l'origine du fonds d'abonnement, les employés de la préfecture sont plutôt regardés comme employés du département que comme salariés directs du trésor, et que, d'ailleurs, les caisses de retraite établies en leur faveur sont subventionnées par les budgets départementaux. Mais, afin de conserver à ces caisses la puissance de leurs ressources, il a demandé que les conseils généraux votassent des allocations comme fonds de première mise, destinées à représenter les retenues qui auraient été versées dans la caisse des retraites par les archivistes, s'ils étaient entrés dans l'association tontinière à l'époque où ils ont commencé leurs services donnant droit à pension. Si les conseils généraux refusaient ces allocations, on pourrait faire subir, aux employés des archives, pendant quelques années, une retenue plus élevée, pour compenser, du moins en partie, celle qu'ils auraient versée depuis leur entrée en fonctions. (Circulaire du 3o juillet 1839.)

502. — Le ministre de l'intérieur a bien senti que

le choix du local affecté aux archives n'est guère moins essentiel que celui de l'archiviste. « Il faut, dit-il dans la circulaire du 8 août, que ce local puisse être tenu à l'abri de l'humidité, sans employer le chauffage; il faut aussi que la propreté puisse y être facilement entretenue, et enfin qu'il soit dans des conditions d'isolement qui écartent toute crainte d'un danger d'incendie. Vous examinerez, monsieur le préfet, quelles propositions il conviendrait de faire au conseil général de votre département, pour approprier à sa destination le local affecté aux archives : plusieurs conseils généraux ont déjà pris, sur ce point, une louable initiative. »

Après s'être occupé du choix de l'archiviste et du local destiné aux archives, le ministre a pensé qu'il convenait de tracer les règles les plus importantes pour la bonne tenue de ces établissemens. Voici celles qu'il a cru devoir prescrire quant à présent.

503. — Comme il ne peut vraiment exister d'ordre durable dans les dépôts publics sans inventaires, tout archiviste doit rédiger un inventaire des papiers et registres déposés dans ses archives. Le ministre a compris qu'il serait sans doute difficile de prescrire un mode uniforme pour la rédaction de ces inventaires; mais qu'il est certaines règles de classement qui peuvent être à peu près généralement suivies. En conséquence, il a chargé des personnes compétentes de les recueillir, et il annonce qu'elles feront l'objet d'instructions ultérieures.

L'original de l'inventaire doit rester dans les archives dont il est une partie essentielle, et il doit être tenu constamment à jour. Une copie doit être

placée aux archives générales du royaume. « J'ai
pensé, dit le ministre, qu'il convenait de former
ainsi, dans notre grand dépôt national, un vaste
inventaire de toutes les sources où l'érudition
peut puiser. J'espère que la science donnera son assentiment à cette idée, qui, tout en offrant des ressources nouvelles pour les travaux entrepris dans la
capitale, permet de laisser aux départemens les
pièces et documens qui se rapportent à l'histoire et
à l'administration des localités comprises dans leurs
circonscriptions. »

Il nous semble que ces dispositions sont dignes de
l'approbation des hommes éclairés.

A diverses époques, on avait pensé que les titres
et pièces appartenant à l'histoire, aux sciences et
aux arts, qui se trouvaient disséminés dans les archives locales, devaient être rassemblés dans la capitale. Là, disait-on, est le centre des travaux intel-
lectuels; là seulement sont les personnes qui peuvent
mettre en œuvre ces matériaux. Relégués dans les
dépôts des départemens, ils sont ignorés; et d'ailleurs il arrive souvent qu'un dépôt contient, sur une
période, sur un événement, des documens dont le
complément existe dans plusieurs autres dépôts.

Avec le temps, ces idées se sont modifiées. Sans
renoncer à faire venir, aux archives générales, d'anciens articles concernant des principautés et des institutions abolies, qui ne sont aucunement repré-
sentées par les administrations actuelles, et sur
lesquelles ces archives possèdent déjà une série de
documens, on a cru qu'en général il était convenable de laisser dans les départemens les pièces qui

se rapportent à l'histoire de ces localités et à leur administration. En effet, il est telle pièce qui ne peut être bien comprise que sur les lieux qu'elle concerne. D'ailleurs, pourquoi concentrer dans Paris tout le travail d'érudition ? Pourquoi appeler forcément toutes les intelligences dans ce grand foyer, en ne leur permettant pas de trouver ailleurs des matériaux d'étude ?

504. — En conséquence de l'article 8 de la loi du 10 mai 1838 ; les archives départementales sont soumises à des mesures analogues à celles qui sont prescrites pour garantir aux départemens la conservation du mobilier départemental.

C'est ainsi que le ministre de l'intérieur a prescrit que les préfets, ou un agent placé sous leurs ordres, prissent en charge le mobilier que renferment les archives. (Lettre au préfet de la Haute-Marne, du 29 octobre 1839.)

En outre, il a été établi, dans la circulaire précitée, que les archives doivent être visitées, chaque année, par un ou plusieurs membres du conseil général délégués à cet effet par le conseil, et qui lui font un rapport sur la situation de l'établissement. Ils indiquent les abus qu'ils auraient pu remarquer, et les améliorations qu'ils croiraient utiles d'introduire.

Ce rapport ne dispense pas le préfet de faire, au conseil général, toutes les communications qu'il croit nécessaires concernant les archives ; enfin le préfet doit aussi adresser, chaque année, au ministre de l'intérieur, dans l'intervalle de la session du conseil général au 1er janvier, un rapport spécial pour lui faire connaître la situation des archives de son département. De cette manière, le ministre pourra s'assurer si les travaux exécutés pour le classement et la conservation des documens que ces dépôts renferment répondent aux sacrifices imposés aux départemens.

505.—Un autre point a justement attiré l'attention de l'administration supérieure : c'est la suppression des pièces jugées inutiles. Maintes fois on a reproché aux administrations locales d'avoir fait détruire ou vendre des papiers qu'elles considéraient comme inutiles, et qui ont été reconnus plus tard avoir un prix réel pour la science, l'administration et les familles. Pour prévenir ces reproches, tout en empêchant l'encombrement des archives, l'administration supérieure avait déjà pris, il y a quelques années, de sages mesures (1); elle a voulu compléter ces garanties. Le ministre a décidé qu'aucuns papiers ou registres, provenant soit des bureaux, soit des archives, ne pourraient être supprimés ou mis en vente qu'après son autorisation, et que cette autorisation ne serait donnée que sur un inventaire explicatif de la nature des pièces dont la suppression ou la vente serait proposée, et d'après l'avis d'une commission locale. C'est aux préfets qu'appartient la nomination des membres de cette commission, qui est composée de trois à cinq personnes, choisies parmi celles qui peuvent vérifier utilement les pièces : le directeur des domaines ou un agent délégué par lui est nécessairement l'un de ces membres.

(1) Voir la circulaire ministérielle du 9 novembre 1835.

— En parlant des papiers et registres des administrations publiques, à propos de la richesse mobilière de l'état, nous avons fait la remarque qu'il
n'existait de règles, pour la suppression des pièces
dont la conservation peut être inutile, qu'en ce qui
concerne les pièces de comptabilité déposées aux
archives de la cour des comptes, et nous avons formé le vœu que des mesures semblables fussent
adoptées pour les autres dépôts de l'état. (V. t. 1er,
p. 615.)

Nous avons à répéter à peu près la même observation et les mêmes vœux, relativement aux archives
départementales.

En effet, ici encore, il n'y a point de règles générales, quant à l'époque à laquelle les papiers et registres peuvent être supprimés des archives; il y a
seulement des mesures particulières à certaines
pièces.

Ainsi une décision du ministre des finances, à la
date du 2 mai 1829, a disposé que la vente des papiers et registres qui sont déposés, en vertu des règlemens, par les receveurs généraux et particuliers des
finances et par les percepteurs des contributions directes, dans les archives départementales, pourraient en être extraits et vendus, dix ans après le
dépôt.

Le ministre a pensé qu'après ce délai, la vente
ne pouvait préjudicier à aucun intérêt, parce que,
d'après les règlemens, la faculté du dépôt annuel
n'est accordée, aux receveurs généraux et particuliers, que pour les papiers et registres existant dans
leurs bureaux depuis plus de dix ans; en sorte que

ces papiers et registres ont au moins vingt ans
d'existence, quand ils sortent des archives départementales. Il en est de même des anciens rôles des
percepteurs : comme ils restent trois ans entre les
mains de ces comptables, avant d'être déposés aux
archives, il s'ensuit qu'il s'est toujours écoulé, entre
l'époque de leur mise en recouvrement et celle de
la vente, un délai de treize années, après lequel
l'administration et les contribuables eux-mêmes
semblent n'avoir plus aucun intérêt à la conservation de ces documens.

D'autre part, le ministre de l'intérieur, après
s'être concerté avec le ministre des finances, a décidé qu'on ne pourrait vendre, à aucune époque
et sous quelque prétexte que ce fût, les papiers relatifs aux affaires contentieuses, jugées par les conseils de préfecture, ceux qui concernent les adjudications de biens domaniaux, les baux des mêmes
biens, enfin aucun des actes qui peuvent intéresser
indéfiniment l'état et les particuliers ou qui pourraient faire titre pour eux. (V. circulaire du 9 novembre 1835.)

Pour les autres pièces et documens, le ministre
de l'intérieur prononce sur l'opportunité de la suppression, d'après les propositions qui lui sont faites
par les préfets, selon les règles que nous avons rapportées ci-dessus.

La suppression des pièces et documens dont
la conservation est jugée inutile n'entraîne pas toujours leur vente. Il y a des papiers qu'il pourrait
être dangereux ou peu convenable de laisser mettre
en circulation par les marchands en détail, qui se

rendent ordinairement adjudicataires dans les ventes de ce genre. On pourrait, il est vrai, parer à ces
inconvéniens, en faisant la vente sous la condition
que les papiers seraient mis au pilon et réduits
en pâte, en présence d'un délégué de l'administration. C'est ce qui se pratique généralement à Paris, et il ne paraît pas que cet usage ait engendré
d'abus ; il a l'avantage de fournir des matériaux à
une industrie utile, celle des fabricans de cartons,
et de procurer quelques ressources au trésor. Dans
les départemens, on brûle généralement les papiers
qu'on ne veut pas laisser remettre en circulation,
notamment les pièces écrites sur papiers timbrés,
dans la crainte qu'on ne les emploie de nouveau,
après en avoir enlevé l'écriture par des procédés
chimiques, et qu'on ne frustre ainsi le fisc des recettes dont la vente du papier timbré est pour lui
la source.

506. — Lorsque la vente est effectuée, quelle est
l'affectation donnée aux produits ? Cette question a
donné lieu à quelques difficultés entre l'état et les
départemens. Les départemens d'une part, et l'état
de l'autre, revendiquaient la totalité des produits
des ventes de papiers quelconques, provenant des
archives départementales.

Les premiers soutenaient que c'était pour eux
une juste indemnité des dépenses qu'ils avaient pu
faire et qu'ils faisaient encore pour le service de
ces archives.

Dans l'intérêt du trésor, le ministre des finances
exposait, d'abord, que les départemens étaient
sans droit sur tous les papiers dont l'origine était

antérieure à la division de la France en départemens.

Sous l'ancienne monarchie, les pays d'états, il est
vrai, étaient reconnus comme propriétaires ; mais si
les départemens peuvent être considérés comme les
ayant remplacés, sous le rapport de la division du
territoire, ils n'ont succédé à aucun de leurs droits.
Tous ces droits ont passé à l'état, en même temps
que leur passif, en vertu de la loi des 12-17 avril
1791, dont l'article 6 porte « que toutes les propriétés tant mobilières qu'immobilières, appartenant aux
ci-devant pays d'états, à titre collectif, sont déclarées
domaines nationaux. » La loi du 7 messidor an 2 ne
peut, d'ailleurs, laisser aucun doute sur la propriété
des anciennes archives : son article 3 dispose « que
tous les dépôts publics de titres ressortissent aux
archives nationales, comme à leur centre commun, »
et l'article 6 déclare que « tous les titres domaniaux,
en quelque lieu qu'ils existent, appartiennent au dépôt de la section domaniale des archives établies à
Paris. » Or, de même que les archives existant au
dépôt national ne constitueraient pas une propriété
départementale, de même on ne pourrait voir une
propriété de ce genre dans les archives éparses qui
ressortissent à ce dépôt.

Quant aux papiers dont l'origine était postérieure
à la division de la France en départemens, le ministre des finances soutenait que l'état ayant fait les
frais de leur acquisition, c'était lui qui devait profiter des produits de leur vente : Il ne pensait pas que les
frais occasionnés, dans quelques départemens, par
le classement des archives, pussent être pris en con-

.sidération, parce que ce classement avait pour but, non de procurer la découverte et la vente de papiers inutiles, mais de rétablir, dans les archives, l'ordre qui avait cessé d'y régner, ou de prévenir le désordre qui aurait pu s'y introduire.

Sur ces observations, le ministre de l'intérieur s'empressa de reconnaître que les départemens ne pouvaient réclamer le produit de la vente des papiers provenant des anciennes administrations provinciales, généralités ou pays d'états, ou des registres et papiers déposés dans les archives départementales, par les receveurs des finances et les percepteurs des contributions directes; mais il pensait que les départemens devaient recueillir les produits de la vente de tout ce qui avait été acquis avec des fonds provenant des centimes additionnels.

A ce sujet, et sous le rapport des principes, le ministre des finances crut devoir établir une distinction entre les centimes additionnels généraux, qui étaient alors centralisés au trésor pour les frais de l'administration départementale, et sur lesquels était prélevé le fonds d'abonnement des préfectures, et les centimes additionnels, purement départementaux; il établissait que les départemens n'avaient droit de faire vendre, à leur profit, que les papiers reconnus inutiles, qui auraient été acquis des fonds ou des centimes départementaux. Cependant, comme le triage des papiers, d'après cette distinction, aurait présenté des difficultés, il ne persista pas à soutenir les droits de l'état, dans toute leur rigueur. En conséquence, par une décision concertée entre

26.

les deux ministères des finances et de l'intérieur, il a été établi :

1° Que l'état a droit au produit de la vente :

Des papiers hors de service, dont l'origine serait antérieure à la division de la France en départemens;

Des papiers, registres, etc., déposés par les agens des finances dans les archives des préfectures et sous-préfectures;

2° Que le produit de la vente de tous les papiers inutiles, non compris dans l'article précédent, appartiendrait aux départemens;

3° Que les ventes qui auraient été faites antérieurement, soit au profit des départemens soit au profit de l'état, contrairement à la distinction ci-dessus, ne donneraient lieu à aucune répétition. (Circulaire du ministre de l'intérieur, du 9 novembre 1835.)

—La vente des vieux papiers s'effectue avec publicité et concurrence, en présence d'un délégué de l'administration des domaines. Les produits afférens aux départemens sont versés chez le receveur général, sous le titre de produits éventuels ordinaires; ces produits sont portés en recette, à la première section du budget départemental, pour faire face aux dépenses ordinaires. (Loi du 10 mai 1838, art. 10, n° 6 et art. 13.) Quant aux produits qui reviennent à l'état, ils sont versés pour le compte du trésor, et sont portés en recette, au chapitre des produits divers de l'exercice courant, ainsi que nous l'expliquerons plus tard. (Voir l'ordonnance royale du 14 septembre 1822, art. 3).

507.—Les départemens ont une autre source de

revenu qui se rattache à leurs archives, c'est le produit des expéditions d'anciennes pièces ou d'actes de
la préfecture déposés dans ces archives. (Loi du 10
mai 1838, art. 10, 7°.)

Les citoyens peuvent, d'après l'article 37 de la loi
du 7 messidor an 2 (25 juin 1794), demander des expéditions ou extraits des pièces déposées aux archives départementales, aussi bien que dans les archives
nationales, et ces expéditions doivent leur être délivrées, à raison de 75 centimes le rôle. Pendant assez
long-temps, il a été d'usage, au moins dans certaines
préfectures, d'abandonner le produit des expéditions aux employés, comme salaire de leur travail ;
mais une décision du roi, notifiée aux préfets par
une circulaire du ministère de l'intérieur, à la date
du 16 avril 1816 (1), enjoignit de porter ces produits en recette sur les budgets départementaux, et
en faire figurer l'emploi dans le tableau des dépenses. La loi du 10 mai 1838 a confirmé ces dispositions ; d'après cette loi, les produits dont il s'agit figurent, dans la première section du budget, parmi
les produits éventuels ordinaires. (Art. 10, 7°, et
art. 13.)

Indépendamment du droit de demander des expéditions dans les archives départementales, les citoyens tiennent, de la loi du 7 messidor an 2, celui
d'obtenir, aux jours et heures fixés, communication
des pièces qu'elles renferment. Cette communication doit être donnée sans frais et sans déplacement. Nous ne pensons pas toutefois que le droit

(1) *Recueil des circulaires du ministère de l'intérieur*, tome III, p. 56.

conféré aux citoyens soit absolu et puisse s'étendre
à toute espèce de pièces; la communication obligée
nous semble devoir être restreinte aux documens
dont les citoyens justifient qu'ils ont intérêt à prendre
connaissance et qui n'ont pas été déclarés devoir rester secrets.

508. — Avant de terminer cet exposé des mesures concernant les archives départementales, nous
croyons utile de rechercher quelle est la véritable
étendue des droits de propriété du département sur
les pièces et documens renfermés dans ces archives.
Doit-on prendre pour base de ces droits la décision
de 1835, concertée entre les ministres des finances
et de l'intérieur, relativement à l'attribution du produit de la vente des papiers jugés inutiles, et par
suite déclarer que les départemens ont un droit de
propriété sur tous les papiers et registres déposés
dans les archives des préfectures et des sous-préfectures, autres que ceux dont l'origine est antérieure à
la division de la France en départemens, ou que les
papiers et registres provenant des agens des finances? Faut-il, au moins, reconnaître ce droit pour les
papiers et registres acquis avec toute espèce de centimes départementaux? Nous ne le pensons pas. C'est
d'après une autre base que les droits respectifs de
l'état et des départemens nous semblent devoir être
réglés ici. Dans notre opinion, tous les papiers et
documens qui se rattachent à l'administration générale du pays sont la propriété de l'état, qui peut,
dès lors, les déplacer, selon que le gouvernement
le juge convenable dans l'intérêt de la science ou
de l'administration. Les droits de propriété du dé-

partement se bornent aux pièces qui se rapportent à ses intérêts spéciaux, qui concernent ses droits et ses intérêts comme personne civile. Pour ces documens, mais pour ceux-là seuls, il n'en peut être disposé que suivant les règles établies pour la disposition des propriétés particulières des départemens, et notamment avec le concours des conseils généraux.

509. — L'administration ne possède pas encore de renseignemens certains sur l'importance de l'ensemble des archives départementales. On sait seulement que quelques localités renferment des dépôts précieux. Mais on ne pourra connaître la véritable valeur de ces richesses qu'après que les inventaires prescrits par le ministre de l'intérieur auront été rédigés. (Voy. ci-dessus p. 395.) Toutefois, les rapports qui lui ont été adressés par les préfets, depuis la dernière session des conseils généraux, et dont le résumé sera prochainement sans doute publié et distribué aux chambres, donneront le moyen de les apprécier d'une manière approximative.

ARTICLE III.

Des bibliothèques appartenant aux départemens.

SOMMAIRE.

513.—Mesures pour la conservation des livres appartenant aux départemens.

514.—Bibliothèques des cours et tribunaux.

510.—Lorsque nous avons exposé l'état actuel et
l'administration des bibliothèques nationales, nous
avons expliqué que nous n'entendions pas nous occuper de celles des collections de livres appartenant à l'état, qui existent dans les diverses administrations publiques ou qui sont annexées à des établissemens d'art et de science (1). Nos recherches
ont porté seulement sur les bibliothèques qui, ou-
vertes au public, formées et entretenues dans le but
de suppléer à l'insuffisance des bibliothèques privées, sont de véritables établissemens d'instruction, et constituent, à ce titre, une sorte de service
public.

Quelques communes, comme l'état, possèdent de
semblables établissemens; mais il ne paraît pas
qu'il s'en trouve parmi les propriétés départementales.

Nous avons dit ci-dessus (p. 356) que chaque
école normale primaire a sa bibliothèque. Il existe,
d'ailleurs, dans les préfectures et sous-préfectures,
des livres d'administration, des recueils de documens administratifs ou d'actes de l'autorité publique, qui, fournis par l'état ou acquis sur les
fonds des départemens, forment une propriété départementale.

Ainsi, chacune de ces administrations doit posséder au moins le *Bulletin des lois*, le *Recueil des*

(1) Voir tome Ier, pages 476 et suivantes.

circulaires du ministère de l'intérieur et le *Re-cueil des actes administratifs de la préfecture.* Un certain nombre de préfectures et même quelques sous-préfectures possèdent, en outre, des livres de jurisprudence civile et administrative.

Quelquefois des ouvrages de sciences et de litté-rature ont été acquis par les départemens ou leur ont été concédés par l'état.

Enfin, chaque préfecture doit posséder une col-lection du *Moniteur*, ce journal étant fourni gra-tuitement à chaque préfet, depuis le premier octo-bre 1820 (1).

511. — Mais la réunion de ces livres, recueils, documens ou collections, ne forme point une biblio-thèque; elle peut tout au plus être considérée com-me le noyau autour duquel viendront se former ces établissemens.

Cependant l'intérêt public exigerait qu'il y eût, au moins, dans toutes les préfectures et sous-pré-fectures, une bibliothèque administrative, vraiment digne de ce nom.

Jusqu'en 1837, le ministère de l'intérieur avait décidé, dans plusieurs circonstances, que les préfets et les sous-préfets devaient se procurer, à leurs frais, les ouvrages nécessaires à leur travail et à celui de leurs bureaux. En conséquence il avait re-fusé d'autoriser les votes des conseils généraux, inscrits sur le budget facultatif pour achats de livres. Mais on fit remarquer que les traitemens des

(1) Circulaire du 20 septembre 1820, tome IV du *Recueil des circu-laires du ministère de l'intérieur*, page 98.

sous-préfets surtout n'étaient pas assez élevés pour qu'on pût leur imposer l'obligation d'acheter des ouvrages qui, d'ailleurs, devenant leur propriété, resteraient à leur entière disposition.

D'après ces considérations, M. le comte de Montalivet pensa que l'état et les départemens pourraient unir leurs efforts pour doter les préfectures et les sous-préfectures, de bibliothèques administratives sur lesquelles les mutations de fonctionnaires n'auraient désormais aucune influence.

Voici dans quels termes il avait annoncé cette intention aux préfets, le 26 août 1837.

« Le gouvernement sait et aime à reconnaître que les employés des préfectures et sous-préfectures apportent le zèle le plus louable à l'examen et à la prompte expédition des affaires. Mais, lorsque le développement de nos institutions constitutionnelles et de la civilisation accroît chaque jour les attributions de l'autorité administrative, il devient plus nécessaire que, à côté de l'assiduité et de l'application au travail, se trouve l'instruction qui le rend plus facile et qui épargne les recours à l'administration centrale contre les actes des administrateurs locaux. C'est cette conviction qui a déterminé le gouvernement à étendre l'enseignement du droit administratif. Il ne suffit pas, toutefois, d'augmenter le nombre des chaires consacrées à cet enseignement; pour qu'il porte ses fruits, il est nécessaire que ceux-là mêmes qui l'ont reçu puissent en retrouver les fondemens ou le complément dans des livres, et que ceux qui n'ont pu le recevoir y suppléent de cette manière. Malheureusement la science du droit administratif ne possède pas encore et peut-être ne peut-elle pas posséder, comme celle du droit civil, des codes précis qui résument son ensemble et des commentaires qui l'expliquent. Les matériaux qui, par la force même des choses, se renouvellent incessamment, sont disséminés dans de volumineuses collections et des traités spéciaux, que leur prix paraît placer hors de la portée du plus grand nombre des agens de l'administration ; car il est constant que les ouvrages les plus recommandables, sur cet objet, ne s'écoulent qu'avec une extrême difficulté.

« Cet état de choses est certainement fâcheux.

« De bons esprits ont pensé qu'un des moyens les plus efficaces pour le faire cesser serait de créer, dans les préfectures et sous-préfectures, des bibliothèques administratives dont les départemens et l'état feraient les frais (1).

« L'établissement de ces bibliothèques, qui se composeraient de livres choisis et d'une utilité pratique, serait peu dispendieux. On a calculé qu'un fonds de cent francs par chaque préfecture et de cinquante francs par chaque sous-préfecture, voté par les conseils généraux, et auquel l'état ajouterait une somme à peu près semblable, pourrait complétement suffire, dans les localités où se trouve déjà, près du *Bulletin des lois,* une des collections de jurisprudence administrative et judiciaire.

« Il est bien certain, en effet, que la plus forte

_____

(1) M. de Cormenin avait provoqué cette mesure, par d'utiles observations publiées dans plusieurs journaux.

dépense à faire, quant à présent, aurait pour objet
ces collections.

« Pour assurer le bon emploi des fonds que l'état
et les départemens pourraient consacrer aux bibliothèques administratives, je me propose de confier
le choix des livres à une commission gratuite, instituée près de mon ministère. Des hommes éminens,
n'ayant en vue que les seuls intérêts de la science et
des services publics, mettraient l'administration
supérieure en garde contre les promesses toujours
pompeuses, mais si rarement sincères, des prospec-
tus et des annonces de librairie. »

Pour arriver à la réalisation de cette pensée, le
ministre avait porté, au budget de son département, pour l'exercice 1839, une somme de 25,000
francs. Mais la chambre des députés a cru devoir
refuser le crédit demandé, conformément à l'avis
de la section de la commission générale du budget,
chargée de l'examen spécial du budget de l'intérieur. L'utilité de la dépense n'a pas été contestée;
mais la chambre a pensé qu'elle devait rester tout
entière à la charge des départemens et livrée à leur
appréciation exclusive. On a craint, d'ailleurs,
que l'allocation du crédit ne servît de prétexte
pour appeler souvent la protection d'une recommandation officielle au secours d'une entreprise
privée (1).

L'acquisition des livres nécessaires pour composer des bibliothèques administratives, dans les pré-

(1) Voir le rapport fait par M. Léon de Maleville, à la séance de la
chambre des députés du 15 mai 1838, et les débats de cette chambre,
le 30 mai 1838.

fectures et dans les sous-préfectures, a été ainsi laissée exclusivement à la charge des départemens.

512. — Les acquisitions de cette nature ont lieu au moyen d'allocations spéciales, portées dans la seconde section du budget, c'est-à-dire dans la section des dépenses facultatives.

Pour que l'emploi de ces allocations soit autorisé, le ministre de l'intérieur exige que les préfets lui adressent un état des ouvrages qu'ils se proposent d'acquérir, avec l'indication des prix. (Circulaire du 30 juillet 1838 (1).)

513.—En attendant la formation des bibliothèques administratives, le ministre de l'intérieur a cru qu'il importait de fortifier et d'accroître les moyens propres à assurer la conservation des livres appartenant aux départemens et à prévenir le retour des abus qui avaient pu faire renoncer précédemment aux acquisitions.

En conséquence, la circulaire précitée du 30 juillet 1838 a prescrit :

1° L'application, aux collections de livres, des mesures de contrôle et de conservation établies pour les autres parties du mobilier départemental;

2° La formation et la tenue d'un catalogue, dont les feuillets doivent être cotés et paraphés par le secrétaire général ou par le sous-préfet. Ce catalogue doit, en outre, être signé par ces fonctionnaires, lors du récolement, qui s'exécute tous les ans et à chaque mutation, conformément aux ordonnances

(1) Voir *Bulletin officiel du ministère de l'intérieur,* page 217.

royales des 17 décembre 1818 (art. 4) et 3 février 1830 (art. 3, 4, 5 et 6).

3° L'estampillage des livres sur la page contenant le titre de l'ouvrage, et sur la couverture du titre.

Un exemplaire de chaque catalogue doit être adressé au ministère de l'intérieur : cette disposition n'a pas encore été généralement exécutée.

514. — Quelques personnes avaient pensé qu'on devait considérer comme propriété des départemens les bibliothèques que possèdent les cours royales et les tribunaux, dont le mobilier est une propriété départementale.

D'autres soutenaient que ces bibliothèques ne pouvaient appartenir qu'à ces établissemens judiciaires eux-mêmes; et tendaient par conséquent à reconnaître ces établissemens comme des personnes civiles, habiles à acquérir et à posséder.

Après de mûres discussions, dans le sein du conseil d'état, il a été reconnu que l'état seul peut être considéré comme propriétaire de ces collections; et c'est en vertu de ce principe que des ordonnances royales ont autorisé des préfets, au nom de l'état, à accepter des dons ou legs ayant pour affectation spéciale la formation ou l'accroissement de semblables bibliothèques. Nous avons résumé ces discussions et transcrit l'avis auquel elles ont donné lieu, au tome Ier de cet ouvrage, p. 478.

ARTICLE IV.

Des collections d'objets d'art et de science appartenant aux départemens.

51 5. — L'état forme et entretient, dans la capitale, des collections publiques, destinées à éveiller et à conserver, chez tous les citoyens, le goût des arts et des sciences, ou à favoriser les études des hommes qui se vouent par profession à leur culte. Ces collections sont, d'ailleurs, une sorte de décoration qui sied à la ville chef-lieu d'un grand empire; elle inspire aux étrangers qu'elle attire et retient une idée plus haute de notre civilisation.

Dans les départemens, les établissemens universitaires d'instruction supérieure ou secondaire sont dotés de collections plus modestes, qui ont pour but unique de servir à l'enseignement des sciences physiques, médicales et naturelles. La plupart de ces collections sont insuffisantes; elles proviennent ou des dons et legs faits par des particuliers, ou des fonds de l'université, alors que cette institution avait son budget spécial, ou des fonds de l'état, depuis la suppression de ce dernier budget.

Un certain nombre de villes possèdent des musées, des collections d'histoire naturelle, des machines et instrumens, qui sont, en général, annexés à des cours institués pour des enseignemens spéciaux, dont les frais sont supportés par ces villes. La libéralité des citoyens et celle de l'état ont contribué à fonder ou enrichir les collections dont il s'agit.

Ici, comme en ce qui concerne les bibliothèques, la propriété départementale a peu d'importance.

Il y a, dans les écoles normales primaires, des instrumens et machines nécessaires pour l'étude de la physique, de la chimie, de l'histoire naturelle ou de l'agriculture. Des collections de pièces anatomiques sont formées près des cours d'accouchement. Mais deux départemens seulement (ceux des Vosges et de la Seine-Inférieure) possèdent des musées.

516. — On s'explique aisément, du reste, pourquoi les collections de ce genre sont en si petit nombre, parmi les propriétés départementales.

L'état, l'université et les villes ayant pourvu ou devant pourvoir aux besoins les plus urgens et les plus sensibles, il est facile de comprendre que les départemens, dont presque tous les services obligatoires sont encore incomplets, n'aient pas songé à s'imposer les frais de dépenses que, dans leur position, ils peuvent considérer comme de luxe. D'ailleurs, les collections d'objets d'art et de science ne peuvent acquérir d'importance qu'avec le temps ; leurs richesses s'amassent lentement ; souvent elles ont pour origine la générosité de particuliers en faveur de localités qu'ils ont affectionnées. Or, les départemens ne datent que d'un demi-siècle à peine ; c'est même tout récemment que la faculté de posséder à titre privé leur a été reconnue par la loi. D'un autre côté, l'affection pour une ville où l'on est né, où l'on a vécu entouré de l'estime de ses concitoyens, est toute naturelle ; cette ville est une sorte de famille dans laquelle on aime à perpétuer son souvenir par des bienfaits. Un département peut difficilement inspirer de pareils sentimens ; il est donc probable que ces motifs tiendront toujours, dans une véritable infériorité, cette portion de la propriété départementale : il paraîtra toujours plus utile de doter les grandes villes de ces sortes d'établissemens.

ARTICLE V.

De la valeur des propriétés mobilières appartenant aux départemens.

SOMMAIRE.

517. — Résumé des documens officiels..

517. — D'après les documens qui sont parvenus au ministère de l'intérieur, par suite des prescriptions que nous avons fait connaître ci-dessus (p. 328), les propriétés mobilières appartenant aux départemens avaient, au 1er janvier 1839, une valeur approximative de 5,715,397 fr.

Mais il faut remarquer que le mobilier proprement dit figure seul dans cette évaluation..

Il eût été difficile d'assigner une valeur en argent à des dépôts de pièces et documens tels que les archives départementales. D'ailleurs, la plus grande partie de ces dépôts sont encore dans un tel état de désordre que les archivistes eux-mêmes ignorent ce qu'ils renferment.

Aucun des états statistiques transmis au ministère n'a fait mention des livres appartenant aux départemens ; sans doute parce que, dans aucun d'eux, il n'existe de corps de bibliothèque, à l'exception des bibliothèques naissantes des écoles normales primaires : les livres sont épars dans le cabinet du préfet, du secrétaire général et des sous-préfets, dans la salle des délibérations du conseil de préfecture et dans les bureaux ; enfin, il s'en trouve aux archives.

L'administration centrale est aussi sans renseignemens sur les collections d'objets d'art et de science. Les états qu'elle a reçus, en exécution de la circulaire précitée du 25 février 1838, constatent qu'il y a des écoles départementales d'accouchement dans les villes de Troyes, de la Rochelle, de Tulle, de Dijon, de Chaumont et de Màcon ; mais ils n'indiquent pas la valeur des propriétés mobilières quelconques qui se trouvent dans ces écoles.

Les mèmes états font connaître qu'il y a des musées départementaux à Rouen et à Epinal, sans s'expliquer sur l'importance de ces collections.

—Quant au mobilier proprement dit, le plus considérable en valeur est celui des préfectures : on sait, d'après ce qui précède (voir p. 354), que celui des sous-préfectures est fort restreint par sa nature ; et, au 1er janvier 1839, il ne pouvait pas avoir atteint les modestes proportions dans lesquelles les instructions du ministre de l'intérieur l'ont renfermé.

Le mobilier des palais de justice est en seconde ligne relativement à l'importance : vient ensuite celui des prisons, dont la valeur est bien modique. Il est même des départemens pour lesquels on ne trouve aucune indication quant à ce dernier, sans

doute parce que la charité publique 'en a fait tous
les frais.

Les écoles normales primaires sont des établissemens d'institution trop récente pour que, dans l'é-
tat actuel de nos finances départementales, leur mobilier puisse avoir une valeur élevée : du reste,
cette valeur varie, d'une manière très sensible, d'un
département à l'autre.

Le mobilier des préfectures, sous-préfectures,
palais de justice, prisons et écoles normales, existe
dans la généralité des départemens, et se trouve
évalué dans les états statistiques que nous analysons. On ne voit, au contraire, figurer que dans
quelques uns de ces états un mobilier des établissemens départementaux de bienfaisance ; mais il faut
noter que, au 1er janvier 1839, la loi du 30 juin 1838,
en vertu de laquelle chacun des départemens peut
avoir un établissement public spécialement destiné
à recevoir et à soigner les aliénés (voir ci-dessus
p. 374), ne pouvait pas encore avoir reçu son exécution : le réglement d'administration publique qui,
d'après la loi, devait organiser le service de ces
asiles, n'a été publié qu'à la date du 18 décembre
1839, et seulement dans le *Moniteur* du 28.

Enfin, les deux départemens de la Sarthe et de la
Mayenne sont les seuls qui, d'après les états officiels,
aient fourni, à des évêchés, un mobilier supplémen-
taire au mobilier légal qui est à la charge de l'état.
Il nous semble difficile qu'il n'y ait pas eu d'omission, à ce sujet, dans les états des autres départemens.

27.

§ II.

Des immeubles appartenant aux départemens.

518. — Destination des immeubles départementaux.

518. — Nous avons déjà remarqué ci-dessus (p. 3a7) que la propriété immobilière des départemens, comme celle de l'état, avait été constituée non pas pour créer des revenus ou pour procurer, aux membres de l'association, une jouissance individuelle, ainsi que cela a lieu pour les communes, mais dans le but unique de pourvoir à des services publics. Toutefois, par suite de circonstances particulières que nous expliquerons, quelques départemens possèdent des immeubles qui ne sont pas affectés à des services publics.

ARTICLE 1er.

Des immeubles affectés à un service public.

SOMMAIRE.

519. — Division de la matière.

519.—Avant d'exposer quel est aujourd'hui l'état de cette portion de la propriété départementale, quelle est l'étendue des obligations imposées aux départemens concernant les affectations d'immeubles à des services publics, quelles sont les règles pour les acquisitions et pour la gestion en général, il nous paraît utile de montrer comment cette propriété s'est constituée. Cette recherche n'aura pas seulement un intérêt de curiosité, elle nous fournira l'occasion de mettre dans leur véritable jour des mesures dont l'application donne lieu à des difficultés encore assez fréquentes.

N° 1.

État de la législation depuis la révolution de 1789 jusqu'à la loi du 10 mai 1838.

SOMMAIRE.

520. — L'idée de distinguer les dépenses générales de l'état des dépenses locales appartient, ainsi que nous l'avons indiqué précédemment, à l'assemblée constituante. Dans la célèbre loi des 22 décembre 1789-10 janvier 1790, qui organisait l'administration départementale, on lit l'article suivant : « Les administrations de département et de district ne pourront établir aucun impôt, pour quelque cause et sous quelque dénomination que ce soit, en répartir aucun au delà des sommes et du temps fixés par le corps législatif, ni faire aucun emprunt, sans y être autorisés par lui, sauf à pourvoir à l'établissement des moyens propres à leur procurer les fonds nécessaires au paiement des dettes et des dépenses locales et aux besoins imprévus et urgens. »

521. — Or, parmi les dépenses locales se trouvait celle du logement des nouvelles administrations publiques.

Les directoires de département et de district,
succédant aux états provinciaux, aux assemblées
provinciales et inférieures, n'avaient pas fait difficulté de s'installer dans les édifices occupés par
leurs prédécesseurs. Mais l'assemblée constituante
ne crut pas devoir tolérer ces arrangemens. Une
loi des 16 octobre 1790-30 janvier 1791 régla
la part des villes et de l'état dans la propriété des
édifices dont il s'agit; elle laissa aux départemens
et districts la faculté de profiter d'une portion d'entre eux, à charge de contribuer aux réparations, et
d'acheter ou de louer les autres, s'ils pouvaient convenir aux besoins des corps administratifs.

Voici les dispositions de cette loi.

Les édifices qui servaient à loger les commissaires départis, les gouverneurs, les commandans et
autres fonctionnaires publics, ainsi que les hôtels
destinés à l'administration des ci-devant pays d'é-
tats, que les villes justifieraient avoir construits sur
leurs terrains et à leurs frais seuls, ou avoir acquis
sans contribution de province, devaient continuer
d'appartenir aux villes : elles pouvaient en disposer.

Dans le cas où ces édifices auraient été construits
sur un terrain national, il devait être procédé à une
ventilation, d'après les règles reçues.

A l'égard des autres, ils devaient être vendus
comme biens nationaux : en conséquence, la nation
se chargeait des dettes encore existantes qui avaient
été contractées par les provinces, pour la construction de ces édifices. (Art. 1.)

— Les hôtels-de-ville devaient continuer à appartenir aux communes où ils étaient situés. Cepen-

dant, lorsqu'ils étaient assez considérables pour recevoir le directoire du district ou celui de département ou tous deux à la fois, ces directoires devaient s'y établir et se réunir dans la même enceinte, si le local pouvait le permettre. En échange de ces avantages, les directoires étaient tenus des réparations pour la portion de l'édifice par eux occupée. (Art. 2.)

— Les palais de justice ordinaire devaient continuer à servir à l'usage auquel ils étaient destinés : ils étaient, ainsi que les prisons, à la charge des justiciables.

Ces palais devaient recevoir aussi les corps administratifs, si l'emplacement était assez vaste pour les contenir et si les hôtels-de-ville n'étaient pas insuffisans. Les corps administratifs devaient alors, comme pour les hôtels-de-ville, supporter les réparations des palais, dans la proportion de la partie qu'ils occupaient. S'il s'élevait des difficultés, à raison des divers arrangemens et convenances relatives, les directoires de département devaient y statuer provisoirement et sans délai, à la charge d'en rendre compte au corps-législatif, qui devait prononcer définitivement.

Quant aux édifices occupés par les tribunaux d'exception, autres que lesdits palais de justice et les juridictions consulaires, ils devaient tous être mis en vente : n'étaient pas compris dans cette disposition les palais fournis par les ci-devant seigneurs laïques. (Art. 3 et 4.)

— Tous les autres édifices et bâtimens quelconques, ci-devant ecclésiastiques et domaniaux, aujourd'hui nationaux, non compris dans les articles précédens, devaient aussi être vendus, à l'exception des habitations des évêques dont les siéges étaient conservés, des presbytères et autres édifices mentionnés dans le décret rendu sur le traitement du clergé, et enfin des casernes et bâtimens nécessaires au service militaire. (Art. 5.)

— Toutefois, lorsque les hôtels-de-ville et palais de justice n'étaient pas assez vastes pour contenir les directoires de district et de département, ces directoires pouvaient acheter ou louer, chacun aux frais de leurs administrés respectifs, les édifices nationaux qui leur étaient nécessaires pour leurs établissemens, sans qu'aucun membre des corps administratifs pût y être logé.

A cet effet, chaque directoire devait, dans le délai de deux mois, envoyer, au comité de l'assemblée constituante chargé de cette partie du service, un mémoire expositif de ses vues et y joindre un devis ou plan estimatif contenant l'étendue de l'édifice qu'il jugerait lui convenir. (Art. 5 et 6.)

522.—Cette première loi ne parut pas suffisante pour assurer l'exécution des vues de la législature.

Une autre loi des 7-11 février 1791 prescrivit que tous les corps administratifs rendraient compte à l'assemblée nationale, dans la quinzaine, de la manière dont ils avaient formé leur établissement. Ils devaient expliquer, à cet effet, quelle était la nature de l'édifice qu'ils occupaient; si c'était l'ensemble ou une portion seulement; s'ils s'y étaient établis en vertu d'une autorisation de l'assemblée nationale, et si cet établissement était définitif ou

simplement provisoire. Ils devaient produire une
description écrite tant des pièces qu'ils occupaient
et de leur distribution que du surplus de l'édifice
et dépendances ; enfin, ils devaient joindre un état
détaillé de la dépense totale de l'établissement.

Si l'édifice était national, sans être de la nature de
ceux que concernait l'article 4 de la loi des 16 octobre 1790-30 janvier 1791 (c'est-à-dire les palais
de justice ordinaire), et qu'ils n'eussent point encore été autorisés à l'acquérir ou à le louer, ils devaient former leur demande pour l'un ou l'autre
cas. A l'appui de la demande devaient être produits,
avec la description ci-dessus exigée, un procès-verbal d'estimation de l'édifice et un devis estimatif de
la dépense que nécessiterait l'établissement. Lorsqu'il s'agissait d'un directoire de district, ces pièces
devaient être visées par le directoire de département et accompagnées de son avis.

— Peu de temps après intervint, à la date
des 31 juillet et 6 août 1791, une troisième loi qui
avait pour objet de régler le loyer à payer à l'état
par les corps administratifs, pour les édifices occupés par eux et les corps judiciaires.

Cette loi disposait que les préposés aux administrations des domaines nationaux procéderaient, contradictoirement avec les corps administratifs, à la
rédaction d'un état estimatif de la valeur locative
des édifices, dans lesquels ces derniers avaient
formé leurs établissemens provisoires.

La base du loyer devait être, pour le passé,
fixée selon la valeur locative, et, pour l'avenir, au
denier vingt-cinq de la valeur estimative des lieux

où les corps administratifs et judiciaires tenaient leurs séances. Le montant devait être payé par les administrés et justiciables, à partir de la date du délai fixé par la loi des 7-11 février, qui devait être, au surplus, exécutée dans tout son contenu.

Les corps administratifs étaient déclarés responsables, en leur propre et privé nom, de l'exécution de la loi; comme tels, ils étaient tenus de toutes indemnités envers la nation, et, en conséquence, obligés d'en payer le montant aux receveurs des domaines nationaux ou à tous autres qu'il appartiendrait, sans en pouvoir rien réclamer contre les administrés et les justiciables.

523.—Malgré ces prescriptions et les diligences faites par les préposés de l'administration des domaines pour le recouvrement des loyers, une très petite partie seulement rentra dans les caisses de l'état. Une sorte de lutte s'établit à ce sujet entre les agens du domaine et les départemens, qui refusèrent positivement de payer, et qui, d'un autre côté, voulaient laisser à la charge du trésor public les grosses réparations.

—Voici comment ils justifiaient leurs prétentions.

Là loi du 11 frimaire an 7 (1er décembre 1798) a, par son article 2, mis au nombre des dépenses générales que doit supporter le trésor public les constructions, grosses réparations et frais de premier établissement des édifices consacrés à un service public, et des prisons.

L'article 13 a mis à la charge des départemens l'entretien et la réparation des édifices publics servant aux tribunaux civils, criminels, correctionnels et de commerce, des administrations centrales, des écoles centrales et des bibliothèques, museum, cabinets de physique, d'histoire naturelle et jardins de botanique en dépendant.

Ces deux dispositions sont claires et précises; les obligations du département, quant aux édifices précités, se bornent aux réparations locatives; dans le silence de la loi, on ne peut exiger de lui un loyer; la charge est d'ailleurs assez lourde, car tous les services dont il s'agit sont d'intérêt général, bien plus que d'intérêt local.

Quant aux préfectures, l'article 5 de l'arrêté du 26 ventose an 8 (13 mars 1800) a compris, dans les dépenses locales, le loyer des bâtimens de la préfecture, lorsqu'il n'est pas fourni une maison nationale; et, pour le cas où la préfecture occupe une maison nationale, le même article ne met à la charge des administrés que les réparations grosses et menues.

En présence de cet article, il est impossible de soutenir que l'intention du gouvernement ait été d'exiger des départemens un loyer pour les hôtels de préfecture. Il serait plus exact de dire qu'il leur a transféré la propriété de ces édifices, puisqu'il a mis à leur charge les grosses réparations, qui sont habituellement des charges de la propriété.

Il en est de même à l'égard des prétoires et des prisons, puisque l'arrêté du 25 vendémiaire an 10 (17 octobre 1801) a rangé, parmi les dépenses variables des départemens, les grosses réparations des prisons et prétoires.

L'administration des domaines repoussait vivement ces prétentions. Elle soutenait que, dans tous

les cas où des édifices nationaux étaient occupés par
des services mis, par la loi ou les réglemens, à la
charge des départemens, ceux-ci devaient une indemnité à l'état.

524. — Tant que la question resta ainsi engagée entre eux et l'administration des domaines, les
départemens s'émurent peu du débat. Quelques
uns profitèrent seulement de circonstances favorables, par exemple, des voyages de Napoléon dans
l'intérieur de l'empire, pour obtenir la concession
gratuite des domaines nationaux affectés à des services publics départementaux. L'empereur pensait,
d'ailleurs, qu'il y avait un avantage réel pour l'état
dans ces concessions qui n'étaient gratuites qu'en
apparence, car elles avaient lieu sous l'obligation
pour le concessionnaire de faire des dépenses considérables de construction, de réparation et d'appropriation (1). Les départemens aussi obtinrent,
par mesure générale, la remise du loyer pour les
édifices affectés au casernement de la gendarmerie,
qui avait été considéré comme une dépense départementale, dès l'origine de cette institution. (Voir
la loi des 16 janvier-16 février 1791, titre 4.)

525.—Mais les départemens eurent à se défendre
contre un autre adversaire que l'administration des
domaines. Il leur fallut compter avec la caisse d'a-
mortissement qui, d'après plusieurs lois, était de-

_____

(1) Ainsi, par suite d'un séjour de Napoléon à Bordeaux, un décret
du 25 mars 1808 concéda des terrains et édifices nationaux, notamment
l'ancien couvent des Minimes, à charge d'exécuter des travaux considérables pour placer la cour criminelle, la gendarmerie et les prisons départementales.

venue cessionnaire de la plus grande partie des biens
nationaux invendus. Ainsi la loi du 24 avril 1806
avait disposé qu'il serait remis, à cette caisse, des
domaines nationaux disponibles, estimés à vingt fois
le revenu, en paiement des vingt-un millions que le
trésor public devait lui verser, en 1806 et 1807, pour
le fonds ordinaire d'amortissement, pour le remboursement et l'intérêt des cautionnemens qu'il avait reçus. Or, la caisse d'amortissement ne pouvait pas
admettre qu'aucun des domaines qui lui avaient été
cédés restât improductif pour elle, quelle que fût
d'ailleurs l'affectation de ces domaines. La question
fut nettement tranchée par un décret du 17 février
1809 ainsi conçu : « Les biens cédés à la caisse
d'amortissement ne sont plus censés faire partie du
domaine public (1) : chacun de nos ministres peut
nous demander qu'on mette à sa disposition les
bàtimens et domaines nécessaires ou utiles à un
service public dans son département, mais à la
charge de faire verser à la caisse d'amortissement
une somme égale à celle pour laquelle le domaine
demandé sera entré dans l'état des biens cédés à la
caisse d'amortissement. »

Les départemens ne pouvaient réclamer plus de
faveur que l'état lui-même.

526. — L'administration des domaines pensa que
le moment était opportun pour poursuivre, avec plus
d'activité, la réparation de ses griefs contre les administrations locales. En 1810, le ministre des finances soumit à l'empereur un rapport tendant à

(1) Le mot propre eût été *domaine national* ou *de l'état.*

faire statuer sur plusieurs questions relatives à ce sujet, après avoir pris l'avis du conseil d'état. Le 25 septembre, ce conseil déclara qu'il n'y avait pas lieu à s'occuper de ces questions, jusqu'à ce que le ministre des finances eût fait connaître, par un nouveau rapport, si les dispositions de l'article 7 du décret impérial du 11 juin précédent, sur la fixation des dépenses départementales, étaient insuffisantes et quels étaient les points sur lesquels il restait à prononcer.

Par suite de cet avis, un nouveau rapport fut présenté à l'empereur, le 11 novembre, par le duc de Gaëte.

Voici comment s'exprimait le ministre :

« L'article 7 du décret impérial du 11 juin dernier est ainsi conçu : « Les loyers des bâtimens des préfec-« tures sont alloués pour 1810 comme en 1809 : « toutefois, il ne sera rien payé à la régie de l'en-« registrement et du domaine pour les bâtimens « qui appartiennent encore au domaine public ; le « montant de ces loyers, s'il y en a, sera en accrois-« sement du fonds des dépenses diverses et impré-« vues. »

« S'il n'est pas payé de loyers pour les bâtimens nationaux occupés par les préfectures, il en doit résulter nécessairement que les réparations de tout genre à faire à ces édifices ne doivent pas être à la charge du trésor public et que la dépense en doit être supportée par les administrés. Cependant le décret du 11 juin ne contient aucune disposition à cet égard ; le domaine a déjà acquitté, à titre d'avances, des réparations pour des sommes considé-

rables : il est nécessaire de décider par quels
moyens le trésor public sera rempli de ces avances,
dans le cas où les sommes allouées par abonnement,
pour les frais d'administration des préfectures, seraient insuffisantes ; d'ailleurs, le décret du 11 juin
1810 ne fixe les dépenses des préfectures que pour
1810, et ne statue rien sur les années subséquentes.

« L'article 16 du même décret, relatif aux prisons, porte : « Les sommes allouées en 1809, con-
« cernant 1° les tribunaux, les traitemens des con-
« cierges et employés, 2° la nourriture et l'entretien
« des détenus, 3° *les loyers*, ameublemens et en-
« tretien des lieux de détention,.... sont allouées
« sur le même pied pour 1810. »

« Dans les frais d'entretien a-t-on entendu comprendre les grosses réparations des édifices nationaux servant de prisons, ou doivent-elles être à la
charge du domaine et acquittées sur le montant des
loyers ?

« Si les grosses réparations restent à la charge du
trésor public, les loyers seront souvent plus qu'absorbés par la dépense des réparations, et il en résulterait une charge pour le trésor public.

« Il me paraît nécessaire de prendre une mesure
générale pour tout ce qui concerne les bâtimens nationaux occupés par les corps administratifs.

« La loi du 6 août 1791 a ordonné qu'il serait
procédé, contradictoirement avec les corps administratifs et judiciaires, à l'estimation de la valeur locative des édifices nationaux, dans lesquels ces autorités ont formé leur établissement, et que le loyer

serait payé au denier vingt-cinq de l'estimation et supporté par les administrés et justiciables.

« Malgré les diligences qui ont été faites, par les préposés de l'administration des domaines, pour le recouvrement de ces loyers, elle n'a pu encore parvenir au recouvrement que d'une très petite partie.

« L'arrêté du gouvernement du 25 vendémiaire an 10 porte : « Les dépenses relatives aux prisons, « telles que la nourriture des détenus, ameuble= « ment, *grosses réparations* des prisons, etc., et « prétoires seront payées comme les autres dépenses « variables sur les mandats des préfets ; » mais il n'est pas dit sur quels fonds ces grosses réparations se- ront acquittées.

« Il ne me parait pas juste que quelques départe- mens jouissent, à titre gratuit, des bâtimens natio- naux occupés par les préfectures, lorsque d'autres départemens sont obligés, pour cet objet, de louer des bâtimens particuliers dont ils sont tenus d'ac- quitter les loyers. L'égalité qui doit exister entre tous les départemens de l'empire, lorsqu'il s'agit de charges à supporter, devait s'opposer à ce que l'on affranchît, aux dépens du trésor public, quel- ques départemens, de frais d'administration auxc- quels d'autres départemens restent assujettis. Je pense, avec M. le directeur-général de l'administra- tion des domaines, que le trésor public doit rece- voir une indemnité, à raison des édifices nationaux qu'occupent les autorités locales dont les dépenses sont mises, par la loi, au compte des administrés.

« J'estime que l'intérêt particulier de chaque département et l'intérêt du trésor public seraient que les départemens fussent propriétaires plutôt que simples locataires des édifices nationaux où sont actuellement placées les autorités à l'établissement desquelles les administrés sont tenus de pourvoir : ces bâtimens seraient entretenus avec plus de soin, lorsque les départemens considéreraient ces édifices comme leur propriété, et qu'ils cesseraient de craindre que le domaine n'en reprenne la possession.

« L'état, de son côté, recevrait un prix d'aliénation, et ne serait plus exposé à ce que l'entretien des bâtimens, faisant partie de son domaine, soit négligé et donne ultérieurement lieu à des réparations dispendieuses, qui, en cas d'évacuation par les autorités locales, tomberaient à la charge du trésor public.

« Quant au mode à suivre pour rendre les départemens propriétaires incommutables, je pense que le projet de décret que j'ai remis à votre majesté, dans le mois d'octobre 1808, présente, pour l'acquisition, des facilités qui préviendraient toutes les réclamations.

« Ce projet applique, aux édifices nationaux occupés par des autorités locales, la mesure prescrite par le décret du 26 mars 1806, pour l'abandon aux communes, moyennant une rente, des halles appartenant au domaine ; il accorde, en outre, la faculté de rembourser, par dixième, la rente à quatre pour cent du montant de l'estimation. La seule modification dont le projet de décret en question pourrait paraître susceptible serait, pour écarter toute difficulté d'exécution, de renoncer à revenir

T. II.   28

sur le passé et de fixer au 1ᵉʳ janvier 1811 l'époque à laquelle la rente commencerait à courir.

« M. le directeur-général de l'administration des domaines regarde comme indispensable de rendre les départemens propriétaires des bâtimens occupés par les autorités dont les charges doivent être acquittées sur les centimes additionnels, afin que l'état devienne étranger, quant au paiement, aux réparations de ces bâtimens dans lesquels on tente, chaque jour, sous divers prétextes, de le faire intervenir, et pour lesquels les préfets sont parvenus à faire acquitter, par les caisses des domaines, des sommes importantes que la cour des comptes refuse d'allouer dans les comptes de l'administration.

« Je partage cette opinion : je pense au surplus qu'il y a lieu de faire une distinction entre les bâtimens nationaux occupés par les préfectures et les tribunaux, et ceux qui sont occupés par les mairies.

« L'acquisition des premiers devra être supportée par les départemens, puisque tous les administrés profitent des avantages de ces établissemens : quant aux bâtimens occupés par les mairies et les justices de paix, le prix de vente devra être supporté par les communes, attendu que c'est à leur service seul que ces bâtimens sont employés. »

— Ce rapport, après avoir été communiqué au ministre de l'intérieur, fut soumis, ainsi que les propositions qu'il contenait, à l'examen des deux sections réunies des finances et de l'intérieur du conseil d'état, qui firent connaître leur avis, au mois de février 1811.

Il convient d'en présenter ici l'analyse.

1° Les édifices qui, en 1789, étaient affectés à un service public, et qui l'étaient encore en 1811, appartenaient, en toute propriété, aux départemens, arrondissemens et communes ; dès lors, l'état ne pouvait prétendre avoir droit à un loyer, en ce qui les concernait. Les sections fondaient leur opinion , à cet égard, sur la loi des 16 octobre 1790-30 janvier 1791. (Voir p. 422.)

2° Quant aux édifices nationaux, affectés au service des départemens, arrondissemens et communes, la propriété n'avait pas cessé d'appartenir à l'état: Les lois des 7-11 février 1791, des 31 juillet-6 août de la même année avaient statué, de la manière la plus formelle, sur ce sujet. Des obstacles partiels avaient pu empêcher l'exécution générale de ces lois; mais le principe des obligations qu'elles imposaient aux administrations locales n'en subsistait pas moins, et ces obligations ne pouvaient être remises que par une disposition formelle. Les sections combattaient ensuite les argumens tirés de la loi du 24 août 1793 et de l'avis du conseil d'état approuvé le 3 nivose an 13, relatifs aux communes, de la loi du 11 frimaire an 7, des arrêtés des 26 ventose an 8 et 25 vendémiaire an 10, puis du décret impérial du 11 juin 1810.—D'abord la loi de 1793 et l'avis approuvé le 3 nivose an 13 ne concernaient que des objets communaux, et, d'ailleurs, n'attribuaient pas aux communes la propriété des objets qui ne leur appartenaient pas privativement avant la loi de 1793.

—La loi du 11 frimaire an 7, en mettant à la charge des départemens les frais d'entretien et de réparation des édifices affectés à certains services publics,

28.

administratifs, judiciaires et d'instruction publique,
ne pouvait avoir eu l'intention de céder la propriété
de ces édifices aux administrations locales, puisqu'elle rangeait, parmi les dépenses générales de l'é-
tat, les frais des constructions et des grosses réparations.—Les dispositions de l'arrêté du 26 ventose
an 8 semblaient annoncer que l'intention du gouvernement avait été de ne pas exiger de loyer pour
les bâtimens des préfectures pris dans les domaines
nationaux; mais on ne pouvait en conclure que cet
arrêté avait transmis aux administrations la propriété
de ces bâtimens. Une pareille transmission devait être
faite par une disposition formelle et précise : en
semblable matière, on ne raisonne pas par induc-
tion. L'arrêté précité avait fait remise des loyers,
sous la condition de supporter les grosses réparations : conclure que cette charge des grosses réparations est une donation de la propriété, ce serait
renverser tous les principes.—L'arrêté du 25 vendémiaire an 10 a classé, au nombre des dépenses
administratives et judiciaires, les grosses réparations
des prisons et prétoires; mais cette disposition ne
s'appliquait qu'aux anciens prétoires et prisons, dont
la propriété était restée aux administrés, d'après la
loi des 16 octobre 1790-30 janvier 1791. — L'article 7 du décret impérial du 11 juin 1810 se bor-
nait à faire remise, aux départemens, pour 1810,
des loyers des bâtimens nationaux occupés par les
préfectures; mais rien, dans les termes du décret,
n'annonçait l'intention de leur en transmettre la
propriété.

3° Il y avait lieu d'adopter la proposition du ministre des finances pour la vente, aux départemens, des édifices nationaux. On ferait ainsi cesser la disparité qui existait entre les départemens et les abus dans la jouissance, et on obtiendrait une plus grande stabilité dans les établissemens destinés aux services publics.

4° Le prix de la vente devait être fixé par une estimation à dire d'experts, d'après la valeur actuelle, sauf la déduction, sur le capital de l'estimation, des dépenses supportées par les administrés pour constructions et grosses réparations. Les sections pensaient qu'une adjudication à la chaleur des enchères aurait de graves inconvéniens, dont le moindre serait d'exposer les départemens à des déplacemens et à des dépenses qu'ils n'auraient pas provoquées.

5° Le capital devait être converti en une rente à quatre pour cent, sans retenue, remboursable par dixièmes, et moyennant vingt-cinq capitaux, conformément à la loi du 16 septembre 1807, sur le desséchement des marais.

6° Il n'y avait pas lieu d'exiger le paiement des loyers arriérés en vertu de la loi des 31 juillet-6 août 1791. D'abord les dispositions de cette loi avaient été modifiées, en ce qui concerne les bâtimens des préfectures par l'arrêté du 26 ventose an 8, et par une décision particulière du chef de l'état pour les casernes de la gendarmerie. Ensuite les dettes départementales, antérieures à l'an 5, ayant été mises à la charge de l'état par un décret impérial du 28 nivose an 13, on ne pouvait exiger le paiement des loyers arriérés que pour l'an 5 et les années postérieures,

Même, ainsi restreint, l'arriéré des loyers s'élèverait sans doute à une somme considérable ; mais, quelque droit qu'eût le trésor public d'en demander le paiement, il paraissait convenable d'en faire la remise aux départemens et aux communes.

7° Enfin, les sections pensaient que les mesures proposées pouvaient être établies par un décret impérial, et qu'une loi n'était pas nécessaire : celle des 7-11 février 1791 autorisait suffisamment l'aliénation.

— L'empereur, qui assistait à la séance du conseil d'état où fut délibéré le projet de décret préparé par les sections, n'admit pas la pensée d'exiger des départemens et des communes un prix de vente. Ce projet fut écarté, et, sous la date du 9 avril 1811, parut le décret suivant.

« NAPOLÉON, sur le rapport de notre ministre des finances, relatif aux bâtimens nationaux occupés par les corps administratifs et judiciaires, duquel il résulte que l'état ne reçoit aucun loyer de la plus grande partie de ces bâtimens ; que néanmoins notre trésor impérial a déjà avancé des sommes considérables pour leurs réparations ; que l'intérêt particulier de chaque département, autant que celui de notre trésor, serait que les départemens, arrondissemens et communes fussent propriétaires desdits édifices, au moyen de la vente qui leur en serait faite par l'état, et dont le prix capital serait converti en rentes remboursables par dixièmes ;

« Vu les lois des 23 octobre 1790, 7 février et 6 août 1791, l'article 11 de celle du 24 août 1793 et l'avis de notre conseil d'état approuvé par nous le 3 nivose an 13, la loi du 11 frimaire an 7, ensemble les

arrêtés du gouvernement des 26 ventose et 27 floréal an 8 et du 25 vendémiaire an 10, et notre décret du 26 mars 1806;

« Considérant que les bâtimens dont il s'agit
n'ont pas cessé d'être la propriété de l'état;

« *Voulant néanmoins donner une nouvelle
marque de notre munificence impériale* à nos
sujets de ces départemens, en leur épargnant les
dépenses qu'occasionneraient tant l'acquisition desdits édifices que le remboursement des sommes avancées par notre trésor impérial pour les réparations,

« Notre conseil d'état entendu,

« Nous avons décrété et décrétons ce qui suit :

« Art. 1er. Nous concédons gratuitement, aux
départemens, arrondissemens ou communes, la
pleine propriété des édifices et bâtimens nationaux
actuellement occupés pour le service de l'administration, des cours et tribunaux et de l'instruction
publique.

« Art. 2. La remise de la propriété desdits bâtimens sera faite, par l'administration de l'enregistrement et des domaines, aux préfets, sous-préfets ou
maires, chacun pour les établissemens qui le concernent.

« Art. 3. Cette concession est faite à la charge,
par lesdits départemens, arrondissemens ou communes, chacun en ce qui le concerne, d'acquitter
à l'avenir la contribution foncière, et de supporter
aussi à l'avenir les grosses et menues réparations,
suivant les règles et dans les proportions établies
pour chaque local, par la loi du 11 frimaire an 7,
sur les dépenses départementales, municipales et

communales, et par l'arrêté du 27 floréal an 8, pour paiement des dépenses judiciaires.

« Art. 4. Il ne pourra, à l'avenir, être disposé d'aucun édifice national en faveur d'un établissement public qu'en vertu d'un décret impérial. (1). »

—D'après ce qui précède, il est facile de comprendre comment l'empereur, rejetant la proposition du ministre des finances et de deux des sections du conseil d'état, a pu dire que le décret du 9 avril était une mesure de munificence à l'égard des départemens. D'un autre côté, on conçoit comment l'opinion générale s'est habituée à voir, dans cet acte, une charge plutôt qu'une libéralité pour les localités concessionnaires, puisque le ministère des finances reconnaissait que, si les grosses réparations des édifices concédés devaient être payées par le trésor, les loyers seraient souvent plus qu'absorbés par la dépense de ces réparations.

Malgré les sommes considérables qui ont été nécessaires pour approprier à leur destination les édifices cédés par le décret de 1811, la justice veut qu'on reconnaisse qu'en définitive cette mesure a été avantageuse pour les départemens. Il est même arrivé que l'état a racheté, à prix d'argent, quelques uns de ces édifices. Nous citerons pour exemple, en ce qui concerne le seul ministère des cultes, les anciens bâtimens diocésains d'Ajaccio, d'Albi, d'Angoulème, de Blois, de Gap, etc. (Voir ci-après n° 530.)

(1) Les détails que nous avons donnés, concernant la préparation de ce décret, ont été puisés dans les archives du conseil d'état. (Voir le dossier n° 27, 229.)

527.—Des difficultés assez nombreuses se sont
élevées pour l'exécution de ce décret et se présentent
encore assez souvent : il est, dès lors, convenable de
placer ici le résumé de la jurisprudence contentieuse
du conseil d'état sur ce sujet.

Quoique ce résumé ne soit pas d'une grande étendue, nous croyons devoir cependant, pour plus de
clarté, présenter à part les règles relatives à la compétence et celles qui concernent le fond de la matière.

Compétence. — L'autorité judiciaire est incompétente pour apprécier l'étendue et déterminer les
effets, soit des décrets particuliers de concession,
soit du décret du 9 avril 1811, à l'égard des départemens et des villes.

Dès-lors, si un département réclame contre l'é-
tat, devant un tribunal civil, la propriété d'un immeuble d'origine domaniale, par le motif que cet
immeuble lui aurait été concédé soit par un décret
spécial, soit par le décret du 9 avril 1811, le tribunal ne peut prononcer sur cette réclamation, sous
prétexte qu'il s'agit d'une question de propriété et
que les questions de ce genre sont exclusivement de
la compétence de l'autorité judiciaire. Dans le cas
où le tribunal se déclarerait compétent, le préfet
devrait élever le conflit d'attributions (1).

—Le conseil de préfecture est également incompétent pour statuer sur les contestations de cette
espèce (2).

(1) Voir l'ordonnance royale, du 6 mai 1836, rendue sur un arrêté de
conflit pris par le préfet du Pas-de-Calais (*affaire du département du
Pas-de-Calais c. l'état.*)
(2) Voir les arrêts du conseil, du 6 mars 1835, *le département de la*

— Il en est de même du ministre des finances. L'approbation donnée par ce ministre à un rapport de l'administration des domaines qui lui propose de décider qu'il y a lieu de revendiquer la propriété d'un immeuble sur un département qui prétend que cet immeuble lui appartient, en vertu du décret du 9 avril 1811, constitue seulement une instruction pour les agens de l'administration des domaines. Cette approbation ne peut être considérée comme constituant une décision susceptible d'être déférée au conseil d'état par la voie contentieuse, dans les délais fixés par le réglement du 22 juillet 1806 (1).

On ne peut attaquer pour incompétence l'acte par lequel le même ministre a prescrit la réunion, au domaine de l'état, de portions d'immeubles à la propriété desquelles un département ou une commune prétendait avoir des droits, en vertu du décret du 9 avril 1811. L'application et l'exécution de ce décret sont dans ses attributions, sauf aux parties qui croiraient devoir contester l'application à se pourvoir devant le roi, en conseil d'état, par la voie contentieuse, pour obtenir l'interprétation du décret (2).

—En effet, c'est au roi en conseil d'état, et par la voie contentieuse, qu'il appartient de donner cette interprétation et par conséquent d'apprécier l'éten-

Dordogne c. l'état ; du 6 février 1839, *le département de l'Ain c. l'état.*

(1) Voir l'arrêt du conseil, du 6 février 1839, *le département de l'Ain c. l'état.*

(2) Voir l'arrêt du conseil, du 17 mai 1837, *le ministre des finances c. la ville de Villers-Cotterets.*

due et de déterminer les effets du décret de 1811 ou des décrets spéciaux de concession (1).

Il en doit être ainsi soit que ces questions s'agitent entre un département et l'état, soit qu'elles s'agitent entre un département et un particulier (2).

FOND DE LA MATIÈRE. — Le décret du 9 avril 1811 n'a concédé et pu concéder aux départemens que les édifices nationaux qui, à l'époque de sa publication, étaient encore la propriété de l'état.

Ainsi ce décret n'a pu concéder, à un département, des immeubles occupés par la préfecture et les tribunaux, mais qui, lors de sa publication, se trouvaient compris dans l'état des biens formant la dotation de la liste civile impériale.

La loi du 2 mars 1832, en faisant sortir ces immeubles de la dotation de la couronne pour rentrer dans le domaine de l'état, n'a pu avoir pour effet de leur étendre l'application de l'article 1er du décret du 9 avril 1811 (3).

— Mais l'on ne peut contester à un département, sous prétexte qu'ils étaient une dépendance de la dotation de la liste civile impériale, la propriété d'immeubles occupés pour le service des cours et tribunaux de ce département, à l'époque de la publication du décret

(1) Voir l'arrêt du conseil, du 6 mars 1835, *le département de la Dordogne c. l'état*; l'ordonnance royale du 6 mai 1836, rendue sur un arrêté de conflit pris par le préfet du Pas-de-Calais (*affaire du département du Pas-de-Calais c. l'état*); l'arrêt du 6 février 1839, *le département de l'Ain c. l'état*.

(2) Voir l'arrêt du conseil, du 14 août 1837, *la duchesse d'Uzès c. la commune de Sillé*.

(3) Voir l'arrêt du conseil, du 19 août 1835, *le département de Seine-et-Oise c. l'état*.

précité, si ces immeubles ne figurent point sur l'état des biens dressé en exécution du sénatus-consulte du 3o janvier 1810. On ne peut se prévaloir, contre le département, de la circonstance que ces immeubles auraient fait partie de la dotation de la liste civile, sous l'ancienne monarchie ; car tous les biens dépendant de cette dotation ont été réunis au domaine de l'état, par les lois des 6-8 septembre 1792, 1 février, 1-4 avril, 10 juillet 1793. On ne peut pas non plus lui opposer des plans et atlas dressés par l'administration de la liste civile de Louis XVIII et de Charles X, lorsque ces plans n'ont pas été dressés contradictoirement avec lui (1).

—Autre application du principe que le décret de 1811 n'a concédé aux départemens et aux communes (2) que les édifices qui étaient encore la propriété de l'état.

Un décret impérial a concédé un immeuble sans comprendre nominativement, dans la concession, les dépendances de cet immeuble (par exemple des échoppes y adossées), qui précédemment avaient été cédées à la caisse d'amortissement et faisaient partie de sa dotation. L'établissement concessionnaire a fait démolir ces échoppes, pour approprier l'immeuble à la destination qu'il devait recevoir d'après l'acte de concession, et les plans des travaux ont été approuvés par l'administration su-

(1) Voir les arrêts du conseil, des 4 juillet et 31 août 1837, *le département de Seine-et-Oise c. l'état.*

(2) Le décret s'appliquant tout à la fois aux départemens et aux communes, nous avons cru devoir comprendre dans ce résumé les décisions rendues à l'égard des communes ; les raisons de décider sont les mêmes.

périeure. Nonobstant ces circonstances, l'établissement doit, aux termes du décret du 17 février
1809 (voir ci-dessus p. 429), acquitter le prix des
échoppes démolies, d'après l'évaluation pour laquelle
elles étaient entrées dans la dotation de la caisse
d'amortissement (1).

— Les départemens et communes ne peuvent
réclamer, en vertu du décret du 9 avril 1811, la
propriété des édifices nationaux qu'ils occupaient à
cette époque, qu'en ce qui concerne les locaux affectés à un service public du genre de ceux qui
sont énoncés dans ce décret. Les parties des édifices qui n'avaient pas reçu cette affectation sont
restées la propriété de l'état (2).

—Le conseil d'état a cependant pensé que la rigueur de ce principe pouvait fléchir dans certains cas.

Ainsi l'état revendiquait contre un département,
après onze ans de possession paisible, la propriété de
boutiques dépendant d'un édifice national, qui se
trouvait occupé par une sous-préfecture, lors du décret du 9 avril 1811; les boutiques formaient une partie intégrante et indivisible de l'édifice et avaient été
comprises dans le procès-verbal de remise, sans que
l'administration centrale des domaines, informée de
cette remise, eût prescrit aucune disposition contraire.
L'état faisait valoir que, au moment de la publication du décret de 1811, les boutiques étaient non
pas occupées par la sous-préfecture, mais louées à

(1) Voir l'arrêt du conseil, du 6 février 1839, *la ville de Bordeaux
c. le ministre des finances.*

(2) Voir l'arrêt du conseil, du 17 mai 1837, *la ville de Villers-Cotterets
c. le ministre des finances.*

des tiers, et que le prix des loyers était versé dans
les caisses du domaine. Les prétentions de l'état
ont été repoussées, à raison des circonstances de la
cause ; le conseil d'état n'a pas cru que l'administration des domaines pût revenir contre le sens dans
lequel elle avait exécuté le décret (1).

— Un département ne peut réclamer, en vertu du
décret du 9 avril 1811, la propriété d'un édifice national, mis précédemment à la disposition du ministre
de l'intérieur, pour y former un dépôt de mendicité,
alors même que ce département aurait été chargé
des dépenses de premier établissement, concurremment avec l'état, et exclusivement des dépenses
d'entretien (2).

— Les édifices nationaux qui se trouvaient, au
moment de la publication du décret du 9 avril 1811,
affectés au casernement de la gendarmerie départementale, doivent être considérés comme compris
dans les concessions faites aux départemens par ce
décret. En effet, le casernement était une charge
départementale, aux termes du décret du 11 juin
1810, titre 7 (3).

— L'état ne peut pas revendiquer la propriété
d'une partie d'édifice national qui, à l'époque du
décret du 9 avril 1811, était occupée par la préfecture d'un département supprimé postérieurement,
mais dont le territoire a été réuni à celui d'un autre

(1) Voir l'arrêt du conseil du 6 février 1839, *le département de l'Ain
c. l'état.*

(2) Voir les arrêts du conseil, du 26 août 1831, *le département du
Doubs c. l'état ;* du 15 mars 1838, *le département de la Somme c. l'état.*

(3) Voir l'arrêt du conseil, du 31 août 1837, *le département de Seine-
et-Oise c. le ministre des finances.*

département. Le département qui contient les deux circonscriptions doit être regardé comme concessionnaire (1).

— Le décret du 9 avril 1811, en concédant aux villes la pleine propriété des immeubles domaniaux affectés au service de l'instruction publique, leur a imposé l'obligation de supporter, à l'avenir, entre autres charges de la propriété, les menues et grosses réparations que ces bâtimens pouvaient rendre nécessaires. Cette disposition est générale et s'applique à tous les établissemens d'instruction publique de la France. Dès-lors, la ville de Paris doit, comme les autres villes, pourvoir à l'entretien des bâtimens affectés aux facultés de droit, de médecine, etc. En l'absence d'une disposition spéciale qui l'exempte de cette charge, elle ne peut prétendre s'en exonérer par le motif que l'état aurait, pendant un certain nombre d'années, supporté les frais de réparations de tout ou partie de ces bâtimens (2).

— Les immeubles confisqués sur les émigrés qui se trouvaient, au moment de la publication du décret du 9 avril 1811, occupés par des services publics d'administration, de justice et d'instruction publique, sont, par suite de ce décret, devenus la propriété des départemens et des communes à la charge desquels étaient ces services. L'article 7 de la loi du 5 décembre 1814 ne pouvait s'appliquer à

(1) Voir l'arrêt du conseil, du 24 janvier 1834, *le département de la Corse c. le ministre de la guerre.*

(2) Voir l'arrêt du conseil, du 16 décembre 1830, *la ville de Paris c. le ministre de l'intérieur.*

ces immeubles; le décret de 1811 est un des actes
du gouvernement que cette loi a entendu maintenir (1) : c'est donc avec raison que la commission,
instituée pour la remise aux anciens propriétaires
des biens désignés par la loi précitée, s'est abstenue de prononcer sur la revendication, formée par
un ancien émigré, d'un immeuble national occupé
en 1811 pour des services publics départementaux
ou communaux (2).

Si la commission a accordé la remise, il y a lieu
de se pourvoir devant le conseil d'état, pour faire
réformer sa décision (3).

Mais il peut arriver que le département ou la
commune ne soit plus en droit de réclamer contre
cette réintégration accordée contrairement au vœu
de la loi. Il en serait ainsi, par exemple, au cas
où la décision de la commission, après avoir été
signifiée extrajudiciairement, à la localité concessionnaire, à la requête de l'émigré, n'aurait été
l'objet d'aucun pourvoi, et aurait même été exécutée par le département qui aurait loué pour son
compte l'immeuble restitué(4).

(1) Voir les arrêts du conseil, du 17 novembre 1819, *la commune de Pontrieux c. Kuzec de Runambert;* du 6 décembre 1820 et du 12 février 1823, *la commune de Rostreneu c. Gicquel et Nedo;* du 4 août 1837, *la duchesse d'Uzès c. la commune de Sillé.*

(2) Voir l'arrêt du conseil, du 14 août 1837, *la duchesse d'Uzès c. la commune de Sillé.*

(3) Voir les arrêts du conseil, du 17 novembre 1819, *la commune de Pontrieux c. Kuzec de Runambert;* du 6 décembre 1820, *la commune de Rostreneu c. Gicquel et Nedo;* du 6 juin 1830, *la ville de Laon c. le duc d'Orléans.*

(4) Voir l'arrêt du conseil, du 10 juillet 1835, *l'arrondissement de Guingamp c. les héritiers Lecardinal de Kernier.*

La demande en réintégration formée par d'anciens émigrés doit être surtout repoussée, lorsque l'administration des domaines a fait remise des immeubles revendiqués, aux départemens et aux communes qui en ont pris possession et qui en ont joui sans contestation (1).

L'article 2 du décret du 9 avril 1811, qui a prescrit cette remise, n'était susceptible d'exécution qu'à l'égard des départemens et des communes qui n'étaient pas en possession, au moment de la publication de ce décret. Les localités qui détenaient alors, pour un service public, départemental ou communal, des bâtimens nationaux, ont été saisies de la propriété de ces bâtimens, par la seule force du décret (2).

— Au surplus, la concession faite par ce décret n'était point subordonnée à la remise des immeubles par l'administration des domaines (3). Le procès-verbal de cette remise peut être dressé, à toute époque, sans faire obstacle à la pleine exécution de l'article 1er (4).

528. — Les conséquences du décret de 1811 ont été si importantes pour les départemens, que nous

---

(1) Voir les arrêts du conseil, du 17 novembre 1819, *la commune de Pontrieux c. Kuzec de Runambert ;* du 6 décembre 1820, *la commune de Rostreneu c. Gicquel et Nedo.*

(2) Voir l'arrêt du conseil, du 6 juin 1830, *la ville de Laon c. le duc d'Orléans.*

(3) Voir les arrêts du conseil, du 24 janvier 1834, *le département de la Corse c. le ministre de la guerre ;* du 14 août 1837, *la duchesse d'Uzès c. la commune de Sillé.*

(4) Voir l'arrêt du conseil, du 14 août 1837, *la duchesse d'Uzès c. la commune de Sillé.*

ne croyons pas pouvoir nous dispenser de signaler
les principales.

Les acquisitions d'immeubles faites, avant ce décret, par quelques départemens, pour des services
publics, étaient des faits isolés, que le gouvernement
voyait avec faveur, parce qu'il croyait peu convenable que des administrations publiques fussent ins-
tallées précairement dans des édifices particuliers,
pris à loyer. Nul ne paraissait soupçonner qu'il y
eût, dans ces acquisitions, les germes d'une propriété particulière et distincte, qui conduirait un
jour les départemens à réclamer et à obtenir, de la
législature, une place parmi les personnes civiles.
On était si loin de cette idée, après l'abolition des
unités provinciales, par l'assemblée constituante,
qu'elle ne paraît même pas s'être présentée aux
esprits les plus clairvoyans, lorsque le décret du
9 avril 1811 remit solennellement, *en pleine propriété*, aux départemens, une masse considérable
d'immeubles. C'était pourtant un fait grave, qui
eût certainement fixé l'attention des hommes d'état,
dans une époque moins troublée par les événemens
militaires.

Mais alors tout le monde était à peu près exclusivement préoccupé par ces événemens : on ne vit
généralement, dans le décret de 1811, qu'un de
ces expédiens par lesquels on soulageait le budget
de l'état de dépenses plus ou moins considérables,
afin de laisser les ressources du trésor disponibles
pour les frais de la guerre.

Bientôt ces frais devinrent immenses; et le besoin
d'y pourvoir fit étendre, chaque jour davantage, la

distinction établie entre les dépenses générales et les
dépenses départementales : les citoyens s'accoutumè-
rent ainsi à voir une unité civile dans le département,
qui était déjà unité politique et administrative.

La restauration ne pouvait répudier ce système,
qui avait pour but de dissimuler aux contribuables
l'étendue des charges publiques ; car il fallait, tout
à la fois, acquitter les dettes contractées sous le
gouvernement consulaire et impérial, payer aux
étrangers la rançon de la France, vaincue enfin après
tant de triomphes, puis organiser tous les services
publics pour l'état de paix. Aussi les lois des 25
mars 1817, 15 mai 1818, 17 juillet 1819, 23
juillet, 1820, 31 juillet 1821 et 1er mai 1822 repri-
rent-elles, pour la régulariser, la classification des
dépenses départementales.

Un budget et des comptes furent soumis, par les
préfets, à la délibération des conseils généraux, dans
des formes analogues à celles qui étaient suivies
dans les deux chambres, relativement aux dépenses
générales de l'état ; le budget facultatif surtout
constitua, pour chaque département, des ressources
propres ; à côté du trésor public vinrent se placer
des caisses départementales.

L'existence civile des départemens était une conséquence inévitable de toute cette législation ; c'était
désormais un fait acquis ; il fallait seulement une
circonstance pour le faire reconnaître et proclamer.
En 1834, la question s'est présentée deux fois, devant le conseil d'état, dans des circonstances très
différentes : nous allons les indiquer.

—Les sieurs Auerbacher, négocians à Carlsrhue,

avaient attaqué une décision par laquelle la commission instituée pour la liquidation des dettes départementales du Bas-Rhin avait refusé de déclarer
ce département leur débiteur d'un reliquat de
3o,200 fr., pour fournitures d'objets d'équipement
en 1814. Le pourvoi fut communiqué, dans l'intérêt du département, au ministre du commerce
et des travaux publics, qui était alors chargé de
l'administration départementale et communale : ce
ministre soutint que la décision attaquée était parfaitement fondée ; mais, contrairement à ses conclusions, l'arrêté de la commission spéciale fut
annulé, par un arrêt du conseil du 22 avril 1831.
Cet arrêt ayant été signifié au département, le
préfet porta, au budget départemental, la somme
nécessaire pour solder les frères Auerbacher, mais
le conseil général refusa l'allocation du crédit, par
le motif que l'arrêt n'était pas contradictoire ; dans
son opinion, le ministre du commerce et des travaux publics n'avait pas qualité pour représenter le
département devant le conseil d'état ; dès-lors, l'arrêt du 22 avril 1831 devait être frappé d'opposition.

Conformément au vote du conseil général, le
préfet se rendit opposant à cet arrêt. Les sieurs
Auerbacher soutinrent que l'opposition était non
recevable ; ils établirent aisément que toujours le
ministère chargé de l'administration départementale avait été admis à défendre, devant le conseil
d'état (1), les intérêts des départemens ; et ils pré-

(1) Notamment dans l'instance engagée entre le département de la
Corse et l'état, sur laquelle est intervenu l'arrêt du 24 janvier 1834,
cité ci-dessus, p. 447.

tendaient qu'il était leur représentant légal. Mais l'opposition fut déclarée recevable, par un arrêt du 27 juin 1834, ainsi conçu :

« Considérant que la réclamation des frères Auerbacher tend à mettre, à la charge particulière du département du Bas-Rhin, le paiement d'une somme de 30,200 ; — Que, sur la production de notre ordonnance du 22 avril 1831, qui a accueilli cette réclamation, le conseil général du département a invité le préfet à former opposition à ladite ordonnance ; —Que l'ordonnance du 22 avril 1831, a été rendue, sans que le département du Bas-Rhin ait été appelé ni entendu; et que l'opinion émise, dans le cours de l'instruction, par notre ministre du commerce et des travaux publics, ne peut être considérée comme ayant eu pour résultat de rendre l'ordonnance contradictoire avec le département. »

—Quelques mois après, la question fut agitée plus solennellement encore et plus directement, dans l'assemblée générale du conseil d'état, à l'occasion d'un avis demandé par le ministre du commerce et des travaux publics, relativement à la propriété du sol des routes départementales, qui était revendiquée tout à la fois par les départemens et par l'état.

Dans la discussion qui s'engagea sur ce sujet, plusieurs membres éminens du conseil exprimèrent la crainte que la reconnaissance de l'existence civile des départemens ne préparât de grands dangers pour l'avenir, et n'amenât, par la succession des temps, l'isolement des intérêts des grandes divisions du territoire, et le fédéralisme peut-être. Il

fut répondu que ces résultats et surtout le fédéralisme n'étaient guère à craindre en France ; que
toute notre histoire attestait qu'une sorte d'instinct
national nous portait vers l'unité ; que, au grand
avantage de la chose publique, la centralisation politique et administrative était si puissamment or-
ganisée chez nous, que l'existence civile des départemens ne pouvait jamais menacer sérieusement
l'état d'un démembrement funeste ; que l'exercice
des droits afférens aux départemens, comme personnes civiles, aurait toujours lieu sous le contrôle de l'autorité centrale, qui par conséquent
aurait le pouvoir d'arrêter les empiétemens fâcheux,
dès leurs premières tentatives ; que, dans ces conditions, il y avait des avantages avoués par tout le
monde, et pas d'inconvéniens réels pour la chose
publique, à ce que les départemens fussent propriétaires, eussent leurs finances spéciales. On ajoutait que, d'ailleurs, leur existence civile n'était
plus une question théorique ; que c'était un fait
créé et sanctionné par la législation, et qui désormais ne pouvait être méconnu. La majorité du conseil partagea cette opinion. (Voir ci-après, n° 542,
l'avis du 27 août 1834.)

Le gouvernement l'adopta pareillement, et, dans
les divers projets qui furent fournis à la législature,
pour régler l'administration départementale, il
proposa des dispositions destinées à consacrer l'existence civile des départemens. Les deux chambres,
se plaçant au même point de vue, se sont bornées à
modifier quelques unes des propositions secondaires qui leur étaient soumises. Enfin, après une

élaboration de plusieurs années, a été faite une loi
qui a pris la date du 10 mai 1838, et dont nous
devons faire connaître le système.

N° 2.

Régime de la loi du 10 mai 1838.

SOMMAIRE.

529. — Lorsque le législateur s'est décidé à reconnaître, dans les départemens, non plus seulement
une circonscription administrative, mais une personne civile, un grand intérêt politique a commandé
de déterminer avec précision les droits et les obligations du département vis-à-vis de l'état. On a dû

s'attacher à séparer, d'après des principes incontestables et d'une application facile, les dépenses générales des dépenses locales. Il ne fallait pas, d'ailleurs, que la qualité de propriétaires, conférée aux départemens, leur donnât le pouvoir d'entraver, de suspendre des services qui, s'ils intéressent plus spécialement les localités dans lesquelles ils sont établis, n'en sont pas moins des services d'une utilité nationale, et ne pourraient être arrêtés ou supprimés sans que la marche générale de l'administration fût troublée, sans que l'ordre de l'état n'en fût sensiblement affecté.

Sous l'empire de la loi nouvelle, un certain nombre de dépenses, qui précédemment avaient le titre de départementales, ont donc été reportées parmi les dépenses générales de l'état : la situation de nos finances et le progrès de nos mœurs constitutionnelles ont permis de faire sans danger cette séparation, qui, surtout dans notre système de centralisation, a des avantages très réels.

Une autre séparation non moins importante était à faire parmi les services laissés à la charge des départemens ; il fallait établir avec soin, de manière à prévenir des contestations toujours nuisibles au bien public, quels seraient ceux de ces services qui seraient obligatoires et quels facultatifs.

530. — L'article 12 de la loi du 10 mai 1838 range parmi les services obligatoires :

- « Le loyer, s'il y a lieu, des hôtels de préfecture et de sous-préfecture. » (n° 3.)

« Le casernement ordinaire de la gendarmerie. » (n° 5.)

« Les dépenses ordinaires des prisons départementales. » (n° 6.)

« Les loyers..... des cours et tribunaux...:. ».
(n° 8.)

D'autre part, la loi du 28 juin 1833 porte, dans
son article 11 § 1ᵉʳ : « Tout département sera tenu
d'entretenir une école normale primaire, soit par
lui-même, soit en se réunissant à un ou plusieurs départemens voisins. »

Enfin, d'après l'article 1ᵉʳ de la loi du 30 juin 1838,
« chaque département est tenu d'avoir un établissement public, spécialement destiné à recevoir et à
soigner les aliénés, ou de traiter, à cet effet, avec un
établissement public ou privé soit de ce département,
soit d'un autre département. »

531. — Tels sont, parmi les services obligatoires
pour les départemens, ceux qui, par leur nature, entraînent une propriété immobilière. Il faut bien remarquer, toutefois, que si la force des choses amène
les départemens à des acquisitions d'immeubles pour
le placement de ces services, la loi ne leur impose pas
l'obligation d'acquérir; elle permet, dans tous les cas,
de prendre à loyer des bâtimens. Il eût été difficile
qu'elle n'accordât point cette faculté; mais l'intérêt
des départemens lui-même leur conseille d'établir
leurs services administratifs, leurs tribunaux, leurs
prisons, leurs écoles normales, leurs asiles d'aliénés,
dans des édifices à eux appartenant. En effet, il
faut, pour placer convenablement ces services, des
dépenses d'appropriation considérables, dont un
propriétaire ordinaire ne voudrait pas consentir à se
charger ; souvent même il mettrait pour condition

de la location qu'en fin de bail les lieux seraient rétablis dans leur ancien état, afin qu'ils pussent être
loués par des particuliers. Pour ne pas perdre le fruit
de ses dépenses d'appropriation et en supporter de
nouvelles, le département serait exposé à subir en
quelque sorte la loi de ce propriétaire, qui ne man-
querait pas de surélever le prix du loyer. D'ailleurs,
et sans faire valoir des motifs de dignité et de bienséance que chacun comprend, nous rappellerons
que plusieurs des services dont il s'agit possèdent
des archives, des dépôts de pièces qui ne peuvent
être déplacés sans de grands inconvéniens pour
l'administration et les familles. Le casernement de
la gendarmerie seul peut être assuré, d'une manière
convenable, par voie de location.

Du reste, les départemens l'ont compris ainsi :
ceux qui n'ont pas reçu, du décret du 9 avril 1811
ou d'actes spéciaux, la concession d'immeubles nationaux pour le placement des services précités, se
sont empressés et s'empressent encore d'en acquérir, autant que le permet leur situation financière ;
ils ne craignent pas de s'imposer pour cet objet des
sacrifices souvent très considérables.

532.—La loi du 10 mai 1838, et surtout la discussion approfondie dont elle a fourni le sujet dans
les deux chambres, ont tranché, au profit des départemens, la question de savoir si les arrondissemens étaient propriétaires.

Les doutes élevés à ce sujet étaient fondés, d'une
part, sur ce que, depuis la loi du 16 septembre 1807,
des arrondissemens avaient été autorisés à s'imposer spécialement, d'autre part, et principalement,

sur ce que le décret du 9 avril 1811 s'était servi de
ces termes : « Nous concédons gratuitement aux départemens, *arrondissemens* et communes la pleine
propriété des édifices et bâtimens nationaux actuellement occupés pour le service de l'administration,
des cours et tribunaux et de l'instruction publique. »

La question s'est présentée, en 1835, devant le
conseil d'état, à l'occasion de la réclamation formée
par l'arrondissement de Guingamp contre la restitution qui avait été faite, en 1814, aux héritiers Le
Cardinal de Kernier, d'un immeuble confisqué révolutionnairement sur leur auteur, et qui se trouvait, à l'époque de la publication du décret du 9
avril 1811, affecté à la sous-préfecture. Avant de
statuer sur le fond de la réclamation, il y eut lieu
d'examiner si l'arrondissement avait droit de former, par l'organe du sous-préfet, l'action en revendication dont il s'agissait. Un arrêt du 10 juillet
1835 statua, sur ce point, dans les termes suivans :

« Considérant que l'arrondissement de Guingamp
a agi, en vertu du décret du 9 avril 1811 qui a concédé certains immeubles aux arrondissemens et a
chargé l'administration des domaines d'en faire la
remise aux sous-préfets ; — Que, d'après les dispositions de ce décret et pour les actes qui tendent à
son exécution, les arrondissemens, *avec l'approbation du conseil général,* ont qualité pour agir en
leur nom personnel et peuvent être représentés par
les sous-préfets ; — Considérant que le conseil d'arrondissement de Guingamp a délibéré, le 17 mai
1832, que le sous-préfet serait chargé de faire valoir

les droits de l'arrondissement à l'immeuble litigieux ; — Que, par délibération du 9 juin 1832, *le
conseil général*, sur le vu de la délibération du
conseil d'arrondissement, *a chargé le préfet de
faire lui-même, ou de faire faire par le sous-préfet
de Guingamp*, tous les actes nécessaires à la rentrée
en possession des mêmes immeubles ; — Que le
pourvoi du sous-préfet a été formé en vertu de ces
autorisations. »

Cette décision, qui était surtout fondée sur les
circonstances particulières de la cause, ne résolvait
pas nettement la question en thèse générale. Mais
elle ne pouvait être ainsi restreinte et en quelque
sorte éludée dans les discussions législatives.

Le gouvernement avait proposé le maintien de
l'état de chose existant. Il conservait donc aux
arrondissemens, d'une part, la faculté des impositions spéciales ; de l'autre, leurs droits sur les immeubles concédés par le décret du 9 avril 1811.

Ces propositions furent vivement attaquées.

On soutint qu'en maintenant ce qui existait, on
pouvait créer de graves difficultés pour l'avenir ;
qu'une succession de faits qui, pris isolément,
avaient paru indifférens, avait forcé à reconnaître
les départemens comme personnes civiles ; que
les mêmes résultats pourraient se produire à l'égard
des arrondissemens. Or, il faut craindre, disait-on,
de multiplier les associations territoriales ; il est
impossible que l'unité nationale n'en reçoive pas
d'atteinte ; d'ailleurs, l'arrondissement est une ag-
glomération en quelque sorte factice ; elle n'a point
véritablement d'intérêts qui lui soient propres.

Dans une société politique, qui admet déjà comme personnes civiles, parmi les communautés territoriales, le département et la commune, ne se préparerait-on pas des embarras très sérieux, si l'on reconnaissait les arrondissemens comme propriétaires? Il faudrait alors intercaler, entre la comptabilité des départemens et des communes, une nouvelle comptabilité qui compliquerait notre machine administrative et rendrait son jeu plus difficile. D'ailleurs, des intérêts rivaux se développeraient dans le sein des départemens, et l'unité départementale ne tarderait pas à être remplacée par celle d'arrondissement. Les arrondissemens, d'ailleurs, loin d'être favorisés par les mesures qui tendent à leur constituer une individualité, en souffriraient probablement. Ainsi, lorsqu'un arrondissement passerait pour riche, il pourrait s'établir une ligue entre les délégués des autres arrondissemens pour lui refuser, dans le conseil général, les allocations qu'il demanderait; on alléguerait qu'il a des ressources particulières dont il peut user.

Ces considérations ont fait repousser toute disposition de laquelle on pourrait induire que les arrondissemens sont propriétaires, et supprimer la faculté, dont ils jouissaient de pouvoir s'imposer spécialement.

Voici maintenant quelques détails sur chacune des espèces de bâtimens affectés par les départemens à des services obligatoires.

533. — Nous avons déjà montré que, dès l'origine de l'administration départementale, les administrés furent obligés de fournir des édifices pour

les administrations de département et de district ;
mais nous avons fait remarquer que, avant l'établissement des préfectures, les administrations n'é-
taient pas logées dans les édifices publics. (Voir ci-
dessus, p. 324).

Le gouvernement consulaire, dès le premier
moment de l'institution des préfets, disposa qu'ils
seraient logés aux frais des départemens, dans
l'hôtel de la préfecture. (Voir ci-dessus, p. 334 et
427). Les décrets des 11 juin 1810 et 21 septembre
1812 confirmèrent ces dispositions, qui ont reçu le
caractère de prescriptions législatives, par les lois
des 25 mars 1817, 15 mai 1818, 17 juillet 1819 ,
23 juillet 1820 , 31 juillet 1821 et 1ᵉʳ mai 1822.

Mais, jusqu'à la loi du 10 mai 1838, les départemens n'étaient pas obligés de pourvoir au logement des sous-préfets et de leurs bureaux. Cependant les mêmes raisons qui avaient commandé
de rendre obligatoire le logement des préfets et
des bureaux de la préfecture s'appliquaient ici
et avec d'autant plus de force, que le traitement des sous-préfets était plus modique. Il y a
même cela de bizarre qu'en 1791, alors que la loi
refusait le logement aux administrations collectives
de département et de district, elle exigeait que les
administrés procurassent, à leurs frais, un local pour
les bureaux des directoires. Les sous-préfets étaient
donc traités moins favorablement que leurs prédécesseurs.

Au reste, il faut dire que la majorité des départemens, aidés par le concours des villes chefs-lieux
d'arrondissement, avaient devancé le vœu de la loi ;

en effet, sur 275 sous-préfets, 148 étaient logés
dans des bâtimens départementaux ou municipaux.
Il est vrai que le logement ne leur était pas toujours
fourni gratuitement ; ils payaient quelquefois une
indemnité. En résultat, 35 départemens avaient
pourvu au logement de tous leurs sous-préfets, et
29 en partie.

Depuis la loi du 10 mai 1838, les départemens
ont fait un assez grand nombre d'acquisitions d'immeubles pour servir d'hôtels de sous-préfecture.

534. — Les bâtimens des cours et tribunaux qui
sont aujourd'hui des propriétés départementales
sont ceux des cours d'assises, des tribunaux civils
d'arrondissement, et des tribunaux de commerce.

Depuis la promulgation de la loi du 10 mai 1838,
il s'est élevé des difficultés relativement à la propriété des bâtimens des cours royales. Le ministre
de l'intérieur prétendait que les bâtimens appartenaient à l'état, et qu'il devait, dès lors, supporter
seul et tout à la fois les frais des constructions, grosses réparations et entretien. Le ministre des finances
soutenait, au contraire, que les bâtimens des cours
royales étaient au nombre des édifices dont le décret
du 9 avril avait fait la concession aux départemens,
sous la condition de supporter les charges de la
propriété.

Le ministre de l'intérieur faisait remarquer que le
mot *cours*, employé par le décret de 1811, avait
toujours été entendu comme s'appliquant aux cours
d'assises seulement. Depuis 1817, surtout, le doute
n'est plus possible : en effet, d'après la loi du 25
mars de cette année, les constructions et les grosses

réparations des cours royales ont été payées, non pas sur les centimes additionnels versés dans les caisses des receveurs généraux, pour être tenus à la disposition des préfets et être employés sur leurs mandats aux dépenses variables, mais sur les centimes centralisés au trésor, pour être tenus en totalité à la disposition du ministre de l'intérieur et être employés, sur ses ordonnances, aux dépenses fixes ou communes à plusieurs départemens. Depuis 1817, près de dix millions ont été ainsi employés en travaux de restauration et d'agrandissement. Qui profiterait de cette dépense, si les bâtimens des cours royales n'étaient pas la propriété de l'état? Serait-ce le département où siége la cour? mais cela serait injuste; car il profiterait des contributions acquittées par les autres départemens. Voudrait-on que la propriété fût indivise entre les départemens compris dans le ressort de chaque cour? un partage serait difficile; car chacun de ces départemens ne contribuerait pas pour la même somme aux dépenses de construction, d'agrandissement, d'amélioration et d'entretien? D'ailleurs, le service des cours royales est un de ces services d'intérêt général qui, de la classe des dépenses départementales, ont été portés par la loi de finances de 1838 dans les dépenses acquittées sur les fonds généraux du trésor. C'est un service tout-à-fait analogue à celui des maisons centrales de force et de correction, qu'on n'a jamais considérées comme des propriétés départementales.

Pour faire cesser la dissidence existant entre les deux ministères de l'intérieur et des finances, la question a été soumise à l'assemblée générale du conseil d'état, qui, dans sa séance du 5 décembre 1838, a émis l'avis suivant :

« Le conseil d'état, qui, d'après le renvoi de M. le garde des sceaux, a entendu le rapport du comité des finances sur la question de savoir si les bâtimens occupés par les cours royales sont compris dans les termes du décret du 9 avril 1811, qui concède aux départemens la propriété des édifices et bâtimens nationaux occupés pour le service des cours et tribunaux ;

« Vu les articles 2 et 3 dudit décret;

« Vu la loi du 11 frimaire an 7, et l'arrêté du 27 floréal an 8;

« Vu la lettre de M. le ministre de l'intérieur à M. le ministre des finances, en date du 3 juillet 1838, par laquelle il lui fait connaître les motifs sur lesquels il fonde l'interprétation qu'il croit devoir donner au décret susvisé du 9 avril 1811, qui tendrait à faire exclure les bâtimens occupés par les cours royales de la concession faite par le susdit décret, et à les considérer comme n'ayant jamais cessé d'être des propriétés de l'état, affectées à un service public;

« Vu le rapport du conseil d'administration des domaines, en date du 27 juillet 1838, par lequel il réfute l'opinion émise par M. le ministre de l'intérieur, et pense que le décret de 1811 doit, par les termes de ses articles 1 et 3, s'appliquer aux bâtimens occupés par les cours royales;

« Vu la lettre de M. le directeur général de l'administration des domaines à M. le ministre des

finances, en date du 6 août 1838, par laquelle, exa-
minant la question controversée, il pense, contrairement à l'avis de son conseil d'administration, que
les cours royales sont des institutions d'intérêt général, dont les dépenses sont classées parmi les dépenses générales de l'état, et qu'ainsi tout ce qui
les concerne rentre dans l'intérêt général de l'état ;
que, dès lors, les bâtimens qu'elles occupent appartiennent à l'état, et que le décret de 1811 n'a
voulu investir chaque département que de la propriété des bâtimens affectés à un service particulier
et spécial à ce département, et non créer des droits
de propriété indivis entre plusieurs départemens ;

« Vu la lettre de M. le ministre des finances, en
date du 1er septembre, par laquelle il soutient l'o-
pinion émise par le conseil d'administration des domaines et d'après les mêmes motifs ;

« Vu la loi de finances du 25 mars 1817, articles
52 et 53 ;

« Vu la loi du 10 mai 1838, sur les attributions
des conseils généraux, article 12 ;

« Vu la loi portant fixation des dépenses de l'exercice 1839, en date du 14 juillet 1838 ;

« Vu, à la même date, la loi portant fixation des
recettes du même exercice ;

« Considérant que le sens du décret du 9 avril
1811 doit être déterminé par la manière dont il a
été entendu et exécuté, à l'égard des bâtimens
des cours royales, par la législation qui a suivi ce
décret ;

« Considérant que les dépenses de construction
et grosses réparations de ces bâtimens ont, depuis

la loi de finances du 25 mars 1817, été classées parmi les dépenses communes à tous les départemens, et imputées sur la portion des centimes centralisés au trésor, qui ont été reconnus faire partie des recettes générales de l'état ;

« Considérant que, aux termes de l'article 12 de la loi du 10 mai 1838, les budgets départementaux doivent comprendre les grosses réparations et l'entretien de tous les bâtimens et édifices départementaux ; que, néanmoins, la loi de finances du 14 juillet 1838 a compris les bâtimens des cours royales au chapitre XII du ministère de l'intérieur, parmi les bâtimens civils et monumens publics dont les dépenses sont à la charge de l'état;

« Considérant qu'il résulte de cet état actuel de la législation que les bâtimens des cours royales ne font pas partie des édifices départementaux dont les dépenses devraient être supportées par les budgets des départemens, mais sont, au contraire, classés parmi les édifices dont les dépenses sont d'intérêt général et à la charge de l'état; que, dès lors, le décret de concession de 1811 n'a point reçu d'exécution quant aux bâtimens des cours royales qui faisaient, à cette époque, partie du domaine public, puisque les charges qu'il imposait à la concession n'ont point été supportées par les départemens, et que l'état n'a pas cessé de considérer les constructions et grosses réparations des bâtimens occupés par elles, comme des dépenses publiques et d'intérêt général :

« Est d'avis que les bâtimens des cours royales, qui sont l'objet de la question soumise au conseil,

30.

.par MM. les ministres de l'intérieur et des finances, .
font partie des propriétés de l'état. »

Cette opinion du conseil d'état a servi, depuis
lors, de règle aux deux ministères.

535. — Ainsi que nous l'avons indiqué ci-dessus
(p. 36o), les prisons départementales proprement
dites sont les maisons d'arrêt, celles de justice et de
correction.

Aux termes de la loi du 28 germinal an 6 (17 avril
1798) et de l'ordonnance royale du 29 octobre 1820,
dans les lieux de résidence des brigades de gendarmerie où il ne se trouve ni maison d'arrêt, ni de
justice, ni prison, il doit y avoir, auprès de la ca-
serne, une chambre de sûreté, pour y placer, sous
la garde et la responsabilité des gendarmes, les prisonniers prévenus ou condamnés, que l'on transfère
d'un lieu à un autre. Ces chambres doivent être
fournies par les départemens; elles sont, en général,
louées comme les casernes de gendarmerie elles-
mêmes. Cependant il est quelques unes de ces espèces de gîtes qui appartiennent en propre aux départemens.

536. — La loi du 28 juin 1833, art. 11, dispose
ainsi :

« Tout département sera tenu d'entretenir une
école normale primaire, soit par lui-même, soit en
se réunissant à un ou plusieurs départemens voisins.

« Les conseils généraux délibèreront sur les
moyens d'assurer l'entretien des écoles normales
primaires; ils délibèreront également sur la réunion
de plusieurs départemens pour l'entretien d'une

seule école normale. Cette réunion devra être autorisée par ordonnance royale. »

. L'ordonnance royale du 16 juillet 1833 , rendue
pour l'exécution de cette loi, porte :

« Lorsque plusieurs départemens se réuniront
pour entretenir ensemble une école normale primaire, les dépenses de cette école, autres que celles
qui sont couvertes par le produit des bourses fondées par les communes, les départemens ou l'état,
seront réparties entre eux dans la proportion de la
population , du nombre des communes et du montant des contributions foncière, personnelle et mobilière. Cette répartition sera faite par notre ministre
de l'instruction publique. » (Art. 21.)

Au 1er janvier 1840, on comptait 74 écoles normales primaires : il y avait donc douze départemens
qui avaient profité de la faculté, qui leur était donnée
par la loi, de se réunir à d'autres pour l'entretien
d'une école. Tout porte à penser que quelques
autres départemens demanderont et obtiendront
leur réunion. Il n'y a pas là seulement une question
d'économie : quelles difficultés ne doit-on pas
éprouver à rencontrer, pour chaque département,
un directeur et un aumônier qui soient au niveau
de la mission qui leur est imposée? Peut-être serait-
il convenable d'avoir seulement une école normale
primaire par académie : c'est l'avis d'hommes éclairés, qui ont été appelés à mettre à exécution la loi
du 28 juin 1833.

— D'après l'article 23 de l'ordonnance royale
précitée , dans les départemens d'une étendue considérable , ou dont les habitans professent différens

cultes, le ministre de l'instruction publique peut autoriser, outre les écoles normales, l'établissement d'écoles modèles, qui sont aussi appelées à former des instituteurs primaires. Ces décisions sont prises sur la demande des conseils généraux, ou sur celle des conseils municipaux qui offriraient de concourir au paiement des dépenses nécessaires, sur la proposition des préfets et des recteurs, et après avoir pris l'avis du conseil royal.

On ne compte encore que trois écoles de ce genre : elles sont établies à Mens (Isère), à Dieu-le-Fit (Drôme), et à Montbelliard (Doubs) : la dernière des trois a seule quelque importance.

537. — Aux termes de la loi du 3o juin 1838 (art. 1er) , chaque département est tenu d'avoir un établissement public, spécialement destiné à recevoir et soigner les aliénés, ou de traiter, à cet effet, avec un établissement public ou privé ; soit de ce département, soit d'un autre département, sous la condition que les traités passés avec les établissemens publics ou privés seront approuvés par le ministre de l'intérieur.

Nous avons indiqué ci-dessus (p. 375) qu'avant la promulgation de cette loi ; plusieurs départemens possédaient des asiles d'aliénés, établis selon les règles prescrites par la science médicale ; depuis la loi, d'autres départemens ont pris des mesures pour en former de semblables. Nous ne pensons pas, toutefois, que les asiles départementaux puissent devenir nombreux ; les établissemens de ce genre, pour remplir dignement leur destination (et l'administration supérieure ne peut en autoriser d'au-

.tres), exigent des frais qu'il est difficile qu'un seul
département supporte, surtout avec les charges si
lourdes qu'entraînent aujourd'hui les dépenses locales. Il est donc probable que la plupart des départemens useront de la faculté qui leur est accordée
par la loi, de se réunir à d'autres pour former et
entretenir un asile, ou de traiter avec des établissemens privés.

538. — Nous avons déjà fait la remarque que le
casernement de la gendarmerie était, dès l'origine
de cette institution, une dépense départementale
(voir ci-dessus, p. 428); les lois et actes du gouvernement qui ont ultérieurement consacré et régu-
larisé la distinction des dépenses publiques en dépenses générales et locales, ont continué de laisser
le casernement à la charge des départemens ; mais
c'est seulement depuis l'ordonnance du 10 septembre 1815 que les officiers reçoivent le logement
en nature. La loi du 10 mai 1838 n'a rien innové à
ce sujet; l'article 12 (n° 5) comprend, parmi les
dépenses ordinaires des départemens, le casernement *ordinaire* de la gendarmerie (1).

L'exécution de l'ordonnance royale du 10 septembre 1815 ayant paru pouvoir entraîner des abus
contraires aux intérêts des départemens, le ministre de la guerre a déterminé la composition du
logement des officiers de chaque grade. Voici les
règles posées à cet égard, dans une circulaire du

(1) Le mot *ordinaire* a été mis dans la loi, à raison des corps spéciaux de gendarmerie, que des événemens extraordinaires forcent quelquefois à rassembler dans certains départemens.

11 septembre 1817, adressée aux inspecteurs aux revues et colonels de gendarmerie :

Colonel de gendarmerie : quatre chambres, une de domestique et une cuisine ;

Chef d'escadron : trois chambres, une de domestique et une cuisine ;

Capitaine : trois chambres et un cabinet ;

Lieutenant : deux chambres et un cabinet ;

Trésorier : trois chambres, dont deux à cheminées, et un cabinet.

L'une des deux chambres à cheminées doit servir de secrétariat pour la compagnie ; le conseil d'administration y tient ses séances : le cabinet est destiné pour le dépôt de la caisse.

Les écuries des casernes doivent être assez spacieuses pour que les chevaux des officiers de chaque grade, employés à la résidence, puissent y être placés.

Le ministre de la guerre a, d'ailleurs, établi que les officiers de gendarmerie ne peuvent prétendre au logement, à raison du grade dont ils seraient brevetés dans l'armée, mais seulement à celui qui est attribué au grade dont ils sont titulaires dans la gendarmerie ; et que, lorsqu'ils ne reçoivent pas le logement en nature, ils n'ont droit qu'à l'indemnité, suivant leurs grades respectifs, sur les fonds de la guerre : dans aucun cas, ils ne doivent réclamer, des autorités locales, d'autres indemnités pour le logement. Quant aux officiers qui ne veulent point loger dans les casernes, sous le prétexte que le logement qui leur est destiné n'est point convenable, toutes les fois que ce logement est disponible et fourni conformément aux fixations ci-dessus rappelées, ils sont tenus de l'habiter, et, en cas de refus, ils perdent leurs droits à l'indemnité de logement.

Du reste, la plupart des départemens ne sont pas propriétaires des casernes de gendarmerie : ils louent des bâtimens pour cet usage ; c'est aux conseils généraux qu'il appartient d'examiner s'il leur convient mieux d'acheter ou de faire construire des bâtimens destinés à ce service.

539.—Depuis la loi du 28 avril 1816, art. 35 (1), les lois annuelles de finances ont autorisé les conseils généraux de département à établir, sous l'approbation du ministre de l'intérieur, des impositions facultatives, dont le montant peut s'élever jusqu'à cinq centimes du principal des contributions foncière, personnelle et mobilière, et qui sont employées à des objets d'utilité départementale, non spécifiés par la loi. Avec ces ressources, les départemens ont pu faire et ont fait des acquisitions d'immeubles, dans l'intérêt des services publics. D'ailleurs, il faut noter que les dépenses dites *variables*, qui, depuis la loi du 10 mai 1838, ont été remplacées, dans les budgets départementaux, par les dépenses ordinaires, comprenaient plus d'objets que ces dernières, et que les produits qui leur étaient affectés ont servi à acquérir des immeubles, pour des services qui sont aujourd'hui à la charge du budget facultatif.

(1) L'origine des dépenses et des centimes facultatifs remonte à la loi du 2 ventose an 13 (art. 34) ; mais cet article indiquait les objets auxquels s'appliqueraient les centimes facultatifs. (Voir ci-après n° 540.)

Du reste, lorsque les départemens ont créé volontairement des édifices destinés à des services publics,
la suppression, ou même le simple déplacement, ne
sont pas laissés à leur libre arbitre ; les conseils généraux peuvent les demander, mais l'autorité supérieure seule peut les ordonner. On ne pouvait pas
laisser les organes passagers des départemens seuls
juges de l'existence de services qui intéressent non
seulement le présent, mais l'avenir de l'association
départementale, et qui, d'ailleurs, se lient d'une
manière plus ou moins directe à l'utilité générale.

Aussi la loi du 10 mai 1838 (art. 12) place-t-
elle « les grosses réparations et l'entretien des édifices et bâtimens départementaux, » sans aucune
distinction, au premier rang des dépenses ordinaires, et à ce titre, obligatoires ; c'est-à-dire que si
elles n'ont pas été portées au budget du département, par le conseil général, ou si elles n'y ont été
portées que d'une manière insuffisante, l'ordonnance royale qui règle le budget peut les y inscrire
d'office ou les augmenter. (Ib., art. 14.)

Cette faculté, pour l'ordonnance royale, n'a
d'autres limites que celles du montant des recettes
destinées à pourvoir aux dépenses ordinaires. (Ib.,
art. 13.)

La même loi appelle le conseil général à délibérer
sur le changement de destination ou d'affectation
des édifices départementaux (art. 4, 3º) ; mais les
changemens de destination doivent être approuvés,
par une ordonnance royale, le conseil d'état entendu. (Art. 29).

—Les immeubles affectés à des services facultatifs,

que l'on rencontre le plus ordinairement dans l'inventaire des propriétés immobilières des départemens, sont : des bâtimens à l'usage d'hospices, de haras et dépôts d'étalons, d'établissemens thermaux, d'archevêchés et évêchés, de séminaires, de dépôts de mendicité ; et, parmi les propriétés non bâties, des pépinières (1) et jardins botaniques, des hippodrômes, et surtout le sol des routes départementales.

Nous ne donnerons ici de détails que sur quelques uns de ces objets : les autres nous ont occupé déjà (2) ou nous occuperont ultérieurement (3).

540. — Les édifices diocésains sont, en général, la propriété de l'état. Il en est cependant quelques uns qui appartiennent aux départemens : voici par suite de quelles circonstances ils ont pu devenir propriétaires d'immeubles de ce genre.

En vertu de la loi des 2-4 novembre 1789, tous les biens ecclésiastiques étaient devenus des propriétés nationales : la plupart furent aliénés ou af-

(1) Les pépinières départementales ont été établies par suite d'une circulaire, à la date du 7 ventose an 10 (26 février 1802), par laquelle le ministre de l'intérieur, M. le comte Chaptal, engageait les préfets à proposer aux conseils généraux de voter des fonds pour l'établissement d'une ou de plusieurs pépinières par département. Cette mesure était principalement recommandée comme pouvant contribuer à la reproduction des bois, dont le dépérissement se faisait vivement sentir.

(2) Il a été traité des établissemens thermaux de l'état, au premier volume, pages 216 à 222 ; les règles relatives aux établissemens thermaux appartenant aux départemens sont analogues, sinon complétement identiques. On trouve aussi, pages 664 et suivantes du même volume, des détails sur les dépôts de remonte. Enfin, dans le présent volume, pages 374 et suivantes, nous avons parlé des hospices départementaux.

(3) Ainsi, il sera parlé des haras et dépôts d'étalons, en traitant des *produits divers*.

fectés à des services publics, après la suppression du culte catholique.

Lors donc que , par suite du concordat de 1801, ce culte fut rétabli, l'état dut mettre à la disposition du clergé les édifices nécessaires à la célébration du service divin, au logement et à l'instruction de ses ministres.

En conséquence, on affecta , aux archevêchés et évêchés : des cathédrales, des palais épiscopaux et des séminaires ; et aux paroisses : des églises et des presbytères.

Tous ces édifices durent être pris, autant que possible, parmi les domaines nationaux non aliénés; seulement l'article 71 de la loi du 18 germinal an 10 disposa « que les conseils généraux de département étaient *autorisés* à procurer aux archevêques et évêques un logement convenable ; et, d'après l'article 72 , les conseils généraux des communes furent autorisés à procurer, à défaut de presbytères, un logement et un jardin aux curés et aux desservans des succursales. »

Un arrêté du gouvernement du 18 germinal an 11 régla l'exécution de ces dispositions.

L'esprit du temps commandait aux gouvernans de ne réclamer, des localités, qu'une participation facultative dans les dépenses du culte.

Cependant l'étendue des besoins était considérable, et les autres charges de l'état bien pesantes, surtout dans la situation où se trouvait alors le trésor public. Il fut donc fait un nouvel appel à la libéralité des conseils généraux. Une loi de finances, du 2 ventose de l'an 13 , statua « que ces conseils

pourraient proposer d'imposer jusqu'à concurrence de quatre centimes au plus, *soit pour réparations, entretien des bâtimens et supplément de
frais de culte*, soit pour constructions de canaux,
chemins et établissemens publics. »

Le vote continuait d'être facultatif; la plupart des
départemens, par impuissance ou par mauvaise disposition, ne votèrent aucun subside ou n'en votèrent que de modiques. Sur le produit des votes, on
imputa successivement des supplémens de traitement pour les évêques et leurs chapitres, des frais
de visites pastorales, de maîtrises et de bas-chœurs,
des dépenses d'ameublement, enfin l'entretien et les
réparations des évêchés, cathédrales et séminaires.

L'empereur, qui réglait alors lui-même, en conseil d'état, les budgets départementaux, suppléait
souvent, par des allocations d'office, au silence des
conseils généraux; mais presque toujours ces allocations, comme beaucoup de votes volontaires du
reste, demeuraient sans effet.

La loi de finances du 15 septembre 1807 disposa, par
son article 22, « qu'il serait fait un prélèvement de dix
pour cent sur les revenus de toutes les propriétés
foncières des communes, telles que maisons, bois et
biens ruraux, pour former un fonds commun de
subvention : 1° pour les acquisitions, reconstructions ou réparations d'églises ou édifices pour les
cultes; 2° pour acquisitions, reconstructions ou réparations des séminaires et maisons pour loger les
curés ou desservans et les ministres protestans. »

Ce fonds commun n'ayant produit que des ressources tout-à-fait insuffisantes, Napoléon prit le

parti d'imposer, aux départemens et aux communes, l'obligation de fournir des subsides pour le culte.

, Le décret du 30 décembre 1809 déclara que les départemens compris dans un diocèse étaient tenus, envers la fabrique de la cathédrale , aux mêmes obligations que les communes envers leurs fabriques paroissiales. (Art. 106) (1). Lorsqu'il surviendrait de grosses réparations ou des reconstructions à faire aux églises cathédrales, aux palais épiscopaux; des fonds devaient être faits, pour cet objet, par les conseils généraux. (Art. 107 et 110 combinés.)

Tous ces moyens conduisirent à des résultats fort minces. En 1816, il n'avait pas encore été dépensé dans toute la France 700,000 fr. pour les édifices diocésains; aussi la plupart étaient-ils dans un état de dégradation extrêmement fâcheux, et qui s'explique aisément, lorsqu'on se rappelle qu'ils avaient été employés, pendant plusieurs années, à l'usage de casernes, d'hôpitaux, de magasins de fourrages, d'ateliers d'armes et de salpêtreries; un certain nombre de diocèses manquaient même des édifices nécessaires.

Un pareil état de choses appelait un prompt remède. Le gouvernement comprit que les dépenses diocésaines ne pouvaient être abandonnées au

(1) « Les charges des communes, relativement au culte , sont : 1º de suppléer à l'insuffisance des revenus de la fabrique pour les frais du culte, les honoraires des prédicateurs de l'Avent, du Carême et autres solennités; pour les dépenses relatives à la décoration et à l'embellissement intérieur de l'église ; pour l'entretien des églises, presbytères et cimetières ; 2º de fournir au curé ou desservant un presbytère ou, à défaut de presbytère, un logement; ou, à défaut de presbytère et de logement, une indemnité pécuniaire ; 3º de fournir aux grosses réparations des édifices consacrés aux cultes. » (Art. 92 et 37.)

vote des localités, surtout quand les conseils généraux cessaient d'être dans la complète dépendance du
pouvoir central ; qu'il fallait que ce pouvoir prési-
dàt à la répartition des dépenses, afin que le service du culte ne fût pas laissé en souffrance dans les
diocèses pauvres. Cette centralisation des dépenses
devenait principalement nécessaire dans un moment
où le nombre des diocèses était augmenté.

La loi du 25 mars 1817 fit un premier pas dans
cette voie ; elle rangea parmi les dépenses départementales, fixes ou communes, acquittées sur le
produit de centimes additionnels centralisés au trésor, « les travaux aux églises et le supplément aux
dépenses du clergé dans les diocèses. »

Cette désignation était bien vague : le ministre
de l'intérieur l'interpréta, en limitant les allocations
aux édifices diocésains et à celles des dépenses des
évêchés, des cathédrales et des séminaires, qui
étaient connues sous le nom de dépenses ordinaires.

Cependant, l'année suivante, l'étendue des besoins
constatés fit comprendre les travaux des édifices
diocésains et les acquisitions dans un chapitre ouvert
au budget de l'état (ministère de l'intérieur), sous
le titre : *Travaux d'intérêt général dans les départemens.* Les dépenses diocésaines ordinaires
demeurèrent seules imputables sur le fonds des dépenses fixes et communes. Aussi, dans la loi de finances du 23 juillet 1820, le mot *travaux* ne figure plus
dans l'énumération des dépenses départementales.

Cette distinction des dépenses diocésaines en ordinaires, rangées parmi les dépenses départemen-

tales, et en extraordinaires portées au budget de l'état, a subsisté jusqu'en 1826 ; à cette époque, par suite de la création du ministère des affaires ecclésiastiques et de l'instruction publique, toutes les dépenses diocésaines ont été portées, au budget de ce ministère, comme dépenses générales de l'état.

— De cet exposé, il résulte, quant à la propriété des édifices diocésains,

1° Que les cathédrales sont la propriété exclusive de l'état qui, après le concordat de 1801, a pris ces édifices dans son domaine, pour les affecter à l'exercice du culte (1).

2° Que les archevêchés, évêchés et séminaires (2) sont aussi généralement sa propriété, parce que, d'ordinaire, ils ont été pris également parmi les domaines nationaux. Les départemens ne peuvent revendiquer de droits sur les édifices qui ont cette

(1) On a soutenu, dans ces derniers temps, que les cathédrales, et même les palais épiscopaux et les séminaires, étaient la propriété, non de l'état, mais des diocèses.—Voir la déclaration de l'archevêque de Paris, au sujet du palais archiépiscopal, en date du 4 mars 1837 ; l'ordonnance royale du 21 mars 1837, qui supprime cette déclaration comme constituant un abus ecclésiastique ; le rapport fait au conseil d'état par M. le conseiller Dumon, à l'occasion de cette affaire (au *Moniteur* du 22 mars 1837) ; les discussions qui ont eu lieu dans les deux Chambres, et surtout à la Chambre des pairs, à l'occasion de la loi du 8 juin 1837 (Chambre des députés, 29 mars ; — Chambre des pairs, 19 mai) ; enfin le livre de M. l'abbé Affre, intitulé : *Traité de la propriété des biens ecclésiastiques*, Paris, 1837.

(2) Les écoles secondaires ecclésiastiques, connues sous le nom de *petits séminaires*, ne figurent point au nombre des édifices diocésains. Elles sont entièrement à la charge des évêques, qui, en général, pourvoient aux dépenses d'acquisition, de réparations et d'entretien, au moyen de quêtes faites dans les églises. Cependant, des départemens, des villes, l'état lui-même, ont quelquefois affecté, à l'usage des écoles secondaires, des bâtimens dont ils sont propriétaires.

origine, par le seul motif qu'ils auraient contribué à leurs dépenses, soit volontairement, sous l'empire des lois du 18 germinal an 10 et du 2 nivose an 13, soit forcément en vertu du décret du 30 décembre 1809. A plus forte raison, ne peuvent-ils se prévaloir de ce que les dépenses diocésaines auraient figuré, de 1817 à 1826, parmi les dépenses départementales ; car il est reconnu aujourd'hui que les dépenses fixes ou communes n'avaient pas un caractère d'utilité locale ; toutes sont comprises actuellement dans le budget général de l'état.

Mais les départemens peuvent avoir des droits de propriété sur les archevêchés, évêchés et séminaires, lorsque, usant de la faculté que leur donnaient les lois du 18 germinal an 10 et du 2 nivose an 13, ils ont affecté, ou lorsque le gouvernement, par suite du décret de 1809, a d'office affecté des bâtimens départementaux à l'usage de palais épiscopaux ou de séminaires.

Toutefois, lorsque l'affectation de ces bâtimens a eu lieu d'après la volonté des départemens régulièrement constatée, c'est-à-dire d'après un vote des conseils généraux, les départemens propriétaires ne peuvent revendiquer la libre disposition de l'immeuble, tant que dure l'affectation. Et il est très juste qu'il en soit ainsi ; car, autrement, il pourrait dépendre de la volonté plus ou moins capricieuse d'un conseil général de porter le trouble dans un service public aussi essentiel ; d'ailleurs, sur la foi de la concession faite par les départemens, l'état et les fidèles ont consacré des sommes très importantes à l'agrandissement, à la restauration, à l'appropriation des palais épisco-

paux et des séminaires. Ces dépenses seraient vaines, si les départemens pouvaient aujourd'hui exercer leurs droits de propriété pour vendre ces
édifices.

541.—Depuis plusieurs siècles, l'extinction de la
mendicité a préoccupé l'administration française.
Un mandement royal du 27 août 1612 atteste qu'à
cette époque il y avait des maisons où les mendians
valides étaient enfermés. Ce système de détention,
repris et abandonné plusieurs fois, avait été de nouveau consacré par un arrêt du conseil du 21 septembre 1767, d'après lequel chaque généralité dut
avoir sa maison de correction, établissement qui
tenait le milieu entre les prisons et les hospices.
En 1789, il y avait trente-trois maisons : six à sept
mille mendians y étaient renfermés.

La loi des 19-24 mars 1793 prescrivit (art. 14)
qu'il serait établi, dans chaque département, des
maisons de répression où le travail serait introduit,
et où les mendians seraient conduits, dans les cas et
pour le temps qui seraient fixés. Cependant la plupart des anciens établissemens avaient cessé d'exister,
faute de ressources ; les nouveaux restèrent en
projet.

Une suite de lois, à partir de celle du 24 vendémiaire an 2, ordonnèrent des mesures générales
pour l'extinction de la mendicité; mais toutes ces
mesures étaient demeurées à peu près stériles, quand
l'empereur publia le décret du 5 juillet 1808, qui
prescrivit de former, dans chaque département,
un dépôt de mendicité pour les mendians non vagabonds. Les dépenses de l'établissement des dépôts

devaient être supportées concurremment par le trésor public, les départemens et les villes. Des décrets
particuliers fixaient le lieu de l'établissement, as-
signaient les édifices dans lesquels il devait être
placé, assuraient les fonds nécessaires pour sa création et son entretien. Un règlement commun, à la
date du 27 octobre 1808, détermina le régime moral, économique et industriel des dépôts : quatre-
vingts avaient été établis, de la fin de 1808 à
1813.

A la chute de l'empire, presque tous ceux de ces
établissemens qui se trouvaient dans les départemens restés français furent supprimés. En 1818,
il n'en existait plus que cinquante ; et, dans un rapport adressé à cette époque, au roi, par le ministre de
l'intérieur (M. Lainé), l'utilité de ces établissemens
était hautement mise en doute. Aussi disparurent-ils
peu à peu depuis lors : il n'existe plus aujourd'hui
que ceux de la Seine à Saint-Denis (1) et à Villers-Cotterets ; et celui de l'Aisne à Laon. Ceux qui portaient
encore ce nom dans les départemens de l'Ariège, de la
Haute-Vienne, du Jura et de la Charente-Inférieure,
ont été naguère transformés en simples hospices ou
hôpitaux.

Mais plusieurs établissemens municipaux ont été
créés dans le but d'éteindre la mendicité, par
exemple, à Lyon, Bordeaux, Toul, Angers, Angoulême et Nantes ; plusieurs autres villes, telles que
Tours, Bayonne, Marennes sollicitent de l'adminis-

---

(1) Cet établissement a un caractère tout spécial, qu'il n'entre pas
dans notre plan d'exposer ici.

31.

tration supérieure, les autorisations nécessaires pour la création de semblables institutions.

Les votes d'un assez grand nombre de conseils généraux, dans ces dernières années, attestent, d'ailleurs, que le temps a dissipé les préventions qui, à la restauration, firent supprimer les dépôts; dans beaucoup de localités, on regrette qu'une dépense considérable (1) ait été perdue pour satisfaire à un fâcheux esprit de réaction contre les institutions qui dataient du régime impérial, ou à des considérations particulières. Nous citerons un exemple de cette tendance salutaire.

Frappé de la nécessité de réprimer la mendicité, le préfet du Loiret (M. le baron Henry Siméon) a cru devoir, en 1838, exposer, au conseil général de ce département, les vues administratives qu'il avait conçues à cet égard; il a pensé qu'il convenait de créer un dépôt spécial pour tout le département; et que cet établissement pourrait être fondé et soutenu par une association particulière, avec subvention du département.

Après des avis favorables des divers conseils d'arrondissement, le conseil général, dans sa séance du 27 août 1838, a lui-même pris la délibération suivante :

« Considérant que la mendicité, telle qu'elle se pratique, devient un fléau qu'il importe de détruire, et que l'établissement d'un dépôt de mendicité présente seul le moyen d'y mettre un terme;

« Considérant que cette mesure permettra à l'au-

(1) Les frais de premier établissement, seuls, dépassèrent 12 millions.

torité d'exécuter tous les moyens répressifs que la loi lui confère ;

« Considérant que les communes rurales, constamment parcourues et exploitées par une foule de mendians, de vagabonds et de repris de justice, appartenant pour la plupart aux villes, supportent une charge d'autant plus intolérable qu'elle est souvent imposée avec une brutalité et des menaces qui sont pour les habitans de ces campagnes un juste sujet d'effroi;

« Considérant que c'est à ces misérables, sur lesquels l'autorité ne peut exercer une surveillance assez active et assez efficace, que l'on attribue les méfaits, les délits et les crimes dont les habitans de nos campagnes ne sont que trop souvent victimes ;

« Considérant, dès lors, que, cette mesure ayant un intérêt général, il est juste que tous les habitans concourent aux dépenses qui en résulteront;

« Le conseil général, vu la proposition de M. le préfet :

« Arrête qu'il y a lieu de favoriser l'établissement d'un dépôt de mendicité au chef-lieu du département, et de voter pour 1839, à titre de subvention, une somme de 12,000 fr., qui, concurremment avec des souscriptions volontaires, devra pourvoir à son organisation et à ses dépenses annuelles, sous la réserve expresse que cette somme de 12,000 fr. ne pourra être employée que dans une portion à peu près égale au produit des souscriptions volontaires réalisées. »

Le 27 juin 1839, M. le préfet du Loiret a pris un arrêté par lequel il a créé un dépôt de mendicité

pour toutes les communes du département du Loiret,
et déclaré : 1° que l'emplacement du dépôt et le jour
de l'ouverture de cet établissement seraient ultérieurement fixés par un nouvel arrêté ; 2° qu'à partir de
ce jour tout individu valide ou invalide, résidant
dans le canton ou étranger au canton, qui aura été
trouvé mendiant, sera arrêté et mis à la disposition
du procureur du roi.

Cet arrêté n'a pas, il est vrai, statué sur les moyens
financiers de cette création ; mais une circulaire du
même préfet, du 10 juillet suivant, en portant la
mesure à la connaissance des sous-préfets et maires,
a appelé la bienfaisance publique à l'aide de la
pensée administrative, et engagé les administrateurs
à provoquer les souscriptions des citoyens les plus
favorisés de la fortune.

Il paraît que ces efforts seront couronnés de
succès.

Au surplus, quant à l'approbation de la mesure,
en elle-même, la même circulaire annonce que, par
lettre du 3 juillet 1839, M. le ministre de l'intérieur,
auquel l'arrêté du 27 juin avait été soumis, a écrit au
préfet : « Qu'il ne peut qu'applaudir à ses efforts
« pour extirper la mendicité ; que cette grave ques-
« tion préoccupe aussi, d'une manière toute particu-
« lière, le gouvernement du roi ; mais que l'interven-
« tion du législateur sera nécessaire pour la résoudre
« et pour donner aux moyens de répression une ac-
« tion suffisante et sagement calculée ; qu'en atten-
« dant, pour ne pas ajourner la mise en vigueur d'une
« mesure aussi utile, aussi vivement sollicitée par le
« conseil général et par les populations rurales, il

« autorise l'exécution provisoire du projet que le
« préfet lui avait communiqué. »

Quant à nous, nous convenons volontiers que la
question de l'utilité de ces établissemens est grave ;
qu'elle se rattache à de hautes questions de morale,
de repos public, d'économie sociale et de finances ;
nous les aborderions avec empressement, si cette
discussion ne sortait pas du cadre de cet ouvrage ;
mais nous devons, du moins, dire ici qu'il est à
craindre que les véritables intérêts publics aient
été perdus de vue, lorsqu'on a laissé disparaître la
presque totalité des dépôts de mendicité (1).

— Les départemens qui avaient, jusqu'à ces derniers temps, conservé des dépôts, ne sont pas tous
propriétaires des édifices où ces dépôts étaient placés. Nous avons montré ci-dessus que le décret du
9 avril 1811 n'avait pas concédé aux localités les
bâtimens nationaux affectés à ce genre d'établissemens. (Voir ci-dessus p. 446.)

542. — Nous rangeons le sol des routes départementales parmi les propriétés immobilières des départemens, affectées à un service public, par l'effet
de leur libre volonté : ceci demande quelques explications.

En effet, on ne peut pas dire, avec une complète

---

(1) L'origine des dépôts de mendicité, leur organisation, leur utilité,
leurs imperfections, leur état actuel, ont été exposés, avec une remarquable précision, par M. le baron de Gérando, dans le troisième volume
de son traité *de la bienfaisance publique.* Le chapitre des *maisons de
travail forcé* est un des plus substantiels de ce bel et savant ouvrage,
véritable monument élevé à la science philantropique, par un homme
qui joint à une immense érudition une longue expérience, une grande
étendue d'esprit, et la sainte passion du bien.

exactitude, que le sol de ces routes soit affecté au service des communications publiques, de la même manière que les édifices dont il a été question ci-dessus sont affectés aux préfectures et sous-préfectures, aux cours et tribunaux, aux prisons, aux hospices et asiles, au casernement de la gendarmerie, aux écoles normales primaires, etc. : ici la route compose véritablement le service public. Il faut noter, d'ailleurs, que les routes départementales, comme toutes les dépendances de la voirie publique, sont des propriétés d'une nature toute particulière; elles doivent être considérées comme faisant partie du domaine public; et comme telles, elles sont inaliénables et imprescriptibles, tant qu'elles conservent leur caractère de voies publiques. (Voir au tome 1er, p. 57 et suiv.)

— Voici, du reste, quelle est l'origine des routes départementales.

Par le décret du 16 décembre 1811, Napoléon, après avoir déclaré que les routes impériales étaient de trois classes, conformément aux trois tableaux annexés au décret, déclara routes départementales toutes les grandes routes non comprises auxdits tableaux et connues jusqu'alors sous la dénomination de routes de troisième classe. (Art. 2 et 3.)

Les conseils généraux devaient indiquer, dans leur session de 1812, celles des routes départementales qu'ils jugeraient devoir être supprimées ou rangées dans la classe des chemins vicinaux.

Ces conseils devaient aussi indiquer ceux des chemins vicinaux qu'ils jugeraient devoir être élevés au rang de routes départementales. (Art. 13.)

Enfin le décret donnait aux départemens la faculté d'ouvrir de nouvelles routes départementales, en vertu d'un règlement d'administration publique, rendu pour chaque cas, après délibération des conseils généraux d'arrondissement et municipaux des localités intéressées, sur l'avis du préfet, les observations de l'ingénieur en chef du département, et le rapport du ministre de l'intérieur. (Art. 16 à 23.) La loi du 20 mars 1835 a ajouté à ces formalités celles d'une enquête.

La construction, la reconstruction et l'entretien des routes départementales étaient à la charge des départemens, arrondissemens et communes qui seraient reconnus participer plus particulièrement à leur usage. (Art. 7.)

—Les départemens ont amplement usé des dispositions du décret précité, tout onéreuses qu'elles fussent pour eux. Ainsi, dans les documens publiés, en 1837, par le ministère des travaux publics, de l'agriculture et du commerce (1), on voit que, au 1er janvier 1836, tandis que le système des routes royales se composait seulement de 8,626 lieues, le développement total des routes départementales classées était de 9,233 lieues. Sur cette longueur, 5,513 lieues étaient à l'état de simple entretien, 1,219 étaient à réparer, et 2,501 étaient en lacune.

Réparties entre les quatre-vingt-six départemens,

___

(1) Ces documens ont été rassemblés par les soins de l'habile directeur général de l'administration des ponts et chaussées et des mines, M. le conseiller d'état Legrand, aujourd'hui sous-secrétaire d'état au département des travaux publics.

les 9,233 lieues de routes dont il s'agit donneraient
une moyenne de 107 lieues environ par département ;
mais vingt dépassaient sensiblement cette moyenne :
ainsi dix avaient de 241 à 177 lieues, et dix de 125
à 150 lieues ; dix-neuf autres avaient de 135 à 100
lieues ; seize de 100 à 75 lieues ; quinze de 75 à
50 lieues ; enfin sept départemens avaient moins
de 50 lieues et plus de 25.

— D'après ces chiffres, on conçoit que les départemens aient attaché du prix à la propriété du sol
des routes départementales. Nous avons déjà indiqué
ci-dessus que cette propriété leur a été contestée
par l'état, et que, en 1834, la question portée devant
le conseil d'état devint, dans le sein de ce conseil,
l'objet d'une grave discussion. Nous avons rapporté,
de ce débat, la partie qui concernait le principe
même de la propriété départementale ; quant au
point particulier de la propriété du sol des routes,
il fut lui-même vivement disputé.

Plusieurs membres, et notamment le directeur général des ponts et chaussées, soutinrent que le décret du 16 décembre 1811 avait mis la dépense
des routes départementales à la charge des départemens, mais ne leur avait pas transféré la propriété de
ces routes. Une translation de propriété, disaient-
ils, ne peut ni se supposer ni s'induire ; elle ne peut
résulter que d'une disposition précise, que l'on cher-
cherait vainement dans le décret de 1811. Ce décret,
loin de constituer les routes départementales comme
une propriété des départemens, leur a conservé le
caractère de grandes routes ; il ne les a pas séparées
de notre grand système de communications ; il les a

soumises au régime de la grande voirie, et les a considérées, par cela même, comme une dépendance du domaine public.

En vain objecterait-on que, pour les routes dont l'établissement est postérieur au décret du 16 décembre 1811, les terrains sont achetés et les travaux exécutés avec les deniers départementaux ; l'existence civile des départemens n'est pas encore établie, au même degré du moins que l'existence civile des communes (1). Les deniers départementaux n'ont donc pas un caractère analogue à celui des deniers communaux. Les deniers départementaux doivent être considérés comme une partie des fonds généraux de l'état ; ils ne sont qu'une portion de l'impôt dont l'emploi a été délégué au département, sous l'autorité du préfet et le contrôle de l'administration supérieure : dès lors, les dépenses faites avec ces deniers sont de véritables dépenses publiques ; les travaux qu'ils soldent sont des travaux publics, et les terrains qui servent d'emplacement à ces travaux doivent être regardés comme une dépendance du domaine public.

Cette opinion fut fortement combattue et rejetée par la majorité du conseil, dont les motifs sont exprimés dans l'avis suivant :

« Le conseil d'état, saisi par le renvoi qui lui a été fait par M. le garde des sceaux, d'après la demande de M. le ministre des finances, de la question générale de savoir si les départemens doivent être considérés comme individuellement proprié-

_ (1) La loi du 10 mai 1838 n'était pas encore rendue.

taires des immeubles affectés à leurs services et payés sur les fonds départementaux, et plus spéciale- ment si le sol des routes départementales fait partie du domaine public, si les acquisitions que font les départemens, pour la confection de ces routes, sont faites pour le compte de l'état, et par conséquent exemptes du droit proportionnel d'enregistrement, et si le prix de vente des portions de ces mêmes routes qui sont devenues inutiles doit appartenir aux départemens;

« Vu la correspondance du ministre de l'intérieur, dans laquelle on rappelle que les ministres de l'inté- rieur et des finances ont reconnu, en 1818 et en 1819, conformément à deux avis du comité des finances, que les départemens n'ont pas d'existence civile et ne peuvent pas être propriétaires; qu'ils forment seulement des divisions territoriales, tra- cées pour les besoins de l'administration, et que leurs revenus ne sont que des contributions publi- ques, autorisées par les lois annuelles de finances, pour servir à des dépenses publiques; et dans la- quelle le ministre de l'intérieur fait remarquer que la conséquence de ce principe est que les acquisi- tions faites par les départemens ne doivent pas être soumises aux droits de timbre et d'enregistrement; que cependant la loi du 18 avril 1831 assujétit, aux droits proportionnels d'enregistrement et de trans- cription, les actes d'acquisition, les donations et legs faits au profit des départemens et arrondissemens; que l'on doit prévoir que les réclamations des con- seils généraux amèneront la question devant les chambres, lors de la discussion du projet de loi re

latif aux attributions départementales et.à l'occasion
du budget de 1836; qu'il est essentiel que les deux
ministères se mettent d'accord pour la discuter,
sous le même point de vue, et qu'il pourrait être
convenable, pour mettre un terme aux incohérences
de la législation en cette matière, de profiter des
circonstances pour soumettre la question aux chambres, dans toute son étendue ;

« Vu deux rapports du conseil d'administration de l'enregistrement et des domaines, qui estime
que la législation existante a constitué les départemens propriétaires des routes départementales, ainsi
que des autres immeubles affectés à leurs services,
qui leur ont été concédés par l'état ou qu'ils acquièrent avec les fonds départementaux ; que par conséquent ils doivent les droits pour leurs acquisitions,
et qu'ils ont droit au prix de vente des portions de
routes et des immeubles qui cessent d'être affectés
à leurs services ;

« Vu un rapport du secrétaire général du ministère des finances, qui après avoir reconnu, avec le
ministre de l'intérieur, que les départemens sont
demeurés, depuis 1790, des fractions d'un même
tout, qu'ils n'ont point d'existence à part, et que,
dans cette situation, la propriété matérielle d'immeubles quelconques est plutôt pour eux une fiction
qu'une réalité, présente les observations suivantes :
« Le nom de propriétaire n'est point indifférent aux
« départemens, et il est d'une sage administration
« de le respecter; les habitans des départemens
« s'intéressent aux monumens et aux établissemens
« publics qui y existent; les administrateurs s'esti-

« ment heureux d'attacher leurs noms à des fonda-
« tions nouvelles, et l'idée si naturelle que le dépar-.
« tement est propriétaire de ce qu'il a payé est
« féconde en améliorations utiles ; décider que les
« départemens ne sont pas propriétaires, ce serait
« éveiller de délicates susceptibilités ; décider, au
« contraire, qu'ils sont propriétaires, ce serait leur
« reconnaître les mêmes droits qu'aux communes et
« s'engager à leur donner une constitution nouvelle
« qui imprimât aux actes d'acquisition et de vente,
« qu'ils feraient en qualité de mineurs, une régula-
« rité qu'ils n'ont pas aujourd'hui, et qui deviendrait
« cependant nécessaire, si leurs intérêts pouvaient
« être distincts de ceux de l'état. Il semble donc
« que, sans rien changer à l'état actuel des choses,
« et sans résoudre d'une manière absolue la ques-
« tion de principe, il y aurait lieu de décider, par
« des motifs d'équité, que le produit de la vente des
« terrains provenant des routes départementales ap-
« partiendra aux départemens, quand originairement
« ces terrains auront été payés sur les fonds dépar-
« tementaux ; et, quant à la question d'enregistre-
« ment, elle est sans intérêt, depuis la loi du 7 juil-
« let 1833 sur l'expropriation pour cause d'utilité
« publique, qui exempte du droit tous les actes faits
« en vertu de ladite loi, et doit, par conséquent,
« s'appliquer aux acquisitions faites par les départe-
« mens pour utilité publique, soit qu'ils acquièrent
« par expropriation, ou au moyen d'une transaction
« amiable ; »
« Vu la loi du 22 décembre 1789, l'instruction de
l'assemblée nationale du 8 janvier suivant, les lois

des 16-23 octobre 1790, des 7-11 février, 2 juillet
et 2 août 1791 et 24 août 1793; l'avis du conseil
d'état approuvé le 22 février 1808; les décrets des
9 avril et 16 décembre 1811; les lois des 16 juin
1824, 18 avril 1831, et 7 juillet 1833; vu l'article 538
du Code civil;

« Considérant que, si le décret du 22 décembre
1789 et l'instruction du 8 janvier 1790 avaient posé
en principe que les départemens n'étaient que des
divisions territoriales, tracées pour la facilité de
l'administration, et excluaient ainsi toute idée qu'il
fût accordé à ces divisions administratives une
existence civile, il est établi, par la série des divers
actes postérieurs ci-dessus visés, et notamment par
le décret du 9 avril 1811, que les départemens
étaient aptes à posséder les immeubles affectés aux
services départementaux;

« Considérant que le décret du 16 décembre
1811, en créant les routes départementales, n'a
point constitué les départemens propriétaires des
routes de troisième classe déjà existantes et dont il
mettait à leur charge, pour l'avenir, la reconstruction, la plantation et l'entretien;

« Mais que, depuis lors, les départemens ont employé des centimes facultatifs ou spéciaux à acquérir des terrains, pour la construction de nouvelles
routes départementales et pour l'achèvement des
anciennes; que, dès l'instant qu'ils sont reconnus
aptes à posséder, il faut également reconnaître que
la propriété de ces routes et portions de route résulte pour eux de l'acquisition qu'ils en ont faite;

« Considérant que la loi du 18 avril 1831 (arti-

cle 17) a soumis, aux droits proportionnels d'enregistrement et de transcription, spécialement les départemens pour leurs acquisitions et pour les legs
et donations faits à leur profit ;

« Considérant que l'article 58 de la loi du 7 juillet 1833, sur l'expropriation pour cause d'utilité
publique, exempte de ces mêmes droits tous les
actes faits pour son exécution ; mais que cette exception, comme toutes celles prononcées en matière
d'impôt, ne doit recevoir aucune extension ;

« Considérant que, pour discuter utilement s'il
conviendrait de proposer quelque mesure législative nouvelle, il faudrait se livrer à l'examen de
toutes les conséquences de la législation existante ;
que la solution des questions qui ressortiraient de
cet examen ne peut se trouver que dans les principes qui serviront de base à la loi sur les attributions départementales, et que cette loi n'est pas soumise en ce moment au conseil d'état ;

« EST D'AVIS :

« 1° Que, d'après la législation existante, les départemens sont considérés comme investis de la propriété des immeubles affectés aux services départementaux, soit qu'ils leur aient été concédés par
l'état, soit qu'ils les aient acquis, et que le prix en
ait été payé sur les ressources dont ils pouvaient
disposer ;

« 2° Que le décret du 16 décembre 1811 n'a point
concédé aux départemens la propriété du sol des routes de troisième classe, qu'il a déclarées départementales, et que ces routes continuent dès lors à faire
partie du domaine public ; mais que les nouvelles

routes ou portions de routes départementales, acquises et construites avec les fonds départementaux, sont la propriété des départemens ;

« 3° Qu'il est juste de tenir compte aux départemens du prix de vente des immeubles devenus inutiles pour leur service ;

« 4° Qu'il y a lieu de percevoir les droits proportionnels d'enregistrement et de transcription, sur
toutes les acquisitions d'immeubles faites par les
départemens, autres que celles faites en exécution
de la loi du 7 juillet 1833;

« 5° Que la discussion des modifications dont la
législation actuelle pourrait être susceptible ne doit
pas être séparée de celle sur la loi des attributions
départementales. »

Cette loi (celle du 10 mai 1838) garde un
silence complet sur la question de la propriété
du sol des routes départementales ; par ce silence,
elle nous semble confirmer les principes posés par
le conseil d'état, dans l'avis que nous venons de
transcrire.

— Au surplus, quelque considérable que soit l'é-
tendue du sol des routes acquis par les départemens, leur droit de propriété n'est pas susceptible
de produire les avantages financiers qu'on serait
tenté de supposer tout d'abord.

En effet, ce n'est qu'après le déclassement d'une
route que son sol peut être une propriété utile pour
les départemens. Or, le déclassement a lieu, en général, soit pour faire passer la route dans la classe
des chemins vicinaux, soit pour la faire ranger parmi
les routes royales : dans les deux cas, la propriété

du sol passé aux communes ou à l'état, qui se chargent de continuer à l'affecter au service de la voirie
publique.

L'abandon du droit de propriété que font alors
les départemens est un acte de bonne administration ; car ils ne diminuent pas le nombre des voies
publiques qui traversent leur territoire, et ils exonè-
rent leur budget d'une charge souvent très lourde :
le sol qu'ils cèdent en échange est grevé de servitudes, qui rendraient sa vente très difficile, et peut-
être impossible.

Aussi, tandis qu'il suffit d'un acte du pouvoir
exécutif pour opérer le déclassement d'une route
départementale et autoriser à la comprendre parmi
les chemins vicinaux, une loi est nécessaire pour
qu'elle puisse être rangée parmi les routes royales.
(Voir la loi du 21 avril 1832, art. 10.)

Le seul cas dans lequel le département puisse
aliéner à prix d'argent le sol des routes déclassées,
c'est lorsqu'il s'agit d'un déclassement partiel, par
exemple, par suite de rectification. L'aliénation alors
peut se concevoir ; elle offre au département le
moyen de se rembourser en partie des frais d'acquisition de terrains qu'entraînent habituellement les
rectifications. Lorsque ces circonstances se présentent, il y a lieu, d'ailleurs, par les propriétaires riverains, de réclamer l'application de la loi du 16
septembre 1807. (Voir t. Ier. p. 160.)

ARTICLE II.

Des immeubles non affectés à un service public.

———

543.—Ceux des immeubles départementaux qui ne sont pas affectés à un service public sont peu nombreux, et leur valeur est sans importance.

Dans la discussion de la loi du 10 mai 1838, M. le comte de Montalivet, ministre de l'intérieur, a expliqué, comme il suit l'origine, le caractère et la situation de cette portion de la propriété départementale.

« Si l'on ne considérait la question que dans son apparence, elle serait fort peu importante, car la propriété dont il s'agit s'élève à un chiffre très faible. Les départemens, dans l'état actuel des choses, ne tirent de leurs propriétés que 9 à 10,000 fr. de revenu, et ces propriétés sont réparties entre quarante et quelques départemens.

« Mais il importe de bien fixer l'origine et le caractère de ce genre de propriété.

« C'est une propriété essentiellement transitoire et accidentelle. En effet, qu'on veuille bien porter les regards sur la liste de ces immeubles, et l'on verra qu'il n'en est pas un seul qui ait été acquis par

32.

le département ou légué par des tiers, dans le seul
but de constituer une propriété. Voici quelle est
leur origine.

« Lorsqu'un département a reçu, de l'empire, en
vertu du décret du 9 avril 1811, la concession de
bâtimens affectés à un service public, il est arrivé
que le service public n'a pas eu besoin de la totalité
de l'immeuble concédé. Alors le département concessionnaire a demandé l'autorisation d'affermer la
portion du bâtiment qui n'était pas nécessaire au
service public, et cette autorisation a été accordée.

« Il est de même arrivé qué, des acquisitions étant
faites pour des travaux ou des services publics, et
les terrains ou bâtimens achetés étant plus considérables qu'il n'était nécessaire, le département acquéreur a demandé l'autorisation de tirer profit de ce
qui excédait les besoins du service public auquel on
destinait l'immeuble.

« Ainsi, dans tous les actes, l'origine des propriétés départementales remonte aux nécessités du
service public, et jamais un département n'est devenu propriétaire, dans le seul désir de posséder
des propriétés.

« De même, si l'on jette les yeux sur les legs (il
n'y en a que huit), on voit qu'il n'y a pas une seule
propriété, même productive de revenu, qui ait été
donnée à un département, si ce n'est pour un service
public, ou pour être affectée à des actes de bienfaisance assez généraux pour rentrer dans la classe des
services publics.

« Que suit-il de là? C'est que la propriété départementale n'est réellement pas une propriété du

genre de la propriété communale; ce n'est pas, à
parler vrai, une propriété privée. C'est, je le répète,
une propriété transitoire, accidentelle, qui est renfermée entre son origine et le moment possible où
elle reviendra à un service public ; car le département ne conserve d'immeubles productifs de revenu
que par la considération que, dans un moment
donné, ils lui seront utiles pour les services publics (1). »

En effet, les motifs que nous avons exposés ci-
dessus (voir Iᵉʳ vol., p. 37) pour empêcher que l'é-
tat ne détienne des immeubles productifs de revenus, dans le seul but de se constituer des revenus,
sont tout-à-fait applicables aux départemens.

544. — Les considérations exposées par M. le
comte de Montalivet et quelques autres, que nous ne
reproduisons pas pour ne point nous écarter de notre sujet, ont déterminé la chambre des députés à
rejeter la proposition qui lui était faite, par sa commission, de laisser aux conseils généraux le soin de
régler, dans une parfaite indépendance de l'autorité
supérieure, le mode de jouissance de celles des propriétés départementales qui produisent des revenus.
La chambre n'a pas cru que, pour la gestion de cette
espéce de propriétés, on pût tirer argument de ce
qui a lieu pour les propriétés communales, qui ont
tout-à-fait le caractère d'une propriété privée, qui
peuvent être et qui sont fréquemment l'objet d'une
jouissance en nature.

(1) Discours prononcé à la chambre des députés, à la séance du 2
mars 1838.

545. — Du reste, les immeubles départementaux qui ne sont pas affectés à un service public sont, comme les propriétés particulières, soumis à l'impôt. C'est à eux seuls que peuvent s'appliquer les termes du décret du 9 avril 1811, qui oblige les départemens à payer la contribution foncière, et l'article 12 n° 2 de la loi du 10 mai 1838, qui comprend, parmi les dépenses ordinaires, les contributions dues par les propriétés du département. (Voir, du reste, ci-après, ce qui concerne les contributions directes et notamment le n° 611.)

ARTICLE III.

De la valeur des propriétés immobilières appartenant aux départemens.

SOMMAIRE.

546. — Résumé des documens officiels.

546. — D'après les renseignemens recueillis par le ministère de l'intérieur, par suite de la circulaire du 23 février 1838, les propriétés immobilières des départemens avaient, au 1er janvier 1839, une valeur approximative de 40,883,082 fr. (1).

Ainsi que nous l'avons annoncé, la plus grande partie de ces immeubles provient du domaine de l'état; la valeur de ceux qui ont cette origine est portée, dans les tableaux officiels, à 25,140,452 fr.

Les immeubles acquis par les départemens sont évalués à 15,769,780 fr.

(1) Voir, relativement au mode suivi pour l'évaluation, les instructions ministérielles, transcrites et analysées ci-dessus, pages 328 et suiv.

Mais il faut noter que les immeubles d'origine domaniale n'ont acquis leur valeur actuelle qu'au moyen de dépenses très considérables de reconstruction, réparations et appropriation dont les départemens ont supporté les frais.

§ III.

Des droits incorporels appartenant aux départemens.

......

SOMMAIRE.

547.—Quels sont les droits incorporels possédés par les départemens.
548.—Rentes sur l'état, inscrites au nom des départemens.

547. — La loi du 10 mai 1838 reconnaît positivement que les départemens sont propriétaires de droits incorporels. En effet, l'article 10 comprend, parmi les recettes des départemens, « le produit des droits de péage autorisés par le gouvernement, au profit du département, ainsi que les autres droits et perceptions concédés au département par les lois. »

Cette rédaction pourrait faire supposer que les droits incorporels appartenant aux départemens sont très nombreux ; nous n'en connaissons que trois espèces, savoir :

1.º Des droits de péage sur les ponts, concédés en vertu de l'autorisation générale donnée au gouvernement par toutes les lois contenant le budget des recettes. (Voir notamment celle du 10 août 1839, art. 6, 2º);

2º Des droits de péage pour la correction de rampes sur les routes départementales : la concession de ces droits a lieu aussi en vertu d'une autorisation insérée dans la loi annuelle des recettes, depuis celle du 24 avril 1833. (Voir celle du 10 août 1839, art. 6, 2º);

3º Des rentes.

En ce qui concerne les droits de péage sur les ponts et pour la correction des rampes des routes, nous nous référons à ce qui a été dit, dans le premier volume de cet ouvrage, p. 388 à 395.

548. — Quant aux rentes, les départemens en possèdent, sur l'état, pour une somme qui n'est pas encore considérable, mais qui s'augmentera sans doute, soit par suite de dons et legs, soit par des placemens faits, par les départemens eux-mêmes, pour l'acquittement de pensions accordées à des instituteurs des écoles normales primaires, aux employés des préfectures et des autres services départementaux.

Il existe, sur le grand-livre de la dette publique, à Paris, des inscriptions de rentes, au nom d'un certain nombre de départemens, montant à 212,000 fr., et qui sont destinées au service des pensions de retraite des employés des préfectures. Il y a, d'ailleurs, des inscriptions sur les livres départementaux, auxiliaires du grand-livre, pour le même objet et pour d'autres analogues; mais elles sont loin de former un total aussi important.

§ IV.

De l'administration des propriétés départementales.

---

549. —En consacrant la qualité de propriétaires et de personnes civiles que, dans le fait, les départemens avaient déjà, le législateur devait nécessairement établir les règles suivant lesquelles leurs droits civils seraient exercés. Dans notre législation, les communautés de tout genre ont été placées sous la tutelle de la puissance publique, et en quelque sorte assimilées aux mineurs; les départemens ont dû subir la règle générale; la gestion de leurs propriétés, leur administration économique a donc été soumise à des règles analogues à celles qui ont été prescrites pour les communes et les établissemens publics.

550. — Au point de vue où nous sommes placés en ce moment, l'administration économique des départemens embrasse : le mode de gestion en général, les acquisitions, les aliénations et échanges,

les changemens de destination et d'affectation, les travaux à faire, l'exercice des actions, enfin les transactions.

— Peut-être s'attendrait-on à trouver ici l'exposé des ressources au moyen desquelles les départemens peuvent satisfaire à leurs dépenses obligatoires ou facultatives; mais nous ferons remarquer que nous ne rédigeons pas ici un traité d'administration départementale; que notre seul but est d'exposer, aussi brièvement que possible, les règles de l'administration des propriétés mobilières et immobilières des départemens; et que, d'ailleurs, nous aurons plus loin l'occasion toute naturelle de faire connaître les principales ressources financières des départemens, lorsque nous traiterons des centimes additionnels aux contributions directes.

551. — La loi du 10 mai 1838, qui est aujourd'hui, en quelque sorte, le code de l'administration départementale, n'a fait aucune distinction entre les propriétés mobilières et les propriétés immobilières appartenant aux départemens. Il faut donc tenir pour certain que les règles établies par cette loi sont générales, et que l'application n'en diffère que selon la nature même des choses.

Les propriétés départementales, sur le mode de gestion desquelles il y a surtout lieu de délibérer, sont les propriétés productives de revenu. Comme elles ne sont point susceptibles de devenir l'objet d'une jouissance commune entre les habitans, il semble que deux modes de gestion seulement sont possibles, savoir : la régie intéressée ou l'affermage.

Le conseil général délibère sur le mode de gestion (loi du 10 mai 1838, art. 4, n° 4) ; ses délibérations sont soumises à l'approbation du ministre compétent. Mais, en cas d'urgence, le préfet pourvoit provisoirement à la gestion. (Ibid. 3o).

552.—Les départemens peuvent acquérir, à titre onéreux ou à titre gratuit.

A titre onéreux, ils peuvent acquérir ou de particuliers, ou d'autres établissemens publics, ou de l'état.

De particuliers ou d'établissemens publics, ces acquisitions peuvent avoir lieu à l'amiable ou par voie d'expropriation pour cause d'utilité publique; dans ce dernier cas, les formalités prescrites par la loi du 7 juillet 1833 doivent être suivies.

De l'état, les départemens peuvent acquérir par voie de concession, sur expertise contradictoire, en vertu du décret impérial du 21 février 1808. (Voir t. 1er, p. 158) (1).

Dans tous les cas, pour que l'acquisition soit régulière, il faut qu'elle ait été précédée d'une délibération du conseil général, qui doit être approuvée par une ordonnance royale, rendue après que le conseil d'état a été entendu.

Toutefois, l'autorisation du préfet, en conseil de préfecture, est suffisante pour les acquisitions et

(1) Exemples récens : ordonnances royales, du 13 décembre 1837, portant concession, au département de Seine-et-Oise, de l'ancien hôtel du Garde-Meuble, à Versailles; du 18 mai 1838, portant concession, au département de la Seine, de deux boutiques situées dans l'intérieur du Palais-de-Justice, à Paris; du 31 janvier 1839, portant concession, au département de la Charente, d'un bâtiment domanial, situé à Angoulême.

échanges, lorsqu'il ne s'agit que d'une valeur n'excédant pas 20,000 fr. (Loi du 10 mai 1838, art. 29.)

— A titre gratuit, les départemens peuvent acquérir, soit au moyen de concessions qui leur seraient faites par l'état, soit au moyen de dons et
legs.

Les concessions gratuites faites par l'état aux départemens sont rares aujourd'hui ; elles ne pourraient plus avoir lieu qu'en vertu d'une loi. (Voir
t. I⁰ⁱ, p. 145 et suiv.) (1).

Quant aux dons et legs, il en avait été fait aux
départemens, avant la loi du 10 mai 1838, mais en
très petit nombre. L'existence civile des départe-
men étant aujourd'hui formellement reconnue,
peut-être-ces libéralités seront-elles plus fréquentes
à l'avenir.

En tout cas il est probable que, soit les concessions de l'état, soit les dons et legs faits par des particuliers, auront lieu avec affectation spéciale à des
services d'utilité départementale, par exemple au
service des écoles normales primaires ou des prisons.
A ce propos, nous croyons devoir faire remarquer
que les prisons départementales et autres ont été
rangées à tort, par certains auteurs, parmi les établissemens publics ; les prisons ne sont qu'une branche des services publics ; ce ne sont point des personnes civiles ayant capacité pour posséder et
acquérir. Mais on peut faire une libéralité aux dé-

---

(1) Exemple : la loi du 2 juillet 1835, qui concède gratuitement au
département du Nord, tous les bâtimens, terrains et dépendances qui
font partie de l'établissement thermal de Saint-Amand, y compris un
bosquet de vingt-six ares, et la maison du garde.

partemens ou à l'état, avec affectation au service des prisons, et la volonté du donataire doit être respectée (1). .

Le conseil général délibère sur l'acceptation des dons et legs faits au département. (Loi du 10 mai 1838, art. 4.)

L'acceptation ou le refus ne peuvent être autorisés que par une ordonnance royale, rendue après que le conseil d'état a été entendu.

Mais le préfet peut toujours, à titre conservatoire, accepter les dons et legs faits au département. L'ordonnance d'autorisation, qui intervient ensuite, a son effet du jour de cette acceptation. (Ibid. art. 31.)

Une commission de la chambre des pairs avait proposé d'établir que l'autorisation du préfet, en conseil de préfecture, serait suffisante, s'il ne s'agissait que d'une valeur n'excédant pas 3,000 fr., et s'il n'y avait point de prétendant droit à la succession. Mais cette disposition, empruntée à la loi du 18 juillet 1837, sur l'administration municipale (article 48), n'a pas été adoptée. On l'a combattue comme contenant une dérogation formelle à l'article 910 du Code civil, et comme tendant, d'ailleurs, à limiter le droit de délégation qui est de l'essence du pouvoir exécutif et de la responsabilité ministérielle. On a dit, en outre, que, dans une affaire qui se présente avec des apparences très simples, il peut se rencontrer des conditions qui inté-

_____

(1) Voir, à titre d'exemple, une ordonnance royale du 14 octobre 1837, qui a autorisé le préfet de l'Hérault à accepter un legs fait nominativement à la commission de surveillance des prisons.

ressent l'ordre public et les lois; ces motifs ont fait repousser la proposition.

553. — Les aliénations et échanges ne peuvent avoir lieu qu'après délibération du conseil général, approuvée par ordonnance du roi, le conseil d'état entendu; cependant, lorsqu'il s'agit d'une valeur qui n'excède pas 20,000 fr., l'autorisation du préfet, en conseil de préfecture, est suffisante. (Loi du 10 mai 1838, art. 4 et 29.)

554. — S'agit-il de simples changemens de destination des édifices et bâtimens départementaux, nous avons établi ci-dessus qu'après délibération du conseil général, il faut une ordonnance royale qui les approuve, et que cette ordonnance doit être délibérée en conseil d'état. (V. n° 539.)

Les simples changemens d'affectation doivent avoir lieu suivant les mêmes formes. (Loi du 10 mai 1838, art. 4, 3°.)

555. — Enfin, les édifices et bâtimens départementaux, créés ou à créer, peuvent donner lieu à des projets, plans et devis : la règle est que tout ce qui concerne les travaux à faire sur les fonds départementaux doit être soumis aux délibérations du conseil général. (Loi du 10 mai 1838, art. 4, 9°.)

Si les dépenses sont inférieures à 50,000 fr., la délibération du conseil général est définitive.

Si les dépenses sont évaluées à plus de 50,000 fr., les projets et devis doivent être préalablement soumis au ministre chargé de l'administration départementale. (Ibid. art. 32.)

— Pour l'exécution de ces dispositions, le ministre de l'intérieur a adressé aux préfets, sous la date du

26 décembre 1838, des instructions qui peuvent se résumer de la manière suivante :

1° Les préfets doivent mettre tous leurs soins à charger un architecte habile et probe de la direction des travaux départementaux ;

2° L'architecte du département doit être nommé par le ministre, sur la proposition des préfets ;

3° Tout projet de travaux doit faire l'objet d'études administratives approfondies ; il est convenable de consulter les chefs des services que ces travaux intéressent;

4° Les préfets peuvent soumettre à l'examen du ministre compétent les projets dont l'approbation leur est réservée par la loi ; mais ils ne doivent le faire que quand la décision qu'ils ont à prendre présente des difficultés réelles et sérieuses ;

5° Dans tous les cas, et par exception, tout projet de prison ou d'asile d'aliénés doit être transmis au ministre ;

6° L'exécution des travaux au compte des départemens est soumise aux conditions déterminées par l'ordonnance royale du 4 décembre 1836, relative aux marchés passés au nom de l'état ;

7° Toute dérogation à cette ordonnance ne peut être autorisée que par le ministre compétent ;

8° Les préfets doivent veiller à ce que les architectes et les entrepreneurs exécutent fidèlement, sous leur responsabilité, les projets approuvés par l'administration (1).

—Les travaux peuvent être faits par l'état, et ce-

---

(1) Voir *Bulletin officiel du ministère de l'intérieur*, page 329.

pendant intéresser le département; une part contributive peut être alors imposée à celui-ci; mais le
conseil général doit être appelé à en délibérer préalablement. (Ibid., art. 4, 12°.)

Les travaux peuvent intéresser à la fois le département et les communes: le conseil général doit également délibérer sur la part contributive du département à la dépense. (Ibid., 13°.)

En cas de désaccord sur la répartition de cette
dépense, il est statué par une ordonnance du roi,
les conseils municipaux, les conseils d'arrondissement et le conseil général entendus. (Ibid. art. 35.)

Enfin, l'exécution de travaux d'intérêt départemental peut être confiée à des associations, à des
compagnies ou à des particuliers : dans ce cas, le
conseil général a encore le droit d'en délibérer.
(Ibid. art. 4, 11°.)

556. — S'agit-il d'actions en justice, les intérêts
des départemens sont garantis par des dispositions
analogues à celles qui ont été établies en faveur de
l'état ou des communes.

Ainsi, aucune action judiciaire, autre que les actions possessoires, ne peut, à peine de nullité, être
intentée, contre un département, qu'autant que le
demandeur a préalablement adressé, au préfet, un
mémoire exposant l'objet et les motifs de sa réclamation : il lui en est donné récépissé.

L'action ne peut être portée devant les tribunaux
que deux mois après la date du récépissé, sans préjudice des actes conservatoires. Durant cet intervalle, le cours de toute prescription demeure suspendu. (Loi du 10 mai 1838, art. 37).

Les actions du département sont exercées par le préfet. Pour intenter les actions, il faut une délibération du conseil général, et, en outre, l'autorisation du roi en conseil d'état. Le département ne peut même se pourvoir devant un autre degré de juridiction qu'en vertu d'une nouvelle autorisation : il pourrait arriver que, sur le vu du jugement, l'autorité supérieure reconnût que, dans l'intérêt du département, le procès ne doit pas être poussé plus avant et qu'il est convenable de l'abandonner.

Mais, lorsqu'il s'agit de défendre à une action quelconque, le préfet peut agir en vertu des délibérations du conseil général et sans autre autorisation.

En cas d'urgence, le préfet peut intenter toute action ou y défendre, sans délibération du conseil général, ni autorisation préalable.

Il fait tous actes conservatoires ou interruptifs de la déchéance. (Loi du 10 mai 1838, art. 36, nos 1, 2, 3, 4 et 5.)

Ces dispositions ne sont, à vrai dire, que la consécration législative des règles posées par la jurisprudence du conseil d'état, antérieurement à la loi qui les a portées.

—La loi n'a pas statué spécialement sur les actions que le département pourrait avoir à intenter ou à soutenir devant les diverses juridictions administratives; mais il est facile de suppléer à son silence. Il ne peut y avoir de doute sur la nécessité de l'intervention du conseil général ; son autorisation est exigée par le conseil d'état, dans l'instruction des affaires qui lui sont soumises par la voie conten-

tieuse ; mais il n'est pas rigoureusement nécessaire
que cette autorisation précède les recours exercés
par les préfets ; c'est à eux qu'il appartient d'apprécier l'urgence de la mesure ; et d'ailleurs la disposition légale qui les autorise à faire tous actes conservatoires ou interruptifs de la déchéance s'applique
au cas dont il s'agit. (Loi du 10 mai 1838, art. 36,
n°ˢ 4 et 5.)

Il suffit que les préfets produisent cette autorisation durant l'instance au conseil d'état.

Il en devrait être de même devant les juridictions
administratives inférieures, et, entre autres, devant
les conseils de préfecture.

Quant à la nécessité de l'autorisation du roi, en
conseil d'état, il est évident qu'elle ne peut être in-
voquée, si c'est devant le conseil d'état lui-même
que s'agite la contestation ; et nous ne saurions
l'admettre, si c'est une juridiction administrative
inférieure qui doit être saisie, parce qu'il est évident que le conseil d'état ne peut avoir à autoriser,
comme investi de la tutelle administrative, des actions dont il aura plus tard à connaître comme juge.

En fait, cela n'est pas exigé pour les communes ; il
ne peut y avoir de différence, à cet égard, entre
elles et les départemens.

—Mais il s'engage quelquefois des litiges entre l'é-
tat et un département ; et, d'après la jurisprudence
du conseil d'état, le préfet était obligé, dans ce cas
même, de représenter tout à la fois l'état et le département. Il y avait quelque chose de singulier
dans cette position du préfet ; on pouvait craindre
que les intérêts du département ne parussent sacri-

fiés. La loi nouvelle a voulu dissiper ces craintes :
elle a disposé que, en cas de litige entre l'état et le
département, l'action serait intentée ou soutenue
par le membre du conseil de préfecture le plus ancien en fonctions. (Art. 36, n⁰ 6.)

. Il semble que la défense des intérêts du département appartenait tout naturellement à un membre
du conseil général. En 1838, la commission de la
chambre des députés l'avait jugé ainsi, et elle avait
présenté une disposition en ce sens ; mais cette disposition, que la commission a retirée dans le cours
de la discussion, a été combattue, comme contraire
au principe de la division des pouvoirs. Le conseil
général, a-t-on dit, est seulement un corps délibé-
rant ; les actes d'exécution ne lui appartiennent pas;
d'ailleurs, ses fonctions ne durent que pendant la
session ; ce serait lui donner une sorte de permanence que de conférer à l'un de ses membres le
pouvoir d'agir, en son nom, en dehors de la session. Il est vrai qu'il y a déjà des exemples de pouvoirs semblables, entre autres pour le récolement
du mobilier départemental ; mais il y aurait danger
à les multiplier.—Le doyen du conseil de préfecture
étant le remplaçant légal du préfet, en cas d'empê-
chement, on a cru devoir lui confier l'exercice des
actions départementales, quand le département et
l'état auraient des intérêts opposés. L'avenir éclai-
rera sur la bonté de cette mesure.

557.—La loi donne au département la faculté de
transiger sur des procès, nés ou à naître, concernant ses droits.

Le conseil général délibère sur les transactions

33.

(loi du 10 mai 1838, art. 4, n° 6°); mais elles ne peuvent être autorisées que par une ordonnance du roi, le conseil d'état entendu (Ibid. art. 38). A la chambre des pairs, la commission avait proposé d'accorder ce droit d'autorisation aux préfets, lorsqu'il s'agirait d'une valeur n'excédant pas 3,000 fr.; mais on a fait remarquer que, en matière de droits litigieux, il est fort difficile d'apprécier si leur valeur peut s'élever exactement à telle ou telle somme. D'ailleurs, la chambre ayant adopté le principe de° la nécessité de l'autorisation royale, relativement aux dons et legs, elle a pensé qu'il y avait ici les mêmes raisons de ne remettre la décision qu'au pouvoir central supérieur.

558. — Les conseils d'arrondissement ne restent pas tout-à-fait étrangers à la gestion économique des propriétés départementales : outre le cas de l'article 35, où leur délibération est nécessaire, ils peuvent intervenir pour délibérer sur les acquisitions, aliénations, échanges, constructions et reconstructions des édifices et bâtimens destinés à la sous-préfecture, au tribunal de première instance, à la maison d'arrêt ou à d'autres services publics, spéciaux à l'arrondissement, ainsi que sur les changemens de destination de ces édifices. (Loi du 10 mai 1838, art. 42, 3°.)

TITRE II.

DES CONTRIBUTIONS PUBLIQUES.

SOMMAIRE.

559. — Les revenus du domaine seraient tout-à-fait insuffisans pour satisfaire aux dépenses qu'exigent les divers services publics.

L'impôt est donc la véritable source où se puisent les moyens financiers de l'état (1).

Rien de plus juste, en soi, que l'impôt. Les sociétés politiques ne constituent de gouvernement qu'afin de veiller au bien être général de tous ceux

(1) D'après le dernier compte de l'administration générale des finances, le total général des recettes de l'état, pour l'exercice 1837, a été de 1,079,232,732 fr. Sur cette somme, si l'on déduit les produits des domaines, des coupes de bois, des salines et mines de sel de l'Est, et de la ferme des jeux, évalués à 43,253,724 fr., il reste, pour les contributions publiques, 1,035,979,008 fr.

qui en font partie et de gérer les affaires communes. La mission de ce puissant mandataire embrasse tout ce qui se rattache au développement de l'industrie, aux subsistances publiques, à l'instruction du peuple, à la protection de tous les droits, à l'établissement et au maintien de l'ordre général, à l'organisation de tous les moyens de sûreté et de défense sous l'abri desquels doivent constamment reposer l'honneur et la dignité du pays. Comment le gouvernement pourrait-il pourvoir à tant de besoins sacrés, à des intérêts si nobles et si grands, si chacun des membres de l'état ne se cotisait à cet effet, s'ils ne livraient à la grande bourse commune, c'est-à-dire au trésor public, une portion de leurs revenus? Quoi de mieux entendu pour chacun d'eux, quoi de plus profitable, si, par ce moyen, ils acquièrent toute sécurité pour ce qui leur reste, et si désormais ils peuvent en jouir à leur gré, sous le seul empire des lois nationales!

560. — Il n'est pourtant guère de pays où les contributions publiques soient acquittées sans murmure et sans regret.

Voici, ce nous semble, les principales causes de cette répugnance.

D'abord, le défaut de lumières du peuple qui paie. Sous le gouvernement le plus économe des deniers publics, des hommes qui ne sont pas éclairés peuvent croire que les sommes qu'ils retranchent de leurs revenus et qui vont former la masse du trésor national ne sont point employées pour eux, pour leur avantage, pour la satisfaction de leurs besoins généraux. Sous ce rapport, outre l'utilité d'ensei-

gner aux citoyens les motifs de leurs devoirs à cet
égard, le mérite du gouvernement représentatif,
c'est de donner au peuple la possibilité de s'assurer, par ses mandataires (qu'il choisit certainement parmi les plus probes), que les fonds versés
au trésor ont été consacrés aux services publics, et
affectés, en général, à des destinations prévues et
indiquées.

Il faut le dire aussi, l'emploi de ces deniers n'a
pas toujours eu pour but l'utilité générale. Sous le
gouvernement représentatif, il paraît impossible que
le trésor public soit détourné des dépenses publiques, et qu'il aille enrichir des favoris, satisfaire à
de honteuses passions, ou s'engloutir dans de rui-
neuses prodigalités.

Enfin, il est arrivé trop souvent que tous les citoyens du même état n'étaient pas appelés à contribuer aux charges publiques, ou du moins n'y con-
tribuaient pas en proportion de leurs moyens ; que
des classes entières, puissantes par la richesse et le
crédit qu'elle donne, usaient de ce crédit pour se
soustraire au juste tribut qu'elles devaient au trésor
public.

561. — Dans le désir de vaincre la répugnance
traditionnelle des contribuables pour l'acquittement de l'impôt, on a cru devoir établir, dans la
Charte française, diverses dispositions qui forment
autant de garanties constitutionnelles en cette importante matière.

Ces garanties sont au nombre de quatre : 1° la nécessité, pour arriver à la perception de l'impôt, du
libre consentement des contribuables représentés

par leurs mandataires légaux ; 2° la priorité du vote
de la chambre des députés ; 3° la généralité de l'impôt ; 4° sa proportionnalité.

562. — L'article 40 de la Charte déclare « qu'aucun impôt ne peut être établi ni perçu , s'il n'a été
consenti par les deux chambres et sanctionné par
le roi. »

Cette prohibition de la Charte est exécutée et re-
nouvelée, chaque année, par une disposition spéciale de la loi des recettes, où l'on trouve toujours
un article final qui déclare que « toutes les contri-
« butions, autres que celles qui sont autorisées par la
« loi, à quelque titre et sous quelque dénomination
« qu'elles se perçoivent , sont formellement interdi-
« tes , à peine, contre les autorités qui les ordonne-
« raient, contre les employés qui confectionneraient
« les rôles et tarifs, et ceux qui en feraient le recou-
« vrement, d'être poursuivis comme concussion-
« naires, sans préjudice de l'action en répétition,
« pendant trois années, contre tous receveurs, percep-
« teurs ou individus qui auraient fait la perception ;
« et, pour exercer cette action devant les tribunaux,
« les citoyens sont dispensés d'obtenir l'autorisa-
« tion préalable , qui est nécessaire pour mettre en
« jugement un agent administratif, pour un fait re-
« latif à ses fonctions. » (Voir les lois de finances ,
depuis celle du 15 mai 1818 (1), article 94, jusqu'à
celle du 10 août 1839.)

La jurisprudence a , d'ailleurs, défini les actions

(1) Une disposition analogue, mais moins complète, se trouvait déjà
dans la loi du 28 avril 1816 , art. 78 , et dans celle du 25 mars 1817,
art. 135.

qui appartiennent, dans ce cas, aux particuliers;
nous en citerons un exemple remarquable.

D'après la loi du 14 floréal an 11, le curage des
petites rivières se fait aux frais des riverains, et le
préfet rend exécutoire le rôle qui fixe la 'part contributive de chaque propriétaire, lequel peut réclamer, devant le conseil de préfecture, s'il se croit
mal taxé. En 1829, le préfet de l'Orne ordonna le
curage d'un cours d'eau situé dans l'une des communes de ce département, et rendit exécutoire le
rôle de la contribution spéciale destinée à y pourvoir. Un des propriétaires imposés, le sieur Pichon
Prémélé, ayant refusé de payer sa quote-part, il fut
procédé à la saisie de ses meubles; action de celui-
ci devant les tribunaux civils, pour faire déclarer la
nullité de la saisie, attendu qu'elle avait pour objet
une demande inconstitutionnelle dans la forme et
injuste au fond. Le préfet proposa le déclinatoire,
aux termes de l'ordonnance réglementaire du
1er juin 1828; mais le tribunal se déclara compétent et retint la cause. Alors le conflit d'attributions
fut élevé par le préfet, et confirmé par le roi, en
conseil d'état, par une ordonnance du 16 février
1832, dont voici les motifs (1).

« Considérant que, par l'acte d'assignation du
20 septembre 1831, auquel se réfèrent les conclusions prises à l'audience du tribunal d'Alençon, le
14 novembre suivant, le sieur Pichon-Prémélé demande la nullité de la saisie de ses meubles, et fonde
cette nullité sur ce que ladite saisie avait pour objet

(1) Voir *Recueil des arrêts du conseil*, 1832, page 45.

une demande inconstitutionnelle dans la forme et injuste au fond ; — *En ce qui touche le reproche d'inconstitutionnalité :* Considérant que les lois de finances n'ouvrent que deux modes d'action judi-ciaire aux particuliers qui voudraient se pourvoir à l'occasion de contributions qu'ils prétendraient n'être pas autorisées par la loi : la plainte en concus-sion, et l'action en répétition pendant trois années ; que ces deux actions, tout en garantissant les droits des citoyens contre les perceptions illégales, suppo-sent néanmoins l'exécution préalable des contrain-tes décernées par l'administration à laquelle le provi-soire appartient ; que, hors de ces deux modes in-diqués d'une manière limitative , il n'appartient point aux tribunaux de s'immiscer dans l'établisse-ment des rôles de répartition, en connaissant des actions auxquelles ils pourraient donner lieu de la part des particuliers ; — *En ce qui touche le re-proche d'injustice, dirigé contre le rôle qui a donné lieu aux poursuites :* Considérant que, aux termes de l'article 4 de la loi du 14 floréal an 11, les con-seils de préfecture sont seuls compétens pour pro-noncer sur les réclamations élevées contre les rôles mis en recouvrement pour frais de curage des ri-vières non navigables. »

563. — Une autre disposition du pacte fonda-mental offre encore aux contribuables la garantie que, dans l'établissement des impôts, leurs intérêts sont scrupuleusement défendus ; car, d'après l'ar-ticle 15 de la Charte, toute loi d'impôt doit être d'abord votée par la chambre des députés. Cette portion du pouvoir législatif, étant le produit de

l'élection populaire, est supposée représenter plus
directement les contribuables, par l'élite desquels
elle est choisie, et connaître mieux les ressources de
chaque département.

Du reste, cette attribution de la chambre des députés n'est pas seulement importante sous le rapport financier; elle a une portée politique immense;
c'est une arme donnée à l'élément démocratique,
pour assurer le maintien de la part d'autorité que
la constitution lui a faite dans le gouvernement de
l'état.

564. — Enfin, l'article 2 de la Charte porte que
« les Français doivent contribuer *indistinctement*,
« *et dans la proportion de leur fortune*, aux char-
« ges de l'état. » Cet article exige quelques explications.

Pour réaliser ce vœu de la Charte française, chaque contribuable doit-il être imposé en proportion *exacte* de ses moyens, et tous ceux qui n'ont
que le nécessaire doivent-ils être affranchis de l'impôt? Si l'on veut entendre ainsi l'article précité, nous
n'hésitons pas à dire qu'on demande une chose
impossible, et qui, bien certainement, pour être réalisée même imparfaitement, soulèverait plus de mécontentemens que le plus décrié des impôts.

Aussi est-il digne de remarque que la théorie de
l'impôt progressif, plus d'une fois exposée en France,
et débattue, dans ces derniers temps encore, a été
repoussée, comme inapplicable, par les esprits les
plus éclairés, d'opinions très diverses et même
opposées.

Nous nous bornerons à citer deux morceaux empruntés aux écrits de MM. Droz et Armand Carrel. Le premier est connu par sa philanthropie, l'indépendance et la modération de ses opinions. Le second brillait, naguère encore, aux premiers rangs des publicistes de l'école réformatrice, appelée *radicale.*

— « Quelle odieuse inquisition, dit M. Droz, parviendrait à connaître le revenu de chaque particulier? Il faudrait connaître aussi les charges dont le revenu est grevé. Ces bases varient sans cesse; ce serait peu de renouveler une fois, chaque année, des perquisitions vexatoires. Ne parlons pas des ruses qu'emploieraient les contribuables de mauvaise foi; mais, combien d'hommes ont intérêt à ne pas révéler l'état de leurs affaires, sans qu'on puisse rien en conclure contre leur probité. Lorsque, dans de très petites républiques, telles que Hambourg et Genève, on a levé des impôts proportionnels sur le revenu ou sur la fortune des citoyens, chaque somme versée au trésor est restée inconnue. Il est dans la nature de ces contributions d'être acquittées en secret, sous la foi d'un serment qui atteste qu'on s'est fidèlement taxé. On ne trouvera jamais, dans chacun des habitans d'un vaste état, une conscience assez rigide pour qu'on puisse subvenir à la totalité des dépenses publiques, au moyen d'un impôt qui demande une si touchante bonne foi. » (1).

— L'opinion de M. Carrel est plus développée et plus énergique.

_____

(1) *Économie politique*, page 349.

« On semble, dit-il, considérer la richesse générale du pays comme la provision de vivres d'un
navire en mer, provision qui, une fois embarquée,
ne s'augmenterait plus ; et le pauvre paraîtrait, dans
ce système, n'être réduit à la moitié ou au tiers de
sa ration que parce que le riche mangerait deux ou
trois fois plus que la sienne.

« De là l'idée, toute populaire, de vouloir réduire
le riche à la simple ration, c'est-à-dire de faire qu'il
ne soit plus riche. Or, on est riche fripon, mais on
est aussi riche honnête homme ; on est riche oisif,
mais on est aussi riche laborieux ; on est riche par
héritage, mais on l'est aussi parce qu'on a su exploiter une grande découverte dans les arts, un perfec-
tionnement dans l'industrie ; on devient riche, parce
qu'on est très habile chirurgien, ou grand juriscon-
sulte, ou artiste du premier ordre ; on est riche,
parce qu'on a rendu à son pays de grands services
dans le gouvernement et dans les armes.

« La richesse personnelle n'est donc pas un tort
nécessaire, fait à l'humanité, et souvent elle est le
prix des services qu'on lui a rendus. L'impôt progressif, impôt de jalousie et non d'équité, ne dis-
tinguerait pas entre la richesse héritée et la richesse
péniblement et honorablement acquise, entre la richesse oisive et la richesse laborieuse. L'impôt progressif punirait toute richesse sans distinction, et
cela dans la fausse donnée que tout riche dévore la
subsistance d'un certain nombre de pauvres.

« Cela est vrai de certains riches, de tous ceux,
par exemple, dont la fortune est produite par le jeu
combiné des primes de sortie accordées à leurs pro-

duits et des prohibitions dirigées contre tous les
produits étrangers de même nature..... Cette classe
de riches, qui ne serait pas riche sans le monopole,
il n'y a qu'un moyen de l'atteindre avec efficacité :
ce n'est pas la pompe aspirante de l'impôt progressif, c'est la destruction des primes et prohibitions.
Avec le privilége disparaîtra le privilégié, et la richesse légitime subsistera comme la récompense
due à quiconque contribue, par son travail, ses qualités d'ordre, son talent, ses facultés en tout genre,
à ajouter à la gloire de sa patrie, et à tirer du sol
national de nouveaux moyens de sustenter la population qui s'y multiplie sans cesse.....

« L'impôt progressif sur les riches entra, en
l'an 1er, dans les voies et moyens du budget de la
convention. Le gouvernement voulut faire rentrer
un milliard d'assignats pris sur les riches, qu'on regardait, en masse, comme plus ou moins ennemis
de la révolution.

« On avait évalué à 1,000 francs par an le revenu nécessaire de chaque individu. Une famille de
cinq personnes, qui avait 5,000 livres de revenu,
était dans les limites du nécessaire. Si cette famille
avait 15,000 livres de revenu, elle était réputée jouir
de 10,000 livres de superflu. Les 10,000 livres
étaient taxées à raison de 10 pour cent : ce qui
réduisait le revenu total à 14,000 livres, au lieu de
15. Tout ce qui était au-delà de ces 15,000 livres,
réduites à 14, était enlevé par l'impôt. Ainsi 20,000
livres de revenu pour cinq personnes donnaient à
l'impôt 20 moins 14, ou 6,000 livres ; 40,000 donnaient 40 moins 14, ou 26. Une famille de cinq

personnes pouvait vivre certainement avec un revenu de 20,000 livres ou de 40,000 livres, réduites à 14,000; mais si ce revenu eût été grevé d'engagemens pour moitié, comme cela n'est pas rare, un prétendu riche à 40,000 livres, après avoir donné 26,000 livres à l'impôt, et en avoir consacré 14 à son arriéré, aurait manqué de 6,000 livres à ses engagemens et aurait dû s'endetter de 14,000 livres, pour vivre, cette année, lui et les siens. Toutefois, cet essai d'impôt progressif rapporta, en 1793, à peu près ce qu'on en avait attendu; et c'est probablement là ce qui persuada qu'on pouvait l'employer habituellement. Mais on voit que les mêmes fortunes n'auraient pas pu se prêter deux ans de suite au même effort; et d'ailleurs on ne parvint alors à recouvrer cet impôt, ou plutôt cet emprunt forcé, qu'en imprimant la terreur à quiconque tromperait les répartiteurs ou se déroberait à leur estimation : cette manière d'assurer la perception d'un impôt ne serait aujourd'hui du goût de personne. Le peuple faisait alors gratuitement l'office d'une armée de collecteurs : ce qui, dans des circonstances aussi malheureuses que celles de l'an 2, pouvait être une triste nécessité; mais un pareil mode de répartition et de recouvrement ne se concilierait guère avec le principe d'un gouvernement normal, fondé sur le consentement de la majorité.....

« Nous venons de citer un exemple de l'application de l'impôt progressif, dans un temps fort difficile ; mais il est bon qu'on sache que la convention ou plutôt les hommes compétens qui lui inspiraient confiance dans ces matières, n'ont jamais admis la possibilité d'appliquer l'impôt progressif, dans une situation régulière. Lorsque le préambule de la constitution de 1793 fut discuté à la convention, un membre proposa de décréter que l'impôt serait progressif, et que les citoyens reconnus avoir au dessous du nécessaire seraient exempts de toute contribution. La motion fut écartée ; on se rendit à cette observation de Cambon, la grande autorité financière de l'époque, qu'il ne fallait pas lier le corps législatif, en administration et en finance, par des principes absolus et des théories le plus souvent impraticables. Il ajouta quelques mots sur l'inconvénient de dispenser de l'impôt de prétendus nécessiteux; et d'autres membres soutinrent, après lui, que le plus noble attribut d'un citoyen, quelle que fût sa situation, c'était de contribuer, pour sa part, et dans la proportion de ses ressources, aux charges publiques......

« J'ai partagé un moment, dit Robespierre, l'er-
« reur qu'on vient d'émettre ; je crois même l'avoir
« écrite quelque part : mais j'en reviens aux princi-
« pes, et je suis éclairé par le bon sens du peuple,
« qui sent que l'espèce de faveur qu'on lui présente
« est une injure. En effet, si vous décrétez constitu-
« tionnellement que la misère excepte de l'honora-
« ble obligation de contribuer aux besoins de la
« patrie, vous décrétez l'avilissement de la partie la
« plus pure de la nation; vous décrétez l'aristocratie
« des richesses, et bientôt il s'établirait une classe
« d'ilotes, et l'égalité et la liberté périraient pour
« jamais. N'ôtez point aux citoyens ce qui leur est
« le plus nécessaire : la satisfaction de présen-

« ter à la république le denier de la veuve..... »

« Les essais financiers qu'on a tentés sous la convention ne pourraient donc tout au plus faire autorité que pour des circonstances entièrement semblables. C'étaient des expédiens de détresse, et non des règles de conduite et d'équité pour une situation ordinaire. Le gouvernement alors opérait sur une nation ruinée, ou du moins chez laquelle la plupart des objets que l'impôt atteint dans notre système actuel de finances, ne produisaient plus ou avaient été affranchis par l'état de révolution. Ainsi, tous les impôts de consommation étaient écartés, comme ne pouvant être supportés par un peuple affamé, ou qui se battait en masse, sans habits et sans pain, à la frontière. Des trois grands impôts directs, établis par la constituante, le foncier, le mobilier et l'impôt des patentes, le premier avait été converti en emprunt forcé et progressif sur les riches, le second et le troisième étaient abandonnés par l'impossibilité d'appliquer des méthodes de recensement et de perception encore très vicieuses » (1).

— Le législateur ne pouvant arriver à obtenir, avec exactitude, un impôt *proportionnel*, la science économique enseignait qu'on devait varier la nature des contributions, afin de répartir les charges publiques avec moins d'inégalité : la loi française a donc demandé les subsides à la *propriété*, à l'*industrie*, à l'*aisance apparente*, aux *consommations*.

(1) Armand Carrel, *Rapport sur le manifeste de la société des droits de l'homme, lu à la société de défense commune de la liberté de la presse*, le 8 décembre 1833, publié en 1835, chez Paulin.

565. — Il est peu de pays où l'impôt soit plus divisé qu'en France. Mais toutes les espèces de contributions viennent se ranger sous deux classes : *les contributions directes et les contributions indirectes.*

On appelle contributions directes les impôts qui se perçoivent directement, et d'après un rôle nominatif, sur les personnes qui en sont passibles.

On appelle contributions indirectes les impôts qui, destinés à frapper les objets dont l'usage est ordinaire dans les habitudes de la vie, ne portent sur aucun contribuable nominativement, et sont acquittées par le consommateur quel qu'il soit ou par celui qui veut en user. Il suffit de ne pas consommer ou de ne pas user, pour n'y être point assujetti.

Nous examinerons successivement ces deux grandes sources du revenu public de la France, et nous y ajouterons les différentes perceptions, qui, dans la langue de l'administration financière, sont connues sous le nom de *produits divers.*

Il faut remarquer, toutefois, que la distinction des impôts en directs et indirects est toute moderne : voici son origine. A la fin du dix-huitième siècle, des économistes soutenaient que toutes les taxes, sous quelque forme qu'elles fussent perçues, retombaient à la charge de la propriété foncière. Seulement les unes atteignaient cette propriété *indirectement*, tandis que les autres la frappaient *directement*. Ces doctrines avaient pris faveur dans le comité des contributions publiques de l'assemblée constituante, qui fit passer cette dénomination dans le vocabulaire législatif et administratif, mais sans lui conserver son sens orignaire.

566. — Voici quel était, du reste, le système général des anciennes impositions.

Elles formaient cinq classes principales.

« Premièrement, les impositions directes, qui comprenaient les dîmes, la taille réelle, les vingtièmes, la taille personnelle et la capitation ;

« Secondement, les impositions de monopole et de privilége exclusif, qui étaient : la gabelle, dans les deux tiers du royaume ; le tabac, qui s'étendait presque sur la totalité ; la vente de l'eau-de-vie et d'autres boissons, dans un petit nombre de provinces. On pourrait ranger aussi dans cette classe ce que le trésor public retirait des jurandes et des maîtrises d'arts et métiers, par lesquelles l'état ne faisait pas directement le monopole, mais vendait celui de chaque profession ;

« Troisièmement, les impositions qu'on appelait *à l'exercice*, sur différentes espèces de consommation et d'industrie, telles que les droits d'aides sur les boissons, dans un tiers du royaume ; ceux de même nature nommés *équivalent* en Languedoc, *impôts, billots et devoirs* en Bretagne, et des *quatre membres* en Flandre, ceux *d'inspecteurs aux boucheries*, qui embrassaient en effet ou par abonnement presque toutes les provinces ; ceux de *marque des cuirs* et à la fabrication des cartes et des amidons, qui se percevaient avec une rigueur extrême, chez tous les fabricans et les débitans de ces marchandises, dans toute l'étendue de l'empire ; ceux de marque des fers et à la fabrication des

34.

huiles, qui n'avaient lieu que sur environ la moitié du territoire de l'état ;

« Quatrièmement, les impositions sur le transport des marchandises, qui comprenaient les droits à l'entrée et à la sortie du royaume ; les péages ; une multitude incroyable de droits de traite de toute dénomination au passage d'une province à l'autre, et ceux d'entrée dans les villes ;

« Cinquièmement, enfin, les impositions sur les actes, droits de contrôle, insinuation, centième denier, formule, greffe, consignation, lettres de rectification, etc., etc. (1).

CHAPITRE I.

Des contributions directes.

(1) Adresse de l'assemblée nationale aux Français, en date du 24 juin 1791.

567.—La législation française range, sous quatre dénominations particulières, les contributions directes, savoir :

1° La contribution foncière : elle affecte la propriété immobilière ;

2° La contribution personnelle et mobilière : elle renferme une espèce de capitation due par les personnes, par cela seul qu'elles sont membres de la société ; elle a pour but, en outre, d'atteindre les revenus qui, par leur nature, ne peuvent être soumis à la contribution foncière ; elle frappe la fortune mobilière, en la présumant d'après le loyer d'habitation ;

3° La contribution des portes et fenêtres : elle a pour but d'atteindre le luxe probable des habitations. On la présente quelquefois comme un accessoire de la contribution foncière ; mais il nous semble que c'est plutôt une addition à la contribution mobilière. Si le propriétaire en fait l'avance, le locataire la rembourse ; c'est à lui que l'impôt compte pour le cens électoral. (Voir loi du 19 avril 1831, art 6.)

4° La contribution des patentes : elle a pour but d'atteindre les facultés industrielles.

Enfin il existe un assez grand nombre de taxes, d'origine très diverse, que les lois ont assimilées aux contributions directes, et que nous ferons connaître.

568. — La législation moderne a d'ailleurs établi, parmi les contributions directes, une distinction qui

existait sous l'ancienne monarchie, et que, dès ce moment, il est essentiel d'indiquer et d'expliquer.

Les unes sont des impôts *de répartition*, les autres des impôts *de quotité*.

Dans l'impôt de répartition, l'autorité législative fixe, d'avance, la somme totale, exigible pour toute la France ; puis elle assigne, à chaque département, son contingent de contributions. Ce contingent est ensuite réparti entre les diverses localités du département, de la manière que nous expliquerons tout à l'heure.

Dans l'impôt de quotité, les contingens ne sont point déterminés d'avance pour les diverses circonscriptions territoriales. Les agens du fisc s'adressent directement aux individus et leur demandent la contribution qui leur est imposée, conformément aux conditions de la loi.

D'après cela, le caractère distinctif de l'impôt de répartition et de l'impôt de quotité est facile à saisir. Le premier, celui de répartition, est une sorte d'abonnement avec les localités. L'état traite, pour ainsi dire, à forfait avec elles, en leur laissant le soin de répartir la somme qu'on leur demande. Nécessairement l'état qui abonne, fait un sacrifice d'une certaine quantité du produit, en faveur de la certitude de sa rentrée.

Dans l'impôt de quotité, l'état, en faisant asseoir et lever l'impôt par des agens administratifs, a les avantages de la plus-value ; mais il court toutes les chances de la perception.

— On a demandé quelquefois lequel des deux modes d'imposition était préférable.

« Il faut le reconnaître (a dit M. Humann) (1),
l'abonnement et la répartition sont d'une autre époque. Le fisc s'en servait autrefois pour déverser
sur des intermédiaires l'odieux des extorsions fis-
cales : ces temps de misère sont heureusement loin
de nous. Aujourd'hui que le pays lui-même autorise l'impôt et la perception, n'est-ce pas au gouvernement qu'il appartient de rechercher la matière
imposable, de constater et d'apprécier les forces
contributives? »

Ces réflexions sont justes ; mais il faut dire que si
la substitution du mode le plus raisonnable au
mode le moins régulier doit avoir pour effet de faire
recueillir plus d'argent au trésor, on n'opérera ja-
mais cette substitution, sans soulever les mécontentemens des peuples qui, en définitive, ne regardent
qu'à une chose, la somme d'argent qui sort de leur
bourse. Nous aurons bientôt l'occasion d'en citer un
remarquable exemple.

Aujourd'hui la contribution foncière, la contribution personnelle et mobilière, et celle des portes et
fenêtres sont des impôts de répartition.

La contribution des patentes est un impôt de
quotité.

569.—La législation sur les contributions directes présente trois grandes divisions, savoir : l'assiette, la répartition et le recouvrement.

L'assiette comprend ce qui se rapporte aux bases
même de l'impôt, à la constatation de la matière
imposable.

(1) Rapport fait à la chambre des députés, à la séance du 3 février
1832, sur le budget des recettes.

La répartition comprend toutes les opérations qui ont pour but de distribuer, selon les bases posées par les lois, entre les circonscriptions administratives, puis entre les particuliers, les impôts dits de répartition.

Le recouvrement embrasse la série des opérations qui sont établies par les lois et les règlemens, pour faire rentrer, dans les caisses publiques, les diverses espèces de contributions, qui, par suite de l'assiette et de la répartition, ont été imposées aux citoyens.

570. — Les règles relatives aux bases des contributions directes varient nécessairement, selon chaque espèce ; il en est à peu près de même de la répartition : tandis que les règles du recouvrement sont généralement les mêmes pour toutes ces contributions.

Cependant, sous le rapport de l'assiette et sous celui de la répartition, il est aussi certaines règles générales qui se rapportent principalement aux agences chargées de ces deux ordres d'opérations.

L'exposé de ces règles trouve ici naturellement sa place.

571. — Toutes les opérations relatives à l'assiette et à la répartition des contributions directes sont confiées à l'action et à la surveillance d'une administration centrale, qui fait partie du ministère des finances, et à la tête de laquelle est un chef de service qui a le titre de *directeur de l'administration des contributions directes.*

Par la confection des rôles, cette administration

concourt aussi au recouvrement, qui s'opère toutefois par une agence spéciale, ressortissant à une autre
branche du ministère des finances.

572. — Au lieu de former, au budget, une section du chapitre de l'administration centrale des
finances, avec l'explication du nombre des employés, avec le chiffre détaillé des dépenses du personnel et du matériel, le service central de l'administration des contributions directes se trouve
englobé dans un article qui, sous le titre d'*administration centrale du ministère des finances et du
trésor public*, comprend indistinctement plusieurs
branches de services.

Le directeur de cette administration, dont le traitement est de 20,000 fr. par an, a sous ses ordres
quatre bureaux entre lesquels le travail de l'assiette
et de la répartition des contributions directes est
distribué comme il suit.

—*Le premier bureau* a, dans ses attributions,
les mesures préparatoires pour le répartement des
contributions foncière, personnelle et mobilière
et des portes et fenêtres; l'examen des états de répartement transmis par les préfets, ainsi que des
délibérations des conseils généraux, des conseils
d'arrondissement et des conseils municipaux, relatives aux contributions directes; la sous-répartition;
l'assiette de la rétribution universitaire et du droit
annuel; la confection des rôles de prestation en nature pour les chemins vicinaux ; et, en général, tous
les travaux entrepris ou à entreprendre pour l'amélioration des bases de l'impôt direct.

Le deuxième bureau a, dans ses attributions, la

distribution du fonds commun du cadastre entre les départemens ; le réglement des budgets et des comptes annuels du cadastre ; la surveillance des travaux ; le mouvement des vérificateurs spéciaux des plans ; l'examen des rapports fournis tant par ces agens que par l'inspection générale des finances.

Le troisième bureau a dans ses attributions les instructions relatives à l'assiette de la contribution, des patentes, à la confection des matrices générales des rôles des contributions directes, aux mutations, à l'admission et au jugement des réclamations, à la confection des rôles généraux et particuliers ; l'examen et le dépouillement des états généraux du montant des rôles, des états de décharges et réductions, remises et modérations, envoyés par les directeurs, et des états de réimpositions envoyés par les préfets; la formation des états généraux de balance des décharges et réductions, avec les sommes réimposées ; l'examen des procès-verbaux ou états de pertes arrivées dans les départemens ; la distribution du fonds de non-valeurs ; la vérification des comptes de l'emploi de ce fonds ; le décompte des attributions des communes sur les patentes; l'instruction des affaires contentieuses en matière de contributions directes; la surveillance à exercer sur les percepteurs, dans leurs rapports, soit avec l'administration, soit avec les contribuables.

Le quatrième bureau est chargé de ce qui concerne le personnel ; des détails relatifs à la fixation et au paiement des traitemens, frais de tournées et de bureau des agens des directions; des congés; de la liquidation des retenues à opérer ; de l'examen des titres des employés à la pension de retraite ; et du départ des dépêches (1).

573.—Quant au *service extérieur*, il existe, dans chaque département, une *direction* des contributions directes, composée :

D'un directeur,

D'un inspecteur,

D'un certain nombre de contrôleurs, proportionné à l'étendue du département,

Enfin, d'un certain nombre de surnuméraires.

— Les directions sont divisées en trois classes. La première classe comprend treize départements ; la deuxième, trente-six ; la troisième, trente-sept.

Première classe.

Bouches-du-Rhône.	Moselle.	Seine-Inférieure.
Calvados.	Nord.	Seine-et-Oise.
Haute-Garonne.	Bas-Rhin.	Somme.
Gironde.	Rhône.	
Loire-Inférieure.	Seine.	

Deuxième classe.

Aisne.	Ille-et-Vilaine.	Orne.
Aube.	Indre-et-Loire.	Pas-de-Calais.
Charente.	Isère.	Puy-de-Dôme.
Charente-Inférieure.	Jura.	Haut-Rhin.
Corse.	Loire.	Saône-et-Loire.
Côte-d'Or.	Loiret.	Sarthe.
Côtes-du-Nord.	Lot-et-Garonne.	Seine-et-Marne.
Dordogne.	Maine-et-Loire.	Tarn-et-Garonne.
Doubs.	Manche.	Vaucluse.
Eure.	Marne.	Vienne.
Gard.	Meurthe.	Haute-Vienne.
Hérault.	Oise.	Yonne.

(1) Voir le *Bulletin des contributions directes et du cadastre*, neuvième année, n° 1er.

Troisième classe.

Ain.
Allier.
Basses-Alpes.
Hautes-Alpes.
Ardèche.
Ardennes.
Ariége.
Aude.
Aveyron.
Cantal.
Cher.
Corrèze.
Creuse.

Drôme.
Eure-et-Loir.
Finistère.
Gers.
Indre.
Landes.
Loir-et-Cher.
Haute-Loire.
Lot.
Lozère.
Haute-Marne.
Mayenne.
Meuse.

Morbihan.
Nièvre.
Basses-Pyrénées.
Hautes-Pyrénées.
Pyrénées - Orienta-
les.
Haute-Saône.
Deux-Sèvres.
Tarn.
Var.
Vendée.
Vosges (1).

Les classes ont été formées en raison des frais plus ou moins considérables que la résidence impose aux titulaires.

Les directions ne sont données qu'aux inspecteurs. Il y est nommé par le roi, sur la proposition du ministre des finances. (Ordonnance royale du 7 juillet 1831.)

Le traitement des directeurs est fixé ainsi qu'il suit :

Première classe, 6,000 fr.

Deuxième classe, 5,000 fr.

Troisième classe, 4,500 fr.

Le traitement des quatre-vingt-six directeurs figure, annuellement au budget, pour 424,500 fr. Il y a, en outre, des frais de bureau montant à 500,000 fr.

La fixation de ces frais doit être modifiée, tous

(1) Voir l'article 1er du *Réglement du ministre des finances*, du 31 janvier 1834.

les dix ans, à partir de 1833, en raison des changemens survenus dans le nombre des articles de rôles.

— Les *inspections* sont aussi divisées en trois
classes. Elles sont données aux contrôleurs principaux.

Les inspecteurs sont nommés par le ministre des
finances.

Ils sont chargés de la surveillance des contrôleurs.
A cet effet, ils font trois tournées générales par an,
et se rendent successivement auprès de chaque contrôleur.

L'inspecteur est chargé de suppléer momentanément les contrôleurs qui sont absens ou malades.

Il remplit les fonctions de directeur, par intérim,
lorsque celui-ci est en congé ou que la place est va-
cante.

Indépendamment des tournées et de ses fonctions
habituelles, l'inspecteur est chargé de toutes les
opérations que lui confient le préfet ou le directeur.

Le traitement des inspecteurs est réglé comme il
suit :

Première classe, 4,000 fr.
Deuxième classe, 3,500 fr.
Troisième classe, 3,000 fr.

Nous comptons aujourd'hui quatre-vingt-six inspecteurs, dont dix-sept sont de première classe,
vingt-sept de seconde et quarante-deux de troisième.
Leurs traitemens figurent annuellement, au budget,
pour une somme de 285,500 fr. Il y a, en outre,
pour frais de tournées, 47,600 fr.

—Le nombre des *contrôleurs* doit être, en général, calculé de manière à ce que chacun d'eux soit

chargé d'environ soixante communes, sur un territoire de cinq à six lieues de longueur et autant de largeur. Les localités, toutefois, peuvent faire modifier cette disposition : ici, des contrôleurs ont moins de communes, mais les distances sont plus grandes. Là, les contrôleurs ont beaucoup plus de communes, mais sur un plus petit arrondissement, dont les communications sont plus faciles.

Nous comptons aujourd'hui sept cent soixante-douze contrôleurs.

Les contrôleurs sont divisés en quatre classes. Lès nominations appartiennent au ministre des finances. Il y a

. 85 contrôles principaux,

250 contrôles de première classe,

275 contrôles de deuxième classe,

135 contrôles de troisième classe, indépendamment des 27 contrôles attachés au département de la Seine.

— Le traitement est, pour les contrôleurs principaux, 2,400 fr.

Pour les contrôleurs de première classe, 1,800 fr.

Pour les contrôleurs de deuxième classe, 1,500 fr.

Pour les contrôleurs de troisième classe, 1,200 fr.

Le traitement du contrôleur principal de la Seine est de 3,500;

Celui des vingt-six autres contrôleurs, de 2,800 fr.

Le budget contient annuellement, pour le traitement des sept cent soixante-douze contrôleurs, un crédit de 1,304,800 fr.; et, en outre, pour les frais de tournée, une somme de 313,800 fr.

— L'avancement est ainsi réglé :

Pour les directions, moitié à l'ancienneté, moitié au choix ;

Pour les autres grades, deux tiers à l'ancienneté, un tiers au choix.

La nomination a lieu, pour l'ancienneté, sur une liste des cinq candidats les plus anciens ; pour le choix, sur une liste de trois candidats.

Nul ne peut être promu à une classe ou à un grade supérieur qu'après avoir passé au moins trois années dans la classe ou dans le grade inférieur.

Les inspecteurs de deuxième classe, après six ans, et ceux de troisième, après neuf ans passés dans ces classes, peuvent concourir avec ceux de la première pour le grade de directeur.

Toutefois, il est fait exception à cette disposition pour les inspecteurs de deuxième et de troisième classe qui étaient en activité de service au 31 janvier 1834. Ils peuvent être appelés, comme ceux de la première, aux directions de troisième classe, s'ils ont, dans l'administration, un nombre d'années de service égal à celles que, d'après les dispositions nouvelles, ils auraient dû passer dans les divers grades pour arriver à celui de directeur.

Les inspecteurs sont choisis parmi tous les contrôleurs principaux et les contrôleurs du département de la Seine.

Les employés de l'administration centrale peuvent être appelés au service actif dans les départemens, en justifiant qu'ils ont l'instruction exigée par l'article 9 du réglement du 31 janvier 1834.

— Les *surnuméraires* sont au nombre de cent-cinquante. Nul n'est admis au surnumérariat s'il n'est âgé de dix-huit ans au moins et de vingt-cinq ans au plus.

L'aspirant au surnumérariat doit adresser à l'administration :

1º Une pétition rédigée et écrite par lui, sous les yeux du directeur du département, qui doit le certifier ;

2º Un extrait de son acte de naissance ;

3º Des certificats constatant qu'il a fait ses études classiques jusqu'à la classe d'humanité qu'on appelle *troisième*, inclusivement ;

4º Le certificat d'un cours de mathématiques, suivi pendant une année au moins ;

5º Enfin un plan, levé et calculé par lui, d'une section de commune, qui lui a été désignée par le directeur des contributions directes.

Les surnuméraires sont nommés par le ministre des finances, qui les envoie indistinctement dans toutes les directions où le bien du service l'exige.

Ils travaillent immédiatement sous les ordres du directeur, qui, après leur avoir donné, dans ses bureaux, les premières notions, les envoie auprès des contrôleurs les plus instruits, pour se former aux différens travaux dont ceux-ci sont chargés.

Lorsqu'ils sont suffisamment instruits, ils remplacent, au besoin, les contrôleurs absens ou malades.

— Le surnuméraire ne peut être appelé à un contrôle qu'après l'âge de vingt-et-un ans accomplis : avant de gérer les affaires publiques, il faut avoir la capacité de gérer ses propres affaires.

Le surnuméraire, pour être nommé contrôleur, doit, de plus, avoir produit :

1° Le plan parcellaire d'une section ou feuille de section de commune levé par lui; un cahier du calcul des parcelles, également fait par lui, et une note explicative faisant connaître l'instrument à l'aide duquel il a opéré sur le terrain et la méthode qu'il a employée pour la construction du plan ;

2° Une note générale sur les contributions directes, des réponses aux questions qui lui sont posées par le directeur, et des exemples fictifs de tous les travaux dont il aura à s'occuper comme contrôleur.

Tout surnuméraire qui, à l'expiration de sa deuxième année de nomination, n'a pas rempli les conditions qui précèdent, doit être rayé du tableau des surnuméraires et cesser d'appartenir à l'administration. Toutefois, la radiation ne doit s'effectuer que sur une proposition spéciale, qui est soumise au ministre par le directeur de l'administration.

Les surnuméraires ne reçoivent point de traitement ; mais ils sont chargés préférablement, et autant que possible, des expéditions, calculs et autres travaux qui se font dans les bureaux de la direction et pour lesquels il est besoin d'employer des commis extraordinaires et salariés.

— Voici maintenant quelques dispositions relatives à l'avancement, au traitement, à la hiérarchie et à la résidence.

D'abord, le principe que nous avons déjà exposé, savoir : que nul ne peut parvenir aux grades supérieurs qu'après avoir passé par les grades inférieurs, reçoit une exception en faveur des personnes qui ont travaillé dans les bureaux des contributions directes, au ministère des finances, et qui, d'ailleurs, justifient des connaissances qui sont exigées des surnuméraires, pour arriver à l'emploi de contrôleur. Chacun sent parfaitement le motif de cette exception.

— Nul directeur ne peut jouir d'un traitement fixe, supérieur à celui de la classe dans laquelle est rangé le département où il exerce ses fonctions.

Cette règle n'est applicable ni aux inspecteurs, ni aux contrôleurs, qui peuvent, sans changer de département, obtenir des classes supérieures dans le même grade.

— Les parens ou alliés ne peuvent être chargés, dans un même département, de fonctions dans lesquelles ils exerceraient, l'un sur l'autre, une surveillance médiate ou immédiate.

Toutefois, le fils ou le neveu d'un directeur ou d'un inspecteur peuvent être surnuméraires dans la même direction que ceux-ci; mais ils ne peuvent subir leur examen et fournir les justifications exigées qu'en passant dans un autre département.

Il ne peut être délivré de commission de surnuméraire à toute personne qui a déjà un frère dans l'administration. On a pensé que si les agens des contributions directes sont fondés à compter sur la bienveillance de l'administration, pour faciliter à un de leurs fils l'accès de la carrière, il était juste de ne pas réserver uniquement pour quelques familles la distribution des emplois.

— Le directeur et l'inspecteur résident au chef-lieu de département.

Dans les arrondissemens où il n'y a qu'un seul contrôleur, il réside au chef-lieu. Dans les arrondissemens partagés entre plusieurs contrôleurs, l'un réside au chef-lieu, et les autres dans d'autres communes, à moins que le bien du service ne l'exige autrement.

Les directeurs ne peuvent s'absenter de leurs départemens sans un congé, qui leur est accordé par le ministre des finances, sur la proposition du préfet.

Les inspecteurs et les contrôleurs ne peuvent également s'absenter de leur département, sans un congé du ministre, accordé sur la proposition du directeur. (Voir, sur le tout, les ordonnances royales des 10 mai et 7 juillet 1831, et le réglement du 31 janvier 1834.)

574. — L'ensemble du service des contributions directes comprend aujourd'hui, sans compter les surnuméraires, 944 agens, qui coûtent à l'état 2,866,200 fr., dont 2,004,800 fr. pour traitemens proprement dits, et 861,400 fr. pour frais de bureau et de tournée.

575. — Voici maintenant quels sont les instrumens généraux de la répartition.

De son essence, cette opération est législative; car, en définitive, il s'agit de déterminer la quotité d'impôt que chaque citoyen doit payer. Mais, par leur organisation, et même par leur nature, nos assemblées législatives ne seraient pas propres à des opérations aussi compliquées de détails; elles ont dû en remettre le soin à des délégués. Les meilleurs n'étaient-ils pas les corps électifs locaux? Ainsi,

35.

dans le département, le conseil général; dans l'arrondissement, le conseil d'arrondissement ; et dans la commune, une commission spéciale, prise en majorité dans le conseil municipal.

La répartition descendant ainsi, de la législature aux contribuables, par les diverses circonscriptions administratives, l'usage s'est introduit de dire qu'elle embrasse quatre degrés.

Chacun des instrumens de la répartition opère suivant des régles qui lui sont propres.

576. — Ainsi, en ce qui concerne la législature, c'est la loi annuelle, portant fixation du budget des recettes, qui assigne à chaque département son contingent particulier, dans le contingent national, fixé pour chaque nature de contribution. Cette répartition se trouve dans des tableaux, qu'on appelle *états de répartement*, et qui sont annexés, au nombre de trois, à la loi du budget des recettes (1).

577. — Chaque année, aussitôt que cette loi a été promulguée, les conseils généraux de département et les conseils d'arrondissement sont convoqués par une ordonnnance du roi, à l'effet de répartir leurs contingens.

Mais on sait que la session ordinaire des conseils d'arrondissement se divise en deux parties. La première précède toujours la session des conseils généraux. Dans cette première partie de sa session, le conseil d'arrondissement délibère sur les réclamations auxquelles a donné lieu la fixation du

(1) Voir notamment la loi du 10 août 1839.

contingent de l'arrondissement, et il délibère également sur les demandes en réduction de contributions, qui sont formées par les communes. (Loi du
10 mai 1838, art. 40.) Il donne son avis motivé
sur ces demandes ; il adresse le tout au préfet du
département.

La session du conseil général suit de près la clôture de la première partie de la session des conseils
d'arrondissement. Le préfet a soin de préparer, à
l'avance, pour le conseil général, tous les documens
relatifs à la répartition, notamment le travail des
conseils d'arrondissement. Il fait la remise des différentes pièces au conseil général, dès le premier jour
de la session. (Loi du 28 pluviose an 8, art. 10; arrêté du 19 floréal an 8, art. 1 et 5.)

Avant d'effectuer la répartition des contributions
directes, le conseil général doit statuer sur les demandes délibérées par les conseils d'arrondissement, en réduction du contingent assigné à l'arrondissement ou aux communes. (Loi du 10 mai 1838,
art. 1 et 2.)

La loi du 2 messidor an 7, art. 12, avait statué
que les conseils généraux ne pouvaient, sous prétexte de surcharge, et de demande en réduction,
formée ou à former, se dispenser de répartir, dans
les délais qu'elle avait prescrits, le contingent assigné à leur département, à peine, contre les membres, de destitution de leurs fonctions.

Il était facile de voir que cette peine de destitution n'était plus applicable aux membres des conseils généraux et d'arrondissement, qui sont le produit de l'élection populaire.

Celte disposition a donc été remplacée par celle-
ci : « Si le conseil général ne se réunissait pas, ou
s'il se séparait sans avoir arrêté la répartition des
contributions directes, les mandemens des contingens assignés à chaque arrondissement seraient délivrés par le préfet, d'après les bases de la répartition précédente, sauf les modifications à porter
dans le contingent, en exécution des lois. (Loi du
10 mai 1838, art. 27.)

—Lorsque le conseil général a terminé sa répartition entre les arrondissemens, il en porte le
résultat sur trois tableaux : l'un, pour la contribution foncière ; l'autre, pour la contribution personnelle et mobilière ; le troisième, enfin, pour la
contribution des portes et fenêtres.

Ces tableaux sont remis au préfet, qui les adresse
au ministre des finances et en envoie des copies au
directeur des contributions.

En outre, sur ces trois tableaux, il expédie, à
chaque sous-préfet, un mandement qui lui fait
connaître le contingent de son arrondissement
dans les trois contributions. (Lois des 3 frimaire an 7, art. 25 et 26 ; 3 nivose an 7, art.
1, 2 et 3 ; circulaire ministérielle du 18 mai
1818.)

578. — Ce mandement est remis, avec tous les
documens qui peuvent être utiles à la répartition,
par le sous-préfet, au conseil d'arrondissement,
dans la seconde partie de sa session, qui est destinée
à cette répartition.

Dans cette opération, le conseil d'arrondissement
est tenu de se conformer aux décisions rendues par le

conseil général sur les réclamations des communes.

Faute par le conseil d'arrondissement de s'y être conformé, le préfet, en conseil de préfecture, établit la répartition d'après lesdites décisions. En ce cas, la somme dont la contribution de la commune déchargée se trouve réduite, est répartie, au centime le franc, sur toutes les autres communes de l'arrondissement. (Loi du 10 mai 1838 , art. 45 et 46.)

Si le conseil d'arrondissement ne se réunissait pas, ou s'il se séparait sans avoir arrêté la répartition des contributions directes, les mandemens des contingens assignés à chaque commune seraient délivrés par le préfet, d'après les bases de la répartition précédente, sauf les modifications à apporter dans le contingent, en exécution des lois. (Loi du 10 mai 1838, art. 47.)

La répartition finie, le conseil d'arrondissement rédige trois tableaux, faits par commune, dans la même forme que ceux qui ont été dressés par le conseil général.

Ces tableaux sont remis au sous-préfet, pour une expédition en être transmise au ministre des finances, et une copie au directeur des contributions.

Sur ces tableaux, le sous-préfet expédie, à son tour, un mandement au maire de chaque commune, pour lui faire connaître le contingent de la commune dans les trois contributions. (Loi du 2 messidor an 7, art. 14, et instructions administratives.)

579.—Généralement, les communes saisissent les conseils d'arrondissement, dans la première partie de leur session, des réclamations qu'elles croient avoir à présenter contre le contingent qu'elles présument devoir leur être assigné. Le conseil général peut ainsi apprécier leurs plaintes, avant la répartition des conseils d'arrondissement, pour lesquels sa décision doit faire loi, comme nous l'avons dit ci-dessus. Mais, si c'est seulement après la répartition du contingent par le conseil d'arrondissement que des communes s'aperçoivent qu'elles sont lésées, nul doute qu'elles puissent encore s'adresser au conseil général pour obtenir une réduction : ce conseil, il est vrai, ne statue que lors de sa prochaine réunion, c'est-à-dire, d'ordinaire, l'année suivante : mais les droits de la commune réclamante sont ainsi conservés.

—Le pouvoir de statuer définitivement sur la fixation des contingens communaux avait été reconnu aux conseils généraux, par la jurisprudence du conseil d'état, plusieurs années avant la promulgation de la loi précitée. Ce conseil avait décidé :

1º Que le ministre des finances s'était avec raison déclaré incompétent pour statuer sur la réclamation formée par des communes, dont le conseil d'arrondissement avait rehaussé le contingent, quoique le conseil général leur eût accordé une réduction (1);

2º Que les conseils de préfecture, en première instance, et le conseil d'état lui-même, en appel, ne pouvaient connaître de la réclamation formée par des contribuables, soit contre le contingent assigné à un arrondissement par le conseil général, et à des

(1) Voir l'arrêt du conseil, du 26 décembre 1834, *la commune de Goux et autres c. le conseil d'arrondissement de Melle.*

communes par le conseil d'arrondissement (1), soit
contre le contingent assigné à des salines, en dehors
des autres propriétés de la commune, par le conseil
général (2).

Toutes ces questions ont été reprises dans les deux
chambres, lors de la discussion de la loi du 10 mai
1838. A la chambre des pairs, on avait proposé que
les décisions des conseils généraux pussent être
déférées aux chambres législatives, par le gouvernement, ou que du moins elles pussent être attaquées
devant le conseil d'état. Ces deux propositions ont été
rejetées. La première a paru contraire à la Charte,
en ce qu'elle réservait au roi seul le droit d'initiative qui appartient aussi aux deux chambres. La
seconde a semblé en opposition avec d'autres règles
constitutionnelles. Dans la répartition des contributions, a-t-on dit, le conseil général ne fonctionne pas
sous l'autorité du gouvernement ; il est le délégué du
pouvoir législatif ; il procède à des opérations que
la Charte a exclusivement confiées à des assemblées
électives, et il ne peut relever d'un corps administratif. Placés sous les yeux du département, en présence
des faits et des électeurs, les conseils généraux sont,
à tout prendre, les meilleurs juges de l'égale répartition de l'impôt ; s'il en était autrement, la rectification et même la punition seraient dans le résultat
des votes électoraux. Enfin, il importe d'éviter les
incertitudes prolongées, dans tout ce qui touche à
la perception de l'impôt.

(1) Voir l'arrêt du conseil, du 14 juin 1857, *Witz-Witz et consorts.*
(2) Voir l'arrêt du conseil, du 29 août 1834, *la compagnie des salines de l'Est.*

580. — La répartition du contingent de chaque
commune s'opère, entre chaque contribuable, par
des commissaires répartiteurs.

Les commissaires répartiteurs sont nommés, tous
les ans, par le sous-préfet. (Loi du 3 frimaire an 7,
art. 19; arrêté du 19 floréal an 8, art. 4.)

D'après les instructions annuelles du ministre des
finances, la nomination a toujours lieu, dans l'année
qui précède celle pour laquelle les répartiteurs doivent opérer.

Il sont au nombre de sept, savoir :

Le maire et son adjoint, dans les communes de
moins de 5,000 habitans; dans les autres communes, ces fonctionnaires peuvent être remplacés par
deux conseillers municipaux ;

Et cinq propriétaires, dont deux au moins non
domiciliés dans la commune, s'il s'en trouve de tels.
(Loi du 3 frimaire an 7, art. 9.)

Les sous-préfets doivent éviter de nommer toujours les mêmes individus. Il est convenable que,
dans chaque localité, les divers habitans soient appelés tour à tour à faire partie du comité des répartiteurs, pourvu qu'ils aient l'aptitude et l'intégrité
nécessaires pour en bien remplir les fonctions, et
que l'on puisse compter sur leur exactitude à se
rendre aux réunions (1).

Les fonctions de répartiteur ne peuvent être re-
fusées que pour des causes légitimes, et ces causes
sont :

1° Les infirmités graves et reconnues, ou véri-

(1) Instruction du ministre des finances, du 13 janvier 1837.

fiées en la forme ordinaire, en cas de contestation ;

2° L'âge de soixante ans commencés ;

3° L'entreprise d'un voyage ou d'affaires qui obligeraient à une longue absence du domicile ordinaire ;

4° L'exercice de fonctions administratives ou judiciaires, autres que celles de suppléant du juge de paix ;

5° Le service militaire de terre ou de mer, ou un autre service public actuel ;

6° Le domicile à plus de deux myriamètres de la commune. (Loi du 3 frimaire an 7, art. 13, 14 et 15.)

—L'époque de la réunion des répartiteurs est fixée à l'avance, et le maire en prévient les contribuables, par un avis affiché et publié dans la forme ordinaire.

Les répartiteurs sont convoqués et présidés par le maire ou par l'adjoint, ou par l'un des officiers municipaux désignés, et à leur défaut par le plus âgé des répartiteurs.

Ils procèdent au travail dont ils sont chargés, de concert avec les agens des contributions directes.

Ils délibèrent, en commun, à la majorité des suffrages. Ils ne peuvent prendre aucune détermination, s'ils ne sont pas au nombre de cinq au moins présens. (*Ibid*, art. 23.)

Les répartiteurs ne peuvent, sous prétexte de surcharge et de demande en réduction, ou pour tout autre motif, se dispenser de faire les opérations qui leur sont attribuées par la loi, *à peine de responsabilité solidaire, et même de contrainte pour tous les termes de la contribution assignée à leur commune*, dont le recouvrement se trouverait en retard, par l'effet de la non-exécution de leurs opérations, dans les délais prescrits. (Loi du 2 messidor an 7, art. 15.)

Telles sont les règles relatives à l'assiette, au répartement, et à la répartition de toutes les espèces de contributions directes; il nous reste à exposer les règles spéciales à chacune d'elles.

SECTION 1re.

De la contribution foncière.

SOMMAIRE.

581. — Chez tous les peuples, les revenus que produit la terre sont les plus apparens; ils sont aussi les seuls qui aient une véritable importance, tant que l'industrie manufacturière et commerciale n'a point, par son essor, développé les sources de la fortune mobilière. L'impôt territorial se retrouve donc chez toutes les nations.

En France, avant la révolution de 1789, les immeubles supportaient la taille, les dîmes, une portion des vingtièmes et de la capitation, et même jusqu'à un certain point la corvée.

582. — La taille est le plus ancien de ces impôts. D'abord, elle se payait aux seigneurs par leurs serfs, qui étaient taillables à volonté ; quelques uns toutefois, par suite de conventions, payaient annuellement une taille *abonnée*.

Cet usage dès seigneurs d'exiger, dans leurs fiefs, une taille particulière conduisit à asseoir une taille générale sur tous les vassaux de la couronne, lorsque le souverain avait des guerres à soutenir. La permanence des armées rendit cette imposition permanente.

Long-temps elle se perçut avec un arbitraire et une rigueur dont on se ferait difficilement une idée aujourd'hui (1) ; il n'y avait quelques bases fixes que dans les pays de droit écrit. L'autorité royale, en s'élevant sur les ruines de la féodalité, introduisit des mesures, soit pour déterminer le contingent de l'impôt à prélever, soit pour rendre son assiette plus régulière et sa perception moins dure : toutefois les vices originaires ne s'effacèrent jamais complètement. Voici le dernier état des choses.

On distinguait la taille, en réelle et personnelle.

1° La taille réelle se composait de la taille d'exploitation et de la taille d'occupation.

L'une était établie à raison des propriétés non bâties et des propriétés bâties, susceptibles de produire des fruits : comme les moulins, forges, usines, etc.

L'autre portait sur les propriétés bâties, destinées à l'habitation.

(1) Voir VAUBAN, *Dîme royale*.

Toutes deux étaient assises au lieu de la situation des biens, et réglées à raison du prix des baux pour les propriétés données à loyer, et pour les biens non affermés, par comparaison avec ceux qui l'étaient.

Le prix du loyer variait, de commune à commune, savoir : pour les terres labourables, depuis 30 livres jusqu'à 1 livre 5 sous ; pour les vignes, depuis 60 livres jusqu'à 2 livres 10 sous ; pour les prés, jardins et clos, de 90 livres à 3 livres 5 sous.

En conséquence, les communes avaient été partagées, pour chaque nature de culture, en vingt-quatre classes. Toute commune était placée dans la classe à laquelle elle appartenait, d'après le prix commun des terres labourables, vignes, prés, etc., situés dans l'étendue de son territoire.

Le taux de la taille était gradué ; il était de 4 sous pour livre du revenu, pour les communes placées dans les neuf premières classes ; pour celles de la dixième, il n'était plus que de 3 sous 9 deniers ; dans la suivante, de 3 sous 6 deniers. Il décroissait ainsi, de degré en degré, à raison de 3 deniers. De la sorte, un arpent de terre, d'un loyer de 15 livres, payait 3 sous 9 deniers pour livre, tandis qu'un arpent de 1 livre 5 sous ne payait que 3 deniers, et cela par chaque nature de culture.

L'uniformité du taux avait paru une injustice, en ce qu'elle faisait supporter à un mauvais fonds une charge plus lourde qu'à un bon.

La taille d'occupation était la même dans toutes les communes ; elle était fixée au sou pour livre du prix du loyer ou de l'estimation.

2° La taille personnelle était inhérente à la personne ; elle était due par le contribuable, au lieu de son domicile, et fixée à raison de ses facultés.

Les facultés comprenaient les revenus provenant des propriétés foncières du contribuable, en quelque lieu qu'elles fussent situées, des rentes actives et du produit de son industrie, s'il était journalier, artisan, laboureur-fermier ou laboureur-propriétaire.

Pour corriger l'arbitraire d'une imposition de cette nature, il avait été établi que les rôles devaient présenter la description et l'estimation des revenus fonciers. L'industrie des journaliers était estimée à deux cents journées de travail, dont un dixième seulement était passible d'impôt. L'industrie des commerçans et des artisans était évaluée d'après leur déclaration et la commune renommée ; celle des fermiers ou des propriétaires exploitant était évaluée d'après l'étendue des exploitations et l'estimation faite pour l'assiette de la taille réelle.

Le taux de la taille personnelle était du sou pour livre de l'estimation. Il y avait exception pour l'industrie des fermiers ou des propriétaires faisant valoir. A leur égard, on calculait tout ce que l'exploitant payait de taille d'exploitation, soit dans la commune de son domicile, soit ailleurs, et on prenait le dixième pour taille d'industrie : ainsi l'exploitant, qui payait 100 francs de taille d'exploitation, payait 10 francs pour taille d'industrie.

— On voit que la partie de la taille personnelle portant sur les facultés foncières, qui étaient déjà assujéties à la taille réelle, formait un double emploi avec cette taille.

— Le contingent général de la taille était fixé, chaque année, pour les généralités d'élection et pays conquis, dans le brevet général des impositions, arrêté dans le conseil du roi. Pour les pays d'état, le roi demandait, chaque année, la somme à payer par les provinces; les assemblées examinaient la demande et votaient la somme, à titre d'octroi et de don gratuit.

Comme la taille était un impôt de répartition, s'il arrivait que les cotes réglées d'après les taux indiqués ci-dessus donnassent une somme supérieure au contingent assigné à la commune, on abaissait le taux, de manière à ne pas excéder le contingent fixé.

— La taille, à cause de son origine féodale, était celui des impôts directs dont la vanité cherchait le plus à s'affranchir. Aussi les exemptions étaient-elles extrêmement multipliées. Les nobles, les membres des cours souveraines, non seulement ne payaient pas la taille personnelle, mais ils avaient encore le droit de faire valoir par eux-mêmes une certaine étendue de terres. Ce privilége d'exploitation était de quatre charrues pour les gentilshommes, d'une charrue pour les bourgeois de Paris. L'exemption de la taille personnelle descendait beaucoup plus bas. Les habitans de Lyon et de plusieurs villes franches, les membres des présidiaux, des élections, des greniers à sel, les officiers aux armées, c'est-à-dire la portion la plus riche du tiers-état lui-même, jouissaient de cette faveur.

La plus forte partie de la capitation était un accessoire à la taille, puisqu'elle était répartie au marc la livre de la taille et sur les mêmes rôles (1).

— Dans la déclaration des intentions du roi, lue aux états-généraux, à la séance du 23 juin 1789, se trouvait un article 10 ainsi conçu : « Le roi veut que, pour consacrer une disposition si importante (l'abolition des priviléges ou distinctions dans le paiement des contributions pécuniaires), le nom de taille soit aboli, et qu'on réunisse cet impôt, soit aux vingtièmes, soit à toute autre imposition territoriale, ou qu'il soit enfin remplacé de quelque manière, mais toujours d'après des proportions justes, égales, et sans distinction d'état, de rang et de naissance. »

L'urgence des besoins financiers ne permit pas d'exaucer immédiatement le vœu du monarque (2); la taille cependant fut de courte durée (3).

Les produits de la taille s'élevaient, en 1786, à 44,737,800 livres, et ceux des accessoires de la taille à 30,751,200 livres.

583.—Avant que Charles VIII eût rendu la taille permanente, le revenu territorial avait été frappé, à diverses époques, d'un impôt du dixième (4), du quinzième (5) ou du vingtième (6). Le premier exemple de ce genre d'impôt paraît remonter à

(1) Voir, du reste, ci-après la section II, relative à la contribution personnelle et mobilière.
(2) Voir la loi des 26, 27 septembre-3 novembre 1789, et celle des 17-19 décembre 1789.
(3) Voir la loi des 23 novembre-1er décembre 1790.
(4) En 1147 et 1188 notamment.
(5) En 1318, sous Philippe-le-Long.
(6) En 1339.

1147 ; il fut établi par Louis-le-Jeune, au retour de sa croisade.

Mais, après que la taille fut devenue permanente, ces impositions cessèrent, et ne reparurent qu'à la fin du règne de Louis XIV. En 1710, les ennemis se trouvaient à quarante-cinq lieues de Paris, et les finances étaient épuisées ; une déclaration du 14 octobre établit un impôt du *dixième* du revenu de tous les fonds, et généralement de tous les biens de nature immobilière. Ce tribut devait être essentiellement temporaire ; mais il fut successivement renouvelé et ne disparut, en 1749, que pour faire place au *vingtième*.

—Avant de subir cette transformation, qui n'atteignait que sa quotité, l'impôt dont il s'agit avait éprouvé des modifications bien autrement graves : des revenus territoriaux, il s'était étendu à la fortune mobilière.

Ainsi, l'édit de 1741 ordonnait que tous propriétaires, nobles ou roturiers, privilégiés ou non, même les apanagistes ou engagistes, paieraient le dixième du revenu de tous les fonds, terres, prés, bois, vignes, marais, pacages, usages, étangs, rivières, moulins, forges, fourneaux et autres usines; cens, rentes, dîmes, champarts, droits seigneuriaux, péages, passages, droits de ponts, bacs et rivières; droits de canaux, et généralement pour tous autres biens et droits, de quelque nature qu'ils fussent, tenus à rente, affermés ou non affermés.

On devait aussi payer le dixième du revenu des maisons de toutes les villes et faubourgs du royaume, louées ou non ; et de celles de la campagne qui,

étant louées, procurent un revenu au propriétaire,
et même pour les parcs et enclos de ces maisons
étant en valeur : de manière que le dixième ne devait être levé qu'eu égard au revenu, déduction
faite des charges sur lesquelles les propriétaires ne
pouvaient pas retenir le dixième. A l'égard des forges, étangs et moulins, le dixième ne se payait que
sur le pied des trois quarts du revenu.

L'édit portait aussi que le dixième du revenu de
toutes les charges, emplois et commissions, soit d'é-
pée ou de robe, des maisons royales, des villes, de
police ou de finance, compris leurs appointemens,
gages, remises, taxations et droits y attribués, de
quelque nature qu'ils fussent, continueraient d'être
perçus sur tous ceux sur qui on le percevait alors et
encore actuellement; qu'il serait pareillement levé
sur ceux sur qui on aurait oublié de le percevoir ou
qui en auraient été exempts; le roi dérogeant, pour
cet effet, à toute loi contraire.

Il ordonnait aussi la retenue du dixième de toutes
les rentes sur le clergé, sur les villes, provinces,
pays d'état et autres, à l'exception des rentes perpé-
tuelles et viagères sur l'Hôtel-de-Ville de Paris et
sur les tailles; des quittances de finances portant intérêt à deux pour cent, employées dans les états du
roi, et des gages réduits au denier cinquante.

Le dixième se levait aussi sur toutes les rentes à
constitution sur des particuliers, sur les rentes viagères, douaires, pensions créées et établies par contrats, jugemens, obligations ou autres actes portant
intérêt, et aussi sur tous les droits, revenus et émolumens, de quelque nature qu'ils fussent, attribués,

36.

tant aux officiers royaux qu'aux autres particuliers, corps ou communautés, soit qu'ils eussent été aliénés ou réunis: Il en était de même des octrois et revenus patrimoniaux, communaux et autres biens et héritages des villes, bourgs, villages, hameaux et communautés; droits de messageries, carrosses et coches, tant par terre que par eau, et généralement de tous les autres biens, de quelque nature qu'ils fussent, produisant un revenu.

Et, comme les propriétaires des fonds et héritages, maisons et offices, qui devaient des rentes à constitution, rentes viagères, douaires, pensions ou intérêts, payaient le dixième de la totalité du revenu des fonds sur lesquels les rentiers, pensionnaires et autres créanciers avaient à exercer ou pouvaient exercer leurs créances, le dixième dû par ces rentiers, pensionnaires ou autres créanciers était à la décharge des propriétaires des fonds; à l'effet de quoi, ils étaient autorisés, en payant les arrérages de rentes, pensions ou intérêts, d'en retenir le dixième, en justifiant de la quittance du paiement du dixième des revenus de leurs fonds.

Il en était de même des particuliers, officiers, corps et communautés qui jouissaient des droits, revenus et émolumens, octrois, revenus patrimoniaux, communaux et autres biens et héritages et droits de messageries, carrosses, coches et autres : comme ils payaient le dixième de la totalité du revenu, il leur était aussi permis de retenir le dixième des charges.

Les particuliers, commerçans et autres, dont la profession était de faire valoir leur argent, devaient aussi payer le dixième de l'industrie, c'est-à-dire à proportion de leurs revenus et profits.

Les rôles du dixième étaient arrêtés au conseil du roi. L'impôt était payable en quatre termes égaux, aux quatre quartiers accoutumés de l'année.

—A partir du 1ᵉʳ janvier 1750, le vingtième, substitué au dixième, dût être perçu suivant les mêmes règles.

Une déclaration de juillet 1756 établit un *second vingtième*, par suite de la guerre qui venait d'éclater avec l'Angleterre; et un édit de février 1760 ordonna le prélèvement d'un *troisième vingtième*, avec deux sols pour livre de ce vingtième. Il est vrai que, pour rendre moins sensible le fardeau de ces nouveaux tributs, on déclarait que le premier vingtième, qui avait été établi indéfiniment par l'édit de 1749, serait borné à dix années; que le second cesserait à la publication de la paix; que le troisième durerait seulement deux ans, et qu'il ne frapperait pas les contribuables compris dans les rôles d'industrie et les propriétaires des maisons de Paris. Mais bientôt de nouveaux sols pour livre furent ajoutés à ceux qui existaient déjà, et le troisième vingtième ne cessa d'être perçu qu'en 1786. Les deux autres ont subsisté jusqu'à l'établissement de la contribution foncière; ils étaient évalués, avec les quatre sols pour livre, à 46 millions.

Mais il est juste de reconnaître que des allégemens avaient été apportés à l'impôt des vingtièmes. Ainsi non-seulement des déductions assez considérables avaient été accordées, mais un arrêt du conseil, du 2 novembre 1777, avait supprimé, à partir du 1ᵉʳ

janvier 1778, les vingtièmes d'industrie, dans les
bourgs, villages et campagnes. « S. M. a remarqué,
portait le préambule de l'édit, qu'une partie de
cette imposition portait sur l'industrie, c'est-à-dire
sur les fruits inconnus et présumés du travail et de
l'intelligence ; elle a senti qu'une pareille contribution ne pouvait jamais être répartie avec une sorte
d'équité qu'à l'aide d'une inquisition tellement illi-
mitée, qu'une estimation même arbitraire devenait
préférable. S. M. eût voulu, dès-lors, abolir entièrement cette imposition ; et, en attendant que
le fruit journalier de ses économies lui permette de
suivre tous les mouvemens de sa bienfaisance, elle a
résolu de commencer par supprimer ces vingtièmes,
dans tous les bourgs, les villages et les campagnes,
tant pour y attirer davantage l'industrie, que parce
qu'on ne peut pas y régler cette imposition comme
dans les villes où la répartition en est confiée aux
chefs des corps et communautés. »

Du reste, malgré ses vices, l'impôt des vingtièmes
était encore celui de tous les impôts de l'ancienne
monarchie qui était le moins odieux, parce qu'il
frappait sur tous les citoyens ; on s'aperçoit qu'il
fut établi à une époque où la royauté dominait les
sujets de toutes les classes.

584. — Ce que nous avons dit de l'impôt des
dixièmes et vingtièmes nous conduit naturellement
à parler des *dixmes*, autre genre de prélèvement
sur le revenu des terres, fait au profit du clergé.

On divisait les dîmes en *ecclésiastiques* et *inféodées*. On appelait dîmes ecclésiastiques celles
dont les bénéficiers jouissaient librement et sans

aucune charge féodale. Les dîmes inféodées étaient celles que possédaient des laïques à titre d'inféo- dation, c'est-à-dire qu'ils tenaient en fief, soit de l'église, soit du roi, ou de quelque seigneur parti- culier. On les appelait aussi *dîmes laïques* ou *dîmes militaires*, parce qu'elles avaient été données ori- ginairement à des militaires, en récompense des services qu'ils avaient rendus à l'état ou à l'é- glise.

On distinguait encore, dans les dîmes, les *grosses dîmes*, les *menues dîmes* et les *dîmes vertes*.

Les grosses dîmes étaient celles qui se percevaient sur les gros fruits que produisait le territoire d'une paroisse, tels que le blé et le vin. Mais, comme tous les pays ne produisent pas les mêmes espèces de fruits, on regardait comme grosse dîme, en certains endroits, ce qui n'était réputé que menue dîme ail- leurs.

Les menues dîmes étaient celles qui se perce- vaient sur des fruits qui n'étaient pas le principal objet de la culture du pays : elles étaient opposées aux grosses dîmes.

Enfin, les vertes dîmes se percevaient sur certains grains, qui se consomment pour la plus grande par- tie en vert, soit pour la nourriture des hommes, soit pour celles des bestiaux, comme les pois, les fèves, etc.

Il y avait certains produits, tels que le blé, qui étaient universellement assujétis à la dîme : aussi, dans ce cas, la dîme s'appelait *dîme de droit*. Cer- tains produits, tels que les volailles, étaient sujets à la dîme dans certaines paroisses et en étaient exempts dans d'autres : la dîme, dans ce cas, s'appelait *dîme d'usage* ou *locale*.

— Quelle était l'origine de cette institution ; qui subsiste encore dans beaucoup de pays européens, et dont le maintien agite bien vivement, depuis plusieurs années, un grand état voisin?

Nous ne nous jetterons pas dans les discussions théologiques, pour savoir si la dîme est une institution de droit divin, comme l'ont prétendu des auteurs ecclésiastiques et le concile de Trente, ou si elle est seulement une institution de droit positif. Nous dirons simplement que Charlemagne paraît être le premier législateur séculier qui ait prêté l'appui des réglemens à la perception de la dîme, lorsque, dans ses capitulaires, il permit d'employer l'autorité des juges laïcs contre ceux qui manqueraient à payer ce tribut.

Aussitôt que la révolution de 1789 commença de s'annoncer dans les états-généraux, on craignit pour le maintien des dîmes. Le roi chercha d'abord à prévenir leur suppression (1), et il résista à cette mesure, lorsque, après la célèbre nuit du 4 août, elle eût été prononcée, mais à charge de remplacement (2). Les lois des 14-20-22 avril 1790, 23-28 octobre, 5 novembre même année continuèrent le système de ménagement à l'égard des anciens pro-

(1) Voir la déclaration du roi sur les bases de la constitution française, lue dans la séance du 23 juin 1789, art. 12.

(2) Voir notamment la lettre adressée, le 18 septembre, par le roi, à l'assemblée nationale, pour lui faire connaître les motifs qui l'avaient empêché de donner sa sanction aux décrets pris en conséquence des résolutions arrêtées dans la nuit du 4 août. La promulgation de ces décrets eut lieu seulement le 3 novembre.

priétaires : ce système fut successivement abandonné par les lois des 24 août 1792 et 17 juillet 1793.

585. — Les corvées eurent-elles pour origine la force et la tyrannie des anciens seigneurs, ou furent-elles seulement des redevances imposées comme conditions mises à la concession de terres vacantes ? Nous n'avons pas à nous prononcer sur ces deux opinions, qui pourraient bien renfermer chacune une partie de la vérité (1).

Nous voulons seulement rappeler ce qu'étaient ces impôts et comment ils ont disparu de notre législation.

Les corvées étaient de trois sortes.

Il y avait les corvées personnelles, réelles ou mixtes.

Les corvées personnelles étaient établies sur les personnes, sur les habitans d'une seigneurie, sans considérer s'ils étaient détenteurs d'héritages ou s'ils n'en possédaient pas.

Les corvées étaient réelles, toutes les fois qu'elles étaient imposées sur les fonds.

Enfin, on les appelait mixtes, lorsqu'elles étaient établies à raison des fonds, mais avec quelques circonstances personnelles : par exemple, si les titres portaient que les tenanciers, exploitant avec chevaux ou bœufs, seraient assujétis à la corvée, mais que ceux qui cultiveraient avec leurs bras en seraient affranchis.

Les corvées personnelles différaient des réelles, en plusieurs points notables.

(1) Voir *Dissertations féodales*, par M. Henrion de Pansey.

D'abord, sauf le cas où les corvées étaient dues par le corps des habitans, pour un nombre déterminé par des titres, les corvées personnelles augmentaient ou diminuaient comme le nombre des habitans chefs de familles; en sorte que les enfans du corvéable, établis dans la seigneurie, devenaient débiteurs d'autant de corvées qu'en devait leur père.

Les corvées réelles, imposées sur les fonds, invariables comme eux, n'étaient, en général, susceptibles d'augmentation ni de diminution. Il n'y avait d'exception qu'au cas où la corvée avait été imposée sur quiconque serait détenteur d'héritage dans l'enclave de la seigneurie; alors elle se multipliait autant de fois que les héritages se divisaient.

Autre différence. Les nobles et les forains étaient affranchis des corvées personnelles. La franchise qui constituait essentiellement l'état des premiers, s'opposait à cette sujétion. A l'égard des seconds, il n'y avait aucun motif pour les y asservir, n'étant pas domiciliés dans la seigneurie.

- Les infirmes et les vieillards paraissent aussi avoir été dispensés des corvées personnelles.

- Les ecclésiastiques étaient exempts de ce genre de corvées, en ce sens qu'ils n'étaient pas tenus de travailler par eux-mêmes; mais ils devaient subroger une personne à leur place ou payer en argent la valeur du travail.

Les corvées réelles, attachées à la glèbe, la suivaient, comme toutes les charges réelles, en quelques mains qu'elle passât. Tous les propriétaires y étaient assujétis; nul n'en était exempt, ni les clercs, ni les forains, pas même les nobles. Tous étaient obligés de les servir ou de les faire servir à leurs frais.

Du reste, les différens genres de corvées avaient pour objet le service de la seigneurie (ce que les anciens auteurs appellent le *service du seigneur aux champs*), et non pas le service auprès de la personne du seigneur.

Les corvées devaient être demandées par les seigneurs. On disait, dans l'ancien droit français, que les corvées ne s'arrérageaient point.

Les corvées ne pouvaient être exigées que pour le lieu où elles étaient dues.

Les corvéables ne pouvaient être contraints de travailler avant le lever ni après le coucher du soleil. Ils ne pouvaient être obligés à partager leur journée.

Le nombre des corvées dépendait des dispositions du titre. Dans le silence du titre, ou lorsqu'il portait seulement *corvées à volonté*, l'usage avait prévalu d'en limiter le nombre à douze, à moins que l'usance de la seigneurie, que l'on considérait alors comme une sorte de titre, n'imposàt des charges moindres.

La corvée avait été appliquée à la confection des routes, des chemins et autres travaux publics. Louis XVI, à l'instigation de Turgot, la supprima, soit pour la construction des chemins, soit pour tout autre ouvrage public, si ce n'est dans le cas où la défense du pays, en temps de guerre, exigerait des travaux extraordinaires, auquel cas il y serait pourvu en vertu des ordres du roi. Le préambule de l'édit de février 1776, qui contenait ces dispositions, est un mémoire dans lequel tous les inconvéniens des corvées sont développés avec force, talent et sensibilité. On sait que l'édit souleva l'opposition des parlemens, et qu'il fut enregistré dans un lit de justice, tenu à Versailles, le 12 mars 1776.

Après la retraite de Turgot, les corvées furent rétablies; mais l'institution avait reçu un coup qui, tôt ou tard, devait lui être funeste. M. Necker, dans le fameux compte rendu au roi, en janvier 1781, signalait la suppression des corvées comme un bienfait qui devait tenter le cœur du monarque. La déclaration sur les bases de la constitution française, lue dans la séance du 23 juin 1789, portait : « Sa Majesté veut que l'usage de la corvée, pour la confection et l'entretien des chemins, soit entièrement et pour toujours aboli dans son royaume. » (Art. 30.)

L'assemblée constituante ne pouvait manquer de porter ses regards sur les corvées, quand elle voulut démolir l'ancien édifice de la féodalité. Une première loi des 15-28 mars 1790 (titre 2; art. 27) déclara que « toutes les corvées, à l'exception des réelles, étaient supprimées sans indemnité ; et qu'on ne devait réputer corvées réelles que celles qui seraient prouvées être dues pour prix de la concession d'un fonds ou d'un droit réel. »

La loi du 25 août 1792 alla plus loin. Elle abolit, par son article 5, toutes les corvées qui ne seraient pas prouvées, par un acte primordial d'inféo-

— 573 —

dation, d'accensement ou de bail à cens, avoir pour cause une concession primitive de fonds.

Enfin l'article 1ᵉʳ de la loi du 17 juillet 1793 a prononcé l'abolition même des corvées seigneuriales dont l'origine serait prouvée de la manière déterminée par la loi du 25 août 1792.

M. Necker évaluait les corvées à un impôt annuel de plus de 20 millions.

586. — D'après ce qui précède, on voit que l'opinion publique et les vœux du monarque appelaient tout d'abord l'examen de l'assemblée constituante sur le système des contributions publiques.

Cette assemblée ne crut pouvoir conserver aucune des anciennes impositions territoriales et personnelles, « parce qu'aucune d'elles n'avait une bonne règle d'assiette et de répartition. »

« Ainsi les dîmes ne portaient pas sur toutes les productions ; elles pesaient inégalement sur celles qu'on y avait assujéties : inégalement, à raison de ce que le taux de la dîme variait dans le royaume, et selon les localités, depuis le septième jusqu'au trente-deuxième ; inégalement encore, en ce que la dîme, étant prélevée sur le produit total, avant qu'on en eût défalqué les frais de culture, sa proportion avec le produit net ou revenu variait, dans la même paroisse, d'un champ à l'autre, selon que ces divers champs étaient plus ou moins fertiles......

« La taille réelle n'avait lieu que dans quelques provinces : dans celles où elle était connue, comme elle ne frappait que sur certains héritages, d'autres héritages en étaient exempts.... Les autres citoyens, qui semblaient soumis à cette imposition avec un principe d'égalité entre eux, ne l'étaient, au contraire, qu'avec beaucoup d'inégalité.... —La taille personnelle était arbitraire, et les citoyens craignaient de se livrer à quelque jouissance, parce que tout signe d'aisance attirait sur eux une augmentation désordonnée d'impositions....

« La capitation des taillables, dans les pays de taille personnelle et mixte, était répartie au marc la livre de la taille, et en partageait toutes les injustices : celle des villes franches était, pour les artisans, une addition aux frais de jurande ; pour les autres citoyens, une taxe purement arbitraire : celle des officiers publics et des privilégiés, au lieu de suivre l'échelle des fortunes, seule base équitable de toute imposition, était réglée par les titres ; enfin les ecclésiastiques, formant ce qu'on appelait le clergé de France, en étaient exempts, quoiqu'ils y eussent été soumis dans son origine, et qu'aucune loi n'eût formellement prononcé leur exemption.

« Les vingtièmes mêmes, qui étaient la moins imparfaite et la moins vexatoire des anciennes impositions, puisqu'elle présentait une borne qui ne pouvait pas être excédée, étaient encore très inégalement répartis. Les ecclésiastiques du clergé de France ne les payaient pas ; quelques pays, quelques villes, quelques corporations, et même quelques particuliers puissans avaient obtenu des abonnemens tout-à-fait disproportionnés avec leur revenu et avec la charge que supportaient les autres citoyens; enfin cette imposition étant individuelle, sans aucun rapport avec la totalité des contribuables de chaque province ni de chaque communauté, personne ne se trouvait offensé de ce qu'un autre échappât en tout ou en partie à l'imposition : chacun avait la tentation et la facilité de cacher sa fortune et de tromper le percepteur ; les riches surtout y parvenaient.... .

« Tels étaient les inconvéniens de nos moins mauvaises impositions : l'assemblée nationale a dû les bannir de celles qu'elle y a substituées.

« Elle a cru que le système de finances d'une nation telle que la nôtre devait avoir trois grands caractères : l'équité, l'égalité, l'uniformité (1). »

—D'après ces principes, l'assemblée constituante borna les contributions directes à la contribution foncière, à la contribution personnelle et mobilière, et à celle des patentes.

La contribution foncière, la seule qui doive nous occuper avec détail en ce moment, dut embrasser tous les biens-fonds qui furent cotisés dans la commune où ils sont situés, afin qu'aucune propriété né pût échapper à l'impôt; celui-ci dut, d'ailleurs, être établi en sommes fixes et déterminées d'avance : enfin, il ne pouvait porter sur aucun bien qu'en proportion de son revenu.

L'assemblée constituante ne doutait pas que la contribution foncière, ainsi réglée avec sagesse et équité, ne fût acquittée sans regret et sans défiance par les citoyens, parce qu'elle avait pour effet non seulement de garantir leurs propriétés, mais de contribuer à la prospérité générale.

Ces prévisions se sont, en effet, réalisées.

(1) Adresse de l'assemblée nationale au peuple français, sur les contributions publiques, en date du 24 juin 1791.

587.—De tous les impôts directs, la contribution foncière est celui dont les produits sont le plus importans pour le trésor; c'est aussi celui que les contribuables supportent le plus facilement, et, en principe, il n'en est pas de plus juste.

Du reste, jamais la propriété foncière n'a obtenu, en France, plus de garanties qu'elle n'en trouve aujourd'hui. L'état ne se borne plus à la protéger contre la violence, contre les atteintes de la ruse et de la fraude; il va plus loin: il s'efforce de soustraire le revenu foncier aux chances que le cours naturel des choses pourrait amener à son détriment; il soumet à des taxes l'importation des denrées étrangères, dans le but d'assurer, en quelque sorte, un *minimum* de prix à la production indigène.

588.—Mais cette protection de l'état envers la propriété foncière n'est pas pour lui sans compensation. En effet, l'impôt foncier est la ressource des mauvais jours. Quand le mouvement des transactions ordinaires s'arrête, faute de sécurité et de confiance, et que la source des produits indirects tarit, la propriété (qui ne peut échapper à la main-mise du fisc) est forcée de suppléer à l'insuffisance des revenus publics: il faut donc la ménager dans les temps ordinaires. Il faut faire attention, d'ailleurs, que l'impôt foncier (pour ce qui concerne surtout les propriétés rurales) est, en dernier résultat, payé par le consommateur, qui achète les produits du sol d'autant plus cher que l'impôt est plus élevé. Enfin, l'état de l'agriculture, dans une grande partie de la France, commande de ne point élever trop haut la contribution foncière; car la principale cause du mal dont se plaignent les agriculteurs, c'est le défaut de capitaux; or, la surélévation de l'impôt foncier ne ferait qu'ajouter encore à la pénurie des entrepreneurs de cette précieuse industrie.

— La recommandation de ménager la propriété foncière est en contradiction avec des opinions économiques et politiques, qui se sont produites, il y a peu d'années encore, avec beaucoup de retentissement. Pour réduire ces opinions à leur juste valeur, une commission de finances de la chambre des députés voulut approfondir la situation de la propriété foncière en France. Voici les résultats qui furent présentés, dans un remarquable rapport fait par M. Al. Gouin à la séance du 9 avril 1834.

A cette époque, la propriété foncière payait à l'état, sous divers titres, une somme d'impôts montant à 421,151,778 fr., savoir :

1° Contribution foncière....... 251,541,778 fr.
2° Contribution des portes et fenêtres.................... 26,610,000 fr.
3° Droit sur les transmissions immobilières, par vente, donation et succession.......... ... 99,000,000 fr.
4° Enregistrement et timbre de baux et obligations avec hypothèque................. 44,000,000 fr.

Cette charge portait sur un revenu dont le produit net est évalué à 1,600,000,000 fr. (1).

Mais l'impôt n'est pas la seule charge qui pèse sur la propriété foncière; celle qui résulte des hypo-

_____

(1) C'est le chiffre officiel ; des publicistes disent 2 milliards.

thèques, des seules hypothèques inscrites, est un lourd fardeau, qui vient péniblement s'ajouter à celui de l'impôt.

Un document émané de la direction générale de l'enregistrement et domaines, communiqué par le ministre des finances à la commission dont il s'agit, et que l'administration a déclaré être le résultat des investigations les plus scrupuleuses, fit connaître que les inscriptions hypothécaires (1) étaient au nombre de 4,987,863 pour un capital de 11,233,265,778 f., dont l'intérêt annuel, calculé seulement au taux de cinq pour cent, est de 561,663,280 fr. (2).

Si l'on réunit cette somme à celle de 421,151,778f., payée à titre d'impôts (3), on trouve que la propriété foncière, sur un revenu net de 1,600,000,000 fr., doit prélever, chaque année, 982,815,058 fr. : résultat vraiment effrayant, et qui, même en portant le revenu net à 2 milliards, n'explique que trop bien les souffrances de notre industrie agricole.

589. — La contribution foncière s'acquitte en argent. (Loi du 1er décembre 1790 et du 3 frimaire an 7, art. 1er.)

Ce mode de paiement a été établi par l'assem-

(1) Les hypothèques dites *légales* étant dispensées de la formalité de l'inscription, on ne peut connaître leur valeur.

(2) Ce document, qui comprend, dans un tableau, la situation hypothécaire de chaque département, a été annexé au rapport de M. Al. Gouin.

(3) Le total des impôts acquittés par la propriété foncière s'est rapidement accru depuis 1834. Ainsi, d'après le dernier compte de l'administration générale des finances, en 1837, la contribution foncière s'est élevée à 263,239,065 fr. ; la contribution des portes et fenêtres à 28,903,039 fr. ; les droits de mutation à 112,424,083 fr. On serait heureux de penser que le chiffre du revenu net général s'est élevé dans la même proportion.

blée nationale constituante, après, toutefois, un
consciencieux examen des avantages et des inconvéniens de l'impôt en nature.

L'impôt en nature, disaient ses adversaires, a le
grand vice de porter sur le produit brut, quoique
le produit net doive seul la contribution, et qu'il
faille tenir compte au cultivateur des frais de culture et de l'intérêt de ses avances, si l'on ne veut
pas que la reproduction en souffre. D'ailleurs, il y
aura toujours inégalité, si l'on perçoit l'impôt à la
même quotité, sur tous les fonds; car les uns sont
plus difficiles à cultiver que les autres, et exigent
plus de semences ou plus d'engrais : de sorte qu'il
faudrait un produit net, en nature, plus ou moins
considérable, pour rembourser les frais de culture.
Puis, la différence des produits : d'après la diversité
des cultures, exigerait, pour éviter une autre inégalité de répartition, une classification fort embarras-
sante. Enfin, disaient ces publicistes, la perception
en nature, non seulement est plus dispendieuse
pour l'état, mais elle est, en même temps, fort in-
commode pour le cultivateur qui se voit troubler
dans ses récoltes par le percepteur, et qui peut perdre les avantages que lui aurait procurés une vente
faite à une autre époque que celle de la moisson.

D'un autre côté, les adversaires de l'impôt en
argent faisaient valoir que, dans le système du
paiement en nature, on ne paie que quand on récolte; et que, si le champ reste en friche, ou si
quelque fléau détruit l'espérance du cultivateur, au
moins il reste quitte de la contribution.

Mais il a été répondu à cette objection que le

37.

cultivateur ne doit payer qu'autant qu'il est en même temps propriétaire, et que la contribution moyenne, en argent, à laquelle il serait soumis, se trouverait toujours, dans un certain nombre d'années prises au hasard, plus faible que la somme des contributions variables en nature.

Ces raisons ont prévalu; l'impôt en argent a donc été préféré.

Voyons maintenant sur quelle base on a cru convenable d'asseoir la contribution foncière.

§ Ier.

De l'assiette de la contribution foncière.

SOMMAIRE.

590. — La contribution foncière est assise, par égalité proportionnelle, sur tous les immeubles, et chacun est imposé dans la commune de sa situation. (Lois du 3 frimaire an 7, art. 2; du 2 messidor an 7, art. 2.)

A ce principe de la généralité et de l'égalité proportionnelle de la contribution foncière, il n'y a que quelques exceptions admises pour l'encouragement de l'agriculture ou pour l'intérêt général de la société ; nous les noterons, à la fin de ce paragraphe. Mais le principe de la généralité de l'impôt est si rigoureux, que la loi veut qu'un propriétaire ne puisse s'affranchir de la contribution à laquelle ses fonds de terre sont soumis, qu'en renonçant à ces propriétés, au profit de la commune dans laquelle elles sont situées. Encore est-il à remarquer que les cotisations des objets ainsi abandonnés, portées dans les rôles faits antérieurement à l'abandon, doivent rester à la charge de l'ancien propriétaire. (Loi du 3 frimaire an 7, art. 66.)

— Par suite du même principe, la loi dispose encore que les domaines utiles appartenant aux communes sont imposables et évalués comme les propriétés particulières.

Si chaque habitant en profite également, et si ces domaines ne sont point susceptibles d'être affermés.

(comme bois, pacages et marais communaux), et si la commune n'a point de revenu suffisant pour payer la contribution desdits domaines, cette contribution doit être répartie, en centimes additionnels, sur tous les habitans de la commune.

Si tous les habitans n'ont pas un droit égal à la jouissance du bien, la répartition de la contribution assise sur ce bien est faite, par le maire de la commune, avec l'autorisation du préfet, sur chaque habitant, au *prorata* de sa jouissance.

Lorsqu'une partie seulement des habitans ont droit à la jouissance, la répartition ne doit avoir lieu qu'entre eux et proportionnellement à leur jouissance respective. (Loi du 26 germinal an 11, art. 1er, 2, 3 et 4.)

— Nous avons vu ci-dessus (p. 502) que les immeubles appartenant aux départemens, et qui sont productifs de revenu, sont soumis à l'impôt foncier.

Il en est de même à l'égard de l'état ; ceux de ses domaines qui sont productifs de revenu sont évalués et cotisés comme les propriétés de même nature et d'égal revenu. (Loi du 3 frimaire an 7, art. 105 et suiv.) Il n'y a d'exception que pour les bois et forêts. (Voir ci-après, p. 619.)

Nous avons déjà dit (t. Ier, p. 140) que les immeubles compris dans le domaine privé du roi doivent également supporter les impôts, comme les propriétés particulières.

591. — Du reste, les immeubles ne sont imposés à la contribution foncière qu'à raison de leur revenu net. (Loi du 3 frimaire an 7, art. 2.)

Quel est le revenu net que le législateur a voulu

entendre? C'est, pour les terres, ce qui reste au propriétaire, déduction faite, sur le produit brut, des frais de culture, semence, récolte et entretien.

Le revenu net imposable, pour les propriétés bâties, est tout ce qui reste au propriétaire, déduction faite, sur la valeur locative, de la somme nécessaire pour l'indemniser du dépérissement et des frais d'entretien et de réparations. La déduction sur le produit brut est, pour les maisons, d'un quart de la valeur locative, et, pour les usines, d'un tiers.

Le revenu net imposable est calculé sur un certain nombre déterminé d'années, d'après des règles que nous allons faire connaître. (Ibid., art. 3, 4, 5, 82 et 87.)

592.—Ces règles se classent tout naturellement en deux grandes divisions : les unes concernent les propriétés non bâties ; les autres s'appliquent aux propriétés bâties. Nous les exposerons successivement.

593. — Le produit des terres dépendant, tout à la fois, de la qualité du sol et du genre de culture adopté par le propriétaire ou le cultivateur, l'appréciation de ce revenu embrasse des élémens nécessairement très variables ; la loi a donc dû se borner à régler les positions les plus générales.

594. — Ainsi, elle contient des règles relatives aux *terres labourables*. Pour évaluer le revenu imposable de ces terres, cultivées ou incultes, mais susceptibles de culture, on s'assure, d'abord, de la nature des produits qu'elles peuvent donner, en s'en tenant aux cultures généralement usitées dans la commune, telles que froment, seigle, orge et autres grains de toute

espèce, lin, chanvre, tabac, plantes oléagineuses et tinctoriales, etc. On suppute ensuite quelle est la valeur du produit brut qu'elles peuvent rendre, année commune, en les supposant cultivées, sans travaux ni dépenses extraordinaires, mais, selon la coutume du pays, avec les alternats et assolemens d'usage. L'année commune se forme sur quinze années antérieures, moins les deux plus fortes et les deux plus faibles.

Enfin, le produit brut moyen étant déterminé, on en déduit les frais de culture, semence, récolte et entretien, pour obtenir le produit net.

595. — Quant *aux jardins potagers*, il y a, pour leur évaluation, des distinctions à faire.

Il est de règle que la plus faible estimation de ces jardins doit être au taux des meilleures terres labourables de la commune, parce que la situation ordinaire des jardins auprès des habitations les rend susceptibles de recevoir plus d'engrais et de soins journaliers, et de donner de plus abondantes productions. On évalue d'après cette règle le jardin du laboureur, de l'artisan, du journalier, qui n'est ordinairement cultivé qu'en gros légumes, les plus nécessaires; mais on porte au double, et par fois même au triple des meilleures terres labourables, les jardins, cultivés par des jardiniers de profession, soit comme propriétaires, soit comme locataires ou gagistes. Cette sorte de jardins a, dit-on, plus de valeur, parce qu'ils sont les ateliers du travail journalier de cette espèce de cultivateurs.

Les jardins potagers sont évalués, d'après une année commune, prise sur quinze, comme pour les

terres labourables (Ibid. , art. 58. — Instructions
ministérielles.)

596. — En ce qui concerne les terrains enlevés
à la culture *pour le pur agrément*, tels que par-
terres, pièces d'eau, avenues, etc., l'évaluation de
leur revenu imposable est portée au taux de celui
des meilleures terres labourables de la commune.
(Loi du 3 frimaire an 7, art. 59.)

597. — *Les terrains enclos* sont évalués d'après
les mêmes règles et dans les mêmes proportions
que les terrains non enclos d'égale qualité, et
donnant le même genre de productions. On ne doit
avoir égard, dans la fixation de leur revenu imposable, ni à l'augmentation de produits, qui n'est
évidemment que l'effet des clôtures, ni aux dépenses d'établissement et d'entretien de ces clôtures, quelles qu'elles puissent être.

Il est bien entendu que si un enclos contient
différentes natures de biens , telles que bois, prés,
terres labourables, jardins, vignes, etc., chaque
nature de biens est évaluée séparément. (Ibid., art.
77 et 78.)

598. — Quant *aux vignes,* nous trouvons encore
une distinction à faire.

Pour la vigne ordinaire , le produit imposable
s'évalue en supputant, d'abord, quelle est la valeur
du produit brut de l'année commune, prise sur
quinze , comme pour les terres labourables , et en
supposant que la culture est faite sans travaux ni
dépenses extraordinaires, mais selon la coutume du
pays; puis on déduit du produit brut les frais de
culture, d'engrais , de récolte , d'entretien et de

pressoir, et en outre un quinzième de ce produit, en considération des frais de dépérissement annuel, de replantation partielle et de travaux à faire pendant les années où chaque nouvelle plantation est sans rapport. Ce qui reste après ces déductions forme le produit net imposable.

Quant à la vigne qui ne dure qu'un certain nombre d'années, après lesquelles il faut la renouveler entièrement, ou même l'arracher pour laisser reposer le terrain par une autre culture, son évaluation doit être combinée d'après les considérations suivantes :

1° La quantité et la qualité du vin que la vigne produit;

2° La qualité du terrain sur lequel elle est plantée et les produits que ce terrain donne, d'après sa culture comme terre labourable;

3° La durée effective de la vigne;

4° Le nombre d'années pendant lesquelles le terrain est sans rapport, comme vigne. (Ibid, art. 61. — Instructions ministérielles.)

599. — Quant *aux prairies*, tout le monde sait qu'on distingue les prairies artificielles et les prairies naturelles, qui conservent le nom de prés proprement dits, lorsqu'on les tient en coupes régulières, et qui prennent celui d'herbages, lorsqu'on fait consommer les herbes sur pied.

Les prairies artificielles sont évaluées comme les terres labourables : rien de plus simple.

Les prairies naturelles demandent une opération un peu plus compliquée.

On détermine, d'abord, le produit brut de l'année moyenne, prise sur quinze ans, comme pour les

·terres labourables. Pour faire cette détermination,
on commence par rechercher la quantité : ce qui est
facile à connaître ; car on sait, dans chaque commune, ce que telle prairie rapporte de milliers de
foin, année ordinaire, par arpent ou autres mesures
locales : on cherche ensuite la qualité du foin ; ce
qui est également facile à connaître, puisque cela
dépend de la nature des plantes dont il est composé
principalement ; enfin on recherche le prix ordinaire
de chaque qualité : ce troisième élément s'obtient
aisément par les mercuriales des marchés.

Lorsqu'on a ainsi formé le produit brut d'un
pré, d'après la combinaison de la quantité, de la
qualité et du prix du foin qu'il rapporte, on déduit
les frais d'irrigation pour les prairies qui en sont
susceptibles, les dépenses d'engrais ou de terrage
suivant l'usage du pays, les frais de récolte, fau-
chage, fanage, bottelage, destruction des taupes, etc.
Le reste forme le revenu net imposable. (Loi du 3
frimaire an 7, art. 62 et 63. — Inst. minist.)

600. — On désigne, sous le nom de *pâtis*, *palus*,
marais, *bas-prés*, des terrains qui, par leur qualité
inférieure, ou par d'autres circonstances naturelles,
ne peuvent servir que de simples pâturages. Il y a
bien des variétés dans la valeur de ces terrains, puisque les uns sont immédiatement inférieurs aux prairies, et que les autres ne diffèrent guère des terres
vaines et vagues. Pour déterminer cette valeur, on
cherche le produit que le propriétaire peut obtenir,
année commune, selon les localités, soit en faisant
consommer la pâture, soit en la louant, sans fraude,
à un fermier auquel il ne fournirait ni bestiaux ni

bâtimens. Pour obtenir ce produit, on peut s'appuyer sur le nombre des bestiaux que les pâtures peuvent nourrir; puis on déduit les frais d'entretien. (Ibid, art. 64. — Instruct. minist.)

601. — Les *terres vaines et vagues*, les *landes et bruyères*, et les *terrains habituellement inondés ou dévastés par les eaux* sont assujétis à la contribution foncière, d'après leur produit, quelque modique qu'il puisse être; mais, dans aucun cas, leur cotisation ne peut être moindre d'un décime par hectare. (Ibid., art. 65.)

602. — Quant *aux terrains mélés* d'arbres, la loi a statué que les terres labourables, vignes, prés, pâtures, etc., sur lesquels se trouvent des arbres forestiers, soit épars, soit en bordure, doivent être évalués d'après leur taux naturel, sans égard ni à l'avantage que le propriétaire peut retirer de ces arbres, ni à la diminution que leur ombrage peut apporter dans la fertilité du sol. (Ibid., art. 74.)

Mais si les arbres se trouvent être des arbres fruitiers, et qu'ils donnent un produit sensible, on doit ajouter, à la valeur du sol sur lequel repose la plantation, la plus-value relative au produit des arbres. (Inst. minist.)

603. — Dans les *bois*, la loi du 3 frimaire an 7 distinguait les taillis et les futaies.

Tous les bois au dessous de trente ans étaient réputés taillis par la loi; mais il y avait les taillis en coupes réglées et les taillis non en coupes réglées.

Pour les premiers, l'évaluation devait être faite d'après le prix moyen des coupes annuelles, sous la

déduction des frais de garde, d'entretien et de re-
peuplement.

Quant aux seconds, l'évaluation devait être faite
d'après leur comparaison avec les autres bois de la
commune ou du canton.

— Les bois de trente ans ou plus, et non aména-
gés en coupes réglées, devaient être estimés à leur
valeur au temps de l'estimation, et cotisés, jusqu'à
leur exploitation, comme s'ils produisaient un revenu
égal à 2 1/2 pour cent de cette valeur. (Loi du 3 frimaire an 7, art. 67, 68, 69 et 70.)

Aujourd'hui, les bois ne sont évalués que comme
bois taillis, sans égard à la plus-value que l'âge donne
aux arbres, l'intention du gouvernement étant de
favoriser les propriétaires qui laissent croître leurs
bois ou partie de leurs bois en futaie.

604. — Parmi les *étangs*, on distingue les
étangs permanens et les terrains momentanément
en étangs.

Pour les étangs permanens, le revenu imposable s'évalue d'après le produit de la pêche, dans
une année commune, formée sur quinze (moins les
deux plus fortes et les deux plus faibles), et sous la
déduction des frais d'entretien, de pêche et de re-
peuplement, d'entretien de vannes et chaussées.

Mais, parmi les étangs permanens, il en est qui
ne se pêchent que tous les trois, quatre ou cinq ans;
dans ce cas, le produit annuel s'établit en prenant
le tiers, le quart ou le cinquième du prix de la pêche.

— Pour les terrains alternativement en étangs
et en culture, l'évaluation du revenu imposable se
fait en combinant le prix de la pêche et le produit

de la culture. (*Ibid*, art. 79 et 80. — Instruction ministérielle.)

605.—Quant *aux canaux*, on distingue les canaux de navigation et les canaux non navigables.

Les canaux de navigation, quel qu'en soit le propriétaire, ne doivent être imposés à la contribution foncière qu'en raison du terrain qu'ils occupent, y compris leurs francs-bords, comme terre de première qualité. (Lois du 5 floréal an 11-25 janvier 1803-art. 1 et 2; du 23 juillet 1820, art. 26.)

Il semble que ces voies publiques artificielles devraient être exemptes de l'impôt foncier, tout aussi bien que les routes royales et départementales, les rues et les chemins vicinaux. (Voir ci-après n° 619). On dit, il est vrai, que ce sont des immeubles productifs de revenu; mais, d'abord, ils acquittent déjà un impôt spécial, l'octroi de navigation; il existe d'ailleurs des immeubles qui sont exempts de la contribution foncière, quoiqu'ils produisent un revenu considérable : tels les bois et forêts de l'état. Le véritable motif qui a fait refuser l'exemption n'est-il pas qu'on a pensé que les canaux seraient le plus souvent exécutés par des compagnies d'entrepreneurs, que les communes verraient, avec déplaisir, exemptés d'une portion d'impôt qui retomberait à leur charge?.. Reste à savoir si l'état ne devrait pas faire un sacrifice, dans l'intérêt d'entreprises, qui, en définitive, profitent surtout au pays dont elles accroissent la prospérité.

—Les canaux non navigables, destinés à conduire les eaux à des moulins, forges ou autres usines, ou à les détourner pour l'irrigation, sont évalués à raison de l'espace qu'ils occupent, et aussi sur le pied des terres qui les bordent. (Loi du 3 frimaire an 7, art. 104.)

606. — La surface des terrains occupés par les *chemins de fer* et par leurs dépendances doit être imposée à la contribution foncière, dans la proportion assignée aux terres de meilleure qualité, ainsi que cela se fait pour les canaux, d'après la loi du 5 floréal an 11 (25 avril 1803).

Les bâtimens et magasins dépendant de l'exploitation du chemin de fer sont assimilés aux propriétés bâties dans la localité. (Voir les ordonnances royales du 26 février 1823, art. 9; les cahiers des charges annexés à la loi du 9 juillet 1835, art. 31; à l'ordonnance royale du 12 mai 1836, art. 32; à l'ordonnance royale du 6 juin 1836, art. 27; aux deux lois du 9 juillet 1836, art. 31 et 33; les trois lois du 17 juillet 1837, art. 2; les cahiers de charges annexés aux ordonnances royales du 26 décembre 1837, art 32; du 6 mars 1838, art. 33; du 6 juillet 1838, art. 32; 7 juillet 1838, art. 32; 9 juillet 1838, art. 33; 25 juillet 1838, art. 31.)

Les compagnies des chemins de fer de Bordeaux à la Teste, d'Épinac au canal du Centre, et de Mulhouse à Thann, avaient demandé, pour la durée de leur concession, l'exemption de toute contribution foncière ou autre, pour les terrains occupés par les chemins de fer et leurs dépendances seulement. Le gouvernement avait accédé à cette demande; mais la chambre des députés crut devoir la rejeter : elle a pensé qu'en réalité il s'agissait, pour les compagnies, d'une faveur sans importance, et qu'il fallait éviter, autant que possible, une dérogation au principe de la généralité de l'impôt (1).

Les observations que nous avons présentées à l'occasion des canaux de navigation nous semblent parfaitement applicables aux chemins de fer.

607. — Lorsqu'un terrain est exploité en *tourbière*, la loi avait disposé que pendant les dix années qui suivent le commencement du tourbage, on devait évaluer le revenu au double de la somme à laquelle il était évalué l'année précédente. (Ibid., art. 75.) Mais dans l'usage cette règle n'est pas suivie. D'après l'article 380 du Recueil méthodique du cadastre, les tourbières ne doivent être évaluées qu'à raison de la superficie et sur le pied des terrains environnans. Et on entend par terrains environnans, non les bords qui sont des bruyères, mais l'ensemble du sol sur lequel se trouve la tourbière. (Circulaire ministérielle du 10 décembre 1811.)

608.—Les *mines* et les *carrières* ne sont aussi évaluées qu'à raison de la superficie du terrain occupé pour leur exploitation et sur le pied des terrains environnans. (Loi du 3 frimaire an 7, art. 75.) —On entend par le terrain qu'elles occupent non-seulement celui de leur ouverture, mais tous ceux où sont les réserves d'eau, les déblais et les chemins qui ne sont qu'à leur usage. (Recueil méthodique du cadastre, art. 379.)

609. — Les *salins*, les *marais salans* et les *salines* sont évalués, à raison de leur superficie,

(1) Voir séance du 24 juin 1837.

sur le pied des meilleures terres labourables.

Les bâtimens qui en dépendent sont estimés comme les propriétés de même nature. (Décret du 15 octobre 1810.)

610. — Nous passons maintenant aux propriétés bâties ; ici encore, il existe quelques règles pour les cas les plus généraux.

Nous faisons d'abord remarquer que toute propriété bâtie s'évalue en deux parties, savoir : la superficie, sur le pied des meilleures terres labourables ; et la bâtisse, d'après la valeur locative, déduction faite de l'estimation de la superficie. (Loi du 15 septembre 1807, art. 34.)

Cette évaluation en deux parties a lieu pour que, en cas de démolition ou de reconstruction, l'impôt puisse être assis sur la superficie seulement, sans nouveau travail. (Voir ci-après, n° 614.)

611. — Quant aux *maisons d'habitation*, leur revenu net imposable, en quelque lieu qu'elles soient situées, soit que le propriétaire les occupe, soit qu'il les fasse occuper par d'autres, à titre gratuit ou onéreux, est déterminé d'après leur valeur locative, calculée sur dix années, sous la déduction d'un quart de cette valeur locative, en considération du dépérissement et des frais d'entretien et de réparation. (Loi du 3 frimaire an 7, art. 82.)

Du reste, la loi a pris soin d'établir un *minimum* pour la cotisation des maisons d'habitation.

Ainsi, aucune maison d'habitation occupée ne peut être cotisée, quelle que soit l'évaluation de son revenu, au dessous de ce qu'elle le serait à raison du terrain qu'elle enlève à la culture, en évaluant ce terrain, savoir : au double des meilleures terres labourables, si la maison n'a qu'un rez-de-chaussée; au triple, si elle a un étage au dessus du rez-de-chaussée ; et au quadruple, si elle a plusieurs étages.

Le comble ou la toiture, de quelque manière qu'ils soient disposés, ne peuvent être comptés pour un étage. (Loi du 3 frimaire an 7, art. 83.)

612.—Les *bâtimens ruraux*, tels que granges, écuries, greniers, caves, celliers, préssoirs et autres, destinés soit à loger les bestiaux des fermes et métairies, soit à serrer les récoltes, ne sont soumis, ainsi que les cours desdites fermes et métairies, à la contribution foncière qu'à raison du terrain qu'ils enlèvent à la culture, évalué sur le pied des meilleures terres labourables de la commune de leur situation, ou de la commune voisine, s'il n'y a point de terres labourables dans leur commune. (Ibid., art. 85 et 86.)

613. — Les *forges, fourneaux, moulins* à eau et à vent, *fabriques, briqueteries, tuileries, papeteries, verreries* et autres manufactures, sont évalués à raison de leur valeur locative, calculée sur dix années, sous la déduction du tiers de cette valeur, pour frais d'entretien et de réparation. (Ibid., art. 87.)

614. — A l'égard des trois classes de propriétés bâties qui précèdent, la loi a établi une disposition favorable, dont il est facile de comprendre l'équité.

Les maisons, fabriques ou manufactures, forges, moulins et autres usines et édifices nouvellement construits ou reconstruits ne sont cotisés que d'après leur superficie, sur le pied des meilleures terres labourables, pendant les deux premières années qui suivent leur construction ou reconstruction entière. (Ibid., art. 88.)

615. — Les *ponts* appartenant à des particuliers ou à des compagnies d'actionnaires ne sont évalués qu'à raison des terrains qu'occupent les deux culées, et sur le pied des meilleures terres labourables. (Inst. ministérielles. — Recueil méthodique du cadastre, art. 390..)

616. — Les *bains, moulins* sur *bateaux,* les *bacs, bateaux de blanchisserie* et autres de même nature, lors même qu'ils ne sont point construits sur piliers ou pilotis et qu'ils sont seulement retenus par des amarres, sont imposés à la contribution foncière. (Loi du 18 juillet 1836, art. 2.) Dans l'usage, ils sont assimilés aux usines.

617.—Au surplus, quelle que puisse être la nature des propriétés foncières, on ne doit point avoir égard, dans l'évaluation du revenu net imposable, aux rentes constituées ou foncières et aux autres prestations dont elles sont grevées. (Loi du 3 frimaire an 7, art. 98 et 99.)

618. —Il nous reste maintenant à rechercher les exceptions apportées aux principes que nous venons d'exposer.

: Nos lois établissent des exceptions permanentes et des exceptions temporaires.

Voici celles de la première catégorie.

619.— Les rues, places publiques, carrefours, fontaines publiques, les lieux publics servant aux foires et aux marchés, les ponts, les grandes routes, les che-

mins vicinaux, les promenades publiques et boule-
vards, les rivières, ruisseaux et lacs, les rochers nus
et arides ne sont point imposables. Mais les promenades publiques appartenant à des particuliers
sont évaluées comme terrains de pur agrément. (Loi
du 3 frimaire an 7, art. 103 et 59. — Recueil méthodique du cadastre, art. 399.)

— Les domaines de l'état non productifs, réservés pour un service national, tels que les palais des
deux chambres, le Panthéon, les bâtimens destinés
au logement des ministres et de leurs bureaux, les
arsenaux, magasins et casernes, les fortifications et
autres établissemens dont la destination a pour objet l'utilité générale, ne sont point cotisés à la contribution foncière. (Ibid., art. 105.)

Ainsi, ne sont point imposables :

Les églises et les temples consacrés à un culte
public, ainsi que les cimetières;

Les archevêchés, évêchés et séminaires, les presbytères et jardins y attenant;

Les bâtimens occupés par les cours de justice et
les tribunaux;

Les hôtels de préfecture, de sous-préfecture et
jardins y attenant, et les maisons communales;

Les colléges royaux, les écoles et maisons royales
d'éducation : l'école militaire, l'école polytechnique,
etc.; les maisons d'école appartenant aux communes;

Les bibliothèques publiques, les musées, jardins
botaniques et pépinières;

L'hôtel royal des Invalides, les hospices et jardins y attenant;

Les dépôts de mendicité, les prisons et maisons

de détention. (Voir Recueil méthodique du cadastre, n° 4o3.)

Les immeubles appartenant à l'état, aux départemens ou aux communes ont été exemptés de l'impôt foncier, lorsqu'ils sont affectés à un service public, parce qu'on a considéré que l'état se paierait alors l'impôt à lui-même, et cela sans aucune espèce d'utilité. La destination de ces immeubles est tellement connue de tous qu'il ne peut entrer dans la pensée de personne que l'exemption soit ici un privilége.

La crainte qu'une pareille pensée ne se présentât à des esprits irréfléchis ou peu éclairés a conduit à statuer que les bâtimens employés à des services publics, mais qui sont pris à loyer, doivent être imposés, d'après les principes qui les concernent respectivement. (Instructions ministérielles, et Recueil méthodique, art. 104 (1).)

Par les mêmes motifs, les immeubles productifs de revenu sont soumis à l'impôt. Les bois et forêts

(1) L'autorité du Recueil méthodique est contestée ; les uns prétendent qu'il a reçu une consécration législative expresse par l'article 29 de la loi du 28 avril 1816, qui porte « que les lois et réglemens sur le cadastre continueront d'être exécutés, » et une approbation implicite par les dispositions de la loi du 31 juillet 1821, relatives au cadastre. Mais d'autres personnes soutiennent que le mot *réglemens*, employé par la loi du 28 avril 1816, ne peut s'appliquer qu'aux réglemens d'administration publique ; le Recueil méthodique, préparé dans l'intérieur du ministère des finances, n'est à leurs yeux qu'une simple instruction destinée aux agens du cadastre et des contributions directes. — Quant au décret du 11 août 1808, qu'on cite ordinairement comme ayant expliqué les dispositions de l'article 105 de la loi du 3 frimaire an 7, il n'a pas été publié au *Bulletin des Lois*, et les recherches que nous avons faites à ce sujet, dans les archives du conseil d'état, nous font croire qu'il n'a jamais existé qu'en projet.

de l'état, cependant, en sont exempts (loi du 21
ventose an 9, art. 1ᵉʳ); mais cette exemption est
accordée, parce qu'en réalité leurs produits les plus
précieux sont employés, en nature , aux divers services publics.

L'exemption cesse pour les bois et forêts de l'état
et pour ses autres propriétés susceptibles de produire
des revenus, qui par vente ou autrement deviennent
propriétés particulières ; alors, elles sont cotisées,
comme les propriétés de même nature , en accroissement du contingent de chaque département, de
chaque arrondissement et de chaque commune.
(Loi du 1ᵉʳ mai 1822 , art. 12.)

—Les propriétés du domaine de la couronne ne
sont point soumises à l'impôt ; elles supportent seulement les charges communales et départementales.
(Loi du 2 mars 1832, art. 13.)

Telles sont les exceptions permanentes introduites par nos lois.

620. — Ces exemptions ont été établies dans
l'intérêt du trésor public ; celles qu'il nous reste
à constater, et qui sont purement temporaires,
ont été admises surtout pour encourager l'agriculture.

1° Les semis et plantations de bois sur le sommet
et le penchant des montagnes et sur les dunes sont
exempts de tout impôt pendant vingt ans. (Code
forestier, art. 225.)

2° Le revenu imposable des terrains déjà en valeur, qui viennent à être plantés où semés en bois,
ne peut être évalué , pendant les trente premières
années de la plantation ou du semis , qu'au quart

des terres d'égale valeur non plantées. (Loi du 3 frimaire an 7, art. 113.)

3° La cotisation des terres vaines et vagues, ou en friche depuis quinze ans, qui sont plantées en vignes, mûriers ou autres arbres fruitiers, ne peut être augmentée pendant les vingt premières années de la plantation.

Le revenu imposable des terrains déjà en valeur, qui viennent à être plantés en vignes, mûriers ou autres arbres fruitiers, ne peut être évalué, pendant les quinze premières années de la plantation, qu'au taux des terres d'égale valeur non plantées. (Ibid., art. 114 et 115.)

La cotisation des terres vaines et vagues, en cet état depuis quinze ans, qui sont mises en culture autre que celle des bois, vignes, mûriers ou autres arbres fruitiers, ne peut être augmentée pendant les dix premières années après le défrichement. (Ibid., art. 112.)

La cotisation des terres en friche depuis dix ans, qui sont plantées ou semées en bois, ne peut être augmentée pendant les trente premières années du semis ou de la plantation. (Ibid., art. 116.)

4° La cotisation des marais qui sont desséchés ne peut être augmentée pendant les vingt-cinq premières années après le desséchement. (Ib., art. 111.)

— Mais le législateur a dû prendre des précautions pour s'assurer que ceux qui veulent jouir des avantages établis par la loi de frimaire an 7 ont réellement accompli les conditions par lesquelles on peut mériter les faveurs de cette loi : ces conditions sont tracées par les articles 117 à 120.

Les demandes tendant à obtenir des exemptions temporaires sont adressées au sous-préfet, qui les fait instruire dans la forme prescrite par la loi du 3 frimaire an 7 et les renvoie au conseil de préfecture : la loi du 28 pluviose an 8 a chargé ce conseil de statuer sur les demandes en décharge ou réduction : or les demandes à fin d'exemption dont il s'agit ont bien ce caractère, ainsi que nous l'expliquerons lorsque nous exposerons ce qui concerne les réclamations en matière de contributions directes.

— On pourrait ajouter, aux exemptions temporaires qui précèdent, celles que nous avons signalées ci-dessus (n° 614), pour les bâtimens nouvellement construits ou reconstruits.

Enfin une autre exemption temporaire, et qui, d'ailleurs, est spéciale à la ville de Paris, a été introduite, par le décret du 11 janvier 1811, en faveur de tous les propriétaires de terrains situés rues et place de Rivoli et de Castiglione, qui y construiraient des maisons. Ces propriétaires ont été déclarés exempts, pendant trente ans, à raison desdites maisons, cours, jardins, appartenances et dépendances, de la contribution foncière et de celle des portes et fenètres, à la charge de construire en arcades, selon le plan arrêté.

Les trente ans ont dû commencer à courir du jour de la publication du décret.

Telles sont les bases établies, par la loi, pour l'assiette de la contribution foncière. Nous allons exposer les règles qui sont relatives à sa répartition.

ADDITION AU N° 541,

Depuis que nous avons exposé (p. 484 et suiv.) ce qui se préparait dans le département du Loiret, pour l'extinction de la mendicité, le conseil d'état a été appelé à délibérer sur la création
définitive du dépôt destiné à ce département. Le 18 mars 1840,
le conseil a émis l'avis qu'il pouvait être utile de créer cet établissement; qu'il était convenable d'autoriser le département,
sur sa demande, à faire l'acquisition de l'ancien château de
Beaugency pour y placer le dépôt, et qu'au surplus les moyens
financiers paraissaient suffisans pour sa fondation, et pour son
entretien pendant deux ou trois années.

Deux séances ont été consacrées à l'examen de cette affaire,
dans le sein du conseil d'état; elle devait nécessairement soulever des questions générales. On a d'abord examiné celle de
savoir si le décret du 5 juillet 1808 était encore en vigueur;
ce premier point reconnu, l'un de nous a émis une opinion dont
nous croyons pouvoir présenter l'analyse.

« Deux questions sont, en ce moment, à résoudre.

« D'abord, les mesures prescrites par le décret du 5 juillet 1808
devaient-elles être générales?

« Ensuite, ce décret peut-il être encore aujourd'hui appliqué?

I. « Sur le premier point, l'opinant expose que, depuis long-
temps, les questions légales et économiques qui se rattachent
au paupérisme ont fait l'objet de ses réflexions; et que, lorsque, par la position qu'il occupait naguère au ministère de
l'intérieur, il a eu le devoir de diriger l'application des règles établies, il a fait des recherches spéciales sur les ateliers de secours, les maisons de travail et les dépôts de mendicité, et sur l'exécution qu'avait reçue le décret du 5 juillet 1808,
relatif à ces derniers établissemens; qu'il s'est d'abord attaché
à reconnaître l'esprit dans lequel il avait été porté, et surtout
si, dans la pensée du gouvernement d'alors, les mesures qu'il
ordonnait devaient avoir un caractère d'ensemble et de généralité;
— Que les bureaux du ministère de l'intérieur ne lui ont offert,

38.

à cet égard, aucun renseignement satisfaisant ; qu'il a vainement porté ses recherches dans les archives du conseil d'état,
parce que ce corps n'a pas été appelé à délibérer, dans le temps,
sur le décret dont il s'agit ; que c'est seulement dans les archives de l'ancienne secrétairerie d'état qu'il a pu trouver des documens qu'il regarde comme très précieux, dont il a fait l'extrait, et qu'il demande à l'assemblée générale du conseil la
permission de lui faire connaître, au moins en partie.

« Une première note, dictée par Napoléon, le 2 septembre 1807,
et destinée au ministre de l'intérieur, contenait ce qui suit :

« La mendicité est un objet de première importance ; l'empe-
» reur a demandé différens rapports qu'on n'a pas faits ; mais
» on a dû présenter le travail. Les choses devraient être établies
« de manière qu'on pût dire : Tout mendiant sera arrêté. Mais
« l'arrêter pour le mettre en prison serait barbare ou ab-
« surde ; il ne faut l'arrêter que pour lui apprendre à gagner sa
« vie par son travail. Il faut donc *une* ou *plusieurs maisons* ou
« ateliers de charité *par département*... Ce serait aussi tomber
« dans une erreur, que de vouloir envisager cet objet autre-
« ment qu'*en grand*. Il s'agit d'une opération considérable, qui
« doit dépenser 8 ou 10 millions ; mais cette somme ne peut être
« à la charge du ministère de l'intérieur. En rédigeant un tra-
« vail *en grand*, on y ajoutera un projet de répartition de la dé-
« pense entre tous les départemens, qui l'acquitteraient au moyen
« de centimes additionnels. »

« Le 9 octobre suivant, l'empereur écrivait de nouveau au
même ministre : « Je prends fort à cœur la destruction de la
« mendicité, et la formation des *cent* dépôts dont j'ai ordonné
« l'établissement ; je vous ai déjà accordé des fonds assez con-
« sidérables, dans la Côte-d'Or, puis, sur le produit du quart
« de réserve des bois des communes. Vous avez à me proposer,
« pour d'autres départemens, une pareille disposition de fonds
« provenant de la même source, et existant actuellement à la
« caisse d'amortissement. Je désire que vous me remettiez
« bientôt ce travail, et que vous portiez la disposition des fonds
« des communes aussi loin qu'elle peut aller. Mais ces moyens
« ne seront pas suffisans : je suis dans l'intention de disposer,
« pour le même objet, d'une portion du revenu des villes sur
« leurs recettes de 1808.. »

« Le 14 novembre (toujours de la même année), l'empereur écrivait encore à son ministre : « J'attache également une grande
« importance et une grande idée de gloire à détruire la mendi-

« cité. Les fonds ne manquent pas ; mais il me semble que tout
« marche lentement , et cependant les années se passent... Il
« ne faut point passer sur cette terre, sans y laisser des traces
« qui recommandent notre mémoire à la postérité. Je vais faire
« une absence d'un mois. Faites en sorte que, au 15 décembre ,
« vous soyez prêt sur toutes ces questions , que vous les ayez
« examinées en détail, afin que je puisse, par un décret général,
« porter le dernier coup à la mendicité. Il faut que, avant le 15
« décembre, vous ayez trouvé , sur les quarts de réserve , et
« sur les fonds des communes , les fonds nécessaires à l'entre-
« tien de soixante ou cent maisons pour l'extirpation de la men-
« dicité ; que les lieux où elles seront placées soient désignés et
« le réglement général mûri. N'allez pas me demander encore
« des trois ou quatre mois pour obtenir des renseignemens ;
« vous avez de jeunes auditeurs, des préfets intelligens , des
« ingénieurs des ponts-et-chaussées instruits ; faites courir tout
« cela, et ne vous endormez point dans le travail ordinaire des
« bureaux.

« Il faut également que, à la même époque , tout ce qui est
« relatif à l'administration de la caisse des travaux publics soit
« mûri et prévu, afin que l'on puisse préparer tout, de manière
« que, au commencement de la belle saison, la France présente
« le spectacle d'un pays sans mendians , et où toute la popula-
« tion est en mouvement pour embellir et rendre productif no-
« tre immense territoire. »

« Le ministre obéissant enfin, quoiqu'un peu tard, aux ordres
de l'empereur , lui avait envoyé , au mois de juin 1808, un projet de décret rédigé en un assez grand nombre d'articles, et un
rapport explicatif. L'empereur rejeta le projet, et dicta, au duc
de Bassano , le décret du 5 juillet, tel qu'il a été publié.

« Une longue note, également dictée par l'empereur, accom-
pagna l'envoi d'une expédition de ce décret , fait par le secrétaire d'état au ministre de l'intérieur. Entre autres choses, on
y lit ce qui suit :

« Sa majesté a, pour l'établissement des maisons de mendicité,
« le même principe qu'elle a eu pour l'établissement des lycées ;
« c'est-à-dire que l'exécution doit être successive : avec des règles
« générales, on n'arrive à rien ; il faut agir comme les siècles...
« Sa majesté aurait voulu que l'on prît un parti depuis 6 mois,
« et déjà les dépôts de mendicité seraient établis. Le ministre
« peut causer avec les préfets de Paris , de Versailles, de Beau-
« vais et de Melun. Ces quatre départemens , qui sont sous sa

« main, serviront d'exemple. Rien n'empêche que, avant huit
« jours, on présente à sa majesté la constitution des dépôts de
« mendicité de ces quatre départemens ; que, au 1er du mois
« d'août, la mendicité y soit défendue ; et que ces quatre mai-
« sons soient déjà remplies de mendians. — On ne dira pas que
« tous les mendians de France accourront dans ces maisons, puis-
« que ces maisons n'ont pas d'attrait pour les mendians, et que les
« mendians vagabonds en sont exclus. En organisant ainsi trois ou
« quatre maisons tous les mois, on arrivera bientôt au moment
« où tous les dépôts de mendicité de la France seront organisés
« et administrés. Il y a à peu près *cent dépôts* de mendicité à or-
« ganiser... Ce ne sont pas seulement des principes généraux
« qu'il faut poser ; l'administration est une affaire d'exécution...»

« Voilà bien les grandes pensées qui ont présidé à la création
des dépôts de mendicité ; tout commentaire serait désormais
inutile pour établir que c'est un ensemble de mesures que voulait leur créateur, et qu'elles devaient être exécutées aussi
promptement que possible. — Avant la fin du mois, en effet, le
ministre envoyait le décret à tous les préfets de France, avec
recommandation de pourvoir immédiatement à son exécution.

« Le 27 octobre, le ministre approuvait un réglement pour l'organisation et l'administration des dépôts de mendicité ; et, le
19 décembre, ce réglement était transmis aux préfets pour servir de règle provisoire, jusqu'à ce que le gouvernement eût
adopté un réglement général et définitif.

« Le 22 décembre, l'empereur, poursuivant la création des dépôts (déjà commencée dans la Côte-d'Or, par décret du 18 septembre 1807), établissait le dépôt de mendicité du département
de la Seine, au château de Villers-Cotterets ; et statuait en ces
termes : (art. 7)—« Le règlement provisoire, dressé par notre mi-
« nistre de l'intérieur, est approuvé, pour être exécuté, pendant
« le cours de l'année 1809, et jusqu'à ce que notre conseil d'é-
« tat ait rédigé un projet de réglement définitif qui s'applique à
« toutes les maisons de mendicité, et qui concilie les mesures
« nécessaires pour la répression de la mendicité, et les forma-
« lités à suivre pour garantir de tous les abus et assurer que la
« liberté des citoyens ne sera pas compromise. »

« 90 décrets de création ont suivi celui qui vient d'être rappelé ; ce fut l'affaire de cinq ans ; le dernier est du 25 octobre
1813, et relatif au département de la Meurthe. L'opinant représente au conseil le tableau de tous ces décrets. Sur les 91 dépôts, 64 devaient être établis dans les départemens de la France

actuelle ,. et 27 dans les départemens réunis à la France. D'après un rapport du ministre de l'intérieur au roi, du 25 novembre 1818, 37 dépôts seulement auraient été mis en activité ; en 1816 et 1817 , 18 d'entre eux auraient été supprimés ; en 1818, le nombre des dépôts était réduit à 22. L'opinant ajoute que, en 1830, il n'en restait plus que 6 ; et qu'aujourd'hui il ne subsiste plus que ceux de Villers-Cotterets pour la Seine, et de Montreuil pour le département de l'Aisne.

« Tel est, en abrégé, l'historique de la création, du développement et de la chute de ces établissemens mixtes de charité et de répression.

« Si le conseil d'état était appelé à rechercher quelles ont pu être les causes d'une aussi courte durée, il serait facile de signaler, d'une part, le défaut d'organisation définitive ; l'absence du réglement général que le conseil d'état était appelé à mûrir et rédiger ; la difficulté de trouver des directeurs capables ; le mélange des diverses classes de mendians , d'indigens et de malades, qui ne tarda pas à s'introduire dans ces établissemens ; et enfin l'absence d'une direction supérieure à la fois vigilante, ferme et convaincue de leur utilité. On verrait, d'autre part, se produire la réaction du gouvernement de la restauration contre les idées et les mesures du régime impérial. Ces diverses causes ont dû produire les résultats que l'opinant déplore en ce moment, et qui sont devenus presque inévitables, par suite des règles de comptabilité introduites depuis 1816.

II. « Cette dernière réflexion conduit tout naturellement à l'examen de la seconde et dernière des questions posées par l'opinant : le décret du 5 juillet peut-il être encore aujourd'hui appliqué ?

« Qu'il doive l'être, cela paraît hors de toute contestation ; car, d'abord, il a été ci-dessus prouvé qu'il n'était point abrogé ; et si l'on considère que le paupérisme est une des plus vives plaies de nos sociétés modernes, on se convaincra de la nécessité d'y porter un remède efficace.

« En effet, on évalue à près de deux millions d'individus le nombre de nos compatriotes indigens. Sur ce nombre, 1° 600,000 à peu près sont recueillis annuellement par nos hospices et hôpitaux, dont la fortune apparente est d'environ 60 millions, y compris 10 millions pour les établissemens de Paris ; 2° 700,000 individus sont secourus à domicile par les bureaux de bienfaisance, qui ont annuellement à leur disposition une somme d'environ 10 millions ; 3° 250,000 mendians sont à pourvoir, et il ne doit leur être porté secours que par des ateliers provisoires et des maisons de travail libre ou forcé.

« Mais les moyens financiers ne manquent-ils pas aujourd'hui? Telle est, en effet, la véritable question ; celle d'exécution, devant laquelle viennent échouer les plus généreuses théories, et quelquefois les règles les plus utiles. A cet égard, l'opinant demande au conseil la permission de jeter un regard en arrière, pour expliquer quels avaient été les voies et moyens établis pour les dépôts de mendicité.

« Les lettres de l'empereur au ministre de l'intérieur, dont quelques extraits viennent d'être lus au conseil, indiquent déjà que la pensée de Napoléon était que la dépense de création de cent dépôts de mendicité (évaluée de 8 à 10 millions) devait être répartie entre tous les départemens, et acquittée par eux au moyen de centimes additionnels (lettre du 2 septembre 1807) ;. qu'avec ces centimes devaient concourir : 1° une portion des produits du quart de réserve des bois des communes, existant alors à la caisse d'amortissement; 2° une partie des revenus ordinaires des villes (lettre du 9 octobre 1807); que, quant à la part de l'état, elle devait être prise sur la portion du fonds de non-valeurs mise à la disposition du ministre de l'intérieur, et l'empereur exprimait que « quant au fonds commun du « produit des bois communaux et des excédans des revenus des « communes, le principe de la propriété était facile à maintenir, « en déclarant que ce ne seraient que des prêts, qui seraient rendus aux communes par les départemens » (lettre du 5 juillet 1808).

« Le dépouillement, que l'opinant représente au conseil, d'une grande partie des décrets de création prouve que ce sont là, en effet, les ressources qui ont été employées pour la mise en activité des établissemens dont il s'agit.

« Si de ces actes particuliers on passe à l'examen des dispositions générales de finances, applicables aux dépôts de mendicité, on trouve les documens suivans, qui paraissent mériter l'attention du conseil :

« 1° Décret du 7 octobre 1809, concernant les dépenses variables des départemens pour cette même année : « Art. 6.—Il nous sera fait un rapport, lors de la présentation du budget des départemens pour 1810, sur la fixation des dépenses des dépôts de mendicité. Les conseils généraux émettront leur opinion sur le contingent affecté à chaque département. Il sera statué, pour chaque dépôt de mendicité, en notre conseil d'état, sur les dépenses de constructions, réparations, etc., conformément au décret sur les hospices ; sur le contingent de chaque département ; sur celui de chaque commune. ·

« 2° Les instructions sur la comptabilité communale, émanées du ministère de l'intérieur, à la date du 14 avril 1812, indiquant que les lettres-patentes de création des dépôts prescrivaient de distraire le dixième du produit des bois pour servir à l'*entretien* du dépôt de mendicité : il était ordonné de le porter en dépense au budget annuel des communes.

« 3° Cependant, les communes réclamaient, et tendaient à s'exonérer de cette dépense ; l'ordonnance du 28 janvier 1815, relative à leur comptabilité, statua de la manière suivante : —

« ..... Considérant que la demande formée par diverses villes d'être déchargées de plusieurs dépenses, notamment de celles qui concernent les bâtimens ou l'occupation des lits militaires, *les dépôts de mendicité*, ou les enfans trouvés, ne saurait.être admise, parce que ces dépenses sont, ou des charges résultant de la propriété, ou le remplacement d'obligations imposées de tout temps aux habitans, ou une sorte de dotation des établissemens charitables et de répression ; ..... Art. 7.—Les dépenses annuelles pour bâtimens et occupation des lits militaires, *dépôts de mendicité* et enfans trouvés, alloués ou à allouer dans les budgets, continueront d'être à la charge des communes. Elles seront payées régulièrement par douzième, comme toutes les autres dépenses communales ordinaires, et en proportion exacte des fonds successivement disponibles. »

« 4° Les communes ayant insisté encore, la loi de finances du 28 avril 1816 fit enfin droit à leurs réclamations, par la disposition suivante, contenue dans l'article 153, à la suite de l'énumération de quelques prélèvemens autorisés. » A compter du 1er juillet 1816, il ne pourra être fait aucun autre prélèvement soit sur le produit net des octrois, soit sur les autres revenus des communes, sous quelque prétexte que ce soit, et en vertu de quelques lois et ordonnances que ce puisse être. Elles sont expressément rapportées, en ce qu'elles pourraient avoir de contraire à la présente loi. »

« 5° Les prélèvemens relatifs aux dépôts de mendicité étaient au nombre de ceux qui se trouvaient ainsi interdits ; la dépense de l'entretien de ces dépôts ne pouvait donc plus se faire désormais qu'au moyen d'une allocation *au budget départemental*, et par une circulaire du 15 mai 1816, le ministre de l'intérieur invitait les préfets à y pourvoir, par des propositions à faire dans la prochaine assemblée du conseil général du département.

« 6° La loi de finances du 15 mai.1818 renouvela , par son article 48, la défense de faire d'autres prélèvemens que ceux qu'elle indiquait, sur les centimes ordinaires, extraordinaires ou facultatifs des communes , ni sur leurs autres revenus.

« 7° Les choses en cet état, la charge resta départementale., et les lois de finances (voir entre autres celle du 31 juillet 1821, titre 2, paragraphe 3, article 28) ordonnèrent « que les dépenses ordinaires des dépôts de mendicité seraient payées sur la portion des 18 centimes 1/10e, prélevée annuellement sur les centimes additionnels , et versée dans les caisses des receveurs généraux, pour être tenue à la disposition des préfets , et être employée sur leurs mandats, *aux dépenses variables.* »

« Depuis lors, sont intervenues les deux lois des 18 juillet 1837 et 10 mai 1838, qui n'ont ni l'une ni l'autre porté l'entretien des dépôts de mendicité parmi les dépenses *obligatoires* , soit des communes, soit des départemens : de telle sorte qu'aujourd'hui les moyens financiers manquent complètement., non seulement pour la création, mais encore pour l'entretien des dépôts de mendicité. A l'égard de ceux qui subsistent encore, les allocations sont purement facultatives.

« Faudra-t-il laisser les choses en cet état ?

« Puisque l'utilité des dépôts de mendicité paraît reconnue, puisque leur nécessité même peut être soutenue, par cela seul que les tribunaux sont aujourd'hui hors d'état d'accomplir les prescriptions des articles 274 et 275 du Code pénal , et qu'il n'y a plus possibilité de punir la mendicité des individus qui ne sont pas, d'habitude, valides, le seul moyen d'y pourvoir, paraît être de proposer aux chambres législatives une disposition qui classerait la dépense de la création et de l'entretien de ces dépôts, au nombre des dépenses obligatoires des départemens, et déterminerait, en outre, la quote-part des fonds que les communes ou l'état devraient également fournir pour ce service.

« On pourrait d'ailleurs , afin de rendre la charge moins pesante, déclarer que *tel* dépôt serait *central* et *commun* à *plusieurs départemens* : c'est ce qui avait été fait par un décret impérial, du 12 juin 1811, pour les départemens du Cher, de l'Indre et de la Nièvre, et ce qui avait été recommandé par la circulaire ministérielle du 15 mai 1816. »

TABLE DES MATIÈRES

CONTENUES

DANS LE SECOND VOLUME.

CHAPITRE III.

Appendice au domaine.

ART. II.—*Régime de la loi du 14 ventose an 7.*

Nº 1.—*De la confirmation et de la révocation des aliénations.*

Nº 2.—*Des exceptions aux révocations.*

Nº 3. — *Conditions imposées aux détenteurs, pour qu'ils puissent être maintenus dans leur jouissance et déclarés propriétaires incommutables.*

Nº 4.—*Vente des biens dont les détenteurs n'ont pas fait la déclaration.*

Nº 5.—*Des contestations relatives à l'exécution de la loi.*

N° 6.—*Dispositions spéciales.*

SECTION II.— *Des apanages.*

SECTION V.—*Du domaine départemental.*

TITRE II.

Des contributions publiques.

CHAPITRE Ier.

Des contributions directes.

CORRECTIONS ET ADDITIONS

ESSENTIELLES A FAIRE.

Page 44, *au lieu de :* exceptions ou révocations, *lisez :* aux révocations.

Page 56, à la note, *ajoutez :* page 81.

Page 324, ligne 29, *au lieu de :* loi des 10-30 avril 1791, *lisez :* loi des 16 octobre 1790-30 janvier 1791.

Page 327, ligne 2, *au lieu de :* loi du 25 mars 1817, *lisez :* loi du 28 avril 1816.

Page 334, à la note, *au lieu de :* loi des 10-30 avril 1791, *lisez :* loi des 16 octobre 1790-30 janvier 1791.

Page 338, à la dernière ligne, *au lieu de :* mobilisées, *lisez :* immobilisées.

Page 405, ligne 18, *au lieu de :* en faire figurer, *lisez :* d'en faire figurer.

Page 423, ligne 15, *au lieu de :* n'étaient pas insuffisans, *lisez :* étaient insuffisans.

Page 468, ligne 20, *au lieu de :* quelques unes, *lisez :* quelques uns.

Page 483, ligne 8, *au lieu de :* 80, *lisez :* 91.

ligne 9, *au lieu de :* établis, *lisez :* décrétés.

ligne 10, *ajoutez :* 64 étaient destinés à la France actuelle, et 27 aux départemens réunis par la conquête ; 37 seulement, sur les 64, furent mis en activité.

ligne 14, *au lieu de :* cinquante, *lisez :* vingt-deux.

ligne 20, *au lieu de :* Laon, *lisez :* Montreuil.

Page 502, ligne 11, *au lieu de :* n° 613; *lisez :* n° 619.

Page 579, ligne 16, *changez la ponctuation comme il suit :* Puis la différence des produits.

LIBRAIRIE

DE POURCHET PÈRE, ÉDITEUR,

PARIS, N° 8, RUE DES GRÈS-SORBONNE, PRÈS L'ÉCOLE DE DROIT.

───────⊰⊰⊱⊱───────

CABARET-DUPATY, professeur de seconde au collége Stanislas.

Nouvelle traduction d'Horace.

2 volumes in-12 , papier vélin , 1837, 6 fr.

Cours de littérature à l'usage de la jeunesse.

2 volumes in-12, 1838, 8 fr.

Conseils pour le concours en thème latin.

1836, 1 fr. 50 c.

───────────

CARNY LE DREUILLE.

Bon et Utile,

ou Recueil de faits moraux et industriels, 1838, 1 fr.

───────────

CARRON , docteur en médecine et en chirurgie.

Recherches médico-chirurgicales sur la Cataracte, les moyens d'en rendre la guérison plus sûre, et sur l'utilité des traite- mens médicaux pour la guérir sans opération.

Avec un portrait du professeur Scarpa et un *fac simile* de son écriture. 2ᵉ édition, considérablement augmentée. 1 vol. in-8°, 1837, 7 fr.

───────────

DEGOUY, docteur en droit, avocat à la cour royale de Paris.

Examen sur le Droit administratif.

Avec supplément. 1 vol. in-8°, 4 fr.

───────────

DEGOUY ᴇᴛ TIXIER DE LA CHAPELLE.

Institutes de Justinien; Traité des actions, traduit de Vinnius.

1 vol. in-8°, 3 fr.

DURAND PRUDENCE, avocat à la cour royale de Paris.

Tables synoptiques du Code civil,

ou

*Invention heureuse et à la portée de tous pour l'étude prompte et facile
du Droit.*

Premier examen,	*Code civil;*	10 fr.
Deuxième examen,	*Code civil;*	10 fr.
Troisième examen,	*Droit romain;*	8 fr.
Quatrième examen,	*Code civil;*	10 fr.

LE DREUILLE.

La Divine Comédie de Dante Alighieri : Enfer.

Traduction nouvelle en vers libres, 1838, 2 fr. 50 c.

PIORRY, professeur de pathologie interne à la Faculté de médecine
de Paris, chevalier de la Légion-d'Honneur, médecin de l'hôpital de la
Pitié, membre de l'Académie royale de médecine de Paris, des sociétés
médicales de Tours, de Boulogne, de Goëttingue; de l'Académie royale
de médecine de Madrid, de la société médicale de Suède, etc.

Traité de Diagnostic et de Séméiologie.

3 vol. in-8°, 1840, 21 fr.

RUELLE, professeur d'histoire au collège royal de Henri IV,
ancien inspecteur de l'Académie de Montpellier.

Précis de l'Histoire de France.

A l'usage des colléges royaux et des autres établissemens d'instruction publique.

1 volume in-12, 1840, 4 fr. 50 c.

SUPPLÉMENT

aux Institutes de droit administratif

de M. le baron DE GÉRANDO.

Contenant les lois et ordonnances relatives à l'organisation des conseils
généraux des départemens et des conseils d'arrondissement, à l'organisation municipale, à l'organisation *spéciale* du conseil général et des
conseils d'arrondissement du département de la Seine, et à l'organisation municipale de Paris; à l'expropriation et à l'occupation pour
cause d'utilité publique, à la garde nationale et aux corps détachés
de la garde nationale, avec des annotations, et l'exposé complet de la
jurisprudence du conseil d'état, en matière d'élections pour les conseils
généraux de département, les conseils d'arrondissement et les corps
municipaux, et en matière de garde nationale, 1835, 5 fr.

THOMMEREL, M. A.,

English professor in the municipal college of Rollin.

British prose-writers.

1 fort vol. in-12, 1840, 5 fr.

Ouvrage adopté par l'Université de France, et recommandé dans toutes
les Académies du royaume.

4

www.ingramcontent.com/pod-product-compliance
Lightning Source LLC
Chambersburg PA
BHW060838220326
599CB00017B/2330